普通高等教育酒店管理专业系列教材

酒店财务管理

主　编　张玉凤

参　编　黄丽丽　章晓盛　裴正兵

　　　　何　滢　廉月娟　蒋　涛

机械工业出版社

本书根据酒店企业经营的特点，借鉴、吸收了国内外先进的财务管理理念和方法，结合酒店财务管理具体实践，以企业的财务活动为主线，在阐述现代财务管理一般原理的基础上，着重介绍了现代酒店融资、资金营运、投资和收益分配的财务运作理论和方法，同时还介绍了酒店集团财务管理、酒店合并与清算等财务拓展方面的问题。本书每章开始都配有知识目标、能力目标，每章结束配有选择题、思考题、案例分析题，从而使读者能更好地理解和掌握书中内容。

本书既可以作为高等旅游院校酒店管理及相关专业教学用书，也可用于酒店主管以上的职业经理人培训用书，同时也可作为酒店财务工作者、管理者的参考用书。

为方便教学，本书配备了电子课件等教学资源。凡选用本书作为教材的教师均可登录机械工业出版社教育服务网 www.cmpedu.com 免费下载。如有问题请致电 010-88379375 联系营销人员。

图书在版编目（CIP）数据

酒店财务管理/张玉凤主编．—北京：机械工业出版社，2015.7（2021.1 重印）

普通高等教育酒店管理专业系列教材

ISBN 978-7-111-50839-7

Ⅰ．①酒…　Ⅱ．①张…　Ⅲ．①饭店—财务管理—高等学校—教材
Ⅳ．①F719.2

中国版本图书馆 CIP 数据核字（2015）第 154657 号

机械工业出版社（北京市百万庄大街 22 号　邮政编码 100037）
策划编辑：徐春涛　　责任编辑：徐春涛　乔　晨
责任校对：乔　晨　　责任印制：常天培
封面设计：马精明

北京富资园科技发展有限公司印刷

2021 年 1 月第 1 版第 4 次印刷

184mm×260mm・17.25 印张・423 千字

标准书号：ISBN 978-7-111-50839-7

定价：49.00 元

电话服务　　　　　　　　　网络服务
客服电话：010-88361066　　机　工　官　网：www.cmpbook.com
　　　　　010-88379833　　机　工　官　博：weibo.com/cmp1952
　　　　　010-68326294　　金　书　网：www.golden-book.com
封底无防伪标均为盗版　机工教育服务网：www.cmpedu.com

普通高等教育酒店管理专业系列教材

编写委员会

序

　　近年来，随着我国酒店业的快速发展，竞争也变得越加激烈。竞争的成败在于核心竞争力，而人是核心竞争力的主要因素。酒店业对高素质人员的需求日益增长，酒店业专业人才的培养迫在眉睫。

　　北京联合大学旅游学院是国内第一批从事旅游教育的专业学院，自1978年到现在，酒店管理本科教育历经了三十多年的积淀，形成了良好的知识体系和教学理念，也为酒店业输送了大批的优秀管理人才。为了适应目前酒店业对管理人才的迫切需要，我们把酒店管理的教学经验通过系列教材的形式进行总结，为酒店管理专业的学生和管理人员提供合适的教材，来弥补目前相关教材不多、教材与酒店实际管理脱节的现状，进而有效满足酒店管理人才培养的需要。

　　该系列教材的主编具有较高的国际视野和专业知识，有些主编人员在业界具有较高的知名度。参编人员多是来自酒店、餐饮业的专家和高级管理人员，因此教材从理论到实践具有较高的水准和实用性。

　　本系列教材的主题涉及范围很广，它包括《酒店管理概论》《酒店服务营销》《酒店管理信息系统》《度假饭店管理》《酒店餐饮管理》《前厅与客房管理》《酒店战略管理》《酒店财务管理》《酒店人力资源管理》《酒店质量管理》。内容囊括了酒店业中几乎所有的管理、营销和操作领域的知识，侧重培养酒店管理人员系统性的知识、能力和技能，具有层次分明、结构合理、内容全面的特点。

　　编写本系列教材的目的是与相关院校分享我们的教学经验，为酒店管理人才培养提供好的教材，为酒店在职人员知识更新和理论提升提供有针对性的参考资料，同时也希望为我国旅游接待业的健康发展做出应有的贡献。

北京联合大学副校长
北京联合大学旅游学院院长　黄先开

前　言

现代社会经济的发展，带来了世界旅游、商务的兴旺，酒店业也随之迅速发展起来，而且酒店业作为我国对外开放较早的行业之一，在引进国外资本的同时，也引进了国外先进的管理方法和管理理论。本书借鉴、吸收了国内外先进的财务管理理念和方法，根据现代酒店业经营的特点，结合酒店财务管理具体实践，以酒店资金运作为主线全面、系统地介绍了酒店财务管理的基本理论、方法和策略。本教材共分十一章，主要内容包括总论，酒店财务管理的环境、制度与组织，财务管理的价值观念，酒店筹资管理，酒店投资管理，酒店资产管理，酒店成本费用管理，酒店收益管理，酒店财务分析，酒店集团财务管理，酒店合并与清算的财务管理等内容。

本书由张玉凤担任主编，负责全书的总纂、修改和定稿，并编写第一、六、七章，第二章由蒋涛编写，第三、五章由黄丽丽编写，第四章由何滢编写，第八、九章由章晓盛编写，第十章由裴正兵编写，第十一章由廉月娟编写。

本书既可以作为高等旅游院校酒店管理及相关专业教学用书，也可用于酒店主管以上的职业经理人培训用书，同时也可作为酒店财务工作者、管理者的参考用书。

为方便教学，本书配备了电子课件等教学资源。凡选用本书作为教材的教师均可登录机械工业出版社教育服务网 www.cmpedu.com 免费下载。如有问题请致电 010-88379375 联系营销人员。

由于作者水平有限，书中疏忽不当之处在所难免，恳请广大读者及同仁批评指正。

编　者

目　　录

第 ① 章

总　论

知识目标

- 掌握酒店财务管理的概念、酒店的资金运动及财务关系、酒店财务管理的任务。
- 掌握酒店财务管理的目标。
- 掌握酒店财务管理的内容。
- 掌握酒店财务管理的原则和方法。

能力目标

- 能够运用所学知识，正确处理酒店和其他各方面的利益关系。
- 能够认识资金运动的客观规律，运用财务管理的方法，有效地进行酒店的资金管理。

第一节　酒店财务管理概述

财务，是客观存在的一种资金运动。酒店财务管理是企业管理的一部分，是有关资金的获得和有效使用的一项管理活动。随着经济的发展，改革的深化和企业竞争的加剧，酒店财务管理在企业管理中的作用愈发重要。

一、酒店的资金运动

酒店为了向旅游者提供食、住、行、游、购、娱等服务，必须采用各种方式，通过不同的渠道，筹集一定数量的资金，用于必要的投资，如购入固定资产、无形资产和日常流动资金的准备等。在企业经营过程中，企业还需要购入原材料，支付职工工资，支付各种费用等。随着企业的产品或服务销售出去，以货币资金或应收账款的形式取得收入，用收入补偿了企业的各项支出后，剩余部分即是企业的利润。将其实现的利润在国家、企业、职工、投资者之间进行合理的分配，从而使国家的财政收入、企业的长远发展、职工的利益、投资者的合法权益得到保证。这一切构成了酒店资金的运动。

在酒店经营管理中，资金运动渗透到经营活动的每一个角落，任何一项经营活动的开展都离不开资金，企业资金总是处于不断运动中。在企业生产经营过程中，企业资金从货币资金开始，经过采购、储备、生产加工和销售，最后又回到货币资金，资金的这一运动过程，叫作资金的循环。资金周而复始的循环，叫作资金的周转。

二、酒店的财务关系

酒店资金的运动从表面上看是钱和物的流动，而实质上则体现了企业在经营过程中与企业内外部的各有关方面的经济利益关系，我们把这种经济利益关系称为财务关系。以下是酒店几种主要的财务关系：

1. 酒店与投资者、被投资者之间的财务关系

酒店接受各种投资者投入的资金，进行生产经营活动，实现利润以后，应按各投资者的出资比例进行分配。酒店还可将自身的法人财产对外进行投资，被投资者获取利润后，也应按酒店在被投资者中所占的比例来分配投资收益。酒店与投资者、被投资者之间的关系在性质上属于所有权关系。在处理这种财务关系时，必须明确产权关系，维护各方的合法权益，明确酒店与投资者、被投资者各自之间的权利和义务。

2. 酒店与债权人、债务人之间的财务关系

当酒店资金不足时，可以采用向银行借款、发行债券、利用商业信用等方式筹集资金，企业为此要向债权人支付用资费用和筹资费用；而债权人可以获取比较稳定的利息收入并规避投资风险。当酒店资金闲置或出于投资等考虑，酒店还会购买其他单位的债券，以获得比较稳定的投资回报。另外，酒店在购买原材料、销售产品或提供劳务服务时，由于赊购、赊销等原因，也会发生应付、应收账款。企业与债权人、债务人之间的关系在性质上属于债权、债务的关系。在处理这种关系时，必须按协议、合同的有关条款，认真履行酒店、债权人、债务人之间的义务和责任，并保障各方的权益。

3. 酒店与税务机关之间的财务关系

国家作为社会经济和公共事务的管理者，担负着维护社会正常秩序，保卫国家安全，组织和管理社会活动，协调国民经济平衡发展的重要职责。它必须通过税收等形式参与企业收入的分配。酒店作为一个营利性的经济组织，应按国家税法的有关规定，缴纳各种税款，包括计入费用的税金、流转税、所得税等。在处理这种财务关系时，酒店必须依法向税务机关按时、足额地缴纳各种税金，认真履行企业对国家应尽的义务。

4. 酒店内部各单位之间的财务关系

在酒店内部实行经济核算制的条件下，企业内部各部门之间，在相互提供产品、原材料或劳务时，要进行内部计价结算，以明确各自的责任。另外，酒店内部各部门与财务部门之间也要发生领款、报销、代收、代付的收支结算关系。在处理这种财务关系时，酒店要制定合理的内部核算制度和经济责任制度，同时有效地发挥激励机制和约束机制，严格分清各部门的经济责任，调动各单位的积极性，保证企业经营目标的实现。

5. 酒店与职工之间的财务关系

酒店按照按劳分配的原则，根据社会劳动保险制度和国家的相关政策，向职工支付工

资、津贴、奖金，以及职工共同享受的福利基金等。在处理这种财务关系时，要将职工的经济利益与其岗位责任严格地挂起钩来，建立合理的分配制度，维护职工的合法权益。

三、酒店财务管理的任务

1. 依法合理筹集资金，保证企业经营需要

筹集资金是企业财务管理工作的起点，也是保证企业正常经营的基本条件。开办企业，应筹集国家规定的设立企业的最低资本金限额。企业在生产经营过程中，当流动资金不足或更新改造出现资金缺口时，也需要筹集资金。在筹集资金时要慎重考虑筹资的方式、资金成本、资金的时间价值、筹资风险等诸多因素，做到合理有效地筹集资金，使资金既能满足企业正常生产经营所需，又能降低筹资成本，同时尽量规避筹资给企业带来的风险。

2. 合理配置使用资金，提高资金的利用效果

企业筹集到经营所需资金以后，为了使资金充分发挥其效用，企业应将资金合理地分配到企业的各个部门形成各项资产。资产的结构应根据企业生产经营的特点和每个部门的具体情况合理配置。同时要使资金充分发挥其效用，努力挖掘资产的使用潜力，合理节约地使用资金，有计划地调度、组织资金在数量和时间上的平衡，加速资金的周转，提高资金的利用效果。

3. 正确组织收支，合理分配企业财务成果

企业在拥有了维持企业正常生产经营所需的资产以后，随着生产经营的进行，就形成了企业的各种耗费。企业应合理节约地使用人力、物力和财力，不断降低成本费用。同时根据市场采取灵活多样的经营方式，拓展企业的经营渠道，不断增加企业的收入。当企业的收入抵补企业的支出，并实现财务成果后，应在兼顾国家、企业、职工、投资者利益的前提下，合法、合理地进行利润分配。要及时、足额地向国家上缴税金，要按照国家的有关规定提取公积金、公益金来确保企业的长远发展和职工的合法权益；同时为保护投资者的利益，在保证企业扩大再生产的资金需要后，向投资者分配利润。

4. 健全财务管理制度，实施财务控制与监督

企业要严格按照国家的财务管理制度规定，结合本企业的具体情况，制定企业的内部管理制度和办法，并以此作为日常财务管理的依据。在实际财务管理中，通过日常控制和监督，可以及时发现不合理的财务行为并加以纠正，以保证财务收支的正确性，同时通过更加深入细致的财务分析，可以发现企业实际完成制度的情况，及时地总结经验，纠正不足，促进企业合理使用资金，努力以最小的消耗，取得最大的经济效益。

第二节 酒店财务管理的目标

酒店财务管理目标是指酒店财务管理工作所要达到的最终目的。明确财务管理目标，是有效组织财务管理工作的前提，同时也是合理评价财务管理工作质量的客观依据。酒店财务管理是酒店管理的一部分，因此酒店财务管理的目标取决于酒店的总目标。

一、酒店的目标

酒店的目标取决于酒店自身的性质和所处的特定的社会经济体制。在当前市场经济体制中，酒店是在国家宏观指导下，按照市场需求，以提供旅游产品、旅游服务为主，自主经营、自负盈亏的经济组织，其最终目标是盈利。在当前激烈的市场竞争中，企业的盈利是以生存和发展为前提的。因为酒店一开始营业就会面临着竞争，并在经营过程中始终处于生存或倒闭、发展或衰落的激烈抗争中。而酒店必须生存下去才有获利的可能，只有不断发展才能更好生存。因此，酒店的管理目标可以概括为生存、发展和盈利。

1. 生存

酒店要想生存，就必须寻求生路，也就是要提供满足社会需求的适销对路的旅游产品和服务，不断扩大收入，降低成本费用，实现盈利；否则收不抵支，长期亏损，企业就会面临破产和倒闭。另外，企业如果有大量的债务到期不能偿还，也会面临破产的风险。所以，酒店要想盈利就要首先获得生存权，也就是要具备以收抵支和到期偿还债务的能力，努力规避破产的风险，这是酒店盈利的起点。

2. 发展

在当前激烈的市场竞争中，酒店如果只是单纯的具备生存能力，而不能发展、壮大，最终也会被市场无情地抛弃。酒店要发展就要根据市场不断推陈出新，推出更多、更好的旅游产品和服务，扩大企业的收入，使企业在竞争中立于不败之地。这就需要筹集到足够的资金，以改善和更新酒店的硬件设施，加强员工培训，提高酒店的服务质量，同时加大宣传力度，搞好企业的销售，增加企业的收入，促进企业的发展。

3. 盈利

任何一个酒店都是以盈利为目的的，不盈利，企业就没有生存、发展的必要和可能。所以企业要使资金得到合理、有效的利用，并从中获取回报。这就要求企业要加强营运资金的管理，加速货币资金的回笼；加强固定资产的管理，提高固定资产的利用率；加强成本费用的管理，降低企业的成本费用；加强企业收益的管理，扩大企业的收入，使企业获利从而实现企业的最终目标。

二、财务管理目标的几种观点

随着我国经济体制改革的不断深化，对企业财务管理体制的完善和发展提出了新的要求。如何科学地设置财务管理最优目标，对于研究财务管理理论，确定资本的最优结构，以及有效地指导财务管理实践均具有一定的现实意义。

财务管理目标，是在特定的理财环境中，通过组织财务活动和处理财务关系所要达到的目的。关于企业的财务目标的综合表达，有以下三种主要观点：

1. 利润最大化

这种观点认为：利润代表了企业新创造的财富，利润越多说明企业的财富增加得越多，越接近企业的目标。

这种观点的缺陷是：①没有考虑利润的取得时间。不考虑货币的时间价值，就无法真正的评价企业利润是否真正符合企业目标。②没有考虑所获利润和投入资本额的关系。在实际财务管理中若不将利润与投入的资本额联系起来,就很难对企业利润做出正确的判断。因为不同资本额而形成相同的利润对企业的意义是截然不同的。③没有考虑获取利润和所承担风险的关系。企业所形成的利润能否真正变现成新的现金流而重新流入企业进行再循环的过程所带来的风险对于企业来说是极其重要的。例如,同样投入800万元,本年获利100万元,一个企业获利已全部转化为现金,另一个企业获利则全部是应收账款,并可能发生坏账损失,哪一个更符合企业的目标?若不考虑风险大小,就难以做出正确判断。

2. 每股盈余最大化

这种观点认为:应当把企业的利润和股东投入的资本联系起来考虑,用每股盈余(或权益资本净利率)来概括企业的财务目标,以避免"利润最大化目标"的缺点。

这种观点仍然存在以下缺陷:①仍然没有考虑每股盈余取得的时间性。②没有考虑每股盈余的风险性。

3. 企业价值最大化

这种观点认为:股东创办企业的目的是扩大财富,他们是企业的所有者,企业价值最大化就是股东财富最大化。

企业价值是指企业全部资产的市场价值,它是以一定期间企业所取得的报酬(按净现金流量表示),与取得该报酬相适应的风险报酬率作为贴现率计算的现值来表示的。企业的价值与预期报酬率成正比,与预期风险成反比。由财务管理的基本原理可知,报酬与风险是呈比例变动的,所获得的报酬越大,所冒的风险也就越大。而风险的增加又会影响到企业的生存状况和获利能力。因此,企业的价值只有在其报酬与风险达到较好的平衡时才能达到最大。以企业价值最大化作为财务管理目标,体现了对经济效益的深层次认识,不仅考虑了风险与报酬的关系,还将影响企业财务管理活动及各利益关系人协调起来,使企业所有者、债权人、职工和政府都能够在企业价值的增长中使自己的利益得到满足,从而使企业财务管理和经济效益均进入良性循环状态。因此,企业价值最大化应是财务管理的最优目标。

三、财务管理的目标与社会责任

企业在实现股东财富或企业价值最大化的同时还要承担相应的社会责任。一般来说,由于市场机制的作用,企业一方面在追求自身的目标利益,另一方面也在增加社会利益。例如,酒店由于满足客人吃、住、娱乐等而获利,同样由于酒店的贡献,解决了社会上一些人的就业问题,满足了旅游市场需求。由此可以看出酒店要承担的社会责任与企业价值最大化的财务目标有其利益的一致性。但是,实际上也存在一定的矛盾,因为酒店承担太多的社会责任会使企业价值或财富减少。例如,酒店赞助公益事业,加强环境污染的防范和治理,改善职工劳动条件等都会增加企业的开支。如果没有一个明确的标准和界限进行硬性约束,企业一般不会自觉投入太多的资金以承担过多的社会责任,除非这些企业的经济效益非常好,有着超额的利润。因此,应该由国家制定相应的法律法规来明确约定企业应承担多少社会责任,以便使各个企业的负担公平合理。企业也应在遵守国家法律法规、严守社会公德、承担相应的社会责任的前提下，使酒店的价值实现最大化。

第三节　酒店财务管理的内容

酒店财务管理的对象是经营过程中的资金运动，因此财务管理的内容应反映企业资金运动的全过程。企业资金运动从内容上来说包括资金的筹集、资金的投放和使用、资金的耗费、资金的收回和分配四个方面。相应地，财务管理的主要内容包括筹资管理、投资管理、资产管理、成本费用管理、利润及其分配的管理等。了解财务管理的主要内容，企业可以根据资金运动的客观规律，结合酒店的特点，对资金运动及其引起的财务关系实施有效的管理。

一、筹资管理

任何一个企业从事生产经营活动都必须从筹集资金开始，酒店也不例外，只有拥有一定数量的资金，企业才能购买劳动资料和劳动对象，支付工资和其他费用。因此，酒店筹集资金，以保证企业经营活动的正常进行，构成了财务管理的重要内容。

酒店筹集资金可以采取多种形式，但归纳起来无外乎两种：内部筹资和外部筹资。内部筹资是酒店通过计提折旧和利润留存而形成的。外部筹资是指酒店通过吸收直接投资、发行股票、银行借款、发行债券、租赁、商业信用等形成的。酒店一般应在充分利用内部筹资之后，再考虑外部筹资问题。

在确定了企业的筹资方式以后，企业还要考虑到筹资的组合、筹资的风险、筹资成本等问题，从而合理安排企业的资金来源，优化企业的资本结构，降低企业的筹资成本，控制企业的筹资风险。

二、投资管理

企业筹资的目的是为了使用，资金只有在使用中才会产生增值。因此投资方向的选择，投资时机的判断，投资金额的确定，投资风险的规避，投资收益的目标是否达到预期，构成了投资管理的重要内容。

酒店投资包括固定资产投资、流动资产投资、证券投资和对其他企业的投资。企业投资决策的好坏对于企业日后资金运用效果有着重要的影响，一旦投资决策失误，就会导致企业经营不善，甚至破产。因此，企业在进行投资时，必须认真分析影响投资的各种因素，科学地进行可行性分析研究。

通常酒店在进行投资决策中首先要拟定投资的基本方针，如投资的项目、投资的选址、投资的规模、投资的等级、投资的金额等。其次要制定多种可供选择的方案并进行论证，通过反复筛选、比较、计算、分析，选出一个比较合理的方案。最后是执行方案，项目一旦采用实施，必须严格按照既定的计划执行，对于每项投资的支出要严格审核，同时保证所需资金。

作为企业来说，投资的目的是为了获得收益和发展，但只要进行投资就有风险，企业只有充分地进行可行性分析研究，正确地把握和控制投资的收益和风险，选择最佳的投资方案，才能取得良好的投资效果。

三、资产管理

投资决策确定了资金的流向是投入企业外部还是企业内部。投入企业外部的资金就形成了企业的对外投资，对外投资按投资的期限长短分为短期投资和长期投资，短期投资是指投资期限在一年以内的投资，长期投资是指投资期限在一年以上的投资。对外投资的情况将在以后章节介绍。相反，投入企业内部的资金成为了企业的对内投资，而对内投资形成了企业的固定资产、流动资产、无形资产、递延资产和其他资产。这些资产构成了企业日常财务管理的重要内容。酒店资产管理的重点是固定资产、流动资产的管理。

酒店的固定资产一般在总资产中占有很高的比例（60%～70%），只有深入了解固定资产，合理计提固定资产折旧，加强固定资产的日常管理，不断挖掘固定资产的使用潜力，才能提高固定资产的利用效果。

酒店的流动资产在总资产当中占有一定的比例，流动资产好比企业的血液，在不断地由货币资金到货币资金的循环周转过程中，完成了资金的增值。只有严格加强对流动资金的管理，加速流动资金的循环周转，不断扩大企业的营业收入，减少企业的资金占用，才能提高企业的经济效益。

四、成本费用管理

成本费用反映了企业经营过程中资金的耗费。成本费用的管理构成了酒店财务管理的重要内容。严格进行成本费用的控制，不断降低成本费用，对于企业在当前激烈的市场竞争中立于不败之地和扩大企业的利润具有重要意义。

酒店的成本费用是指企业在向旅游者提供产品和劳务过程中发生的各项直接支出和耗费。酒店的成本费用按经济内容可以分为主营业务成本、销售费用、管理费用、财务费用四大部分。酒店要进行成本费用的管理，首先要确定成本费用管理的目标，在此基础上编制出成本费用预算，明确企业成本费用管理的方向。为了保证成本费用预算的实现，企业还要进行成本费用的控制，并对成本费用实际耗费情况进行考核分析，如果发现问题，及时纠正，最终保证企业成本费用达到企业的预算目标。

对成本费用的管理也就是对资金耗费的管理。酒店内部每一个部门都有耗费，因此成本费用的管理是一项全员、全过程、全方位的综合性管理。搞好成本费用管理是提高企业竞争力、增加企业盈利的重要途径。

五、利润及其分配的管理

企业投入资金以后，随着企业经营活动的进行，就会逐渐形成企业的资金耗费，同时还会从经营活动中取得收入。这种收入按照经济核算的原则，首先要补偿企业的经营耗费，缴纳营业税金及附加，再加上投资收益和营业外收支净额，从而最终形成企业的利润。企业实现利润以后，要按照国家的有关规定，向国家缴纳所得税，剩余部分就形成了企业的净利润。净利润要在企业、职工、投资者之间进行分配。企业要提取法定盈余公积金，用于弥补亏损和转增资本；还要提取法定公益金，用于职工福利和奖励，改善职工集体福利设施等支出；其余利润进行投资者的收益分配或暂时留存企业作为投资者的追加投资。这一切就构成了企业利润及其分配的管理。

企业要搞好收入管理、利润管理和利润分配管理，必须努力做好销售预测和决策，广开销售渠道，扩大客源，使企业收入不断增加。认真做好利润预测和预算，确保企业利润目标的实现，并在兼顾国家、企业、职工、投资者利益及正确处理眼前利益和长远利益的前提下，合理进行利润分配，以实现财务管理的目标。

第四节　酒店财务管理的原则和方法

酒店要完成财务管理任务，实现财务管理目标，必须遵循财务管理的原则，采用科学的财务管理方法。

一、财务管理的原则

财务管理原则是人们经过多年的财务实践和财务管理理论研究，归纳总结并用以组织财务活动，处理财务关系的基本准则。它主要包括以下六个原则：

1．依法理财原则

世界各国都有自己的经济法规，以约束国家内的企业守法经营。我国随着市场经济的不断发展和完善，也建立了与之相适应的法律、法规和制度。作为酒店，必须以这些法律规范为依据，建立健全企业内部的财务管理制度。依法合理筹集资金，有效投资、使用资金，严格遵守各项财务开支的范围和规定，正确计算企业的财务成果，努力处理好财务活动中的各种关系，按照国家规定合理进行利润的分配。依法理财可以使企业获得良好的信誉，有助于企业财务目标的实现，并给企业带来长久的生命力。

2．成本效益原则

在市场经济条件下，企业的目标是为了获取收益即效益，为此它必须投入各种资源，而资源的取得必然要形成企业的耗费即成本，如果企业成本发生以后未取得收益，或发生的成本大于收益，则企业的目标就无法实现。因此，成本效益原则是指企业在成本一定的条件下应取得尽可能大的效益，或是在收益一定的条件下应最大限度地降低成本，以保证企业财务管理目标的实现。成本效益原则是投入产出原则的价值体现，是企业再生产活动得以延续和发展的基本条件。作为酒店，在资金的筹集、投入和使用过程中应充分考虑到这一原则，以降低成本，提高资金使用效益。

3．风险与收益均衡原则

在市场经济中，酒店任何经营活动的开展都存在着一定的不确定性和不可预测性即风险。随着企业市场竞争的加剧，酒店在获取收益的同时也会面临更大的风险。风险与收益均衡原则是指企业不能承担超过收益限度的风险，在收益一定的条件下，应最大限度降低风险。因为通常风险越大，收益可能也越高；风险越小，收益必然也会越低。但这种因果关系是指一种可能性，而非完全直接相等的一种关系。这就要求企业在财务管理过程中要考虑收益与风险的对应关系，在收益既定的情况下，应尽量规避风险；要适度地冒一定风险，以使企业获取更大的收益；要努力权衡利弊得失，合理分散风险，做到趋利避害。

4．资产合理配置原则

资产是指过去的交易、事项形成并由企业拥有或控制的经济资源，该资源预期会给企业带来经济效益。在财务管理中资产如果不能合理配置，就会给企业带来不一样的效益。例如，一家新建饭店大量资金用于固定资产投资，当企业开业后由于缺乏足够的营运资金，正常的经营活动受到了影响，最终会直接影响企业的经济效益。所以资产合理的配置，对于企业来说至关重要。资产合理配置是指企业的各项资产在结构、比例上应配置合理，以保证人尽其才、财尽其能、物尽其用，从而使企业的资产带来预期的经济效益。这一原则在现代企业财务管理中有着重要的意义。

5．利益关系协调原则

企业在资金的运动过程中会与投资者、债权人、国家、职工乃至客户和供应商之间发生关系，这些关系说到底是一种经济利益关系。这些关系因种种原因经常会出现不协调甚至矛盾的情况，如果不能及时解决，轻则会影响各方的积极性，重则对各方的经济利益都会产生不利的影响。利益关系协调原则是指企业在财务管理过程中要妥善协调和处理国家、企业、职工、投资者、债权人、客户、供应商等各方的经济利益关系，维护有关各方的合法权益。这一原则要求各方从全局出发，正确处理各方的利益关系，使之协调、互利，以提高各方促进企业发展的积极性。

6．国际惯例原则

国际惯例原则是指企业在实际财务管理工作中，在遵守我国现行法律、法规的前提下，还要遵循国际惯例的原则。例如：酒店可以按国际惯例，在当地和国际金融市场筹集资金，并根据企业实际经营需要，自主地使用资金；可以借鉴国外先进的经营管理方式和财务管理方法，进行企业的管理；在费用管理、会计核算等实际工作中，也可以参照执行国际公认的会计准则和国际惯例。遵循这一财务管理原则，可以使我国的财务管理工作与国际接轨，促进企业朝国际化方向发展。

二、财务管理的方法

企业财务管理方法是企业组织财务活动、处理财务关系、执行财务管理原则和实现财务管理目标所运用的技术手段。按照财务管理的基本环节，财务管理的方法可以分为财务预测、财务决策、财务预算、财务控制、财务分析等。

1．财务预测

财务预测是财务决策的基础，也是编制财务预算的前提。财务预测是指企业在认识和掌握资金运动规律的基础上，根据有关历史资料和搜集的各种经济信息，结合企业内外部的现实条件，运用科学的预测方法，对企业未来财务活动及其发展趋势所做的预计和测算。

财务预测的主要内容包括：①资金预测，如资金需要量及其来源的预测、资金市场预测、投资收益预测等；②成本费用预测，如主营业务成本预测、期间费用的预测等；③收益预测,如销售预测、盈利预测等。

　　财务预测方法一般分为定性预测法和定量预测法两大类。定性预测法主要依据直观资料和个人知识、经验,通过综合分析,主观地对事物未来的情况及趋势做出预测。这种方法一般是在企业缺乏完备、准确的历史资料的情况下采用。定量预测法主要依据大量历史数据资料,根据变量之间的数量关系(如时间关系、因果关系)建立数学模型来进行预测的方法。在实际工作当中,这两种方法各有优劣,应结合起来运用,既进行定性预测,又进行定量预测。

2. 财务决策

　　企业在财务预测的基础上,要进行财务决策。财务决策是指根据财务目标的要求,从若干个可供选择的方案中,选出最优方案的分析判断过程。财务决策是财务管理的核心,决策正确与否直接影响酒店的生存和发展。财务决策主要包括筹资决策、投资决策、成本费用决策、收益决策等。其中最重要的是筹资决策和投资决策,而投资决策尤其重要。财务决策的程序如下:

　　(1)确定决策目标　目标是决策的出发点和归宿。怎样确定目标和确定什么样的目标是决策的根本问题。一般来说在确定决策目标时要注意以下两个问题:一是目标必须明确具体,论证应当充分;二是目标必须切实可行,即所制定的目标应符合事物发展规律,并切合客观实际。

　　(2)搜集资料,拟订方案　充分利用国内外的有关信息资料,进行科学的整理、分析,拟定各种可供选择的方案。在拟订方案时可以借鉴本企业、同行业的成功经验,也可以引进最新的科研成果,以保证方案既是先进的又是可行的。

　　(3)选定最优方案　通过比较分析的方法,在多个可供选择的方案中进行定量、定性的分析,在此基础上依据有效性和经济性原则做出综合评价。决策者凭借其自身知识、经验,按照最优化原则,从中经过层层筛选,最终选出最优方案。

3. 财务预算

　　财务预算是落实财务决策的一种行动计划,是以财务决策结果和财务预测情况为依据,运用科学的方法,以货币为主要量度,对酒店未来财务活动发展状况按照事物发展趋势进行合乎客观规律的规划,以指导企业经营活动的开展。酒店财务预算的主要内容包括经营性预算、资本性预算、现金收支预算等内容。

　　为使预算编制准确,可以采用多种方法计算确定,一般可采用如下编制方法:

　　(1)平衡法　是根据有关经济指标相互之间存在的平衡关系,来确定预算指标的一种方法。

　　(2)推算法　是根据往年的历史资料所呈现出的趋势来推算预算指标的一种方法。

　　(3)比例法　是根据有关指标之间比较稳定的比例关系,结合预算期变动因素来确定预算指标的一种方法。

　　(4)定额法　是根据核定的较为科学、合理的定额来确定预算指标的一种方法。

　　(5)因素法　是根据影响某项指标的各种因素来推算预算指标的一种方法。

4. 财务控制

　　财务控制是在财务管理过程中,以财务预算、定额、标准为依据,利用有关信息和手段，对企业的财务活动进行干预和调节，以实现财务预算所规定的各种目标的一种管理方法。财务控制的方法主要有以下三种：

（1）防护性控制 又称排除干扰控制，是指在财务活动之前，就制定一系列制度和规定，把可能产生的差异或目标的偏离予以排除的一种控制方法。例如，企业将预算指标进行分解落实到到各归口部门，使预算指标的实现有切实可靠的保证。又如，制定现金的使用范围、费用开支标准等，都属于这一控制范畴。

（2）前瞻性控制 又称补偿干扰控制，是指通过对实际财务运行系统进行监控，在拥有大量信息的基础上，运用科学方法预测可能出现的偏差，并采取一定措施，使差异得以消除的一种控制方法。例如，为了控制餐饮成本，随时分析企业的成本率，在发现问题时及时采取措施加以调整。又如，为了执行限额制度，在企业内部实行限额领发料、限额开支等措施，以保证预算指标的执行。

（3）反馈控制 又称平衡偏差控制，是指通过对实际财务运行系统进行监控，及时发现实际与预算之间的差异，并分析差异产生的原因，采取有效措施，调整实际财务活动或调整财务计划，使差异消除和避免今后出现类似差异的一种控制方法。在财务控制中反馈控制是最常采用的一种方法。在实际工作当中，实际与预算发生偏离也是时有发生的，但具体问题要具体分析，如果是实际工作中有误造成的偏差，要及时纠正解决问题，使之符合预算；如果是由于不可测的因素，或预测、决策造成的偏差，则要平衡偏差，即根据实际情况随时调节偏差。

5．财务分析

财务分析是运用财务报表及其他相关信息，通过对一定财务指标进行对比，以评价企业过去的财务状况和经营成果，并揭示其未来财务活动趋势及规律的一种方法。常用的财务分析方法有以下几种：

（1）对比分析法 是指将同一指标进行不同方面的对比，以分析企业财务状况和财务成果的一种方法。实际工作中可以采取三种对比形式：①实际指标与预算指标的比较，可以考查预算完成的情况；②实际指标与历史同期指标的比较，可以了解企业某一方面的发展变动趋势；③实际指标与同行业同一指标的比较，可以揭示企业在同行业中所处的地位。

（2）比率分析法 是指把某些彼此存在关联的项目加以对比，计算出比率，据以确定经济活动变动程度的分析方法。采用这种方法，能够把某些条件下的不可比指标变为可比指标，以利于进行分析。比率指标主要有以下四种：①反映因果关系的比率，所谓因果关系是指在两个对比项目之间存在着先后相继、彼此制约的关系；②反映结构关系的比率，结构关系的比率是指两个对比的项目属于同一类的指标；③反映对应关系的比率，对应关系是指两个项目之间存在着相互适应和相对平衡的关系；④反映周转关系的比率，周转关系是指企业经营过程中某些资产的利用效率或某些资产与它完成业务量的比值。

（3）趋势分析法 是指将两期或连续数期财务报告中的相同指标或比率进行对比，求出它们增减变动的方向、数额和变化幅度的一种方法。采用这种方法可以揭示企业财务状况和经营成果的变化情况，分析引起变化的重要原因以及变动的性质，并预测企业未来发展趋势。趋势分析法主要用于以下分析：①重要财务指标的比较；②会计报表金额的比较；③会计报表构成的比较。

（4）因素分析法　又称因素替代法，是指对某项综合指标的变动原因按其内在的组合因素进行数量分析，用以确定各个因素对综合指标的影响程度和方向。因素分析法有两种：①连环替代法，就是利用各个因素的实际数与预算数的连续替代来计算各因素脱离标准所造成的影响；②差额分析法，就是直接用实际数与预算数之间的差额来计算各因素对指标变动的影响程度。

复习思考题

一、选择题

1. 财务管理的原则包括（　　）。
   A. 依法理财原则　　　　　　　B. 成本效益原则
   C. 风险与收益均衡原则　　　　D. 国际惯例原则
2. 向职工支付工资、津贴、奖金等体现的是（　　）。
   A. 企业与投资者之间的财务关系
   B. 企业与债务人之间的财务关系
   C. 企业与职工之间的财务关系
   D. 企业与内部各单位之间的财务关系
3. 财务管理的基本方法有（　　）。
   A. 财务预测　　　　　　　　　B. 财务决策
   C. 财务控制　　　　　　　　　D. 财务分析
   E. 财务预算
4. 酒店财务管理最优目标是（　　）。
   A. 产值最大化　　　　　　　　B. 利润最大化
   C. 每股盈余最大化　　　　　　D. 企业价值最大化
5. 财务管理的主要内容有（　　）。
   A. 筹资管理　　　　　　　　　B. 投资管理
   C. 利润及其分配管理　　　　　D. 成本费用管理

二、思考题

1. 什么是财务管理？
2. 简述酒店的资金运动。
3. 什么是财务关系？财务关系有哪些具体表现？
4. 酒店财务管理的任务是什么？
5. 为什么说"企业价值最大化"是企业财务管理的最优目标？
6. 酒店财务管理的主要内容是什么？
7. 酒店财务管理应遵循哪些原则？
8. 酒店财务管理的方法主要有哪些？

三、案例分析题

明珠酒店是一家中档酒店，所在的地理位置繁华，周围大型商业场所众多，交通便利，客房、餐饮、娱乐等配套设施齐全，客源充裕，经济效益好。但是，企业内部各方面的关系由原来的齐心协力办好酒家，到现在投资者、经营者、员工都有一定的怨言。投资者认为酒店的管理制度、方法有问题，年平均12%的利润率太低，应该逐年递增；经营者认为投资者确定的收入、利润预算指标太高，完成起来有一定的难度；员工认为企业财务管理不够公开、透明，本企业效益不错，但工资福利却不尽如人意。另外，投资者、经营者、员工普遍有一种共同的看法就是：管理制度、方法有问题。

【问题】请根据以上资料分析：

（1）企业应如何正确处理财务关系？

（2）对于大家提出的问题，酒店财务人员应该如何解决？

第 二 章

酒店财务管理的环境、制度与组织

知识目标

- 掌握财务管理环境的概念、分类，以及在宏观和微观财务管理环境中都包括哪些具体环境和影响它们的因素。
- 掌握酒店应遵循和建立的财务管理制度。
- 掌握酒店组织机构和财务管理组织形式。

能力目标

- 能够确定酒店所处的财务管理环境，并对影响酒店财务管理环境的因素进行具体分析，以达到优化理财环境，实现企业理财目标的目的。
- 能够明确酒店应遵循的国家有关财务管理制度并建立酒店内部财务管理制度，以更好地处理企业内、外部各方面的财务关系。
- 能够选择适应本酒店的财务管理组织机构，有效地开展酒店财务活动。

第一节 酒店财务管理环境

一、财务管理环境概述

任何企业的财务活动都需要一个适应其发展的依存条件或环境，酒店财务管理也是这样。酒店的财务管理环境又称理财环境，是指对酒店财务活动产生影响作用的内外各种条件与要素的统称。酒店要生存和发展，就必须适应理财环境的要求和变化，以达到财务活动的平衡并制定出正确的财务决策。酒店财务管理的环境受很多要素影响，如自然条件、科学技术、市场、金融、法规、物价等。这些因素直接影响着企业的财务活动，使其成本费用、利润等发生变化，并可改变其偿债能力的强弱。因此，研究酒店财务管理环境具有重要意义，可以使酒店了解所处现状和预测发展趋势，有利于酒店适应、利用和优化理财环境，提高财务管理水平，实现理财目标。

酒店财务管理环境按其影响财务主体的范围大小，可分为宏观理财环境和微观理财环境。宏观理财环境是指在宏观范围内，对所有企业财务活动都有影响的各种客观条件和因素，通常是指存在于企业外部的社会大环境，主要包括经济环境、金融环境、法律环境。微观理财环境是指在特定时期内对某类或特定企业的某些财务活动产生影响的客观条件和因素，主要包括自然地理环境、酒店经营环境、酒店管理环境等。

影响酒店财务管理环境的因素有的长期处于相对稳定状态，而使财务管理环境也相对稳定，如地理环境、法规制度、企业类型、自然条件等；但也有些因素在一定时期内不断变动，使财务管理环境也处于显著变动状态，如市场需求、价格因素等。

二、宏观理财环境

1. 经济环境

经济环境是指影响酒店财务管理的宏观经济状况。在市场经济条件下，经济发展和运行呈现出一定的周期性特征，一般分为复苏、繁荣、衰退和萧条四个阶段，这一周期性变化称为经济周期。随着各国经济交流与合作的发展，整个世界的经济周期也在不同程度地影响我国的经济发展，使酒店的财务管理活动也随之受到影响。

在经济复苏阶段，由于社会购买力上升，酒店销售水平提高，投资机会增加；在繁荣阶段，企业规模不断扩大，实力增加；在衰退阶段，企业规模缩小，投资机会减少；在萧条阶段，酒店只能维持现状或寻找一些低风险的投资机会。因此，在经济周期的不同阶段，根据酒店不同的财务管理目标，财务人员应采取不同的理财策略。例如，投资机会增加时，必须有相应的对策筹集到所需资金进行投资；有多余资金时，又能进行合理、有效的安排等。只有充分认识到经济周期对企业的影响，才能使企业的财务管理活动顺利进行。

我国在建立市场经济体制过程中，进行了财税、金融、投资等体制的改革。这些改革措施和政策的制定，对我国的经济活动产生了深远的影响，同时也影响着企业的财务管理活动。因此，这就要求企业财务人员熟悉和掌握这些经济政策，按政策要求进行财务活动，实现企业的理财目标。

2. 金融环境

金融环境亦称金融市场环境，是指影响酒店财务活动的金融市场等因素的总和。金融环境的要素主要包括金融市场、金融体系和利率。

（1）金融市场　是指资金供应者和资金需求者双方通过信用工具进行资金融通的场所，即经营货币资金的借贷、外汇买卖、有价证券交易、黄金买卖的市场。

金融市场主要分为外汇市场、资金市场、黄金市场三大类，其中资金市场又分为货币市场和资本市场两类。货币市场是解决企业一年以内资金需要即短期融资的拆借市场，分为短期证券市场和短期借贷市场。货币市场期限短、变现能力力强。资本市场是解决企业一年以上资金需要的市场，又可分为长期证券市场和长期借贷市场。资本市场的期限较长，故又称为长期资金市场或中长期资金市场。

金融市场构成要素包括金融市场主体、客体和交易场所三个部分。金融市场主体是指资金供应者和资金需要者，另外还包括金融中介机构，金融中介机构将资金从资金供应者转移给资金需要者；金融市场客体是指金融市场的买卖对象，即股票、债券、票据、可转让存单等信用工具；金融市场的场所可以是有形市场，也可以是无形市场。由于在不同交易场所进行交易，其交易条件、交易成本、交易完成时间均有所不同，因此酒店在通过金融市场进行筹资时，必须选择适合本企业的信用工具和交易场所，这样可以相对降低风险和成本并节省交易费用、交易时间。

（2）金融体系　是指各种金融机构及其相互关系的总和。金融机构由中央银行、政策性银行、商业银行和非银行金融机构等组成。

1）中央银行，即中国人民银行。按照《中华人民共和国中国人民银行法》规定，其职能包括如下几个方面：①依法制定和执行货币政策，发行人民币，管理人民币流通；②按照规定审批、监督管理金融机构，按规定监督管理金融市场；③持有、管理、经营国家外汇储备、黄金储备，经理国库；④维护支付、清算系统的正常运行，提供清算服务；⑤从事有关国际金融活动；⑥负责金融业的统计、调查、分析和预测。

2）政策性银行，是指由政府设立，在相关的专业性或开发性领域，利用金融手段以贯彻国家的经济和社会政策为目的，不以盈利为目的的金融机构，主要包括国家开发银行和中国进出口银行。

① 国家开发银行的主要任务是筹集和引导社会资金用于国家重点建设，支持国家基础设施、基础产业和支柱产业的大中型基本建设和技术改造等政策性项目及配套工程的建设；从资金来源上对固定资产投资总量进行控制和调节，优化投资结构，提高投资效益。国家开发银行的主要业务是管理和运用国家核拨的预算内经营性建设基金和贴息资金；向国家基础设施、基础产业和支柱产业的大中型基本建设和技术改造等政策性项目及配套工程发放政策性贷款；办理有关的外国政府和国际金融组织贷款的转贷，筹借国际商业贷款；办理建设项目贷款条件评审、咨询和担保业务，为重点建设项目物色国内外合资伙伴，提供投资机会和投资信息。

② 中国进出口银行的主要任务是执行国家产业政策和外贸政策，为扩大我国的机电产品和成套设备等资本性货物出口提供政策性支持，即利用金融手段支持我国出口贸易的发展，促进出口商品结构的升级换代。中国进出口银行的主要业务是为大型机电成套设备等资本性货物出口提供进出口信贷，提供信贷担保等业务，提供出口信用保险等业务。

3）商业银行，是指以吸收公众存款、发放贷款、办理结算等为主要业务，以盈利为主要目的的金融机构。商业银行的设立、运行、终止等必须遵循《中华人民共和国商业银行法》的各项有关规定。我国商业银行主要包括中国工商银行、中国农业银行、中国银行、中国建设银行、交通银行、招商银行、光大银行、广东发展银行等。商业银行的经营业务主要有以下内容：吸收公众存款；发放短期、中期和长期贷款；办理国内外结算；办理票据贴现；发行金融债券；代理发行、代理兑现、承销政府债券；买卖政府债券；从事同业拆借；买卖、代理买卖外汇；提供信用证服务及担保；代理收付款项及代理保险业务；提供保管箱服务；经中国人民银行批准的其他业务。

4）非银行金融机构，是指中央银行、政策性银行、商业银行以外，经中国人民银行批准成立的从事金融业务的企业。我国非银行金融机构主要有以下几种：

① 信托投资公司，是一种以引进和利用外资为主的非银行的专业性金融公司。其主要业务有：办理信托存款和信托投资；在国外发行债券和股票；办理国际租赁等。

② 证券公司，是专门经营有价证券的发行、转让及代理业务的金融机构。其主要业务有：承销、推销、自营、代理买卖各种有价证券；提供证券发行和交易等方面的咨询服务等。

③ 证券交易所，是证券集中交易的场所。它管理上市证券的买卖，提供上市证券的过户和集中保管服务，对会员和上市公司进行监管，提供证券市场的信息服务等。

④ 保险公司，是专门办理国内外保险业务，包括财产保险、人身保险等的金融机构。保险公司的设立、变更、解散和清算，必须按照《保险法》《公司法》及其他有关法律、行政法规的规定进行。

⑤ 融资租赁公司，是专营或兼营融资租赁业务的金融机构。融资租赁是出租人购买承租人选定的设备，并将其出租给承租人，让承租人在一定期限内有偿使用的一种资金融通方式。我国融资租赁公司的主要业务有：办理各种设备、工厂和资本货物的租赁、转租赁；租赁业务所涉标的物（租赁期一般在一年以上）的购买业务；出租物资残值和抵偿租金产品的销售处理；办理与租赁业务有关的经济技术咨询业务等。

（3）利率 又称利息率，是一个时期内银行的利息额同贷出来的或吸进来的货币量之间的比例，通常用百分数来表示。在金融市场上，利率是资金使用权的价格，它也像其他商品价格一样，主要受供应和需求两方面因素影响。但利率也受其他一些因素如通货膨胀、经济周期、国家货币政策等的影响。一般来说，金融市场上资金的购买价格可用下面公式表示：

利率 =纯粹利率 +通货膨胀附加率+变现力附加率+违约风险附加率+到期风险附加率

1）纯粹利率。纯粹利率是指无通货膨胀、无风险的情况下的平均利率。例如，在没有通货膨胀时，国库券的风险是零，国库券的利率可以被视为纯粹利率。纯粹利率的高低，一般会受到一些因素的影响，如平均利润率、资金供求关系、国家货币政策等。

2）通货膨胀附加率。由于通货膨胀的存在，会使货币贬值，因而使投资者的真实报酬降低。因此，为弥补通货膨胀造成的实际购买力损失，投资者在把资金交给借款人时，会在纯粹利率的基础上再加上通货膨胀附加率。如每次发行的国库券的利息率随预期的通货膨胀率而变化，它等于纯粹利率加预期通货膨胀率。

3）变现力附加率。各种有价证券的变现力是不同的。有些变现力较强的证券，如政府债券和大公司的股票容易被人接受，投资者随时可以出售以收回投资；但有些鲜为人知的小公司的债券等，债权人或投资者就要求提高利率来弥补资产流动性不强而带来的风险，即要求变现力附加率作为补偿（一般提高利率 1%～2%）。

4）违约风险附加率。违约风险附加率是指资金提供人为弥补因借款人无法按期还付本息这一风险而要求增加的利率。违约风险越大，投资人要求的利率越高。债券评级，实际上就是对违约风险的大小进行评定。信用等级越低，其违约风险就越大，投资者要求的利率越高。

5）到期风险附加率。到期风险附加率是指因到期时间长短不同而形成的利率差别。它实际上是对投资人承担利率变动风险的一种补偿。因为到期时间越长，在这期间市场利率变动的可能性就越大，投资人受到损失的风险也就越大。因此，一般长期利率会高于短期利率。

3．法律环境

一个企业在其经营活动过程中，总是要和国家有关部门、其他企业、单位、职工及国外经济组织等各方面发生各种经济关系。在处理这些经济关系时，企业必须遵循有关法律规定，而法律也为企业守法经营提供了保护。财务管理的法律环境是指企业和外部发生经济关系时所应遵守的各种法律法规。

（1）企业组织法规　企业的成立必须依法进行，组建不同的企业，就要依照不同的法律法规。它们包括《公司法》《中华人民共和国全民所有制工业企业法》《中华人民共和国外资企业法》《中华人民共和国中外合资经营企业法》《中华人民共和国中外合作经营企业法》《中华人民共和国私营企业条例》《中华人民共和国合伙企业法》等。在这些法规中，对公司企业的设立条件与程序、组织机构及其变更与终止等均作了具体规定。企业依法成立后，也必须按照这些法律来规范包括财务管理在内的主要活动。因此，它们不仅是企业的组织法，也是企业的行为法。

（2）税法　纳税是所有企业的法定义务，税收是国家财政收入的主要来源。有关税收的立法有几类，如所得税类法规、流转税类法规、资源税类法规、财产税类法规、行为税类法规等。因为税负会导致企业现金流出的增加，任何企业都希望在不违反税法的前提下尽量使其减少，这就要求财务人员熟悉税法的各项规定，合理安排筹资、投资和利润分配等财务活动，增加企业经济效益，实现企业理财目标。

（3）财务法规　财务法规主要是指企业财务通则和分行业的财务制度。

1）财务通则。2006年12月财政部颁发了新的《企业财务通则》，该通则于2007年1月1日起施行。《企业财务通则》是各类企业财务活动必须遵循的原则和规范。它的实施有利于规范企业的财务行为，有利于企业公平竞争，加强财务管理和经济核算。修订的《通则》对财政对企业财务的管理方式、政府投资等财政性资金的财务处理政策、企业职工福利费的财务制度、规范职工激励制度、强化企业财务风险管理等方面进行了改革。

2）财务制度。行业财务制度是为了规范不同行业的财务行为，结合不同行业的特点和管理要求，由财政部制定的行业财务规范。

与企业财务管理有关的经济法规除上述外，还包括如合同法规、各种证券法规、结算法规、审计法规等在内的其他经济法规。财务人员应熟悉这些法规，遵守有关法律规范，完成财务管理任务，实现财务管理目标。

三、微观理财环境

1. 自然地理环境

自然地理环境是指自然、地理因素对酒店经营管理的影响。由于各地自然环境、气候条件、经济资源等的不同，使其风俗习惯、消费理念存在差异，产业结构也各有不同，这些都会直接或间接地影响酒店的经营和财务活动。这就要求酒店利用当地自然地理优势，根据物资供应和消费需求情况，对其成本费用支出和收入利润产生进行分析，确定在不同地区的投资结构方案，为实现财务管理目标奠定基础。

2. 酒店经营环境

酒店经营环境是指各种因素对酒店经营活动的影响，主要包括经营规模、经营特色、物资供应、营销状况、理财能力等，这些因素都会对酒店的财务管理产生影响。经营规模、经营特色是影响酒店持续发展的重要因素，也是影响酒店资本运营的重要因素。在物资供应方面，酒店一般面临两种情况，一是供过于求，二是供不应求。在供过于求时，物资能满足经营的需要，酒店可减少物资储备，从而减少资金占用，提高资金使用率；在供不应求时，为保证酒店正常经营，防止物资短缺给酒店造成损失，应提高需求量大的物资的储备量，这就使储备资金数额增加。另外，物资价格也随着供应情况而出现上升、平稳、下降等情况。对于价格有可能上升的物资，酒店应提前加大采购量，这时需要增加资金投放；对于价格有可能下降的物资，酒店应在保证生产经营需要的前提下，尽可能减少和推迟采购，以达到节约资金的目的。在营销状况方面，酒店应加大宣传力度，增强企业的知名度，提高产品和服务质量，创出属于自己的品牌。在理财能力方面，酒店应重点考虑筹资渠道、方式、数量、成本，资本结构优化水平，投资回报和偿债能力，资金周转速度，利润水平和增长速度等。

3．酒店管理环境

酒店管理环境是指影响酒店管理活动的各种因素，主要包括酒店组织结构、内部管理制度、管理经验和企业文化等。这些因素与酒店的财务管理活动有着密不可分的关系。保证它们的科学性和系统性，是实施企业资本运营、实现资本增值的基础。

第二节　酒店财务管理制度

酒店财务管理制度是对酒店财务管理工作所做出的统一规定和工作准则。目前，我国已建立了以《企业财务通则》为基础，以行业财务制度为依托，以企业内部财务管理规定为补充的企业财务管理制度体系。也就是说，企业的财务管理活动必须按照《企业财务通则》的规范和本行业财务管理制度进行，与此同时，可结合企业具体情况制定出内部管理办法，如企业内部的资金管理办法、折旧管理办法、成本费用管理办法、财产物资管理办法等。因此，对企业财务活动进行管理时，一方面要解决企业与外部的财务关系，另一方面还要处理好企业内部各部门之间的财务关系。

一、建立有关对外财务制度，正确处理对外财务关系

企业的财务活动必须遵循《企业财务通则》和行业财务制度，按照有关法规、制度进行。在此基础上还应考虑以下问题：

1．建立企业资本金制度

资本金制度是国家针对资本金的筹集、管理和核算及其所有者责、权、利等方面所作出的法律规定。它主要包括资本金筹集制度和资本金管理制度。具体规定如下：

（1）企业可以采取国家、企业、个人及外商独资的方式筹集资本金，也可以采取与外商合资、合作经营及股份制的方式筹集资本金，但都必须明确产权关系。企业可以采用吸收直接投资，如吸收货币资金投资、吸收实物投资、吸收无形资产投资，还可以通过发行股票等方式筹集资本金，但都必须符合国家有关法律、法规的规定。

（2）企业应当按照法律、法规、合同、章程等有关规定及时筹集资本金。投资者未按投资合同、协议、章程的约定履行出资义务的，企业或其他投资者可以依法追究其违约责任。

（3）企业可以吸收实物、工业产权、非专利技术、土地使用权的出资，但必须评估作价，核实财产，不得高估或低估作价。吸收投资者的无形资产（不包括土地使用权）出资，

不得超过企业注册资金的 20%；因情况特殊，需要超过 20%的，须经有关部门批准，但最高不得超过 30%。企业不得吸收投资者已设有担保物权及租赁资产的出资。

（4）企业筹集的资本金必须聘请中国注册会计师验资并出具验资报告，由企业据以发给投资者出资证明书。

1）为保证资本的保值与不断增值，企业在生产经营过程中必须取得赢利。

2）投资者必须按照规定比例出资，并分享利润和承担风险及亏损。企业应根据资本金制度的要求，明确企业筹集资本金的方式、渠道、数额、登记制度和保全要求等。

2．建立固定资产折旧制度

建立固定资产折旧制度可以明确固定资产划分标准、计价方式、计提折旧的范围、折旧年限、计提方法等。具体规定如下：

（1）计提折旧的固定资产包括：房屋及建筑物；在用的机器设备、仪器仪表、运输车辆、工具器具；季节性停用和修理停用的设备；以经营租赁方式租出的固定资产和以融资租赁方式租入的固定资产。

不得计提折旧的固定资产有：房屋及建筑物以外的未使用的、不需用的固定资产；以经营租赁方式租入的固定资产；已提足折旧继续使用的固定资产；按照规定提取维简费的固定资产；破产、关停企业的固定资产；以及以前已经估价单独入账的土地等。

（2）企业固定资产的折旧方法一般采用平均年限法。企业专业车队的客、货运汽车和大型设备，可以采用工作量法。一些在国民经济中具有重要地位、技术进步较快的生产企业及经财政部批准的特殊行业的企业，其机器设备可以采用双倍余额递减法或年数总和法。折旧方法和折旧年限一经确定，不得随意变更。需要变更的，须报主管财政机关批准。

（3）企业固定资产的折旧按月计提。月份内开始使用的固定资产，当月不计提折旧，从下月起计提折旧。月份内减少或停用的固定资产，当月仍计提折旧，从下月起停止计提折旧。提足折旧的逾龄固定资产不再计提折旧。提前报废的固定资产，其净损失计入企业营业外支出，不得补提折旧。

（4）企业按照规定提取的固定资产折旧，计入成本、费用，不得冲减资本金。

3．建立成本开支范围制度

建立成本开支范围制度应明确规定酒店成本的列入范围和计算方法、各项期间费用的开支范围及支出标准。成本、费用管理是企业财务管理的主要内容之一，加强成本、费用管理对于企业节约各项开支，提高经济效益有着重要意义。酒店成本、费用按经济内容可分为四部分：

（1）营业成本　是指企业在业务经营过程中发生的各项直接支出。

（2）营业费用　是指各营业部门在经营中发生的各项费用。

（3）管理费用　是指企业为组织和管理业务经营活动而发生的费用以及由企业统一负担的费用。

（4）财务费用　是指企业经营期间发生的利息净支出、汇兑净损失、银行手续费等。

酒店不得以计划成本、估计成本、定额成本代替实际成本。采用计划成本或者定额成本核算的，按照规定的成本计算期，及时调整为实际成本。酒店的下列支出不得计入成本、费用：为购置和建造固定资产、无形资产和其他资产的支出；对外投资的支出；被没收的财物；支付的滞纳金、罚款、违约金、赔偿金，以及企业赞助、捐赠支出；国家法律、法规规定以外的各种付费；国家规定不得列入成本、费用的其他支出。

4. 建立利润分配制度

建立利润分配制度可以明确规定营业收入实现的确认标准、利润的构成、税后利润的分配顺序等。具体规定如下：

（1）营业收入是指企业在生产经营活动中，由于销售商品或提供劳务等取得的收入。企业发生的销售退回、销售折让、销售折扣，应冲减当期营业收入。

（2）企业的利润总额包括营业利润、投资净收益、营业外收支净额。企业发生的年度亏损，可以用下一年度的利润弥补；下一年度利润不足弥补的，可以在五年内用所得税完税前利润延续弥补。延续五年未弥补足的亏损，用缴纳所得税后的利润弥补。

（3）企业的利润按照国家规定做出相应的调整后，应依法缴纳所得税。缴纳所得税后的利润，除国家另有规定外，按照下列顺序进行分配：①弥补被没收财物损失，缴纳违反税法规定的滞纳金和罚款。②弥补企业以前年度亏损。③提取法定盈余公积金。法定盈余公积金按照税后利润扣除前两项后的 10%提取，盈余公积金已达注册资金的 50%时不再提取。④提取公益金。⑤向投资者分配利润。企业以前年度未分配的利润，可以并入本年度向投资者分配。

二、建立企业内部财务管理制度，正确处理各部门之间的财务关系

为了更好地管理酒店内部的财务活动，处理好各部门之间的财务关系，在建立酒店内部财务管理制度时应注意以下几点：

1. 建立资金分级管理制度

资金分级管理制度要求财务部门将流动资金占用指标分解到企业各部门，层层落实，实行分级管理。例如，对酒店各营业部门核定存货等资金定额，并对有些部门核定其储备资金定额，定期进行考核，使各使用部门都参与对流动资金的管理，充分发挥专业管理与分级管理的作用。建立资金分级管理制度，明确规定财务部门和各有关部门的职责和权限，有利于正确处理酒店内部各部门之间的相互关系，调动各方面管理资金的积极性。

2. 建立收支分级管理制度

收支分级管理制度要求将收入、成本指标分解到酒店各营业部门，计算各营业部门一定时期的收入、支出，并进行对比，这样可以分别反映各部门的收支情况，以确定其经营成果。实行收支分级管理有利于发挥各部门的积极作用，但部门的收支核算不是独立的核算，它不得对外办理结算，不应保管会计档案。所有这些工作内容，都必须集中在酒店的财务部门进行办理，各部门只是反映各自的收支，以满足管理上的需要。

3. 建立内部结算制度

酒店内部各部门之间往往会发生一些经济往来，如接受劳务，存货的收、发、交换等。这些经济往来均须办理结算手续，并按照内部结算价格和实际数量进行计价。实行内部结算制度，有利于加强经济核算，分清经济责任，正确计算各部门的支出。

4．建立奖惩制度

酒店应根据责、权、利相结合的原则，根据各部门及岗位的工作职责、工作标准和各项指标的完成情况，对成绩显著或效益好的个人、班组或部门予以奖励。对影响企业声誉、给企业造成经济损失的部门或个人则应重罚。这样可以提高职工的责任感，打破平均主义，鼓励上进，推动酒店的经营管理工作。

第三节　酒店财务管理组织机构

酒店财务管理组织机构是实施财务管理的主体，建立健全酒店财务管理组织是有效开展酒店财务活动、顺利实现酒店财务管理目标的组织保证。建立合理的酒店组织机构是建立酒店财务管理组织机构的前提。

一、酒店组织机构

酒店组织机构是酒店为了实现其经营目标，指挥协调全体员工进行协作劳动而建立的组织系统和相应的机构。

1．决定酒店组织机构的因素

（1）酒店的营业范围与项目。

（2）酒店的营业对象与形式。

（3）酒店的规模、档次。

（4）酒店职工素质。

（5）财务管理权责划分要求。

（6）酒店外部环境等。

2．设置酒店组织机构的原则

（1）适用原则　酒店的组织机构要服从酒店经营的需要。酒店营业部门和管理部门的设置要根据酒店业务状况而定。

（2）效率原则　酒店的组织机构设置，要根据各项工作量的大小，本着节约的精神，因事设职（岗）、因职（岗）设人，人尽其力，提高效率。

（3）统一领导、分级管理原则　酒店领导者应从酒店全局出发，统一领导，实行总经理负责制；酒店各级机构应明确自己的管理权责，服从上一级领导，充分发挥各部门的积极性，保证各部门的工作任务顺利完成。

（4）分工协作原则　酒店的各项工作需要科学地分工、合作。酒店组织机构的设置一方面应利于明确各部门、各环节的工作分工，便于考核其工作的完成情况；另一方面应利于各部门、各环节的协作配合，确保酒店经营活动顺利进行。

3．酒店组织机构形式

（1）直线式　也称单线制，其特点是指挥和管理的职能由酒店的行政负责人执行，下属单位只接受一个上级的指令。

这种组织机构的优点是机构比较简单，指挥管理统一，责任和权限明确，能较为迅速地做出决策，便于指令的全面执行和检查监督。

其缺点是在酒店规模较大的情况下，业务较为复杂，所有管理职能都集中由一人承担，因而需要全能的管理者。

这种组织机构形式，一般只适用于那些没有必要按职能实行专业化管理的小型酒店。直线式组织机构如图 2-1 所示。

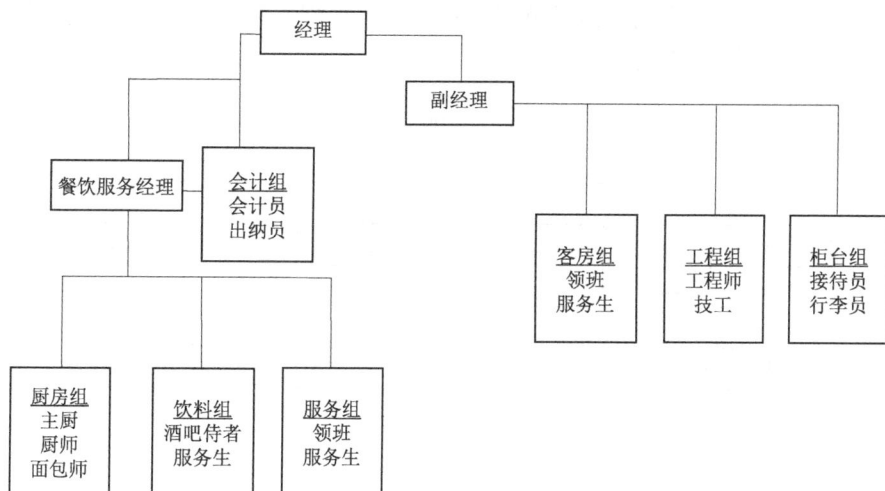

图 2-1 直线式组织机构

（2）职能式 也称多线制，其特点是采用按职能实行专业分工管理的办法来代替直线式全能管理者，即在总经理下面设立职能机构和人员，把相应的管理职责和权力交给这些职能机构，各职能机构在自己的业务范围内可以向下级单位下达命令和指示，直接指挥下级单位。

这种组织机构的优点是具有适应现代酒店经营业务比较复杂、管理工作分工较细的特点，能够充分发挥职能机构的专业管理作用，减轻了直线领导人员的日常行政事务，使他们能够将注意力集中在酒店的重大问题上。

其缺点是由于实行多头领导，妨碍对酒店经营活动的统一指挥，容易造成管理混乱。

（3）直线职能式 其特点是把酒店所有的机构和部门分为两大类。

1）业务部门：它可以独立存在，并有自身特定的业务内容。业务部门按管理层次实行直线指挥，责权分明，效率较高，但不利于横向多维联系，如饭店的前厅部、客房部、餐饮部、商品部、工程部等均属于业务部门。

2）职能部门：它不能独立存在，而是为业务部门服务，执行自身某种管理职能的部门。职能部门按分工和专业化的原则执行某一项管理职能，如酒店人力资源部、保安部、财务部等均属职能部门。

直线职能式的组织机构形式是直线式和职能式的相互结合，各扬其长，互补其短。按照直线职能式这一组织机构形式，酒店每个业务部门都是一个业务区域，每个业务部门下面根据业务活动的不同又可以分为若干个实体业务区域。例如：酒店餐饮部是一个业务区域，在其下面又可以分为餐厅、厨房、采购保管等业务区域，而餐厅业务区域又可以分为中餐厅、西餐厅等业务区域。

采用直线职能式作为组织机构形式时需注意以下几点：①酒店各级指挥人员下达命令

按管理层次直线进行。②职能部门是直线指挥人员的参谋和助手，只能对下级对口业务部门进行业务指导，监督、督促其他部门执行管理职能，但不能指挥其他部门。③职能部门拟定的计划、决策、方案、制度等，由总经理批准执行，如果涉及各部门的，则由各部门经理对该部门进行直线指挥，下达执行指令。总之，在对酒店进行管理时，既要使各职能部门有效地发挥管理职能作用，又要避免多头领导、多头指挥。目前我国大中型酒店多采用直线职能式的组织机构形式。但具体组织形式还需根据不同酒店的特点而具体规定。直线职能式组织机构如图 2-2 所示。

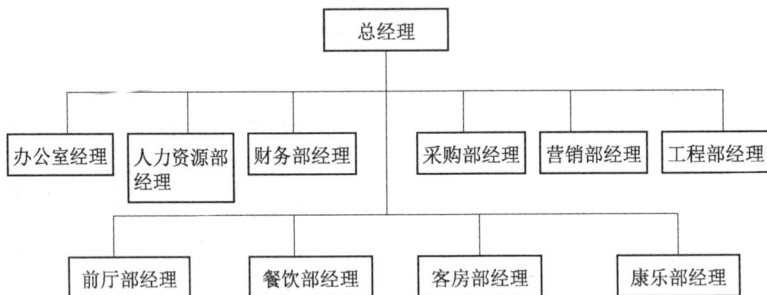

图 2-2　直线职能式组织机构

二、酒店财务管理组织机构

1. 管理层次

根据酒店组织机构设置原则和组织机构形式，酒店财务管理组织机构应采用直线式设置，这种设置自上而下一般可分为以下几个层次：

（1）总经理　对酒店财务成果负责，对酒店财务活动进行统一指挥，贯彻执行财经法规、财务制度和会计制度，研究、审批和签发酒店财务管理制度和方案，审阅和督导各种财务报表等。

（2）总会计师（或财务总监）　在总经理的领导下，负责计算和审查酒店财务成果，督导和检查财务计划的执行和完成情况，设计和审查酒店财务会计事项等。

（3）财务部经理　在总会计师（或财务总监）的领导下，具体负责组织酒店财务会计的日常管理工作。

（4）财务会计主管　在财务部经理领导下，具体负责财务会计某方面的日常管理工作。

（5）财务会计人员　在财务会计主管的领导下，具体完成某项财务会计工作。

2. 指挥形式

财务指挥形式主要有以下几种：

（1）制定酒店财务规范，要求各级、各岗位按照财务管理规范搞好财务管理工作。

（2）制定财务预算，要求认真贯彻执行财务预算。

（3）定期召开财务分析会。

（4）不定期召开财务专题会。

（5）下达财务问题书面或口头命令。

3．信息传递方式

酒店各部门都有财务管理任务，都会产生财务信息，同时也都需要财务信息。为保证整个财务管理组织系统的正常运转，需要财务信息准确、及时地传递。酒店财务信息传递有以下两种形式：

（1）纵线信息传递　是指上下级间财务信息的传递，可以保证决策正确及时、指挥迅速有效。

（2）横线信息传递　是指各部门及各项工作之间财务信息的传递，可以使各部门协作配合，有效地完成各自的本职工作。例如：酒店的客人办理登记等入住手续后，前台应立即将客人信息传递给客房及餐饮等部门，以便做好接待服务工作；当客人离店时，各部门应及时传递各方面的信息，确定其消费数额，加快结算速度，防止漏账的发生。

4．酒店财务管理组织形式

酒店财务管理组织形式主要有以下两种：

（1）财务采供一体式　财务部门不仅负责会计核算和财务管理工作，同时还承担酒店物资的采购与保管。这种形式有利于财、物统管，可以减少资金占用，提高资金使用效果，特别是有利于对储备资金的管理与控制。但这种组织形式对财务部经理的素质要求较高，特别是对于那些财务、采供工作量很大的大型酒店。财务采供一体式组织形式如图 2-3 所示。

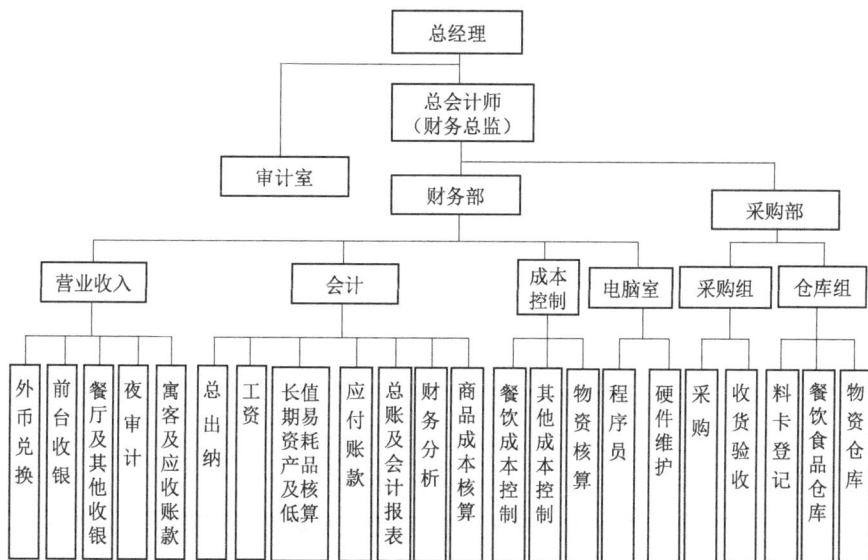

图 2-3　酒店财务管理财务采供一体式组织机构图

（2）财会一体式　财务工作和会计工作统一由财务部门负责，物资采购与供应由另一职能部门负责。这种组织形式的主要优点是管理专业性较强，财务部经理可集中精力搞好本专业工作。其缺点是对采供环节资金占用难以控制，因此有些酒店又将采供部门置于总会计师（或财务总监）的领导之下，以求加强对采购资金的控制。财会一体式组织形式如图 2-4 所示。

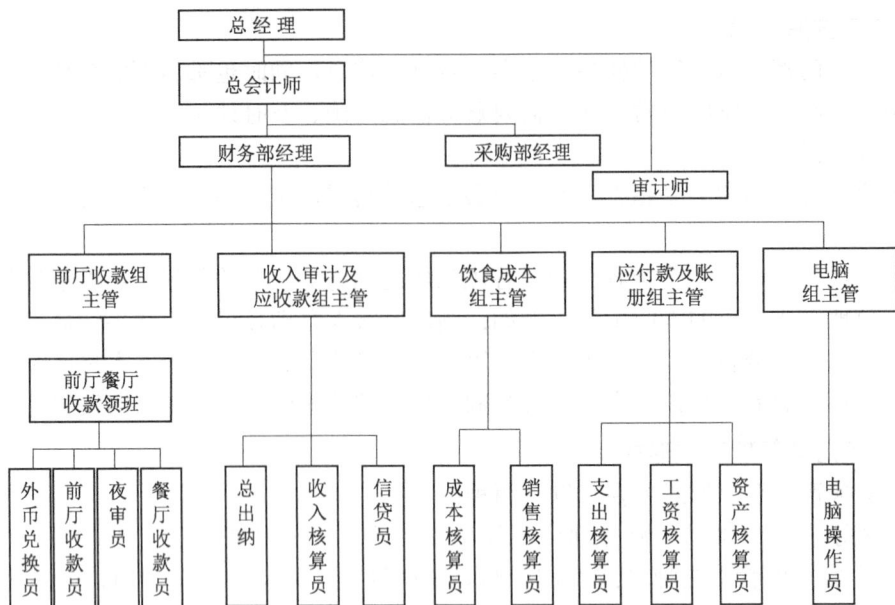

图 2-4 酒店财务管理财会一体式组织机构图

复习思考题

一、选择题

1. 对酒店财务管理而言，下列因素中的（　　）只能加以适应和利用，但不能改变它。
   A. 国家的经济政策
   B. 金融市场环境
   C. 企业经营规模
   D. 国家的财务法规

2. 在下列各项中，不属于企业财务管理金融环境内容的是（　　）。
   A. 金融市场
   B. 金融机构
   C. 金融工具
   D. 企业财务通则

3. 在下列各项中，属于酒店的组织机构形式的是（　　）。
   A. 直线式
   B. 联合式
   C. 职能式
   D. 一体式

4. 在下列各项中，属于长期处于相对稳定状态，而使财务管理环境也处于相对稳定的因素是（　　）。
   A. 地理环境
   B. 企业类型
   C. 价格因素
   D. 法规制度

5. 在下列各项中，属于酒店财务管理组织形式的有（　　）。
   A. 财务采供一体式
   B. 联合式
   C. 职能式
   D. 财会一体式

二、思考题

1. 什么是财务管理环境？这些环境因素对酒店的财务管理产生哪些影响？

2. 影响酒店财务管理的金融因素有哪些？

3. 试论述理财环境与酒店财务的关系。

4. 酒店应建立哪些内部财务管理制度用以处理对外、对内财务关系？

5. 酒店财务管理组织形式有几种？它们各自具有哪些特点、适用哪类酒店？

三、案例分析题

美国的"次贷危机"在2008年引起的全球性金融危机对中国酒店业产生了巨大的冲击。2008年9月德勤的酒店通用指标统计，上海酒店业20年来首次出现的出租率下滑，上海希尔顿酒店在2008年也出现了出租率下滑、利润减少现象。

【问题】试分析环境因素对上海希尔顿酒店的财务管理产生的影响。

第三章

财务管理的价值观念

知识目标

- ■ 理解资金时间价值的观念。
- ■ 掌握单利、复利、终值、现值、年金的概念。
- ■ 掌握资金时间价值的计算。
- ■ 理解风险的概念，了解风险的种类及其特点。
- ■ 掌握简单度量风险的方法。

能力目标

- ■ 能够运用资金时间价值帮助酒店做出正确决策。
- ■ 能够对酒店经济活动中的风险进行分析，对风险进行度量。

在新的市场经济条件下，酒店为适应激烈的市场竞争形势、适应旅游消费模式的转化趋势、适应我国酒店业国际化和集团化发展趋势、适应现代科学技术的飞速发展，需要学习、借鉴国外酒店财务管理的经验，并结合我国国情，树立不断适应市场发展的现代财务管理新理念。资金的时间价值和投资的风险价值，是财务管理的两个基础观念。

第一节　资金的时间价值

一、资金时间价值的基本概念

1. 资金时间价值

我们都知道一个道理,现在的 100 元钱和一年后的 100 元钱在经济价值上是不相等的。为什么这么说呢？

设想一下，如果我们将钱放入保险箱，不论经过多长时间，这些钱不会变多也不会变少。但是如果将其存入银行，经过一段时间之后，我们就可以在原来存款的基础上获得一定的利息。利息的多少与存款时间的长短和存款利率的高低有关，存款时间越长，存款利率越高，利息的数额也就越多。

如果我们将这笔资金用于购买国债、基金，或者进行其他投资，那么随着时间的推移，我们原来的资金也会增加，而且可以获得比存入银行更多的增值额。

这个现象说明了，如果把资金存入银行、购买国债、购买基金等都看作投资，那么只要我们将资金进行投资，随着时间的推移，资金就会发生增值，而这个增加值我们就可以把它看作货币时间价值。

（1）资金时间价值的概念　　资金在投资和再投资的过程中，随着时间的推移而产生的增值被称作资金的时间价值，又称货币时间价值。

从这个定义可以看出，静止的、没有投入运转的资金是不会产生时间价值的。资金持有者利用所掌握的资金进行增值投资才会产生资金的时间价值。所以从这个角度来说，资金的时间价值是对资金持有者的资金使用权的一种定价，也就是资金的拥有者因放弃对资金的使用而根据放弃时间的长短所获得的报酬。这是对资金时间价值的一种直观理解，除此之外，还存在其他的表述方式。比如，有的学者认为投资者进行投资（开办企业、购买股票或债券、存入或借出款项等），就必然推迟消费，对投资者推迟消费的耐心应该给予报酬，这种报酬的量应该与推迟消费的时间长度成正比，因此货币时间价值是对投资者推迟消费的一种报酬；还有的学者从资金的增值现象来观察，把资金时间价值直接表述为一定量资金在不同时点上价值量的差额。

不论从什么角度来表述资金的时间价值，需要强调的是：并非所有资金都具有时间价值，必须将资金投入业务经营过程，也就是说作为投资资本运用的资金才能产生增值，不能被当作资本利用的资金是不具备自行增值属性的。

例如，某酒店计划在该市的开发区开一家新店，在考察论证后发现，目前立刻投资，可以带来 200 万元的资金流入，如果一年后再投资，由于该地区的发展更加成熟，可以获得 230 万元的资金流入。如果不考虑资金时间价值，那么一年后投资可以比现在立即投资获得更多的资金流入，但是考虑了货币时间价值后就可以发现，如果将 200 万元进行再投资，投资报酬率为 20%，一年后 200 万元就变为 200×（1+20%）=240 万元，表明现在立即开发比一年后开发更有利。

再比如，某酒店打算支付 10 万元购置一套设备，预期该设备在今后五年内每年带来 2 万元的资金流入，是否应该投资于这套设备呢？

以上两个例子都需要考虑资金时间价值，并对资金时间价值进行衡量，才能做出正确决策。

（2）资金时间价值的衡量　　资金时间价值可以用利息和利率来衡量。

资金时间价值是资金随时间推移而产生的增值额，因此可以用利息来衡量资金的时间价值。将 100 元存入银行，假设存款年利率为 10%，那么一年后，银行存款的数额将变为 110 元，增加的 10 元就是资金的时间价值。而这 10 元是以 100 元存款存一年的利息的形式表现出来的。

由于利息的多少与时间有关，因此这种以绝对数表示的资金时间价值缺乏可比性，所以在经济生活中，更多的是以利率的形式表示资金时间价值，即以增加值占投入资金的百分比来表示，如前述存款利率为 10%。

那么是不是所有的利率都是时间价值呢？让我们来看下面这个例子：

100 元资金，可以进行三种投资：①存入银行，存款年利率为 5%；②购买企业债券，年利率为 8%；③购买股票，预期收益率为 10%。一年之后，这 100 元的投资增值分别是 5 元、8 元和 10 元。相等的 100 元，相同的时间间隔，得到的增值额和增值幅度却不相等。那么哪一个是资金时间价值呢？还是三个都是时间价值？或者都不是？

如果不考虑通货膨胀，而且遭遇银行破产的风险非常低，我们可以得出这样的结论，将资金存入银行，一年后可以稳拿 5 元的增值；而购买企业债券和股票，都不同程度承担了风险，随着风险的增加，投资增值额也在增加。这也就说明了，当存在风险的时候，资金所有者由于承担了风险，获得超过资金时间价值的额外报酬，作为对风险的补偿。其实这一部分超过资金时间价值的部分应该是风险价值。因此，从理论上讲，资金时间价值相当于在没有风险、没有通货膨胀条件下的社会平均资金利润率。或者说，资金的时间价值在量上等于市场利率剔除通货膨胀附加率和风险附加率后的纯粹利率。现实经济生活中，通常将不考虑通货膨胀条件下的国债利率或银行存款利率视为资金时间价值。

（3）在酒店的财务管理中树立资金时间价值观念的意义

1）使酒店的财务决策建立在客观、可比的基础上。由于资金的时间价值，相等金额的资金在不同的时点上具有不同的经济价值，不能直接进行比较。比如，当酒店进行长期投资项目决策，由于项目时间跨度很长，资金的流入流出在各个不同时点上发生，所以在决策分析的过程中，必须将不同时点上的现金流入量和现金流出量都折算为同一时点的数值，这样才能使投资项目的经济决策建立在客观和可比的基础上。由此可以看出，资金时间价值正确地揭示了不同时点上资金之间的换算关系，是酒店进行财务决策的重要依据。

2）突出了资金成本的概念，有利于酒店树立提高资金使用效率的紧迫感。资金具有时间价值，所以使用资金不可能是无偿的，必须付出代价。今天的一元钱与明天的一元钱价值是不一样的，在没有通货膨胀和风险的情况下，今天的一元钱比明天的一元钱更有价值。在酒店的经营管理过程中，需要注重资金的时间价值，在资金筹集、运用和分配等各方面要充分考虑这一因素，做到及时筹集所需资金、有效管理资金运营、充分利用现有资金、合理进行长短期决策。

2．利息和利率

（1）利息　资金具有时间价值，从资金所有者的角度来看，暂时放弃资金的使用权，延迟了对这笔资金的运用，因而必然要求对方给予一定的报酬作为补偿；从资金使用者的角度来看，使用资金必然要付出一定代价，也就是使用资金的成本，这就是利息。利息常用字母 I 表示。

利息的多少与让渡资金数额的多少、让渡资金使用权的时间以及资金的价格有关。其中，让渡资金的数额，或者说初始投资的数额，称为本金；让渡资金使用权的时间长度称为投资期，也就是资金投入周转的时间；相邻两次计算利息的时间间隔称为计息期；而资金的价格就是我们所说的利率。

例如，某酒店为了资金周转，向银行借款 20 万元，借款时间为一年，约定每半年偿还利息 6 000 元，一年后归还本金 20 万元。在这个例子中，本金为 20 万元，让渡资金使用权的时间为一年，半年的利息为 6 000 元，计息期为六个月。因此我们可以看到，计算利息的间隔期不一定都是一年，也可以是一个月、一个季度或者半年。

（2）利率　利率简单来说就是一定时期内利息与本金的比例，也称利息率。其本质是单位时间上、单位本金所获得的利息。单位时间也可以称为期。因为单位时间长短的不同，利率可能是年利率，也可能是半年利率、季利率、月利率或日利率等。最常用的是年利率，如无特殊说明，本书中的利率为年利率。

在上个例子中，该酒店借款的利率是多少呢？由于计息期是半年，我们可以直接得出半年的利率是3%，即：

$$半年利率 = \frac{利息}{本金} \times 100\% = \frac{6\,000}{200\,000} \times 100\% = 3\%$$

在现实经济生活中，由于通货膨胀以及风险的存在，市场利率表现为资金时间价值（即纯粹利率）与通货膨胀附加率、风险附加率之和，表示如下：

$$市场利率 = 纯粹利率 + 通货膨胀附加率 + 风险附加率$$

由于风险有变现力的风险、违约风险、到期风险，因此市场利率也可以表示为

$$市场利率 = 纯粹利率 + 通货膨胀附加率 + 变现力风险附加率 +$$
$$违约风险附加率 + 到期风险附加率$$

式中，纯粹利率即资金时间价值，往往以政府债券的利息率为标准。

与商品在交易过程中具有价格一样，资金就像一种特殊的商品，而利率就是这种特殊商品的价格。这也说明资金在市场上由资金所有者的手中流转到资金使用者的手中，不是无偿的，是有代价的。从资金所有者的角度而言，利率是其让渡资产使用权所获得的报酬率；而对于资金使用者来说，利率是其因使用资金而向资金所有者支付的资金的价格。因此，利率也可以说是资金的价格，又称为报酬率。

3. 单利和复利

单利和复利是资金时间价值的两种计息方法。

单利是指只对本金按照规定的利息率计算利息，计息期的利息不再累加到本金中重复计算利息，也就是利息不再生息。

复利是指不仅对本金计算利息，而且以前各期的利息，到下一期也加入本金计算利息，即通常所说的"利滚利"。

4. 终值和现值

由于资金具有时间价值，同一笔资金在不同的时点具有不同的价值量，不同时点上的资金量也就不能进行比较和计算，因此，必须将资金换算到同一个时点才能具有可比性，才能比较与计算。把不同时点的资金换算到同一时点上可以采取计算资金现值或资金终值的方法。

终值是指现在的一笔资金按照规定的利率计算的在未来某一时点的价值，又称将来值、本利和。

现值又称本金，是指未来某一时点上的一定量资金，折合到期初的价值。这一计算过程称为折现。

例如，某酒店将30万元资金存入银行，一年后该笔存款金额变为30.9万元，那么30.9万元就是30万元一年后的终值，而30万元是一年后30.9万元的现值。

5．年金

（1）年金的概念　年金是指在相同的时间间隔内收入或支付的系列等额款项。年金最初的意思是指在每年定期收入或支付一次金额相等的款项，通常用字母 A 表示。现在这个定义扩展为收入或支付的款项不一定每年一次，而是间隔时间可以长于或短于一年，只要仍然保持时间间隔相等即可。因此，扩展后的年金是指在相同的时间间隔内收入或支付的系列等额款项。比如，按照直线折旧法计提的折旧、住房按揭还贷、定期零存整取的银行存款、银行存贷款的利息、债券的利息、购物的分期付款、租金、养老金、保险金等都表现为年金的形式。根据前面所述，我们可以看出年金具有等额性、等时性、系列性的特点，即：是一系列收入或支出的款项；收入或支出的金额相等；收入或支出间隔的时间相等。

（2）年金的分类　根据资金收入或支出时间点的不同，年金可以分为普通年金、预付年金、递延年金和永续年金。

1）普通年金，是指收入或支出的系列等额款项发生在每期期末的年金，又称后付年金。比如，银行存贷款的利息、债券的利息、购物的分期付款、住房按揭还贷等都是普通年金。

为了直观地表示问题，可以借助于时间示图。以时间为横轴，把每次资金支出、资金收入、支付时间和数量都标注在图上。本书统一把资金收入标注在时间轴的下方，用向下的箭头表示；资金支出标注在时间轴的上方，用向上的箭头表示。因此，n 期普通年金可以如图 3-1 所示。

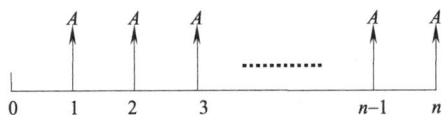

图 3-1　普通年金示意图

2）预付年金，是指收入或支出的系列等额款项发生在每期期初的年金，又称先付年金。比如，以零存整取方式存入银行的款项、定期交纳的保险金等都是预付年金。n 期预付年金可以如图 3-2 所示。

图 3-2　预付年金示意图

3）递延年金，是普通年金的特殊形式，是指系列等额款项的收入或支出发生在第一期以后的某一时期的年金。递延年金是普通年金的特例，是前 $m-1$ 年没有资金收入或支付的普通年金。n 期递延年金可以如图 3-3 所示。

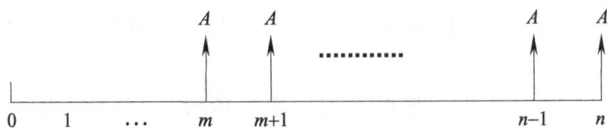

图 3-3　递延年金示意图

注：$m \geqslant 2$　$n > m$

4）永续年金，也是普通年金的特殊形式，是指系列等额款项的收入或支付期限趋于无穷，没有终止，是资金收入或支付没有终止期限的普通年金。优先股股利、定期等额发放的奖学金等都是永续年金的形式。n 期永续年金可以如图3-4所示。

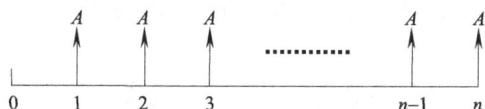

图3-4　永续年金示意图

注：n 趋于无穷大（$n \to \infty$）

二、一次性收付款项终值与现值的计算

资金的时间价值计算，是指将不同时点（日期）的资金价值量换算成同一时点（日期）资金价值量的过程。终值与现值的差额，就是资金的时间价值（绝对数）。因此，对资金时间价值的计算，可以转化为对终值和现值的计算。

在某一特定时点上一次性支付（或收取），经过一段时间后再相应地一次性收取（或支付）的款项，即为一次性收付款项。这种性质的款项在日常生活中十分常见，如将 10 000 元钱存入银行，一年后将本金和利息 10 500 元提出，这里所涉及的收付款项就属于一次性收付款项。

1．单利的终值和现值

（1）单利利息的计算

【例3-1】假设投资者将 100 万元资金存入银行，银行存款年利率为 10%，那么按照单利计算，三年后能够得到的利息是多少？

第一年的利息=100×10%=10（万元）

第二年的利息=100×10%=10（万元）

第三年的利息=100×10%=10（万元）

所以三年后利息总额为 30 万元，即 100×10%×3。

在单利计息的情况下，如果本金为 P，利率为 i，每一期的利息为 $P \times i$，在第 n 期末，全部的利息为

$$I = P \times i \times n$$

式中　I——利息；

P——本金，又称期初金额或现值；

i——利率，通常指年利率，即每年利息与本金之比；

n——计息期数，通常以年为单位。

从上面的表达式我们可以看出单利的一个显著特征，就是一定本金在相等的时间内所产生的利息是相等的，都是 $P \times i$。

【例3-2】某酒店取得一张带息票据，面额为 3 000 元，票面利率 4%，出票日期为 4 月 20 日，6 月 19 日到期（60 天到期）。按照单利计息，到期时可得利息：

$$I = 3\,000 \times 4\% \times \frac{60}{360} = 20\,（元）$$

通过本例，我们必须注意一个问题，那就是 i 和 n 的时间度量必须一致。n 表示时间单位，通常是一年，但也可以是半年、季度、月或者日，因此在进行资金时间价值计算的时候，要注意时间单位与利率的一致性，即：如果利率是年利率，那么时间单位应该是年；如果是月利率，时间单位也应该是月。

（2）单利终值的计算　单利终值是指现在的一笔资金按照单利计算的在未来某一时点的价值，即将来的本金与利息之和。

【例 3-3】投资者将 100 万元资金存入银行，假设银行存款年利率为 10%，那么按照单利计算，三年后可以从银行取出多少资金？

100 万元在第一年末的终值为

$$F_1=100+100\times10\%=100\times（1+10\%）=110（万元）$$

100 万元在第二年末的终值为

$$F_2=100+100\times10\%\times2=100\times（1+2\times10\%）=120（万元）$$

100 万元在第三年末的终值为

$$F_3=100+100\times10\%\times3=100\times（1+3\times10\%）=130（万元）$$

三年后，可以从银行提取出本利和 130 万元。

因此，如果本金为 P，利率为 i，则 n 期后的本利和，也就是单利终值为

$$F=P+I=P+P\times i\times n=P\times（1+i\times n）$$

式中　F——本金和利息之和，又称本利和或终值。

通过上面的计算，还可以发现一个规律：

第 $n-1$ 期的单利终值为

$$F_{n-1}=P\times[1+（n-1）\times i]$$

第 n 期的单利终值为

$$F_n=P\times（1+n\times i）$$

两者之间的关系为

$$F_n-F_{n-1}=P\times（1+n\times i）-P\times[1+（n-1）\times i]=P\times i$$

通过上面公式我们发现，随着时间的增加，单利终值每期增加相同的金额 I，即单利终值等额递增。

【例 3-4】例 3-2 中该酒店的票据在到期日可以得到的本利和为：

$$F=3\,000\times（1+4\%\times\frac{60}{360}）=3\,020（元）$$

【例 3-5】某酒店因为资金需要，向银行借入短期借款 20 万元，期限六个月，利率 4%，到期时一次性偿还短期借款及借款利息。那么该企业在借款到期时应向银行支付的款项为：

$$F=200\,000\times（1+4\%\times\frac{180}{360}）=204\,000（元）$$

（3）单利现值的计算　单利现值是指将来的一笔资金按照单利折算到期初的价值。单

利现值的计算是单利终值计算的逆运算，计算公式为

$$P=F-I=\frac{F}{1+i\times n}$$

【例3-6】某投资者希望五年后从银行取出 80 000，如果银行存款年利率为 4%，按照单利计算，现在应该存入银行多少钱？

$$P=\frac{F}{1+i\times n}=\frac{80\,000}{1+4\%\times 5}=66\,666.67\text{（元）}$$

2.复利的终值和现值

（1）复利终值的计算　复利终值是指现在的一笔资金按照复利计算的在未来某个时间点的价值。

【例3-7】某酒店将 100 万元资金存入银行，假设银行存款利率为 10%，那么按照复利计算，三年后该酒店能够从银行取出的资金数是多少？

三年后的复利终值与每期利息的计算如图 3-5 所示。

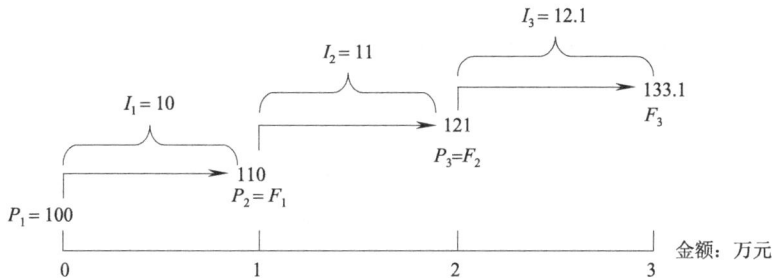

图 3-5　100 万元三年后的复利终值计算过程

第一年，本金 P_1 为 100 万元，到期末时：

$$\text{利息}\ I_1=\text{本金}\times\text{利率}=100\times 10\%=10\text{（万元）}$$

$$\text{本利和}\ F_1=\text{本金}+\text{利息}=100+10=100+100\times 10\%$$
$$=100\times(1+10\%)$$
$$=110\text{（万元）}$$

第二年，由于复利计息方法隐含着这样一个假设，即每期获得的利息以与原始资金相同的利率进行再投资。于是第二年的本金 P_2 变为第一年末的本金与利息之和的 110 万元，期末时：

$$\text{利息}\ I_2=110\times 10\%=100\times(1+10\%)\times 10\%=11\text{（万元）}$$

$$\text{本利和}\ F_2=110+11=100\times(1+10\%)+100\times(1+10\%)\times 10\%$$
$$=100\times(1+10\%)\times(1+10\%)$$
$$=121\text{（万元）}$$

第三年，本金 P_3 为 121 万元，到期末时：

$$\text{利息}\ I_3=121\times 10\%=100\times(1+10\%)\times(1+10\%)\times 10\%$$

$$=100\times（1+10\%）^2\times10\%$$

$$=12.1（万元）$$

本利和 $F_3=121+12.1$

$$=100\times（1+10\%）^2+100\times（1+10\%）^2\times10\%$$

$$=100\times（1+10\%）^3$$

$$=133.1（万元）$$

该酒店在三年后可以从银行获得133.1万元。这133.1万元就是100万元三年后的复利终值。由此番推导我们可以归纳出：

$$F_1=P_1\times（1+i）$$

$$F_2=P_2\times（1+i）$$

由于 $P_2=F_1$，因此

$$F_2=F_1\times（1+i）=P_1\times（1+i）\times（1+i）$$

$$F_3=F_2\times（1+i）=P_1\times（1+i）^2\times（1+i）=P_1\times（1+i）^3$$

于是得到，如果本金为 P，利率为 i，n 期后的复利终值为

$$F=P\times(1+i)^n$$

式中，$(1+i)^n$ 称为利率为 i、期数为 n 的复利终值系数，通常表示为（F/P，i，n）。当本金为1的时候，利率为 i、期数为 n 的复利终值等于 $(1+i)^n$，因此（$1+i$）^{n} 又称为1元复利终值。

为了简化计算，复利终值系数的数值可以通过查复利终值系数表直接获得。复利终值系数表见附录A，表中的第一行代表 i，第一列代表 n，纵向与横向相交处的数值既是复利终值系数。表3-1是复利终值系数表的简表。教材的复利终值系数表中，i 和 n 的取值都是整数，实际工作中可能是小数。表中的系数一般保留3~4位小数，实际工作中保留的位数可能要多一些。

表3-1 复利终值系数表

期　　数	6%	7%	8%	9%	10%
1	1.060	1.070	1.080	1.090	1.100
2	1.124	1.145	1.166	1.188	1.210
3	1.191	1.225	1.260	1.295	1.331
4	1.262	1.311	1.360	1.412	1.464
5	1.338	1.403	1.469	1.539	1.611

如例3-7中，利率 i 为10%，期数 n 为3，就可以通过查表3-1，利率为10%的列与期数为3的行相交处的"1.331"就是复利终值系数，即（$1+10\%$）$^3=1.331$，相应的三年后100万元的终值的计算如下：

本利和 $F_3=100\times（1+10\%）^3=100\times1.331=133.1（万元）$

按照复利计算终值的过程中，随着时间的增加，相邻两期复利终值之间的关系如下：

第 $n-1$ 期的复利终值为

$$F_{n-1}=P\times(1+i)^{n-1}$$

第 n 期的复利终值为

$$F_n=P\times(1+i)^n$$

则两者之间的关系为

$$\frac{F_n}{F_{n-1}}=\frac{P\times(1+i)^n}{P\times(1+i)^{n-1}}=1+i$$

第 n 期的复利终值是第 $n-1$ 期复利终值的（$1+i$）倍。可以认为，复利终值以等比的趋势增加，即复利终值每期增加相同的倍数。而相邻两期的复利利息之间也是以等比增加，即后一期利息是前一期利息的（$1+i$）倍。

复利终值与利率和计息期数成正比，即利率越大，复利终值越大，计息期数越多，复利终值越大。假设本金为 10 000，利率分别为 5%、10%、15%，复利终值、利率以及计息期之间的关系如图 3-6 所示。

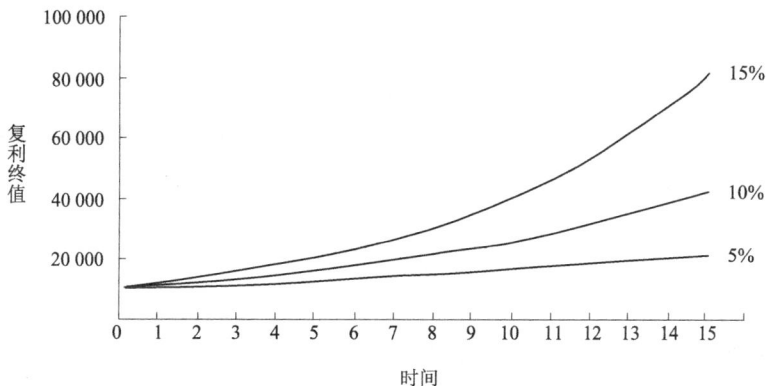

图 3-6　复利终值与利率、时间的关系

【例 3-8】某酒店计划将 100 万元投资于某一项目，预计该项目的年投资报酬率为 10%，则五年后该企业将获得资金计算如下：

$$F=1\,000\,000\times（1+10\%）^5=1\,000\,000\times1.611=1\,611\,000（元）$$

利用复利终值的计算公式，不仅可以在已知 i 和 n 时计算复利终值，也可以在已知 i 和复利终值时计算 n，或在已知 n 和复利终值时计算 i。

【例 3-9】假设某酒店将 1 000 000 元投资于某一项目，该项目的年报酬率为 10%，那么几年后该企业能获得原投资额 1.5 倍的资金？

$$1\,000\,000\times1.5=1\,000\,000\times(1+10\%)^n$$
$$1.5=(1+10\%)^n$$

这说明利率为 10% 的复利终值系数的值为 1.5。查 1 元的复利终值系数表，在利率为 10% 的这一列，当 $n=4$ 时复利终值系数为 1.464，当 $n=5$ 时复利终值系数为 1.610，选择其中更为接近 1.5 的年份，即四年后企业将获得原投资额 1.5 倍的资金。

【例 3-10】假设某酒店将 1 000 000 元投资于某一项目，企业计划五年后获得原投资额

1.5 倍的资金，那么该项目的期望报酬率是多少？

由题干可知：

$$1\ 000\ 000 \times 1.5 = 1\ 000\ 000 \times (1+i)^5$$
$$1.5 = (1+i)^5$$

$n=5$ 的复利终值系数的值为 1.5。查 1 元的终值系数表，在 $n=5$ 的这一列，当 $i=8\%$ 时复利终值系数为 1.469，当 $i=9\%$ 时复利终值系数为 1.538，这两项都接近于 1.5，无法做出判断。于是可以采取更加精确的方法确认 i 的值，即采用插值法计算如下：

年利率　　　　　　　　　　　　　　　　复利终值系数

$$
\begin{array}{ccc}
8\% & & 1.469 \\
& \left.\begin{array}{c} i-8\% \end{array}\right\} 1\% & \left.\begin{array}{c} 0.031 \end{array}\right\} 0.069 \\
i & & 1.5 \\
9\% & & 1.538 \\
\end{array}
$$

$$\frac{i-8\%}{1\%} = \frac{0.031}{0.069}$$

$$i = 8.45\%$$

（2）复利现值的计算　复利现值是指未来的一笔资金按照复利折现到期初的价值。复利现值的计算是复利终值计算的逆运算，其计算公式为

$$P = \frac{F}{(1+i)^n} = F \times (1+i)^{-n}$$

这一折算过程称为折现，折现所用的利率被称为折现率或贴现率。其中，$(1+i)^{-n}$ 称为利率为 i、期数为 n 的复利现值系数。通常表示为（P/F，i，n）。当终值为 1 的时候，利率为 i、期数为 n 的复利现值等于 $(1+i)^{-n}$，此时的 $(1+i)^{-n}$ 又称为 1 元复利现值。

为了简化计算，同复利终值系数一样，复利现值系数的数值可以通过查复利现值系数表直接获得。复利现值系数表见附录 B，表中的第一行代表 i，第一列代表 n，纵向与横向相交处的数值既是复利现值系数。表 3-2 是复利现值系数表的简表。

表 3-2　复利现值系数表

期　　数	6%	7%	8%	9%	10%
1	0.943	0.935	0.926	0.917	0.909
2	0.890	0.873	0.857	0.842	0.826
3	0.840	0.816	0.794	0.772	0.751
4	0.792	0.763	0.735	0.708	0.683
5	0.747	0.713	0.681	0.650	0.621

【例 3-11】某酒店三年后计划进行一条新旅游线路的开发，届时需要投入 100 万元。因此，现在存入一笔资金，作为三年后投资之用。如果银行存款年利率为 10%，那么需要现在一次存入银行多少钱？

$$P = F \times (1+i)^{-n} = 100 \times (1+10\%)^{-3} = 100 \times 0.751 = 75.10（万元）$$

由于复利现值系数和复利终值系数成倒数关系，因此，例 3-11 的计算也可以通过查复

利终值系数表完成，计算如下：

$$P=F\div(1+i)^n=100\div(1+10\%)^3=100\div1.331\approx75.10（万元）$$

与复利终值正好相反，复利现值与利率和计息期成反比，即 n 年后一定量的资金，随着利率增加，其复利现值不断降低，随着计息期数的增多，其复利现值不断减少。这也正好体现了我们在本章第一节提到的现在的 1 元钱，要比一年后的 1 元钱的价值高。假设本金为 10 000，利率分别为 5%、10%、15%，复利现值、利率以及计息期之间的关系如图 3-7 所示。

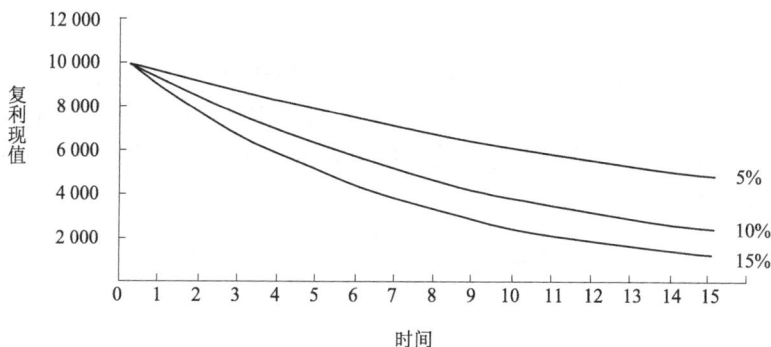

图 3-7　复利现值与利率、时间的关系

3．名义利率、实际利率的换算

在实际的经济生活中，计算利息的时间往往不一定是以年为单位，如银行贷款利息的偿还是以月为单位，住房贷款利息的偿还也是以月为单位。

在单利计息的条件下，由于利息不再生利，所以按年计息与按月（半年、季、日等）计息效果是一样的。但在复利计息的情况下，由每月（半年、季、日等）所得利息还要再次生利，所以按月（半年、季、日等）计算所得利息将多于按年计算所得利息。因此，在按照复利计算利息的方法下，需要考虑计息期短于一年的特殊复利计算问题。

【例 3-12】某酒店将 1 万元存入银行，年利率 i 为 12%，一年计算一次利息，则一年后该企业可以从银行获得的金额为

$$F=10\,000\times(1+12\%)=11\,200（元）$$
$$利息=11\,200-10\,000=1\,200（元）$$

如果每半年计算一次利息，那么一年后该企业可以从银行获得的金额为多少呢？以半年为一个时间单位，一年内计算利息的次数就是两次。

$$F=10\,000\times(1+\frac{12\%}{2})^2=11\,236（元）$$
$$利息=11\,236-10\,000=1\,236（元）$$

可以看出，计息期不同，得到了不同的结论。一年内计算两次利息，得到了比一年计算一次利息多的利息和终值，这说明存在一个大于 12% 的利率使得 10 000 元在一年内增加了 1 236 元，我们假设这个利率为 r，则

$$F=10\,000\times(1+r)=11\,236（元）$$
$$r=(11\,236-10\,000)\div10\,000=12.36\%$$

由于半年计算一次利息，相当于一年之内的复利次数为 2，每半年利率为 $\frac{12\%}{2}$，因此一年后终值的计算也可以表示如下：

$$10\ 000\times（1+r）=11\ 236=10\ 000\times(1+\frac{12\%}{2})^2$$

得
$$1+r=(1+\frac{12\%}{2})^2$$
$$r=12.36\%$$

当利息在一期内（一般为一年）多次计息，年利率就有了名义利率和实际利率之分。金融机构公布的年利率为名义利率，用 i 表示；按复利次数实际得到的利率称为实际利率，即在一年内实际所得利息总额与本金之比，用 r 表示。实际利率表示每 1 元实际负担的年利息额。两者关系如下：

$$实际利率=（1+\frac{名义利率}{每年计息次数}）^{每年计息次数}-1$$

用字母表示为

$$r=(1+\frac{i}{m})^m-1$$

式中　r——实际利率；

　　　　i——名义利率；

　　　　m——每年计息次数。

复利终值表示为

$$F=P\times(1+i)^n=P\times(1+\frac{i}{m})^{m\times n}$$

式中　n——年数。

【例 3-13】某酒店将 100 万元存入银行，如果名义利率为 8%，每季复利一次，则实际利率为

$$实际利率=（1+\frac{8\%}{4}）^4-1=8.243\%$$

三年后能够从银行取出的金额为

$$F=P\times(1+\frac{i}{m})^{m\times n}=100\times(1+\frac{8\%}{4})^{4\times3}=100\times1.2\ 682=126.82（万元）$$

【例 3-14】某酒店将 100 万元存入银行，名义利率为 12%，在计息期不同的情况下，一年后的复利终值与实际利率见表 3-3。

表 3-3　实际利率的计算表

本金 P/万元	名义利率 i	每年计息次数	年末终值 F/万元	实际利率 r
100	12%（年）	1 年 1 次	112	12%
100	6%（半年）	1 年 2 次	112.36	12.36%
100	3%（季度）	1 年 4 次	112.55	12.55%
100	1%（月）	1 年 12 次	112.68	12.68%

由此可见，如果每年计算一次利息，名义利率等于实际利率，但如果一年内多次计息，实际利率将大于名义利率。一年内计息次数越多，实际利率越高，实际负担的利息越高，因此复利终值越大，反则反之。

三、年金终值与现值的计算

1. 普通年金的终值和现值的计算

（1）普通年金终值的计算　普通年金终值，是指在每期期末收入或支出的系列等额款项，按复利计算的未来总价值，即每次收入或支出的款项的复利终值之和。

【例 3-15】每年年末存入银行 100 元，银行存款年利率为 10%，三年后可以从银行取出的资金如图 3-8 所示。

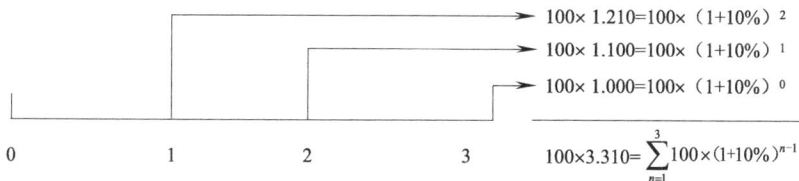

$$100 \times 1.210 = 100 \times (1+10\%)^2$$
$$100 \times 1.100 = 100 \times (1+10\%)^1$$
$$100 \times 1.000 = 100 \times (1+10\%)^0$$
$$100 \times 3.310 = \sum_{n=1}^{3} 100 \times (1+10\%)^{n-1}$$

图 3-8　普通年金终值示意图

从图 3-8 可以直观看出，第一期收支的款项 100 元到期末应有两期的利息，本利和为 121 元，即 $100 \times (1+10\%)^2$；第二期收支的款项 100 元到期末应有一期的利息，本利和为 110 元，即 $100 \times (1+10\%)^1$；第三期收支的款项 100 元期末的本利和为 100 元，即 $100 \times (1+10\%)^0$。所以 3 年后可以从银行取出的资金为 331 元，即 121+110+100。

依此类推，假设每年收支款项为 A，利率为 i，期数为 n，则年金终值计算公式为

$$F = A + A(1+i) + A(1+i)^2 + A(1+i)^3 + \cdots + A(1+i)^{n-1}$$

$$= A \times \frac{(1+i)^n - 1}{i}$$

式中，$\dfrac{(1+i)^n - 1}{i}$ 称为利率为 i、期数为 n 的年金终值系数。通常用 $(F/A, i, n)$ 表示。

当年金为 1 的时候，利率为 i、期数为 n 的年金终值等于 $\dfrac{(1+i)^n - 1}{i}$，此时 $\dfrac{(1+i)^n - 1}{i}$ 又称为 1 元年金终值。为了简化计算，年金终值系数可以通过查年金终值系数表（见附录 C）获得。

【例 3-16】假设饭店每年计提客房折旧费 50 000 元，在利率 10% 的前提下，10 年后饭店能用该笔款项建造价值多少的客房？

$$F = 50\,000 \times \frac{(1+10\%)^{10} - 1}{10\%} = 50\,000 \times 15.9374 = 796\,870 \text{（元）}$$

【例 3-17】某酒店三年后将有一笔贷款到期，需一次偿还 2 000 万元，为此，该企业拟建立一笔偿债基金以备三年后偿债之用。银行存款利率为 6%，那么该企业需要每年末存入银行多少钱？

由 $F=A\times\dfrac{(1+i)^n-1}{i}$ ，可得

$$A=F\div\frac{(1+i)^n-1}{i}=2\,000\div\frac{(1+6\%)^3-1}{6\%}=2\,000\div3.1\,836=628.22\text{（万元）}$$

（2）普通年金现值的计算　普通年金现值，是指在每期期末收入或支出的系列等额款项，按复利计算的现在价值，即每次收付资金的复利现值之和。

【例3-18】为了以后三年每年末能从银行取出100万元，现在需要向银行存入多少钱？银行存款利率为10%。年金现值的计算如图3-9所示。

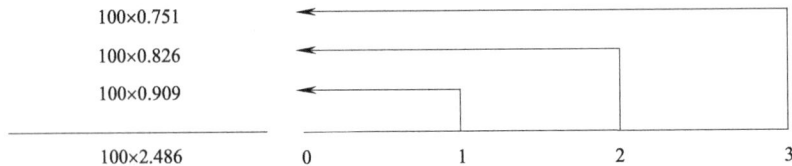

图3-9　普通年金现值示意图

从图3-9可以直观地看出，第一期收支的款项100元折合为期初的价值为90.9元，即 $100\times\dfrac{1}{1+10\%}$ ；第二期收支的款项100元折合为期初的价值为82.6元，即 $100\times\dfrac{1}{(1+10\%)^2}$ ；第三期收支的款项100元折合为期初的价值为75.1元，即 $100\times\dfrac{1}{(1+10\%)^3}$ 。所以现在需要向银行存入248.6元，即90.9+82.6+75.1。

依此类推，假设每年收支款项为 A ，利率为 i ，期数为 n ，则年金现值计算公式为

$$P=A\times\frac{1}{1+i}+A\times\frac{1}{(1+i)^2}+A\times\frac{1}{(1+i)^3}+\cdots+A\times\frac{1}{(1+i)^n}=A\times\frac{1-(1+i)^{-n}}{i}$$

式中， $\dfrac{1-(1+i)^{-n}}{i}$ 称为利率为 i 、期数为 n 的年金现值系数。通常用 $(P/A,i,n)$ 表示。

当年金为1的时候，利率为 i 、期数为 n 的年金现值等于 $\dfrac{1-(1+i)^{-n}}{i}$ ，此时 $\dfrac{1-(1+i)^{-n}}{i}$ 又称为1元年金现值。为了简化计算，年金现值系数可以通过查年金现值系数表（见附录D）直接获得。

【例3-19】某酒店从银行以10%的利率借得4万元，用于投资一个期限为五年的项目。那么在以后五年中，每年至少收回多少资金才可行？

由 $P=A\times\dfrac{1-(1+i)^{-n}}{i}$ 可得

$$A=P\div\frac{1-(1+i)^{-n}}{i}=40\,000\div\frac{1-(1+10\%)^{-5}}{10\%}$$
$$=40\,000\div3.790\,8=10\,551.86\text{（元）}$$

【例3-20】假设饭店拟更新空调机组，需要一次投入 40 万元，每年可节约电费 40 000 元。问该空调机组应使用多少年才合算？（假设年利率 5%，每年复利一次）

$$400\,000 = 40\,000 \times \frac{1}{1+5\%} + 40\,000 \times \frac{1}{(1+5\%)^2} + \cdots + 40\,000 \times \frac{1}{(1+5\%)^n}$$

$$400\,000 = 40\,000 \times \frac{1-(1+5\%)^{-n}}{5\%}$$

采用差值法可以计算出 $n=15$（年）。

2. 预付年金的终值和现值的计算

（1）预付年金终值的计算　预付年金终值，是指在每期期初收入或支出的系列等额款项，按复利计算的未来总价值，即每期期初发生的收入或支出的款项的复利终值之和。

n 期预付年金与普通年金的区别在于系列收支款项发生的时点不同，而期数相同。两者之间的区别如图 3-10、图 3-11 所示。

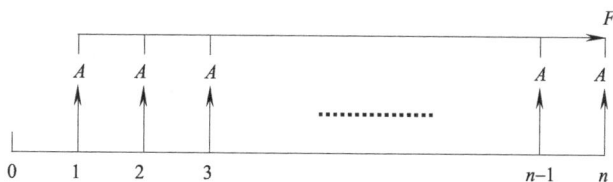

图 3-10　普通年金终值计算的示意图

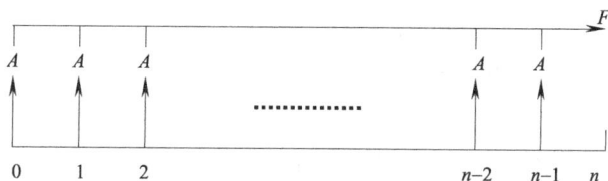

图 3-11　预付年金终值计算的示意图

通过比较可以看出，n 期预付年金和 n 期普通年金款项收支次数相同，但收付款的时间点不同，n 期预付年金在计算终值时，比 n 期普通年金多计算一期利息，因此对比 n 期普通年金的终值，可以得到预付年金终值的计算公式如下：

$$F = A(1+i) + A(1+i)^2 + A(1+i)^3 + \cdots + A(1+i)^{n-1} + A(1+i)^n$$
$$= [A + A(1+i) + A(1+i)^2 + A(1+i)^3 + \cdots + A(1+i)^{n-1}] - A + A(1+i)^n$$
$$= A \times \frac{(1+i)^n - 1}{i} + A \times [(1+i)^n - 1]$$
$$= A \times \frac{(1+i)^n - 1}{i} \times (1+i)$$

如果将 n 期预付年金与 $n+1$ 期普通年金相比，可知 n 期预付年金比 $n+1$ 期普通年金少支付一次年金，如图 3-12、图 3-13 所示。

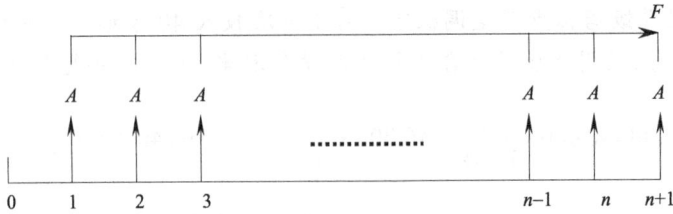

图3-12　*n*+1 期普通年金终值计算的示意图

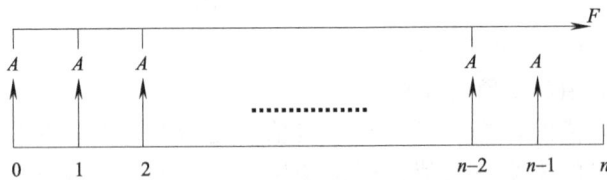

图3-13　*n* 期预付年金终值计算的示意图

因此，*n* 期预付年金的终值也可以计算如下：

$$F=A\times\frac{(1+i)^{n+1}-1}{i}-A$$

【**例 3-21**】某酒店需要在五年后偿还一笔债务，从现在起每年年初存入银行 10 万元，以备将来还款之用。假设银行存款利率为 10%，该企业五年后需要偿还的债务金额应该是多少？

根据预付年金终值计算公式：

$$F=10\,000\times\frac{(1+10\%)^{5+1}-1}{10\%}-10\,000$$

$$=10\,000\times7.7\,156-10\,000$$

$$=67\,156（元）$$

（2）预付年金现值的计算　预付年金现值，是指在每期期初收入或支出的系列等额款项，按复利计算的现在价值，即每期期初收付资金的复利现值之和。

n 期预付年金在计算现值时，与 *n*–1 期普通年金相比，多一期不用贴现的年金 *A*，如图 3-14、3-15 所示。

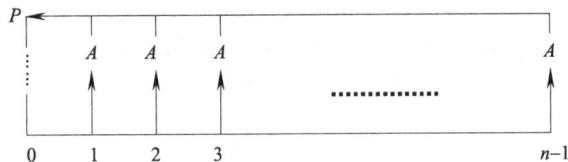

图3-14　*n*-1 期普通年金现值计算的示意图

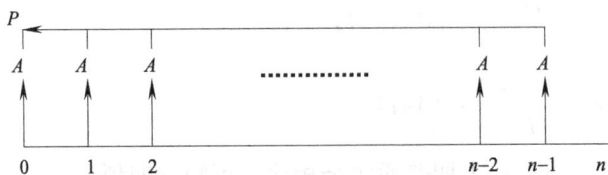

图3-15　*n* 期预付年金现值计算的示意图

因此，n 期预付年金的现值可以计算如下：

$$P = A \times \frac{1-(1+i)^{-(n-1)}}{i} + A$$

【例 3-22】 某酒店需要一套设备，如果现在购买，需要支付 100 000 元，使用寿命为 10 年。该酒店也可以租入该设备，在今后的 10 年中，每年年初支付 12 000 元租金。假设年利率为 5%，判断该酒店应该购买还是租用该设备？

如果租入该设备，相当于现在一次性支付的金额为

$$P = A \times \frac{1-(1+i)^{-(n-1)}}{i} + A$$

$$= 12\,000 \times \frac{1-(1+5\%)^{-(10-1)}}{5\%} + 12\,000$$

$$= 12\,000 \times 7.107 + 12\,000$$

$$= 97\,284（元）< 100\,000（元）$$

因此，租用设备比购买设备支付的资金少，该酒店应该选择租入这套设备。

还有第二种方法可以计算预付年金现值。

n 期普通年金现值示意图如图 3-16 所示。

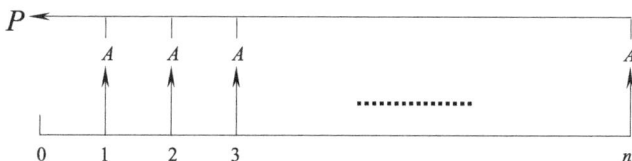

图 3-16　n 期普通年金现值计算的示意图

通过图 3-16 和图 3-15 比较可以看出，n 期预付年金的时间轴向左边移动了一期，就变成了 n 期普通年金。但是，如果按照 n 期普通年金来计算现值，其现值是在 n 期预付年金时间轴 0 点左边的一期。所以，还需要再用复利计算一期。

因此，n 期预付年金的现值再可以计算如下：

$$P = A \times \frac{1-(1+i)^{-n}}{i}(1+i)$$

3. 递延年金的终值和现值的计算

（1）递延年金终值的计算　递延年金是普通年金的特殊形式，是第一次资金的收入或支付发生在第一年年末以后的普通年金。不论递延期限的长短，后 n 期有资金收入或支出的递延年金与 n 期普通年金的计息期相同，收入或支付款项次数相同，两者之间的关系如图 3-17、图 3-18 所示。

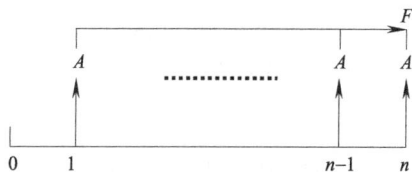

图 3-17　n 期普通年金终值计算的示意图

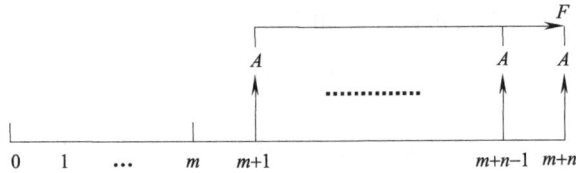

图 3-18　*m+n* 期递延年金终值计算示意图

注：*m*≥2

m+n 期递延年金终值与 *n* 期普通年金终值的计算方法是一样的。

（2）递延年金现值的计算　递延年金的现值，是将后 *n* 期年金贴现至第一期期初的现值。如图 3-19 所示。

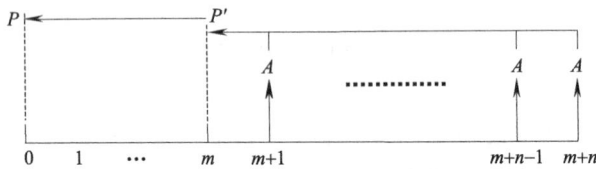

图 3-19　递延年金现值计算示意图

注：*m*≥2

首先按照普通年金现值的计算方法，计算出递延年金在的 *m* 期期初的现值 *P′*，然后将其作为终值按照复利现值的计算方法贴现至第一期期初。于是，递延年金的现值计算如下：

$$P=P'\times(1+i)^{-m}=A\times\frac{1-(1+i)^{-n}}{i}\times(1+i)^{-m}$$

递延年金现值的计算也可以采取另外一种方法，即先计算 *m+n* 期普通年金的现值 P_1，再计算前 *m* 期普通年金的现值 P_2，从 P_1 中扣除 P_2 就可以计算出递延年金的现值。此计算过程用公式表示如下：

$$P=P_1-P_2=A\times\frac{1-(1+i)^{-(m+n)}}{i}-A\times\frac{1-(1+i)^{-m}}{i}$$

【例 3-23】某酒店于 2014 年 1 月 1 日向银行借入一笔款项，银行借款年利率为 6%，双方约定，前三年不用还本付息，从 2007 年 12 月 31 日起至 2011 年 12 月 31 日止，每年末偿还本息 2 万元。那么该酒店 2014 年向银行借入了多少资金？

$$P=A\times\frac{1-(1+i)^{-n}}{i}\times(1+i)^{-m}$$

$$=20\,000\times\frac{1-(1+6\%)^{-5}}{6\%}\times(1+6\%)^{-3}$$

$$=20\,000\times4.212\times0.840$$

$$=70\,761.6（元）$$

或

$$P=A\times\frac{1-(1+i)^{-(m+n)}}{i}-A\times\frac{1-(1+i)^{-m}}{i}$$

$$=20\,000\times\frac{1-(1+6\%)^{-(3+5)}}{6\%}-20\,000\times\frac{1-(1+6\%)^{-3}}{6\%}$$

$$=20\,000\times6.21-20\,000\times2.673$$

$$=70\,740（元）$$

4．永续年金的终值和现值的计算

（1）永续年金终值的计算　永续年金，也是普通年金的特殊形式，是资金收入或支付没有终止期限的普通年金，因此永续年金的终值无法计算。

（2）永续年金现值的计算　永续年金现值的计算，可以根据 n 期普通年金的现值求极限的方法来求得。

n 期普通年金的现值为

$$P=A\times\frac{1-(1+i)^{-n}}{i}$$

当期数 n 很大，趋于无穷大时，$(1+i)^{-n}\to0$，因此 $P=\dfrac{A}{i}$。

【例 3-24】某酒店为了奖励工作努力勤恳的职工，于是设立一笔基金作为奖励。该奖励设立每年 1 名一等奖，奖金 1 万元；3 名二等奖，每人奖金 5 000 元；10 名三等奖，每人奖金 3 000 元。假设银行存款年利率为 4%。则酒店为了设立这项基金，需要一次性向银行存多少钱？

$$A=10\,000+5\,000\times3+3\,000\times10=55\,000（元）$$

$$P=\frac{A}{i}=\frac{55\,000}{4\%}=1\,375\,000（元）$$

四、资金时间价值的应用

在现实的经济生活中，资金时间价值的计算具有非常重要的现实意义，在财务管理中有广泛的用途。正确树立资金时间价值观念，能够帮助企业做出正确的经济决策。在项目投资决策中，资金时间价值观念可以帮助企业采用合理的投资评价方案，做出正确的投资决策；在证券投资决策中，可以帮助企业进行债券、股票的估价；在企业购并时对被购并企业进行科学的企业价值的评估；在企业筹集资金时判断资金成本的高低；还可以帮助企业进行税务筹划，协助确定固定资产租金的高低等。

1．在项目投资决策分析中的应用

酒店进行的项目投资，通常是长期的固定资产投资。这种投资具有资金投入时间长、投资金额大、收益缓慢的特点，因此这种投资会给酒店的经营带来重大的影响。项目投资一旦失败，可能会使酒店遭受重创，甚至破产。

由于资金具有时间价值，不同时点上的资金实际经济价值不等，必须对投资项目全过程内的现金流量进行科学预测，并且考虑现金流量发生的不同时点。如果不考虑资金时间价值，而采用静态分析法来评价项目投资，就会忽视从投入到产出这个时间差因素对资金

价值带来的影响，使项目投资的分析评价缺乏科学性和合理性。因此，资金的时间价值对投资项目的评价非常关键。

【例 3-25】某酒店计划购买一套价值 15 万元的设备。使用该设备，在今后的三年中，每年带来的净现金流量分别为 7 万元、5 万元、5 万元。假设年利率为 10%，判断是否购买该设备。

如果不考虑货币时间价值，认为在不同时点上资金的价值相等，那么今后三年的投资净现金流量为 170 000（=70 000+50 000+50 000）元，大于购买固定资产发生的支出，可以购买该设备。

但是，如果考虑了资金时间价值，则

$$三年净现金流量的现值=70\,000\times\frac{1}{1+10\%}+50\,000\times\frac{1}{(1+10\%)^2}+50\,000\times\frac{1}{(1+10\%)^3}$$
$$=70\,000\times0.909+50\,000\times0.826+50\,000\times0.751$$
$$=142\,480（元）<150\,000（元）$$

由于今后三年使用该设备取得的净现金流量的现值为 142 480 元，低于购买固定资产支出的资金，因此可以判断，不能购买该套设备。

项目投资的静态评估方法和动态评估方法得出了不同的结论，动态方法对项目投资的评价更为科学。

2．在证券估价中的应用

在酒店进行资金筹集以及资金投资过程中，资金时间价值对证券的估价具有重要的经济意义。从资金筹集的角度来考虑，如果酒店需要通过发行证券从资本市场上筹集资金，首先要对发行的证券的价格进行确定，一旦定价不准确，不论是偏高还是偏低都会对企业的资金筹集活动带来一定的负面影响。从资金投资的角度来观察，如果酒店将资金用于证券投资，那么证券的价值对于投资人来说非常重要，决定了投资是成功还是失败。

【例 3-26】某酒店拟发行三年期债券用来筹集资金。债券面值 1 000 元，票面利率 12%，每年支付一次利息，到期一次还本。发行时市场利率为 10%，发行价格是多少？

债券的发行价格取决于今后的现金流出量，即债券发行人在今后向债券持有人支付的利息与偿还的本金，以及债券期限和市场利率。

$$每年债券利息=1\,000\times12\%=120（元）$$
$$债券的发行价格=120\times\frac{1}{1+10\%}+120\times\frac{1}{(1+10\%)^2}+120\times\frac{1}{(1+10\%)^3}+1\,000\times\frac{1}{(1+10\%)^3}$$
$$=120\times0.909+120\times0.826+120\times0.751+1\,000\times0.751$$
$$=1\,049.32（元）$$

由于债券发行时市场利率低于票面利率，吸引着投资者购买债券，债券可以以高于票面价值的 1 049.32 元的价格来发行。

在证券投资中，需要利用资金时间价值的计算对证券价值做出正确评估。证券价值取决于证券未来收益的大小，通过与证券的现行市价比较决定是否进行该项投资。

【例 3-27】某企业 2014 年 7 月 1 日打算购买面值为 1 000 元的债券，期限为五年。其票面利率为 8%，每年支付利息一次，到期一次还本。此时债券的市场价格为 900，市场利率为10%，能够投资于此债券？

债券的未来收益等于债券每年获得的利息与到期日的本金收入，通过比较债券本金、利息的现值与债券的现行市价就可以判断是否应该进行投资。

每年债券利息=1 000×8%=80（元）

$$债券本金和利息的现值=80×\frac{1}{1+10\%}+80×\frac{1}{(1+10\%)^2}+80×\frac{1}{(1+10\%)^3}+80×\frac{1}{(1+10\%)^4}$$

$$+80×\frac{1}{(1+10\%)^5}+1\ 000×\frac{1}{(1+10\%)^5}$$

$$=80×0.909+80×0.826+80×0.751+80×0.683+80×0.621+1\ 000×0.621$$

$$=924.2（元）>900（元）$$

由于此时债券本金与利息的现值大于债券市价，未来的投资收益将会大于购买债券的支出，因此可以投资于该债券。

3. 在企业价值评估中的应用

在现代财务管理理论中，企业财务管理的目标是企业价值最大化，即通过财务上的合理经营，充分考虑资金时间价值和风险之后，在保证企业长期稳定发展的基础上使企业总价值达到最大。为了达到财务管理的目标，首先需要对企业价值进行衡量。企业价值的大小需要通过市场进行评价来确定。企业价值是该企业未来在市场上能够带来的预期收益，可以通过计算其未来现金流量（预期收益）的现值来衡量。

$$企业价值=\sum_{t=1}^{n}\frac{未来现金净流入量}{(1+WACC)^t}$$

式中 WACC——加权平均资金成本。

对企业价值的衡量在企业兼并中地位尤其重要。企业自由竞争、优胜劣汰的市场经济基本规则已经形成，企业兼并行为也已经日趋为人们所接受。在并购过程中，对被并购企业的价值评估成为并购关键。被并购企业的估价取决于并购企业对其未来收益的大小和时间的预期的评估，这就需要在考虑货币时间价值的基础上确定企业未来现金流量的现值。

4. 在筹资决策中的应用

酒店在资金的筹集过程中，关注焦点往往在于个别资金成本和加权平均资金成本的比较以及风险的衡量，事实上，资金时间价值也应该被看作是筹资活动考虑的一个关键因素。比如，在选择利息支付方式的时候，资金时间价值就有着不可忽视的作用。

【例3-28】某企业计划从银行取得10万元借款，以单利计息，期限三年，银行借款年利率8%。如果每年支付一次利息，则需要支付利息的现值为

$$P_1=100\ 000×8\%×\frac{1}{1+8\%}+100\ 000×8\%×\frac{1}{(1+8\%)^2}+100\ 000×8\%×\frac{1}{(1+8\%)^3}$$

$$=8\ 000×0.926+8\ 000×0.857+8\ 000×0.794$$

$$=20\ 616（元）$$

如果每季度支付一次利息，每季度利息为 $100\ 000×\frac{8\%}{4}=2\ 000$（元），三年支付利息的次数为12次，则需要支付利息的现值为

$$P_2=2\,000\times\frac{1-(1+8\%\div4)^{-12}}{8\%\div4}=2\,000\times10.575=21\,150（元）$$

可以看到由于支付利息的频率不同，需要付出的资金总量并不相同，资金时间价值的作用体现其中。

5. 在纳税筹划中的应用

既然资金具有时间价值，企业就应该通过减少前期应税所得额，尽量减少前期所得税的交纳，从而达到降低所得税这笔不等额现金流出量现值的目的。而这一点往往被财务人员所忽视。通过合法、合理地调整当期收入和成本费用，降低当期应税所得额，就可以在每期都使一部分所得税推迟交纳，同时可以认为每期都获得了一笔无息贷款。这样既增加了企业可使用资金的总量，又帮助企业具备了长远发展的可能。

除上述之外，利用资金时间价值的计算还可以帮助企业更好地进行流动资产的管理，协助确定固定资产租金的高低等。随着我国财务管理人员素质的提高，货币时间价值观念也正得以增强。

第二节　投资的风险价值

一、风险的含义

在现实的经济生活中，酒店在作任何一项经济决策的时候，都不能忽略的一个财务管理基本观念就是风险观念。风险是客观存在的，是现代企业财务管理的一个重要特征，在企业财务管理的每一个环节都不可避免地要面对风险。

风险是在一定条件和一定时期内可能发生的各种结果的变动程度，也可以说是未来收益与预期收益的偏离程度。人们通常认为风险就是不好的，总是带来损失，这是对风险的片面理解。实际上，这种偏离可能是未来收益高于预期收益，能够获利；也可能是未来收益低于预期收益，带来损失。因此，风险有可能是危险，也有可能是机会，危险与机会并存。

在竞争激烈的市场经济中，酒店的各项财务活动由于难以预料或无法控制的因素作用，实际收益与预计收益之间会发生背离，从而使酒店蒙受经济损失。为此，酒店财务部门不能厌恶、躲避风险，而应充分估计酒店可能发生的风险，运用科学的手段衡量和分析风险，采用科学的决策组合尽量规避风险。

二、风险的类别

（1）从个别投资主体的角度看，风险可分为市场风险和公司特有风险两类。

1）市场风险，又称为系统风险或不可分散风险，是指那些影响所有公司的因素引起的风险，如国家宏观经济政策的变动、经济波动、通货膨胀、发生战争等产生的风险。这类风险会影响所有的投资对象，不能够通过多角化投资来分散。

2）公司特有风险，又称为非系统风险或可分散风险，是指那些发生于个别公司的特有事件造成的风险，如产品研发失败、投资失败、无力偿还债务、发生诉讼、工人罢工等造成的风险。这些风险可以通过多角化投资来分散。

市场风险和公司特有风险构成投资者的总风险。它们之间的关系如图3-20所示。

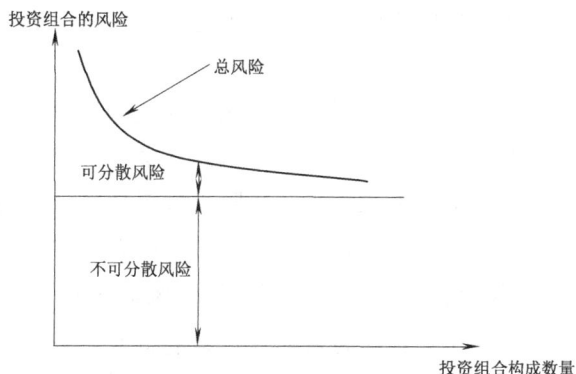

图 3-20　投资组合的风险关系

（2）从公司本身来看，可以将公司特有风险分为经营风险和财务风险两类。

1）经营风险，是指因业务经营活动中的不确定性因素引起的风险，是任何商业活动都可能有的风险，如竞争激烈、原材料价格上升、市场饱和、设备出现事故等都会给企业经营带来一定风险。这些风险使得企业的盈利变得不确定。

2）财务风险，又称筹资风险、融资风险，是指负债筹资带来的风险。企业由于举债筹资，需要按照约定支付利息和偿还本金，从而产生了还债压力，一旦企业不能按期支付利息或无法偿还本金，不仅信誉受损，还有可能面临诉讼或破产的危险。

三、风险与报酬的关系

既然风险是客观存在的，任何一个财务环节、任何一项活动都存在风险，为什么还有人愿意冒风险呢？那是为了获取因承担风险而额外得到的报酬，即风险价值，也可以说是风险报酬。

投资的风险价值是指投资者因冒风险进行投资而获得的超过时间价值的那部分额外收益，也称风险报酬。通常风险越高，投资者要求的风险报酬也就越大，这样才能激励投资者甘冒风险进行投资；风险越低，风险报酬相应也就越低。

假设有需要投资100万元的项目A和B，项目A是没有风险的，投资A项目可获得报酬是20万元；项目B存在着无法规避的风险，并且成功和失败的可能性分别为50%，成功后的报酬是50万元，而失败的结果是损失10万元。你选择哪个项目？这就涉及风险和报酬的计量和权衡。

由于B项目的投资者承担了50%风险，因此他必然要求获得一定的风险补偿，这部分补偿就是获得30万元的风险报酬。

再比如，某人投资于国债，由于国债可视为无风险或风险很低，因此平均报酬率为6%；如果投资于股票，因为股票投资风险较高，其平均报酬率或要求的报酬率可能为12%。两项投资报酬率之间的差距6%（12%-6%）就是由于投资于股票需要承担超过投资于国债的风险而要求获得的额外补偿，就是风险报酬。

在财务管理中，风险报酬通常采用相对数，即风险报酬率来加以计量。风险报酬率是投资者因承担风险而获得的超过时间价值率的那部分额外报酬率，即风险报酬与原投资额的比率。风险报酬率是投资项目报酬率的一个重要组成部分，如果不考虑通货膨胀因素，投资报酬率就是时间价值率与风险报酬率之和。因此，风险和期望的投资报酬率之间的关系可以表示为

期望投资报酬率=无风险报酬率+风险报酬率（风险价值）

式中，无风险报酬率是最低的社会平均报酬率，也就是资金时间价值率，可以用银行存款的利率、国家发行的政府债券的利率来表示；风险报酬率是风险的函数。

假设风险报酬率与风险的大小成正比，风险报酬率可以表示为

风险报酬率=风险报酬斜率×风险程度

风险报酬斜率的大小取决于全体投资者对待风险的态度。若大家愿意冒风险，风险报酬斜率就小，风险报酬率就低；若大家都不愿意冒风险，厌恶风险，风险斜率就大，风险报酬率就高。

风险与报酬的关系如图 3-21 所示。

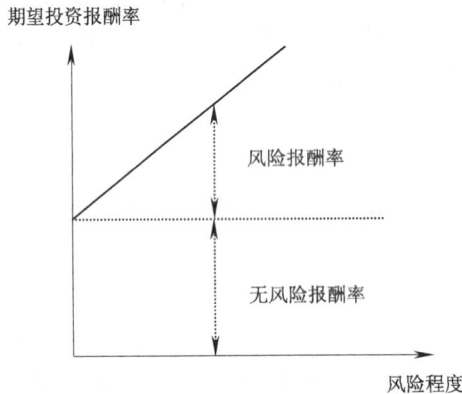

图 3-21　风险与报酬的关系

四、风险报酬的衡量

由于风险客观存在，酒店在进行财务管理活动的时候，就需要认识风险，掌握风险与报酬之间的关系，要对风险价值有所了解。以此来把握风险，有效地采取降低风险的措施。

未来收益的不确定性程度越高，或者说未来收益与预期收益的偏离程度越高，说明风险越大。因此，可以使用概率和统计的方法，根据未来收益的各种可能结果及其概率分布大小，估计预期收益，以此确定投资项目风险报酬的大小，或者说风险价值的高低。

1. 确定投资报酬的概率分布

计算风险的大小，首先要确定投资报酬可能结果的分布情况。概率是用来描述一个事件发生的可能性大小的，分布则综合了各种可能事件与该事件发生的概率。一个事件发生

的概率总是大于等于 0，小于等于 1。如果概率为 0，表示这个事件不可能发生；如果概率为 1，表示这个事件肯定发生；如果事件发生的可能性不能确定，那么其概率就是 0～1 之间的一个数。所有事件的概率之和总是等于 1。

【例 3-29】酒店进行一项投资，在不同的情况下，获得的利润额和取得该利润的概率如表 3-4 所示和图 3-22 所示。

表 3-4　概率分布表

可能获得的利润额（X_i）	取得该利润的概率（P_i）
−100 万元	10%
0 万元	10%
300 万元	60%
500 万元	20%

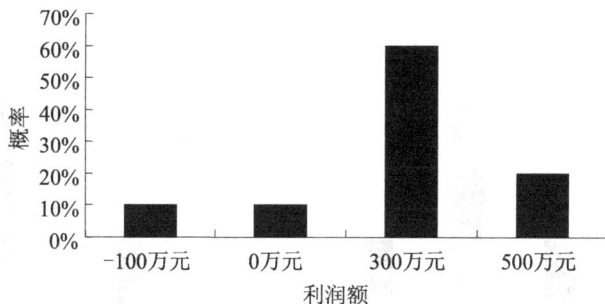

图 3-22　利润额的概率分布

通过上表可见：

（1）所有概率都在 0～1 之间，$0 \leqslant P_i \leqslant 1$；

（2）所有可能结果的概率之和为 1，$\sum\limits_{i=1}^{n} P_i = 1$。

利润额的概率分布反映了投资报酬的不确定性程度。分布范围越大，说明风险越高，相应投资报酬的预期也就越高。

2．计算投资报酬的期望值

在确定了各种事件发生的概率分布之后，要计算投资报酬的期望值。投资报酬的期望值是各种投资报酬以相应的概率为权数计算出的加权平均数，又称为投资报酬的预期值，它反映了投资方案各种预期结果的平均值，代表收益的集中趋势（合理预期）。其计算公式为

$$\overline{E} = \sum_{i=1}^{n} P_i X_i$$

式中　$\overline{E}$——期望值；

　　　X_i——第 i 种可能结果的报酬率；

　　　P_i——第 i 种可能结果的概率；

n——可能结果的个数。

【例 3-30】洪泰酒店现有 A、B 两个投资方案，A 方案计划投资 1 000 万元，在该市的开发区新建一家酒店，B 方案计划投资 1 000 万元，在市中心的繁华地带新建一家酒店。受宏观经济状况的影响，两个方案每年能够给洪泰酒店带来的利润额分别见表 3-5。

表 3-5　概率分布表

经济情况	发生该种经济情况的概率 P_i	利润额 X_i/万元	
		A 方案	B 方案
繁荣	0.2	600	800
一般	0.6	300	300
衰退	0.2	0	−200

根据上表数据绘制概率分布图如图 3-23 所示。

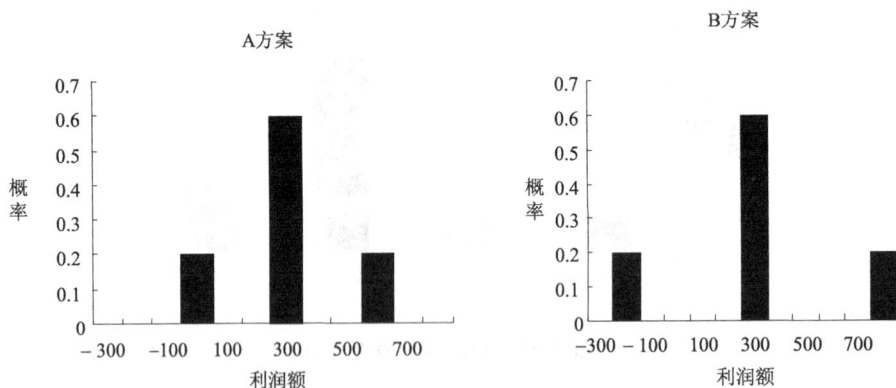

图 3-23　A、B 方案投资报酬的概率分布图

根据上表数据计算两个投资方案的利润额的期望值。

$$\overline{E}_A = X_1P_1 + X_2P_2 + X_3P_3$$

$$= 600 \times 0.20 + 300 \times 0.60 + 0 \times 0.20$$

$$= 300（万元）$$

$$\overline{E}_B = X_1P_1 + X_2P_2 + X_3P_3$$

$$= 800 \times 0.20 + 300 \times 0.60 + （-200）\times 0.20$$

$$= 300（万元）$$

由计算结果可知，A、B 两个投资方案的期望报酬额都是 300 万元，A、B 两个方案可以获得相同的期望值。但是，比较两个方案投资报酬的概率分布图会发现，A 方案的投资报酬分布比较集中，B 方案的投资报酬分布比较分散，跨度很大，根据常识我们就可以判断出 B 投资方案的风险较大。

3. 计算标准差——投资风险的绝对度量

从例 3-30 的概率分布图中我们看到，A 方案的各种可能的投资结果与期望值 300 万元的偏离程度较低，而 B 方案的各种可能投资结果与期望值 300 万元的偏离程度较高，各种可能结果与期望值的偏离程度的高低反映了投资风险的大小。这种偏离程度的高低用标准差来衡量。标准差是各种可能的报酬率偏离期望报酬率的综合差异，是反映离散度的一种量度，是对投资风险的绝对值的度量，用 σ 表示。通常在期望值相同的情况下，标准差越大，风险越大，反则反之。标准差的计算公式为

$$\sigma = \sqrt{\sum_{i=1}^{n}(X_i - \overline{E})^2 \times P_i}$$

【例 3-31】 接例 3-30，我们比较 A、B 两投资方案的标准差大小：

$$\sigma_A = \sqrt{(600-300)^2 \times 0.2 + (300-300)^2 \times 0.6 + (0-300)^2 \times 0.2}$$
$$= \sqrt{36\,000}$$
$$= 189.74$$

$$\sigma_B = \sqrt{(800-300)^2 \times 0.2 + (300-300)^2 \times 0.6 + (-200-300)^2 \times 0.2}$$
$$= \sqrt{100\,000}$$
$$= 316.23$$

由计算结果可知，$\sigma_B > \sigma_A$，B 方案的投资报酬与期望值的偏离程度大，A 方案的投资报酬与期望值的偏离程度小，因此 B 方案的投资风险大于 A 方案的投资风险。

前面所举例子中，A、B 两种投资方案投资报酬的期望值相同，根据标准差大风险就大的原则，选择标准差小的投资项目。如果标准差相同，即风险相同，那么期望值越大，说明投资报酬越高，选择期望值大的投资项目。

4. 计算投资报酬的变异系数——投资风险的相对度量

由于标准差是衡量风险的绝对度量，为了更加客观可信地衡量风险程度的大小，可以采用标准差与期望值的比值即变异系数进行度量。变异系数的公式为 $V = \sigma / \overline{E}$。在期望值不同、标准差也不同的时候，可以采用变异系数来比较，反映风险程度。

【例 3-32】 接例 3-31：

$$V_A = \frac{\sigma_A}{E_A} = \frac{189.74}{300} = 0.63$$

$$V_B = \frac{\sigma_B}{E_B} = \frac{316.23}{300} = 1.05$$

由 $V_B > V_A$ 可以知道，B 方案的投资风险大于 A 方案的投资风险。

5. 计算风险报酬率（风险价值）

变异系数虽然反映了投资风险程度的大小，但还不是风险报酬率。风险报酬率应该是风险报酬系数（又称风险报酬斜率）与风险程度的乘积，即：

风险报酬率=风险报酬系数×风险程度=风险报酬系数×变异系数

可表示为

$$K_R=bV$$

式中 K_R——风险报酬率；

b——风险报酬系数。

风险报酬系数是确定风险报酬率（风险价值）的关键，该系数的确定可以参考以往同类投资项目的历史资料，根据风险报酬率与变异系数之比来确定；可以由企业领导或企业有关专家来确定，这就更多地取决于企业对待风险的态度。对风险持保守态度甚至厌恶风险的企业，会将风险报酬系数定得略高；对于愿意承担风险的企业，会将风险报酬系数定得略低。风险报酬系数还可以由财政部、中央银行等国家相关组织的专家确定。

【例3-33】 接例3-32，假设A方案的风险报酬系数为6%，B方案的风险报酬系数为8%，则

A方案的风险报酬率为

$$K_R=bV_A=6\%\times0.63=3.78\%$$

B方案的风险报酬率为

$$K_R=bV_B=8\%\times1.05=8.4\%$$

6．计算总的期望投资报酬率

我们已经知道风险报酬率是投资报酬率中的一个组成部分，即

期望投资报酬率=无风险报酬率+风险报酬率（风险价值）

可表示为

$$K=K_f+K_R$$

式中 K——期望投资报酬率；

K_f——无风险报酬率。

【例3-34】 接例3-33假设无风险报酬率为5%，则两个投资方案总的期望投资报酬率分别为

$$K_A=5\%+3.78\%=8.78\%$$

$$K_B=5\%+8.4\%=13.4\%$$

这代表了该酒店在进行A、B两个投资方案时，在考虑风险的基础上，分别要求的最低期望投资报酬率。

根据两个方案投资报酬的期望值可知，两个方案的投资报酬率的期望值相等，都是：

$$A、B方案投资报酬率期望值=\frac{投资报酬的期望值}{投资额}\times100\%$$

$$=\frac{300}{1\,000}\times100\%=30\%$$

可以认为，相对B投资方案而言，A投资方案的投资报酬率的期望值比其所要求的最低报酬率高出许多，所以进行A方案的投资能够在承担较低风险的情况下，给原酒店带来更高的投资报酬率。

复习思考题

一、选择题

1. 每年年底存入银行 100 元，计算第五年末可以从银行取出的金额，应该用（　　）计算。

    A. 复利现值公式　　　　　　　　B. 年金现值公式

    C. 复利终值公式　　　　　　　　D. 年金终值公式

2. 甲某拟存入一笔资金以备三年后使用。假定银行三年期存款年利率为 5%，甲某三年后需用的资金总额为 34 500 元，则在单利计息情况下，目前需存入的资金为（　　）元。

    A. 30 000　　　　　　　　　　　B. 29 803.04

    C. 32 857.14　　　　　　　　　　D. 31 500

3. 10 年后的 500 元钱，分别在 10% 和 20% 的利率下计算其在现在的价值，将出现的结果是（　　）。

    A. 前者大于后者　　　　　　　　B. 相等

    C. 前者小于后者　　　　　　　　D. 无法确定

4. 某酒店计划投资 10 万元用于购买债券，在名义利率相同的情况下，对其比较有利的复利计息期是（　　）。

    A. 一年　　　　　　　　　　　　B. 半年

    C. 一季　　　　　　　　　　　　D. 一月

5. 下列关于复利现值的描述正确的有（　　）。

    A. 在终值一定的情况下，复利现值与折现率成反比

    B. 在终值一定的情况下，复利现值与计息期成正比

    C. 在终值一定的情况下，复利现值与计息期成反比

    D. 在终值一定的情况下，复利现值与折现率成正比

二、思考题

1. 如何理解资金时间价值？

2. 如何在酒店的财务管理工作中正确运用资金时间价值？

3. 如何理解风险？风险有哪些类别？

4. 树立风险观念有什么现实意义？

5. 如何用概率法衡量风险的大小？

三、案例分析题

京东酒店计划投资 100 万元进行新项目的尝试，现有四个备选方案，各方案的投资期都是一年。这四个投资方案分别为：A 项目，在大堂中筹建咖啡厅；B 项目，筹建一个健身房；C 项目，构建一个室内游泳乐园；D 项目，在花园里筹建烧烤园。

在三种不同经济状况下，各投资方案的估计报酬率见表 3-6。

表 3-6　各投资方案的估计报酬率

经济情况	概　　率	备选方案			
		A	B	C	D
衰　退	0.2	10%	6%	22%	5%
正　常	0.6	10%	11%	14%	15%
繁　荣	0.2	10%	31%	–4%	25%

【问题】

（1）计算各方案的期望报酬率、标准差、变异系数，并据以评价投资方案。

（2）根据四个方案的标准差和期望报酬率来判断是否可以淘汰其中某一方案？

（3）假设经专家测定 D 方案的风险报酬系数为 6%，无风险报酬率为 10%，请计算 D 方案的期望投资报酬率。

第 四 章

酒店筹资管理

知识目标

- 理解酒店筹资管理的必要性和重要性。
- 理解并掌握酒店筹资管理的特点、重点和要点。
- 理解并掌握酒店筹资方式、资本成本与资本结构的含义与关联性。
- 理解并掌握酒店财务风险的含义与量化分析方法。

能力目标

- 能够量化分析个别资本成本、综合资本成本与边际资本成本。
- 能够量化分析财务风险。
- 能够综合考虑筹资方式、资本成本、资本结构与财务风险决策筹资方案。

第一节　酒店筹资概述

一、酒店筹资含义

酒店从开始筹建到经营都需要资金，就像人体不能缺少水分一样。具体而言，酒店因新建、改扩建、并购、调整酒店现有资本结构、季节性经营周转等原因都需要资金。酒店通过合理的方法确定资金需要量，按照法律规定的程序和要求，选择不同的资金来源和资金属性及恰当的时机，并承担相应的资本成本和财务风险来满足酒店资金需要。

总体而言，酒店筹资是酒店通过特定的筹资渠道和具体的筹资方式依法筹集资金、建立合理资本结构、承担一定资本成本及相应财务风险的一项财务管理活动，是酒店财务管理的重要环节。

二、酒店筹资特点

酒店筹资管理是以酒店经营管理为中心展开的一项财务管理活动，所以酒店筹资的特点与酒店资产结构、酒店经营管理等特点具有一定的关联性，具体表现在两个方面。

（1）从筹集资金可使用时间长短角度分析，长期资金比重较高。以金陵饭店（601007）、华天酒店（000428）、东方宾馆（000524）和宝信软件（600845）2010年6月30日半年报数据对比为例（见表4-1），可以分析出由于行业经营特点不同，企业资产结构不同。酒店资产结构具有长期资产比重较高的特点，因而要求在筹资管理中可长期使用的资金占资金总额的比重较高，从而要求财务管理者在筹资管理中要充分考虑筹集资金使用的时间性和属性，以符合酒店资产结构特点，降低财务风险。

表4-1　金陵饭店、华天酒店、东方宾馆与宝信软件2010年半年报相关数据对比分析表

对比项目	金陵饭店	华天酒店	东方宾馆	宝信软件
行业分类	社会服务业	社会服务业	社会服务业	信息技术业
流动资产合计/元	760 693 596.20	1 074 437 677.95	42 998 568.24	1 889 832 499.32
非流动资产合计/元	844 064 081.90	3 213 251 693.91	682 311 542.23	184 021 559.12
流动负债合计/元	273 440 117.39	1 530 935 261.07	67 153 247.44	1 008 849 637.56
非流动负债与股东权益合计/元	1 331 317 560.71	2 756 754 110.79	658 156 863.03	1 065 004 420.88
流动资产比重（%）	47.40%	25.06%	5.93%	91.13%
非流动资产比重（%）	52.60%	74.94%	94.07%	8.87%
流动负债比重（%）	17.04%	35.71%	9.26%	48.65%
非流动负债与股东权益合计（%）	82.96%	64.29%	90.74%	51.35%

（数据来源：根据上海证券交易所网站、深圳证券交易所网站相关数据整理所得）

（2）从筹集资金来源角度分析，营运资金是一项内部筹资来源。以金陵饭店（601007）、华天酒店（000428）、东方宾馆（000524）和新都酒店（000033）2010年6月30日半年报相关数据为例（见表4-2），可以分析出在酒店流动资产构成中，应收账款、其他应收款、存货三项重要营运资金占流动资产总额的比重高达20%～50%。因此，酒店通过加强营运资金管理，盘活应收款项和存货，以较快速度回笼货币资金是酒店从内部筹集资金的一个重要途径。

表4-2　金陵饭店、华天酒店、东方宾馆与新都酒店2010年半年报相关数据对比分析表

对比项目	金陵饭店	华天酒店	东方宾馆	新都酒店
应收账款/元	31 987 557.57	61 690 295.61	16 667 763.87	11 064 044.00
其他应收款/元	2 503 167.34	138 966 439.47	1 269 751.49	14 472 453.56
存货/元	108 818 332.89	272 227 799.72	3 683 930.57	1 366 514.09
流动资产合计/元	760 693 596.20	1 074 437 677.95	42 998 568.24	117 735 310.21
应收账款比重（%）	4.21%	5.74%	38.76%	9.40%
其他应收款比重（%）	0.33%	12.93%	2.95%	12.29%
存货比重（%）	14.31%	25.34%	8.57%	1.16%
三项比重合计（%）	18.85%	44.01%	50.28%	22.85%

（数据来源：根据上海证券交易所网站、深圳证券交易所网站相关数据整理所得）

三、酒店筹资要点

酒店筹资管理作为酒店财务管理活动中的一个重要环节，必须落实财务管理的价值观念，同时也必须关注酒店筹资活动承担的资本成本和相应财务风险的高低。因此，酒店筹资的要点可归纳为以下三点：

1. 酒店筹资管理必须重视资金时间价值

资金时间价值是指一定量资金经历一定时间投资和再投资所增加的价值，也被称为货币时间价值，通常用增加价值占投入货币的百分数来表示，即在没有风险和没有通货膨胀条件下的社会平均资金利润率。资金时间价值是客观存在的，这就要求酒店筹资管理中必须重视资金时间价值，一方面把握筹资时机，另一方面合理安排资本结构，承担合理的资本成本。

2. 酒店筹资管理必须重视风险报酬权衡原则

酒店筹资管理中涉及一定的财务风险，也可以理解为财务风险是筹资活动的结果。酒店筹资管理中所承担的财务风险应与酒店筹资管理中获取的收益对等，否则，由于资本结构安排不合理等原因而导致酒店承担过高的财务风险，从长远看会影响酒店经营的稳定性和经济收益。

3. 酒店筹资管理必须重视资本成本、资本结构、财务风险三因素

（1）酒店筹集和使用资金不是免费的。因为资金具有时间价值，提供资金的所有者和债权人都要获得资金时间价值及风险补偿。因此，酒店筹资要承担一定的资本成本。资本成本是酒店筹资活动中因筹集和使用资金所付出的代价，也体现为提供资金的主体所要求获取的报酬。酒店筹集一定量资金，资本成本的高低会影响到酒店承担费用的多少，最终会影响酒店经济效益，因此筹资管理必须重视资本成本。例如，2009年11月25日，华天酒店（000428）第四届董事会第十二次会议决议公告《关于放弃发行公司债券的议案》。华天酒店曾于2008年4月18日召开第三届董事会2008年第四次临时会议和2008年5月5日召开2008年度第四次临时股东大会同意公司发行面值不超过4亿元的公司债券，并于2009年9月17日获得中国证券监督管理委员会核准，向社会公开发行面值不超过4亿元的公司债券。但鉴于国内经济环境、债券发行市场发生较大变化，发行公司债券的利率高于银行同期贷款利率，为保障和维护全体股东特别是中小股东利益最大化，公司决定放弃本次4亿元公司债券的发行。2009年11月25日，华天酒店同时公告，公司全资子公司湖南国际金融大厦有限公司拟以原作为公司债发行抵押的潇湘华天大酒店资产作为银行贷款抵押向中国光大银行长沙分行申请经营性物业贷款4亿元，贷款期限8～10年，华天酒店为此项贷款提供连带责任担保。

（2）酒店筹集等量资金时，不同的资本结构会导致酒店承担不等的资本成本。因此，酒店筹资管理重视资本成本的核心在于重视安排最优的资本结构，这也是酒店筹资管理的核心问题，它不仅关系到酒店承担的资本成本高低，同样也关系到酒店承担的财务风险的高低。资本结构有广义和狭义之分。广义的资本结构是指酒店所有资本中权益资本与借入资本的构成及其比例关系。狭义的资本结构仅指酒店长期资本中权益资本与借入资本的构成及其比例关系。最优资本结构是指在一定时期内和一定经营环境下，使酒店综合资本成本最低而酒店价值最大化的资本结构。

（3）一般而言，酒店筹资活动中只要有借入的资金，酒店就要承担相应的财务风险。

狭义的财务风险是指由于酒店借入资金，如果到期无法偿还债务，而引起酒店破产或投资收益发生变动的不确定性。酒店在获取筹资效益的同时必须承担对等的财务风险，酒店筹资管理必须重视财务风险，要通过优化资本结构，使借入资本比例合理化，降低资本成本，减少财务风险。

第二节　酒店资金筹集

为了维持酒店正常的经营活动、扩大经营规模和调整资本结构，酒店都需要筹集资金。酒店筹资是酒店通过各类金融机构、其他企事业单位、社会公众、风险投资机构以及酒店内部等筹资渠道筹措和集中资金的财务活动。它是酒店资金运动的起点和财务管理的基本环节。酒店筹资决策的核心是选择恰当的筹资方式，形成最优资本结构，力求降低资本成本和财务风险，提高筹资效益。

酒店筹资渠道反映资金来源和流量，酒店筹资方式反映资金属性和期限。酒店筹资方式是酒店取得资金的具体形式，按照筹集资金属性的不同，可归纳为权益筹资和负债筹资两大类。采用权益筹资方式筹集的资金从属性而言，属于酒店自有的资金，可长期使用，但资本成本相对较高。采用负债筹资方式筹集的资金从属性而言，是酒店借入的债权人的资金，有使用期限限制，需要到期归还本息，但资本成本相对较低，筹资风险较高。权益筹资包括吸收直接投资、普通股筹资和留存收益筹资。负债筹资按照资金可使用的时间长短划分为长期负债筹资和短期负债筹资。其中，长期负债筹资又包括债券筹资、长期借款筹资、融资租赁筹资等方式；短期负债筹资包括短期借款筹资和商业信用筹资等方式。这些是酒店可采用的最基本的筹资方式，除此之外，随着资本市场和信息技术的不断发展，诸如股权质押、应收账款保理、众筹等筹资方式不断被广泛应用，酒店筹资方式也将会更加多样化。

一、权益筹资

1. 吸收直接投资

吸收直接投资是非股份制酒店筹集自有资本的一种基本方式，是酒店以协议等形式吸收国家、其他企业、个人和外商直接投入资本，形成酒店注册资本金的一种筹资方式。

（1）吸收直接投资的种类

1）根据投资者的不同，吸收直接投资可分为吸收国家直接投资、吸收企事业单位等法人直接投资、吸收企业内部职工和城乡居民直接投资、吸收外国投资者和我国港澳台地区投资者的直接投资，分别形成国家资本金、法人资本金、个人资本金和外商资本金。

2）根据投资者出资形式的不同，吸收直接投资可分为吸收现金直接投资、吸收实物直接投资和吸收无形资产直接投资。

（2）吸收直接投资的程序　①确定吸收直接投资的数量；②选择吸收直接投资的具体形式；③签署决定、合同或协议；④酒店按规定或计划取得资金。

（3）吸收直接投资的特点　吸收直接投资是我国酒店最早采用的筹资方式之一，所筹资本属于酒店的自有资本，通常是开办酒店的本钱，为酒店利用其他筹资方式进行筹资提供了基础。吸收直接投资可以取得现金、先进设备和技术、先进管理经验，能够尽快形成经营服务能力。但是，吸收直接投资承担的资本成本相对较高。

2. 普通股筹资

普通股是股份有限公司发行的无特别权利的股份，是最基本、最标准的股份。持有普通股股份者为普通股股东，享有参与酒店经营管理权、股份转让权、股利分配请求权、分配酒店剩余财产权、审查酒店账目权和质询酒店事务权等权利。

（1）普通股的种类　股份有限公司根据有关法规规定和筹资、投资者的需要，可以发行不同种类的普通股。按股票有无记名，可分为记名股票和无记名股票；按股票是否标明金额，可分为面值股票和无面值股票；按投资主体不同，可分为国家股、法人股和个人股；按发行对象和上市地区不同，可分为 A 股、B 股、H 股、N 股和 S 股等。我国《公司法》规定：公司向发起人、法人发行的股票，应当为记名股票，并应当记载该发起人、法人的名称或者姓名，不得另立户名或者以代表人姓名记名；向社会公众发行的股票，可以为记名股票，也可以为无记名股票。此外，我国《公司法》目前不承认无面值股票，规定股票应记载面额，即为面值股票。

（2）股票发行　股份有限公司在设立时要发行股票，设立之后，为了扩大经营、改善资本结构，也会增资发行新股。

1）股票发行条件与规定。按照我国《公司法》的有关规定，股份有限公司发行股票，应符合以下条件：每股金额相等，同股同权；股票应当载明公司名称、公司成立日期、股票种类、票面金额及代表的股份数、股票编号，由法定代表人签名，公司盖章；股票发行价格可以按票面金额，也可以超过票面金额，但不得低于票面金额；公司发行记名股票，应当置备股东名册，记载股东的姓名或者名称、住所、各股东所持股份、各股东所持股票编号、各股东取得其股份的日期；公司发行无记名股票，应当记载其股票数量、编号及发行日期；公司发行新股，应当具备健全且运行良好的组织机构，并具有持续盈利能力，财务状况良好，最近三年财务会计文件无虚假记载，无其他重大违法行为等其他条件；公司发行新股，应由股东大会做出新股种类及数额、新股发行价格、新股发行的起止日期、向原有股东发行新股的种类及数额等事项的决议。

2）股票发行程序。股份有限公司在设立时发行股票的程序包括：提出募集股份申请；公告招股说明书、制作认股书、签订承销协议和代收股款协议；招认股份、缴纳股款；召开创立大会、选举董事会、监事会；办理设立登记、交割股票。股份有限公司增资发行新股的程序包括：股东大会做出发行新股的决议；由董事会向国务院授权的部门或省级人民政府申请并经批准发行新股；公告新股招股说明书和财务会计报表及附属明细表，与证券经营机构签订承销合同，定向募集时向新股认购人发出认购公告或通知；招认股份，缴纳股款；改造董事会、监事会，办理变更登记并向社会公告。

3）股票发行方式与销售方式。股票发行方式是指股份有限公司通过何种途径发行股票。总体而言，股票的发行方式分为公开间接发行和不公开直接发行。股票的销售方式是指股份有限公司向社会公开发行股票时所采取的股票销售方法。一般而言，股票的销售方式有两类：自销和委托承销。《中华人民共和国证券法》规定发行人向不特定对象发行的证券，法律、行政法规规定应当由证券公司承销的，发行人应当同证券公司签订承销协议。

（3）股票上市　股票上市是指股份有限公司公开发行的股票在证券交易所进行挂牌交

易。股份有限公司申请股票上市，有利于提高股票的变现力、筹措新资金、提高公司知名度、确定公司价值。

1）股票上市的条件。《中华人民共和国证券法》规定，股份有限公司申请其股票上市必须符合下列条件：股票经国务院证券监督管理机构核准已向社会公开发行；公司股本总额不少于3000万元；公开发行的股份达公司股份总数的25%以上，公司股本总额超过4亿元的，其公开发行股份的比例为10%以上；公司在最近三年内无重大违法行为，财务会计报告无虚假记载；国务院规定的其他条件。

2）股票上市的暂停与终止。《中华人民共和国证券法》规定上市公司有下列情形之一的，由证券交易所决定暂停其股票上市交易：公司股本总额、股权分布等发生变化不再具备上市条件；公司不按照规定公开其财务状况，或者对财务会计报告做虚假记载，可能误导投资者；公司有重大违法行为；公司最近三年连续亏损；证券交易所上市规则规定的其他情形。

上市公司有下列情形之一的，由证券交易所决定终止其股票上市交易：公司股本总额、股权分布等发生变化不再具备上市条件，在证券交易所规定的期限内仍不能达到上市条件；公司不按照规定公布其财务状况，或者对财务会计报告做虚假记载，且拒绝纠正；公司最近三年连续亏损，在其后一个年度内未能恢复盈利；公司解散或者被宣告破产；证券交易所上市规则规定的其他情形。

（4）普通股筹资的特点　与其他筹资方式相比，发行普通股筹集的资金具有永久性，无到期日，不需归还，是酒店最基本的资金来源；没有固定的股利负担，没有固定的到期还本付息的压力，财务风险较小。但普通股的资本成本较高，发新股还有可能分散酒店的控制权。

例如：华天酒店（000428）于2008年2月28日至3月6日以非公开发行股票的方式向四家特定投资者发行了2300万股人民币普通股（A股），募集资金总额36064万元，净额35007万元。

3．留存收益筹资

留存收益从数量上而言是酒店的未分配利润与盈余公积之和，从本质上而言，它是酒店所有者向酒店追加的投资，也可理解为是酒店向原有的所有者再次筹集的资金。酒店利用留存收益方式筹集的资金量受到酒店盈余的数量和质量的影响，还受到酒店利润分配政策的影响。

留存收益筹资从资金来源角度分析属于酒店内部筹资，因此筹资便利、速度快；从资金属性角度分析，留存收益筹资属于权益筹资，资本成本相对较高。

例如：金陵饭店（601007）在2010年6月30日半年报资产负债表中报告2010年6月30日其留存收益金额为285891318.86元；华天酒店（000428）在2010年6月30日半年报资产负债表中报告2010年6月30日其留存收益金额为427300038.92元。一定数量的留存收益为酒店通过内部筹资提供了一定基础。

二、负债筹资

1．债券筹资

债券是经济主体为筹集资金而发行的，用以记载和反映债权债务关系的有价证券。由企业发行的债券称为企业债券或公司债券。此处债券是指期限超过一年的公司债券，所筹资金通常用于建设大型项目。

（1）债券的种类 公司债券有很多类型，《中华人民共和国公司法》确认的分类有两种：按债券上是否记有持券人的姓名或名称，分为记名债券和无记名债券；按债券能否转换为公司股票，分为可转换债券和不可转换债券。此外，按债券有无特定的财产担保，分为抵押债券和信用债券；按债券利率的不同，分为固定利率债券和浮动利率债券；按债券能否上市，分为上市债券和非上市债券等。

（2）债券发行

1）发行条件。《中华人民共和国证券法》规定，有资格发行公司债券的公司，必须具备下列条件：股份有限公司的净资产不低于 3 000 万元，有限责任公司的净资产不低于 6 000 万元；累计债券余额不超过公司净资产的 40%；最近三年平均可分配利润足以支付公司债券 1 年的利息；所筹资金的投向符合国家产业政策；债券的利率不超过国务院限定的利率水平；国务院规定的其他条件。

公开发行公司债券筹集的资金，必须用于核准的用途，不得用于弥补亏损和非生产性支出。不得再次公开发行公司债券的情况有：前一次公开发行的公司债券尚未募足；对已公开发行的公司债券或者其他债务有违约或者延迟支付本息的事实，仍处于继续状态；违反规定改变公开发行公司债券所募资金的用途。上市酒店经股东大会决议可以发行可转换为股票的公司债券，并在公司债券募集办法中规定具体的转换办法。上市酒店发行可转换为股票的公司债券，应当报国务院证券监督管理机构核准；应当在债券上标明可转换公司债券字样，并在公司债券存根簿上载明可转换公司债券的数额；应当按照其转换办法向债券持有人换发股票，但债券持有人对转换股票或者不转换股票有选择权。

2）发行程序。发行程序步骤为：①由酒店最高机构做出发行债券的决议或决定；②向国务院证券管理部门提出申请并提交相关文件，国务院证券管理部门根据有关规定，对酒店的申请予以核准；③申请被批准后，发行酒店制定公司债券募集办法，向社会公告，在公告所定的期限内募集借款。公司债券的发行价格通常有三种：平价、溢价和折价。

（3）债券的信用等级 酒店公开发行债券通常需要由债券评信机构评定等级。国际上应用最广泛、最有权威的是美国"标准普尔公司"和"穆迪投资服务公司"评定的债券等级，分为 3 等 9 级。根据中国人民银行的有关规定，凡是向社会公开发行的企业债券，需要由经中国人民银行认可的资信评级机构进行评信。

（4）债券筹资的特点 与其他长期负债筹资方式相比，债券筹资具有筹资对象广、市场大的特点，但其资本成本较高、财务风险大、限制条件多。

例如：2004 年 2 月 19 日至 3 月 3 日北京首都旅游集团正式开始发行 10 亿元 10 年期浮动利率公司债券，筹集资金用于集团下属的奥运项目北京饭店"北京宫"改造和北京饭店其他改扩建项目，这也是 2008 年北京奥运项目第一次在资本市场上融资。

2. 长期借款筹资

长期借款是指酒店向银行或其他非银行金融机构借入的使用期限超过一年的借款，主要用于购建固定资产和满足长期流动资金占用的需要。

（1）长期借款的种类 目前，我国各金融机构的长期借款种类主要有：按照用途不同，分为固定资产投资借款、更新改造借款、科技开发和新产品试制借款等；按照提供贷款的机构不同，分为政策性银行贷款、商业银行贷款、信托投资贷款、财务公司贷款等；按照有无担保，分为信用贷款和抵押贷款。

（2）取得长期借款的条件　酒店申请贷款应具备的条件包括：独立核算、自负盈亏、有法人资格；经营方向和业务范围符合国家产业政策，借款用途属于银行贷款办法规定的范围；具有一定的物资和财产保证，担保单位具有相应的经济实力；具有偿还贷款的能力；财务管理和经济核算制度健全，资金使用效益及酒店经济效益良好；在银行设有账户，办理结算。

（3）取得长期借款的程序　具备借款条件的酒店取得长期借款的程序为：①向银行提出申请，陈述借款原因与金额、用款时间与计划、还款期限与计划；②银行根据酒店的借款申请，针对相关问题进行审查；③银行审查同意贷款后，再与借款酒店进一步协商贷款的具体条件，并以借款合同的形式将其法律化。按照国际惯例，在借款合同中，贷款机构通常对借款酒店提出一些有助于降低自身风险、保证贷款按时足额偿还的条件，形成合同的保护性条款。借款合同一经生效，酒店便可取得借款。

（4）长期借款筹资的特点　与其他长期负债筹资方式相比，长期借款筹资具有筹资速度快、借款弹性大、资本成本较低、限制性条款比较多等特点。

例如：新都酒店（000033）2010 年 6 月 30 日合并资产负债表中报告其在 2010 年 6 月 30 日长期借款金额为 18 400 万元。

另外，酒店也可通过股权质押方式获得银行贷款。股权质押又称股权质权，是指出质人以其所拥有的股权作为质押标的物而设立的质押。例如：2009 年 11 月 28 日华天酒店（000428）对外公告其控股股东华天实业控股集团有限公司于 2009 年 11 月 16 日将其持有的本公司股份 2 400 万股质押给中国建设银行湖南省分行营业部用于质押贷款，质押期限至 2010 年 11 月 15 日。

3. 融资租赁筹资

融资租赁又称财务租赁、资本租赁，是为了满足承租人对资产的长期需要，出租人以收取租金为条件，将其所拥有的资产转让给承租人使用的一种交易。在我国，从事融资租赁的出租人主要有租赁公司、信托投资公司和银行信贷部门。融资租赁的租金通常包括租赁资产的成本、租赁资产的成本利息、租赁手续费三大部分。融资租赁可以使承租人及时使用所需资产却无须立即支付大额现金，是一种实用的筹资方式。

融资租赁的主要特征是：租赁期限较长，一般会超过租赁资产寿命的一半；租赁资产的报酬和风险由承租人承担；承租人负责租赁资产的折旧计提和日常维护；租金与租赁资产的价值接近；承租人可以在租赁期满后廉价购买租赁资产；租赁合同稳定，非经双方同意，中途不可撤销；融资租赁一般先由承租人向出租人提出租赁申请，出租人按照承租人的要求引入资产，再交付承租人使用。

（1）融资租赁的种类　融资租赁按照租赁手段，可进一步分为直接租赁、杠杆租赁和售后租回等几种形式。

直接租赁是指承租人直接向租赁公司或生产厂商租赁生产经营所需设备的一种租赁形式。

杠杆租赁是有贷款者参与，主要涉及承租人、出租人和资金出借人三方当事人的一种租赁形式。在这种形式下，出租人引入资产时只支付引入款项的一部分（一般为资产价值的 20%～40%），其余款项则以引入的资产或出租权等为抵押，向贷款者借入；资产出租后，出租人以收取的租金向债权人还贷；出租人既是资产的出租者，同时又是借款人，既收取租金又支付借款利息。

售后租回是承租人先将资产卖给出租人，再将该资产租回的一种租赁形式。在这种形式下，承租人一方面通过出售资产获得了现金，另一方面又通过租赁满足了对资产的需要，而租金却可以分期支付。

（2）融资租赁的程序　通常包括：承租企业选择租赁公司、提出租赁申请（说明需要租入资产的名称、性能、数量、规格、生产厂商、交货地点等）；出租方收到申请后，接触承租企业，介绍租金的计算方式、租金的支付期间与支付方式等事项，并了解承租企业的基本情况；租赁双方达成初步意向后，出租方要对租赁项目进行审查（承租方的资信与能力、租赁设备的先进性、租赁项目的可行性），以确保自身利益；出租方审查后认为项目可行，双方进入实质性谈判阶段，达成共识后，签订租赁合同，同时出租方与供货方签订供货合同，出租方与银行的借款合同也可同时签订；最后办理设备交接与货款支付手续，承租企业按照约定支付租金。

（3）融资租赁筹资的特点　融资租赁使融资与融物相结合，具有信用、贸易双重性质。它不同于一般的借钱还钱、借物还物的信用形式，而是借物还钱，并分期支付租金，将银行信贷和物资信贷融合在一起。

4．短期借款筹资

短期借款是指酒店向银行或其他非银行金融机构借入的期限在一年以内的借款。

（1）短期借款的种类　目前，我国的短期借款按照目的和用途不同可分为生产周转借款、临时借款、结算借款等；按照偿还方式的不同可分为一次性偿还借款和分期偿还借款；按照有无担保可分为抵押借款和信用借款；按照利息支付方法的不同可分为收款法借款、贴现法借款和加息法借款；其中，在收款法借款方式下，借款企业负担的实际利率等于名义利率。在贴现法和加息法借款方式下，借款企业负担的实际利率要高于名义利率。随着金融信贷业的发展，可向酒店提供贷款的银行和非银行金融机构增多，借款酒店选择银行时，应考虑借款种类、借款成本、借款条件、银行对贷款风险的政策、银行对酒店的态度、银行的稳定性等重要因素。

（2）短期借款的取得　酒店举借短期借款，要先向银行提出申请，经审查同意后，签订借款合同，并根据借款合同办理借款手续，手续完毕，酒店方可取得借款。

（3）短期借款的信用条件　按照国际惯例，银行发放短期借款时通常带有一些信用条件，主要有信贷限额、周转信贷协定、补偿性余额等。信贷限额是银行对借款人规定的无担保贷款的最高额，其有效期通常为一年。周转信贷协定是银行具有法律义务地承诺提供不超过某一最高限额的贷款协定，其有效期通常长于一年。补偿性余额是银行要求借款企业在银行中保持按贷款限额或实际借用额一定百分比（一般为 10%～20%）的最低存款余额，提高了借款企业负担的实际借款利率。

（4）短期借款筹资的特点　短期借款容易取得，便于灵活使用，资本成本较低，但面临短期内归还的压力，财务风险较大。

例如：东方宾馆（000524）在 2010 年 6 月 30 日的合并资产负债表中报告其在 2010 年 1 月 1 日的短期借款金额为 4 500 万元；华天酒店（000428）在 2010 年 6 月 30 日的合并资产负债表中报告其在 2010 年 6 月 30 日的短期借款金额为 62 900 万元。

5．商业信用筹资

商业信用是指酒店在提供劳务或商品交易活动中由于延期付款或预收款项所形成的酒店与其他经济主体之间的借贷关系。商业信用产生于商品交换中，是一种自发性筹资。商业信用筹资的具体形式包括应付账款、应付票据、预收账款等。

商业信用筹资容易取得、运用广泛，在短期负债筹资中占有相当大的比重，但其筹集资金的可使用期限短。

例如：东方宾馆（000524）在 2010 年 6 月 30 日的合并资产负债表中报告其 2010 年 6 月 30 日的应付账款金额为 17 123 871.19 元，预收款项金额为 6 094 636.46 元；华天酒店（000428）在 2010 年 6 月 30 日的合并资产负债表中报告其 2010 年 6 月 30 日的应付账款金额为 73 522 058.97 元，预收款项金额为 172 843 518.56 元。

6. 短期融资券筹资

短期融资券是酒店依照法定条件和程序在银行间债券市场发行和交易，并约定在一定期限内还本付息的有价证券。短期融资券是酒店筹集短期资金的一种直接融资方式。短期融资券不对社会公众发行，而针对银行间债券市场的机构投资人发行，只在银行间债券市场进行交易。中国人民银行依法对短期融资券的发行、交易、登记、托管、结算、兑付进行管理。

（1）短期融资券发行条件　酒店申请发行短期融资券应符合下列条件：酒店是在中华人民共和国境内依法设立的企业法人；具有稳定的偿债资金来源，最近一个会计年度盈利；流动性良好，具有较强的到期偿债能力；发行短期融资券募集的资金用于本酒店经营；近三年没有违法和重大违规行为；近三年发行的短期融资券没有延迟支付本息的情形；待偿还短期融资券余额不超过酒店净资产的 40%；具有健全的内部管理体系和募集资金的使用的偿付制度；中国人民银行规定的其他条件。酒店发行的短期融资券的最长期限不超过 365 天，具体期限可在上述最长期限内自主确定。酒店发行短期融资券应经过在中国境内工商注册且具备债券评级能力的评级机构的信用评级，并将评级结果向银行间债券市场公示。短期融资券的发行利率（价格）根据信用评级档次由发行人和承销商协商确定，一般低于同期银行贷款利率。

（2）短期融资券的种类　短期融资券的种类通常有三种划分方式。按发行方式不同，短期融资券可分为经纪人代销的融资券和直接销售的融资券；按发行人不同，短期融资券可分为金融企业的融资券和非金融企业的融资券；按发行和流通范围不同，短期融资券可分为国内融资券和国际融资券。

（3）短期融资券筹资的特点　短期融资券具有筹集的资金数额较大，资本成本较低等特点，并且发行短期融资券可提高酒店的信誉和知名度。但发行短期融资券的条件较为严格，弹性较小，风险较大。

例如：2010 年 4 月 22 日华天酒店（000428）第四届董事会第十五次会议决议公告了《关于发行短期融资券的议案》，鉴于酒店处于高速扩展期，资金需求量大，面临较大的财务成本压力，为降低财务费用，优化融资结构，华天酒店拟在中国银行间债券市场发行不超过 5 亿元的短期融资券。

第三节　酒店资本成本

酒店资本成本的实质是酒店的机会成本，表现为筹资来源所要求的报酬率。计算酒店资本成本具有重要意义。首先，酒店可以通过多种方式筹集资金，资本成本高低就是进行筹资决策的重要依据；其次，酒店将筹集的资金投放于经济项目时，评价投资决策是否可行的一项重要经济标准就是投资报酬率是否高于资本成本率。酒店的筹资决策和投资决策都离不开资本成本的计算。资本成本是酒店筹资决策的基础，也是投资决策的基础。

资本成本的基本计量形式包括个别资本成本率、综合资本成本率和边际资本成本率。不同的计量形式有不同的用途。在比较各种筹资方式时，使用个别资本成本率，即普通股资本成本率、留存收益资本成本率、长期借款资本成本率、短期借款资本成本率、债券资本成本率等；在进行资本结构决策时，使用综合资本成本率；在进行追加筹资决策时，则使用边际资本成本率。

一、个别资本成本率

个别资本成本率是指不同筹资方式下的资本成本率，包括普通股资本成本率、留存收益资本成本率、长期借款资本成本率、债券资本成本率等。前两者为权益资本成本率，后两者为债务资本成本率。

1. 普通股资本成本率

计算普通股成本的方法较多，目前常用估价法。计算公式如下：

$$K_{nc} = \frac{D_1}{P_0(1-F)} + G$$

式中　　　K_{nc}——普通股资本成本率；

D_1——预期年股利；

P_0——普通股市价；

F——普通股筹资费用率；

G——普通股股利年增长率。

【例 4-1】花冠酒店普通股发行价格为每股 18 元，筹资费用率为 3%，预期第一年年末将发放股利为每股 1.2 元，以后每年增长 4%，请计算普通股资本成本率。

解：

$$K_{nc} = \frac{D_1}{P_0(1-F)} + G$$

$$= \frac{1.2}{18 \times (1-3\%)} + 4\%$$

$$\approx 10.87\%$$

2. 留存收益资本成本率

留存收益是酒店缴纳所得税后形成的，包括盈余公积和未分配利润，其所有权属于酒店所有者。酒店所有者将其留存于酒店，实质是对酒店追加的投资，要求获得同等风险投资的收益率。计算留存收益成本率的方法较多，主要有以下三种方法：

（1）股利增长模型法（假定收益以固定的年增长率递增）

$$K_s = \frac{D_1}{P_0} + G$$

式中　　　K_s——留存收益资本成本率；

D_1——预期年股利；

P_0——普通股市价；

　G——普通股股利年增长率。

【例4-2】花冠酒店普通股目前市价为每股 20 元，估计股利年增长率为 4%，本年发放股利为每股 1.2 元，请计算留存收益的资本成本率。

解：
$$K_s = \frac{D_1}{P_0} + G$$
$$= \frac{1.2 \times (1 + 4\%)}{20} + 4\%$$
$$= 10.24\%$$

（2）资本资产定价模型法

$$K_s = R_F + \beta(R_m - R_F)$$

式中　　K_s——留存收益资本成本率；

　　　　R_F——无风险报酬率；

　　　　β——股票的贝塔系数；

　　　　R_m——平均风险股票必要报酬率。

【例4-3】如果市场无风险报酬率为 6%，平均风险股票必要报酬率为 10%，花冠酒店普通股 β 值为 1.1，请计算留存收益资本成本率。

解：
$$K_s = R_F + \beta(R_m - R_F)$$
$$= 6\% + 1.1 \times (10\% - 6\%)$$
$$= 10.4\%$$

（3）风险溢价法　　风险溢价法是以债券投资者要求的收益率为基础，再加上一定的风险溢价来计算留存收益资本成本率的方法。

$$K_s = K_b + RP_c$$

式中　　K_s——留存收益资本成本率；

　　　　K_b——债务资本成本率；

　　　　RP_c——股东比债权人承担更大风险所要求的风险溢价。

一般认为，某企业普通股风险溢价对其自己发行的债券而言，在 3%～5% 之间，通常采用 4% 的风险溢价。

3. 长期借款资本成本率

长期借款的利息在税前支付，具有抵税效应。如果不考虑货币时间价值因素，根据计算资金成本的通用公式，分期付息、一次还本的长期借款资本成本率计算公式如下：

$$K_l = \frac{I(1 - T)}{L(1 - F)}$$
$$= \frac{R(1 - T)}{1 - F}$$

式中　　K_l——长期借款资本成本率；

　　　　I——长期借款年利息；

　　　　T——企业所得税税率；

L——长期借款筹资总额；

F——长期借款筹资费用率；

R——长期借款利息率。

【例4-4】花冠酒店取得五年期借款100万元，年利率8%，每年付息一次，到期一次还本，筹资费用率为0.5%，企业所得税税率为25%，请计算不考虑资金时间价值因素的长期借款资本成本率。

解：
$$K_l = \frac{I(1-T)}{L(1-F)}$$
$$= \frac{100 \times 8\% \times (1-25\%)}{100 \times (1-0.5\%)}$$
$$\approx 6.03\%$$

4．债券资本成本率

债券资本成本率的计算与长期借款资本成本率的计算基本相同，只是债券的筹资费用率较高，不可以在计算时忽略不计。如果不考虑货币时间价值因素，债券资本成本率计算公式如下：

$$K_b = \frac{I(1-T)}{B_0(1-F)}$$
$$= \frac{Bi(1-T)}{B_0(1-F)}$$

式中　　K_b——债券资本成本率；

I——债券每年支付的利息；

T——所得税税率；

B——债券面值；

B_0——债券筹资额，按发行价确定；

i——债券票面利息率；

F——债券筹资费用率。

在债券溢价或折价发行的情况下，为了准确反映债券资本成本率，应以实际发行价格作为债券筹资额。

【例4-5】花冠酒店发行面额为1 000万元五年期债券，票面利率为8.5%，发行费用率为4%，企业所得税税率为25%，请计算不考虑资金时间价值因素时的债券资本成本率。如果此债券按溢价1 200万元和折价800万元发行，不考虑资金时间价值因素时的债券资本成本率又是多少？

解：

按面额发行，$K_b = \dfrac{I(1-T)}{B_0(1-F)}$

$$= \frac{1\,000 \times 8\% \times (1-25\%)}{1\,000 \times (1-4\%)}$$
$$= 6.25\%$$

溢价发行，$K_b = \dfrac{Bi(1-T)}{B_0(1-F)}$

$\qquad\qquad\quad = \dfrac{1\,000 \times 8\% \times (1-25\%)}{1\,200 \times (1-4\%)}$

$\qquad\qquad\quad \approx 5.21\%$

折价发行，$K_b = \dfrac{Bi(1-T)}{B_0(1-F)}$

$\qquad\qquad\quad = \dfrac{1\,000 \times 8\% \times (1-25\%)}{800 \times (1-4\%)}$

$\qquad\qquad\quad \approx 7.81\%$

但是，如果考虑货币时间价值因素，长期借款资本成本率和债券资本成本率是使下式成立的 K_d：

$$P_0(1-F) = \sum_{i=1}^{N} \frac{P_i + I_i \times (1-T)}{(1+K_d)^i}$$

式中　　K_d——债券资本成本率；

$\qquad P_0$——借款金额或债券发行价格，即债务的现值；

$\qquad F$——债券筹资费用率；

$\qquad P_i$——本金的偿还金额和时间；

$\qquad I_i$——债务的约定利息；

$\qquad T$——所得税税率；

$\qquad N$——债务的期限，通常以年表示。

【例4-6】花冠酒店发行面额为 1 000 万元五年期债券，每年付息，到期一次还本，票面利率为 10%，发行费用率为 4%，企业所得税税率为 25%，请计算考虑资金时间价值因素时的债券资本成本率。如果此债券按溢价 1 200 万元和折价 800 万元发行，考虑资金时间价值因素时的债券资本成本率分别是多少？

解：

按面额发行，$P_0(1-F) = \sum\limits_{i=1}^{N} \dfrac{P_i + I_i \times (1-T)}{(1+K_d)^i}$

$\qquad 1\,000 \times (1-4\%) = \sum\limits_{i=1}^{5} \dfrac{100 \times (1-25\%)}{(1+K_d)^i} + \dfrac{1\,000}{(1+K_d)^5}$

计算得：$K_d \approx 8.52\%$

溢价发行，$P_0(1-F) = \sum\limits_{i=1}^{N} \dfrac{P_i + I_i \times (1-T)}{(1+K_d)^i}$

$\qquad 1\,200 \times (1-4\%) = \sum\limits_{i=1}^{5} \dfrac{100 \times (1-25\%)}{(1+K_d)^i} + \dfrac{1\,000}{(1+K_d)^5}$

计算得：$K_d \approx 4.08\%$

折价发行，$P_0(1-F) = \sum_{i=1}^{N} \dfrac{P_i + I_i \times (1-T)}{(1+K_d)^i}$

$$800 \times (1-4\%) = \sum_{i=1}^{5} \dfrac{100 \times (1-25\%)}{(1+K_d)^i} + \dfrac{1000}{(1+K_d)^5}$$

计算得：$K_d \approx 14.31\%$

二、综合资本成本率

酒店在筹资过程中，通常不是单一使用某一种筹资方式，很多情况下是运用多种筹资方式筹集一定数量的资金，从而形成不同的筹资组合方案。在进行筹资组合方案决策时，需要计算、比较各个方案的综合资本成本率，最后做出筹资方案决策。综合资本成本率也称为加权平均资本成本率，是以各种筹资方式筹集的资本占全部资本的比重为权数，对各种筹资方式对应的个别资本成本率进行加权平均的结果，其计算公式如下：

$$K_w = \sum_{j=1}^{n} K_j W_j$$

式中　　K_w——综合资本成本率；

　　　　K_j——第 j 种个别资本成本率；

　　　　W_j——第 j 种个别资本与全部资本的比重。

由上述计算公式可知，综合资本成本率是由个别资本成本率和各种资本比重两个因素决定的。当酒店资本结构不变时，个别资本成本率提高，综合资本成本率提高；个别资本成本率降低，综合资本成本率降低。当个别资本成本率不变时，资本结构中成本率较高的资本比例上升，综合资本成本率提高；资本结构中成本率较低的资本比例上升，综合资本成本率降低。因此，在酒店资本结构一定的条件下，个别资本成本率高低决定着酒店综合资本成本率的高低；在酒店个别资本成本率一定的条件下，资本结构决定着酒店综合资本成本率的高低。

【例 4-7】假设花冠酒店账面上共有资金 30 000 万元，其中债券占 3 000 万元，长期借款 5 000 万元，普通股 16 000 万元，留存收益 6 000 万元，各种筹资方式筹集的资金对应的个别资本成本率分别为：K_b=6%；K_l=5%；K_s=11%；K_e=10%。请计算花冠酒店的加权平均资本成本率。

解：$K_w = K_l \cdot W_l + K_b \cdot W_b + K_s \cdot W_s + K_e \cdot W_e$

　　　$= 5\% \times 16.67\% + 6\% \times 10\% + 11\% \times 53.33\% + 10\% \times 20\%$

　　　$= 9.30\%$

上述计算中，各种筹资方式筹集的资金占全部资金的比重是按账面价值确定的。但是当资金的账面价值与市场价值差别较大时，计算结果会与实际有较大差距，有可能贻误决策。因此，根据不同情况，还可以按市场价值或目标价值确定各种筹资方式筹集的资金占全部资金的比重。与此相对应的权数分别为市场价值权数和目标价值权数。市场价值权数是指债券、股票以市场价格确定的权数。目标价值权数是指债券、股票以未来预计的目标市场价值确定的权数，它能体现期望的资本结构，据此计算的综合资本成本率更适用于酒店筹措新资金。

综合资本成本率代表酒店选用不同筹资方式筹集一定量资金整体承担的资本成本率。在进行筹资决策时，拟定备选方案，分别计算、比较各方案的综合资本成本率，并根据综合资本成本率的高低来确定合理的资本结构。此外，酒店在使用综合资本成本率进行决策时，还应考虑总体经济条件、市场条件、酒店经营状况、筹资现状和筹资规模等相关因素的影响，从而做出正确的筹资决策。

三、边际资本成本率

资金的边际成本是指资金增加一个单位而增加的成本。边际资本成本率是追加资金时所使用的综合资本成本率。计算边际资本成本率时一般遵循以下步骤：

（1）确定酒店最优资本结构　经过分析，确定酒店最优资本结构，即长期资本中负债资本和权益资本的比例，并细分为长期借款、债券、普通股、留存收益在总资金中所占比重。

（2）确定各种筹资方式下的个别资本成本率　酒店筹资规模不断扩大，对应的个别资本成本率也会提高，需要计算不同筹资方式、不同筹资规模对应的个别资本成本率。

（3）计算筹资总额分界点　根据目标资本结构和各种筹资方式资本成本率变化的分界点，计算筹资总额的分界点。计算公式如下：

$$筹资分界点 = \frac{可用某一特定成本筹集到的某种资金额}{该种资金在资本结构中所占的比重}$$

（4）计算资金的边际资本成本率　在每一分界点内，根据资本结构和个别资本成本率，计算出的综合资本成本率就是在这一筹资范围内的边际资本成本率。

【例 4-8】花冠酒店拥有长期资本 10 000 万元，其中长期借款 2 000 万元，长期债券 3 000 万元，普通股 5 000 万元。因扩大经营规模，现需筹集新的资金，仍保持目前的资本结构，即长期借款占 20%，长期债券占 30%，普通股占 50%。随着筹资增加，个别资本成本率的变化情况见表 4-3。

表 4-3　个别资本成本率

（单位：万元）

资金种类	目标资本结构	筹资范围	个别资本成本率
长期借款	20%	0～5	3%
		5～10	5%
		>10	7%
长期债券	30%	0～10	6%
		10～50	8%
		>50	10%
普通股	50%	0～50	14%
		50～100	16%
		>100	18%

根据表 4-3 的资料，可以计算相应的筹资总额分界点，见表 4-4。

表4-4 筹资总额范围

（单位：万元）

资 金 种 类	目标资金结构	个别资本成本率	筹 资 范 围	筹资总额分界点	筹资总额范围
长期借款	20%	3%	0～5	5/20%=25	0～25
		5%	5～10	10/20%=50	25～50
		7%	>10	—	>50
长期债券	30%	6%	0～10	10/30%=33	0～33
		8%	10～50	50/30%=167	33～167
		10%	>50	—	>167
普通股	50%	14%	0～50	50/50%=100	0～100
		16%	50～100	100/50%=200	100～200
		18%	>100	—	>200

根据表4-4的资料，在保持目标资本结构的前提下，有七组筹资总额范围：0～25万元；25万元～33万元；33万元～50万元；50万元～100万元；100万元～167万元；167万元～200万元；200万元以上。根据七组筹资总额范围，分别计算边际资本成本率，见表4-5。

表4-5 边际资本成本率

（单位：万元）

筹资总额范围	资 金 种 类	目标资金结构	资本成本率	边际资本成本率
0～25	长期借款 长期债券 普通股	20% 30% 50%	3% 6% 14%	20%×3%=0.6% 30%×6%=1.8% 50%×14%=7% 0.6%+1.8%+7%=9.4%
25～33	长期借款 长期债券 普通股	20% 30% 50%	5% 6% 14%	20%×5%=1% 30%×6%=1.8% 50%×14%=7% 1%+1.8%+7%=9.8%
33～50	长期借款 长期债券 普通股	20% 30% 50%	5% 8% 14%	20%×5%=1% 30%×8%=2.4% 50%×14%=7% 1%+2.4%+7%=10.4%
50～100	长期借款 长期债券 普通股	20% 30% 50%	7% 8% 14%	20%×7%=1.4% 30%×8%=2.4% 50%×14%=7% 1.4%+2.4%+7%=10.8%
100～167	长期借款 长期债券 普通股	20% 30% 50%	7% 8% 16%	20%×7%=1.4% 30%×8%=2.4% 50%×16%=8% 1.4%+2.4%+8%=11.8%
167～200	长期借款 长期债券 普通股	20% 30% 50%	7% 10% 16%	20%×7%=1.4% 30%×10%=3% 50%×16%=8% 1.4%+3%+8%=12.4%
>200	长期借款 长期债券 普通股	20% 30% 50%	7% 10% 18%	20%×7%=1.4% 30%×10%=3% 50%×18%=9% 1.4%+3%+9%=13.4%

第四节　酒店财务风险

风险是预期结果的不确定性。它不仅包括负面效应的不确定性，还包括正面效应的不确定性。负面效应是损失的发生及其程度的不确定性，正面效应是机会及其不确定性。风险是一个非常重要的财务概念，风险价值是理财的第二大重要原则。酒店的任何财务决策都有风险。广义的财务风险是指在酒店各项财务活动过程中，由于受各种不确定因素的影响，使得酒店财务收益与预期收益发生偏离，一般包括筹资风险、投资风险、经营风险等。狭义的财务风险即筹资风险，是酒店在经营活动中与筹资活动有关的风险，最为关键的是由于酒店资本结构不合理，融资不当使得酒店不能偿还到期债务而导致所有者预期投资收益下降的风险。在此，本章本节论述的财务风险都是狭义的财务风险。

筹资决策伴随着风险，不同筹资方式承担的财务风险不同，决策者可以结合定量与定性分析方法予以判断和防范。一般而言，财务风险量化分析方法包括概率分析法和财务杠杆系数分析法。

一、概率分析法

概率分析法是一种常用的衡量风险的方法。概率是用来表示随机事件发生可能性大小的数值。通常，必然发生的事件的概率为 1，不可能发生的事件的概率为 0，一般随机事件的概率为介于 0 与 1 之间的一个数。概率越大表明该事件发生的可能性越大。概率分析法就是根据预测的可能出现的各种情况的概率和相应的结果，计算期望值、方差、标准差和变异系数，据以判断风险程度。

1．期望值

随机变量的各个取值，以相应的概率为权数计算加权平均数，就是随机变量的期望值。期望值反映随机变量取值的平均化。

$$期望值\left(\overline{K}\right)=\sum_{i=1}^{N}(P_i \cdot K_i)$$

式中　P_i——第 i 种结果出现的概率；

$\qquad K_i$——第 i 种结果出现后的预期报酬率；

$\qquad N$——所有可能结果的数目。

在用期望值衡量筹资决策风险时，通常使用自有资金利润率期望值。

$$自有资金利润率期望值 = 全部资金息税前利润率期望值 + \frac{负债资金}{自有资金} \times$$

$$(全部资金息税前利润率期望值 - 借款利息率)$$

式中：全部资金息税前利润率期望值=∑（各种可能情况的概率×该种情况下的全部资金息税前利润率）

【例 4-9】A 酒店拟投资 100 万元开发旅游景点，根据市场预测可能会出现成功、一般、不成功三种情形，出现的概率分别为 0.5、0.3、0.2，可能获得的息税前利润率依次为 30%、10%、−10%。如果 A 酒店有以下三种筹资方案（见表 4-6）可供选择，请分析各种筹资方案的风险程度。

表4-6 A酒店筹资方案

筹 资 方 案	筹 资 方 式
甲	资金全部自有
乙	资金80%自有，其余利息率为8%
丙	资金50%自有，其余利息率为10%

解：

全部资金息税前利润率期望值=0.5×30%+0.3×10%+0.2×（-10%）

$$=16\%$$

$$自有资金利润率期望值（甲）=16\%+\frac{0}{100}\times(16\%-0)$$

$$=16\%$$

$$自有资金利润率期望值（乙）=16\%+\frac{20}{80}\times(16\%-8\%)$$

$$=18\%$$

$$自有资金利润率期望值（丙）=16\%+\frac{50}{50}\times(16\%-10\%)$$

$$=22\%$$

自有资金利润率期望值仅反映了三种筹资方案自有资金利润率的平均值，要判断三种筹资方案的风险高低，还需要进一步计算各自的方差、标准差、变异系数。

2．方差和标准差

方差是用来表示随机变量与期望值之间离散程度的一个量，它是离差平方的平均数。标准差是方差的平方根。方差和标准差越大，方案的风险越大。

$$方差\left(\sigma^2\right)=\sum_{i=1}^{N}\left(K_i-\overline{K}\right)^2 P_i$$

式中 P_i——第 i 种结果出现的概率；

K_i——第 i 种结果出现后的预期报酬率；

$\overline{K}$——期望值；

N——所有可能结果的数目。

$$标准差\left(\sigma\right)=\sqrt{\sum_{i=1}^{N}\left(K_i-\overline{K}\right)^2 P_i}$$

式中 P_i——第 i 种结果出现的概率；

K_i——第 i 种结果出现后的预期报酬率；

$\overline{K}$——期望值；

N——所有可能结果的数目。

【例4-10】接例4-9：

甲方案的方差=$(30\%-16\%)^2\times0.5+(10\%-16\%)^2\times0.3+(-10\%-16\%)^2\times0.2$

$$=2.44\%$$

$$甲方案的标准差 = \sqrt{(30\%-16\%)^2 \times 0.5 + (10\%-16\%)^2 \times 0.3 + (-10\%-16\%)^2 \times 0.2}$$
$$\approx 15.62\%$$

$$乙方案的方差 = (30\%-18\%)^2 \times 0.5 + (10\%-18\%)^2 \times 0.3 + (-10\%-18\%)^2 \times 0.2$$
$$= 2.48\%$$

$$乙方案的标准差 = \sqrt{(30\%-18\%)^2 \times 0.5 + (10\%-18\%)^2 \times 0.3 + (-10\%-18\%)^2 \times 0.2}$$
$$\approx 15.75\%$$

$$丙方案的方差 = (30\%-22\%)^2 \times 0.5 + (10\%-22\%)^2 \times 0.3 + (-10\%-22\%)^2 \times 0.2$$
$$= 2.80\%$$

$$丙方案的标准差 = \sqrt{(30\%-22\%)^2 \times 0.5 + (30\%-22\%)^2 \times 0.3 + (-10\%-22\%)^2 \times 0.2}$$
$$\approx 16.75\%$$

方差和标准差都是绝对数，受变量值的影响，不便于不同规模项目的比较。因此，在计算方差和标准差的基础上，有必要计算变异系数。

3. 变异系数

变异系数是标准差与期望值的比值，即单位期望值所承担的标准差。

$$变异系数 = 标准差 / 期望值$$

【例4-11】接例4-10：

甲方案的变异系数=15.62%/16%≈0.976 25

乙方案的变异系数=15.75%/18%≈0.875

丙方案的变异系数=16.75%/22%≈0.761 4

二、财务杠杆系数分析法

酒店筹资风险最为关键的是由于酒店负债比率的变化而带来的收益变动风险。评价筹资风险的高低可使用财务杠杆系数分析法。财务杠杆系数（DFL），又称财务杠杆程度，是指普通股每股收益变动率（或净资产利润率的变动率）相当于息税前利润变动率的倍数。

$$财务杠杆系数 = \frac{普通股每股收益变动率}{息税前利润变动率}$$

$$= \frac{息税前利润}{息税前利润 - 利息 - 优先股股息 / (1 - 所得税税率)}$$

【例4-12】A酒店的长期资本为6 000万元，借入资本为3 000万元，利率为10%，普通股股本为3 000万元（每股面值1元，共3 000万股）。本年度息税前利润为1 000万元，所得税税率为25%。请计算A酒店的财务杠杆系数。

$$解：A酒店的财务杠杆系数 = \frac{1\ 000}{1\ 000 - 3\ 000 \times 10\%}$$
$$\approx 1.43$$

财务杠杆系数反映的是息税前利润变动所引起的普通股每股收益变动的程度和速度。如例 4-12，如果 A 酒店的息税前利润增加 1%，即由 1 000 万元增加为 1 010 万元，则会引起普通股每股收益增加 1.43%，即由 0.175 元/股增加为 0.177 5 元/股。

酒店在资本总额、息税前利润相同的情况下，负债比率越高，财务杠杆系数越大，酒店的财务风险也越大，但预期的每股收益（或净资产收益率）也越高。如例 4-12，如果 A 酒店的借入资本由 3 000 万元增加为 3 500 万元，普通股股本减少为 2 500 万元，其他条件不变时，A 酒店的财务杠杆系数会由原来的 1.43 增加为 1.54。

负债的比率是酒店在筹资活动过程中可以控制的，酒店可以通过合理安排资本结构，适度负债，降低财务风险。

复习思考题

一、选择题

1. 酒店筹资方式体现酒店资金的（　　）。
   - A. 源泉
   - B. 流量
   - C. 属性
   - D. 成本

2. 酒店筹资管理的核心内容是（　　）。
   - A. 资本结构
   - B. 资本成本
   - C. 财务风险
   - D. 经营风险

3. 下列属于酒店权益资本筹资方式的是（　　）。
   - A. 留存收益
   - B. 商业信用
   - C. 融资租赁
   - D. 发行债券

4. 与长期负债相比，酒店权益资本筹资方式的特点是（　　）。
   - A. 财务风险大
   - B. 资金使用期限短
   - C. 资本成本高
   - D. 容易取得

5. 股票与债券相比，股票特征包括（　　）。
   - A. 股票是所有权的证明
   - B. 股票是有期限的
   - C. 股票持有者有管理权
   - D. 股票收入较稳定

6. 与长期负债相比，酒店短期负债筹资方式的特点是（　　）。
   - A. 容易取得
   - B. 资本成本低
   - C. 财务风险大
   - D. 财务风险小

7. 酒店筹集资金时需要考虑的因素包括（　　）。
   - A. 筹资目的
   - B. 筹资成本
   - C. 财务风险
   - D. 筹资渠道

8. 计量酒店资本成本的形式包括（　　）。
   - A. 综合资本成本率
   - B. 个别资本成本率
   - C. 边际资本成本率
   - D. 加权平均资本成本率

二、思考题

1. 酒店筹资的动机有哪些？
2. 酒店筹资的方式有哪些？
3. 酒店筹资决策需要考虑哪些因素？
4. 酒店筹资决策的要点有哪些？

三、案例分析题

华天酒店 2010 年 1~6 月现金流量见表 4-7。

表 4-7　华天酒店 2010 年 1~6 月现金流量表节选　　　　（单位：元）

项　　目	母公司本期金额	母公司上期金额
三、筹资活动产生的现金流量：		
吸收投资收到的现金	—	—
取得借款收到的现金	154 000 000.00	680 000 000.00
发行债券收到的现金	—	—
收到其他与筹资活动有关的现金	—	25 000 000.00
筹资活动现金流入小计	154 000 000.00	705 000 000.00
偿还债务支付的现金	350 000 000.00	218 000 000.00
分配股利、利润或偿付利息支付的现金	44 701 335.29	70 745 487.77
支付其他与筹资活动有关的现金	—	—
筹资活动现金流出小计	394 701 335.29	288 745 487.77
筹资活动产生的现金流量净额	-240 701 335.29	416 254 512.23

（数据来源：根据深圳证券交易所网站数据节选）

【问题】请利用上述资料并结合深圳证券交易所提供的华天酒店其他相关资料，分析华天酒店筹资特点及存在的问题，并思考如何解决问题，优化筹资管理。

第 五 章

酒店投资管理

知识目标

- 了解项目投资的基本原则、分类、程序。
- 掌握项目投资决策的方法。
- 掌握证券投资的分类、意义。
- 掌握证券投资决策的方法。
- 了解投资风险的衡量和防范的基本方法。

能力目标

- 能够运用项目投资评价方法帮助酒店做出正确的投资决策。
- 能够帮助酒店做出正确的证券投资决策。
- 能够对酒店投资活动中的风险进行分析，尽量降低风险，提高报酬。

第一节　酒店投资概述

酒店是以营利为目的的企业，其管理目标是取得盈利。酒店为了保证自己在激烈的市场竞争中生存下来，不断获得发展，并且不断创造财富，需要将资金投放于一定的人、财、物上，以获得相应的资金流入，这就是酒店的资金投放，也是酒店的投资活动。

一、投资的定义

投资是指以收回投入资金并取得收益为目的的资金流出。酒店的每一项资产都是酒店资金的占用，也就是"投资"，都要从中取得回报，使酒店获利。此外，新建餐厅、购置设备、购买政府债券、购买企业股票和债券、兼并其他酒店、增加新产品等，都是酒店的投资活动，都会导致资金流出酒店，并以获得更多的资金流入为目的。

财务管理是酒店经营管理的核心，对投资活动的管理是酒店财务管理的核心，也是酒店进行资金筹集的目的。酒店能否把筹集到的资金投放到收益高、回收快、风险小的项目上去，极大地影响了酒店的经营前景，甚至影响到酒店的生存。

二、投资的意义

（1）投资是实现酒店财务管理目标的基本前提。酒店财务管理的目标是不断提高企业价值，为此就要采取各种措施增加酒店未来的现金流入，降低风险。酒店通过投资可以分散风险、增加现金流入，从而提高酒店价值，因此投资是实现酒店财务管理目标的基本前提。

（2）投资是酒店发展生产的必要手段。酒店无论是维持简单再生产还是进行扩大再生产，都必须进行一定的投资。要维持简单再生产的顺利进行，就必须及时对所使用的机器设备进行更新，对产品和生产工艺进行改革，不断提高职工的科学技术水平等；要进行扩大再生产，就必须新建、扩建经营场所，增添机器设备，增加职工人数，提高人员素质等。酒店只有通过一系列的投资活动，才能创造增强实力、广开财源所不可缺少的条件。

（3）投资是酒店降低风险的重要方法。酒店把资金投向生产经营的关键环节或薄弱环节，使酒店各种经营能力配套、平衡，形成更大的综合生产能力。如果酒店把资金投向多个行业，实行多元化经营，则更能增加酒店销售和盈余的稳定性。这些都是酒店降低经营风险的重要方法。

三、投资的分类

酒店的投资活动，根据不同的划分标准可以分为如下类型：

1. 按照投资回收时间的长短分类

按照投资回收时间的长短，可将投资分为短期投资和长期投资。

（1）短期投资 又称流动资产投资，是指能够随时变现并且持有时间不准备超过一年的投资，如对应收账款、存货、短期有价证券的投资。在酒店经营过程中，可能会出现现金流入大于现金流出的情况，这时就会有资金的闲置，闲置的资金可以提高偿债能力，但却降低了酒店的盈利能力，解决办法之一就是将闲置资金用于购买短期有价证券。在国外，短期有价证券投资是一种基本的短期投资方式。在我国，随着证券市场的健全和完善，这种投资方式将成为酒店投资的一种重要形式。

（2）长期投资 又称资本性投资，是指短期投资以外的投资，投资额在一年以上才能收回，如固定资产投资、无形资产投资、长期有价证券投资。就金融资产而言，如债券，有的到期期限较长，可以长达数10年之久，普通股票则根本没有到期的时间。由于长期投资时间长、风险大，在进行长期投资时，不仅要考虑投资的收益率和风险，还要从货币时间价值等多种角度进行分析，做出最优的投资决策。

2. 按照资金投放范围分类

按照资金投放的范围，可将投资分为对内投资和对外投资。

（1）对内投资 是指将资金投放于酒店内部，以保证酒店正常的生产经营，包括流动资产投资、固定资产投资。

（2）对外投资 是指酒店以现金、实物、无形资产或有价证券等方式向其他单位投资。

随着酒店横向经济联合的开展，对外投资变得越来越重要。

3．按照与业务经营的关系分类

按照与酒店业务经营的关系，可将投资分为直接投资和间接投资。

（1）直接投资　是指酒店将资金投放于生产经营性资产，以获取利润的投资，如新建酒店、酒店装修、购置设备、购买原材料等。

（2）间接投资　是指酒店将资金投放于股票、债券等金融资产，以获得利息或股利收入的投资，因此又称为证券投资，如购买国债、企业债券、股票等。

4．按照不同投资之间的相互关系分类

按照不同投资项目之间是否相关，可将投资分为独立投资、互斥投资和相关投资。

（1）独立投资　是指在众多的投资项目中，只能选择一个项目。各个投资项目的现金流是独立的，不具有相关性，并且任何一个投资项目的采用与否都不影响其他投资项目的采用，因此独立投资项目的投资决策就是比较选择最优项目。

（2）互斥投资　是指投资项目之间存在互不相容、互相排斥关系，或说"有你无我"的关系。

（3）相关投资　是指必须依赖于其他项目的实施而存在的投资。

第二节　酒店项目投资

酒店要想长久生存和发展，必然会面对众多的项目投资决策。例如：是新建还是购买一家酒店；是在原有酒店的基础上装修扩建，还是重新购建；是继续使用原有设备，还是购置新的设备等。本节所讲的项目投资侧重于固定资产投资。

项目投资是酒店重要的资本支出，由于投资金额较大，投资回收期较长，对酒店的收支和盈亏都会产生较大的影响，因此项目投资的情况直接影响酒店的发展速度、获利能力，是酒店具有长远意义的战略性决策。所以，在进行项目投资时，要对投资方案进行可行性分析，选择最有利的投资方案，以最小的投入和最低的风险获得最大的收益。

一、项目投资概述

1．项目投资的特点

项目投资是酒店内部的长期生产性投资，进行投资决策分析之前，首先要了解项目投资的特点。酒店项目投资具有以下三个特点：

（1）投资金额较大　酒店进行项目投资需要投入大量资金，对酒店的财务状况和现金流量产生很大的影响。

（2）投资回收时间长　项目投资的回收期通常在两年以上，房屋、建筑物的投资回收期更长，需要十几、甚至几十年才能收回投资。

（3）不容易变现　酒店的项目投资一经完成，是很难变现的。酒店进行项目投资的目的不是为了销售，而是为了进行酒店内部的生产经营，投入的资金需要在较长的使用过程中，逐渐转移到产品的价值中，再通过产品销售，实现投资的收回。这是一个缓慢的投资回收过程。

2．项目计算期

在进行项目投资分析之前，首先需要明确什么是项目计算期。项目计算期是指投资项目从投资建设（建设起点）开始到最终清理（终结点）结束整个过程的全部时间，包括建设期和生产经营期。这几个时点之间的关系如图 5-1 所示。

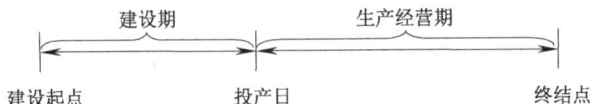

```
          建设期                    生产经营期
      ┌─────────┐      ┌──────────────────┐
      ├─────────────────┼──────────────────┤
   建设起点            投产日                终结点
```

图 5-1　项目计算期

3．项目投资应遵循的原则

酒店的项目投资是以获得收益，增加企业价值为目的的。项目投资决策是酒店具有长远意义的战略性决策，为了保证投资目的的实现，保证投资行为的正确、成功，酒店在进行项目投资之前，必须遵循以下原则：

（1）认真进行市场调查，及时捕捉投资机会，提出投资项目。只有在对市场进行充分调查，及时了解市场供求状况，深入研究投资环境的前提下，才能保证投资决策的正确性和及时性。这是酒店进行项目投资的起点，也是投资决策的关键。

（2）建立科学的项目投资决策程序，认真进行投资项目的可行性分析。在市场经济条件下，酒店的投资决策都会面临一定的风险。为了减少项目投资风险，保证投资决策的正确有效，项目投资必须按科学的投资决策程序，认真地进行投资项目的可行性分析。投资决策的程序为：①由财务部门和工程部门，对投资项目技术上的可行性和经济上的有效性进行评价，运用各种投资决策评价方法，确定各个项目的优劣；②由酒店的高层领导人对投资项目的可行性研究报告进行审批，经总经理办公会或董事会研究讨论，对投资项目做出正确的决策。

（3）及时足额地筹集资金，保证项目投资的资金供应。在项目投资实施之前，酒店必须科学预测投资所需资金的数量和时间，采用适当的方法筹集资金，保证投资项目顺利完成。避免出现实施中资金不能及时到位的情况而耽误项目的进行，无法给酒店带来投资收益，这样会给酒店带来巨大的损失。

（4）认真分析投资风险和投资收益的关系，适当控制投资风险。风险和收益是共存的。想要获得高额的收益，也必须承担较高的风险，收益的增加是以风险的增大为代价的。项目投资具有投资金额巨大、投资回收期长等特点，酒店在进行项目投资时，必须在考虑获取收益的同时，慎重考虑投资的风险，达到风险和收益的均衡。

4．投资决策的过程

（1）提出投资　根据酒店的经营需要，首先要提出投资项目。

（2）调查研究　调查研究是投资活动的开始。根据提出的投资项目，有目的、有重点地进行调查研究，主要包括对投资环境的分析、对市场状况的考察和对技术能力的分析。

（3）分析预测　在调查研究的基础上，对调查得到的数据资料进行加工整理，根据各种情况做出一定假设，制订出各种投资方案。这一步骤的关键是对各个投资方案进行经济上和技术上的可行性分析。财务管理关注投资方案经济上的可行性，就需要采用一定的投资方案的分析评价方法，做出相关的可行性分析。

（4）选择决策　选择决策阶段是对上一阶段提出的各项方案经济上的可行性进行比较，根据不同项目之间的相互关系和酒店投资资金的数额，做出正确抉择。在做出投资方案选择和决策时，既要权衡投资项目的自身收益和风险，又要充分重视和体现该酒店的战略选择。

（5）资金筹集　在投资项目实施之前，酒店应该采取科学的资金筹集方式筹措资金，并组织投资项目的资金供应。既要在适当的时机提供适当数量的资金，又要降低资金成本，降低筹资风险。

（6）事中监督　事中监督是指在投资项目兴建过程中的监督和检查，以确保工程的正常进展和费用的合理使用，避免工期的延误和费用的浪费。

（7）事后评价　投资过程完结后，投资者还需对项目的运行状况和效果进行分析评价和总结，为以后的投资活动提供经验。

二、现金流量

现金流量是项目投资经济评价指标的计算基础，也就是说项目投资决策是建立在一定时期内酒店的收益和支出的实际资金数量之上的。

1．现金流量的含义

所谓现金流量，在投资决策中是指一个投资项目引起的酒店现金支出和现金收入增加的数量。这里的"现金"是广义的现金，不仅包括各种货币资金，还包括项目需要投入酒店的非货币资金的变现价值。

2．现金流量的内容

从现金流量的定义就可以看出，现金流量包括现金流出量和现金流入量两部分。

（1）现金流出量　现金流出量由投资支出构成，主要包括：投放在固定资产上的资金；投放在流动资产上的资金；项目建成投产后增加的各种经营成本（付现成本）；各种税款。其中，投放在固定资产上的资金包括固定资产的购入或建造成本、运输成本和安装成本。投放在流动资产上的资金是指由于固定资产投资增大了酒店的生产能力，引起对包括原材料、在产品、产成品等流动资产的需求的增加。这部分投放在流动资产上的投资，将在项目寿命期终了时收回。需要注意的是，筹资成本用于折现的，在现金流出量中不考虑。

（2）现金流入量　现金流入量由投资回收构成，包括：项目投产后增加的营业收入；项目建成投产后，固定资产每年计提的折旧费；固定资产报废时的残值收入或中途转让时的变现收入；项目寿命期终了时流动资产上投资的收回。对于投资者来说，需要特别说明的是固定资产的折旧费用，会计在计算经营利润的时候，以权责发生制为基础，将折旧费从营业收入中扣除，而现金流量是以收付实现制为基础进行估量的，折旧费用没有真正引起现金流出，需要在营业利润的基础上予以加回。

3．现金流量的划分

在实务中，更加重视按照现金流量发生的时间划分现金流量，通常分为初始现金流量、营业现金流量和终结现金流量，如图 5-2 所示。

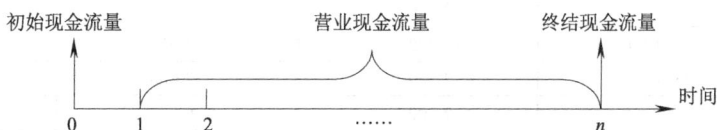

图 5-2　现金流量的划分

（1）初始现金流量　是指开始投资时发生的现金流量，这部分现金流量一般是现金流出量，主要包括固定资产上的投资、流动资产上的投资、其他投资费用、原有固定资产的变价收入和清理费用。

（2）营业现金流量　是指投资项目投入使用后，在其寿命期内由于生产经营所带来的营业现金流入、各种营业现金流出和各种税金支出。一般营业现金流量按年度计算。因此，每年的营业净现金流量可以用下列公式计算：

年营业净现金流量 =年营业收入–年付现成本–所得税

=年净利润 +年折旧费用

式中，年付现成本为经营过程中发生的不包括折旧费用的营业成本。

（3）终结现金流量　是指资本项目完结时发生的现金流量，一般包括固定资产的变现收入、原来垫支在各种流动资产上的资金的收回、停止使用的土地的变价收入，以及为结束项目而发生的各种清理费用等。

4．净现金流量的确定

净现金流量（NCF）是指一定期间现金流入量和现金流出量的差额，也叫现金净流量。一定期间可以是一年，也可以是投资项目持续的整个期限。当流入量大于流出量时，净现金流量为正值；若流入量小于流出量时，净现金流量为负值。如果以一年为单位计算净现金流量，公式如下：

某年净现金流量=某年的现金流入量–某年的现金流出量

下面举例分析酒店项目投资过程中现金流量的计算。

【例5-1】某酒店准备购进一套新的厨房设备，该设备买价21 000元，另支付安装费用1 000元，在第一年垫支营运资金2 000元，采用直线折旧法提取折旧，使用寿命为三年，三年后有残值收入1 000元。该设备购买当年投入使用，并创造价值。该设备每年带来营业收入25 000元，第一年付现费用8 000元，以后随着设备陈旧，逐年增加修理费2 000元。第三年年末收回垫支的流动资金2 000元。已知酒店所得税税率为25%。计算该设备投资的现金流量。

为了计算现金流量，先计算该设备每年提取的折旧：

$$每年折旧额=\frac{固定资产原值-期末残值}{使用寿命}=\frac{21\,000+1\,000-1\,000}{3}=7\,000（元）$$

投资项目的营业净现金流量的计算见表5-1。

表 5-1　投资项目的营业净现金流量计算表

（单位：元）

年份（n）　　　项目	1	2	3
销售收入（1）	25 000	25 000	25 000
付现成本（2）	8 000	10 000	12 000
折旧费用（3）	7 000	7 000	7 000
税前利润（4）=（1）-（2）-（3）	10 000	8 000	6 000
所得税（5）=（4）×25%	2 500	2 000	1 500
净利润（6）=（4）-（5）	7 500	6 000	4 500
营业现金流量（7）=（1）-（2）-（5）=（6）+（3）	14 500	13 000	11 500

投资项目现金流量的计算见表 5-2。

表 5-2　投资项目现金流量计算表

（单位：元）

项目 \ 年份（n）		0	1	2	3
初始现金流量	固定资产投资	−22 000			
	营运资金垫支	−2 000			
营业现金流量	营业现金流量		14 500	13 000	11 500
终结现金流量	固定资产残值				1 000
	营运资金收回				2 000
现金流量合计（NCF）		−24 000	14 500	13 000	14 500

具体估量各个投资项目形成的现金流入和现金流出的数量和时间及逐年的净现金流量，是正确评价其投资效益的一个必要条件。在现金流量的计算中，为了简化计算，假设各年投资是在年初一次进行的，各年营业现金流量看作是各年年末一次发生的，把终结现金流量看作是最后一年末发生。

5. 投资决策中使用现金流量而非利润的原因

投资项目的得失成败以现金流量来衡量，这是以收付实现制为基础的，和以权责发生制为基础计算的利润有所不同。

（1）现金流量有利于科学地考虑货币时间价值因素。固定资产投资属于长期投资，由于不同时点上的资金经济价值不同，因此在进行投资决策时一定要弄清每笔预期收入和支出的具体时间。因为不同时间收付的等额现金用时间价值换算后，具有不同的价值。因此，应该根据项目寿命周期内各年实际支出和实际收入的现金数量，并考虑时间价值因素，来衡量投资项目的优劣。

（2）在计算利润的时候，不同的企业可能采取不同的存货估价、费用摊配、计提折旧的方法，相应的也就会得到不同的利润数额。因此，利润的计算比现金流量的计算具有更多的主观随意性。

（3）利润是以权责发生制为基础，反映的是某一会计期间"应计"的现金流量，而不是实际的现金流量。例如，会计上计算利润的时候，只要销售行为已经确定，不论当期是否实际收到现金，都作为当期收入。而现金流量以收付实现制为基础，只有在实际收到现金时才确认营业收入。再如，购置固定资产要支付大量现金，但是会计上这部分支出是不计入成本的，而购买原材料的支出却作为成本费用。在现金流量的计算中，不论是购买固定资产发生的支出，还是购买原材料的支出都作为现金流出量。再有，会计上计算利润的时候，与固定资产有关的成本费用是折旧费，但这部分费用却又不需要支付现金，没有形成真正的现金流出量。还有，投资项目实施过程中垫支的流动资金，以及项目结束时以现金形式收回的固定资产的残值和垫支的流动资金，在计算利润的时候也是不考虑的。可见，以现金流量作为投资决策的基础相比利润更加科学、客观。

通过上述比较可以看出，进行投资决策的时候，以现金流量来衡量投资项目的优劣，相比用利润来衡量投资项目的优劣更加科学合理。

6．分析现金流量时要注意的几个问题

在现金流量分析中，我们关注的是相关现金流量。在辨别相关现金流量的时候要注意以下几点：

（1）这里所说的现金是广义的现金，不仅包括各种货币资金，而且包括项目需要投入的酒店现有的非货币资源的变现价值。

（2）与项目相关的现金流量是指增量现金流量，而非总量的现金流量。所谓增量现金流量是指由于接受或拒绝某个投资方案后，酒店的总现金流量因此发生的变动，等于采纳该项目产生的现金流量与拒绝这个项目产生的现金流量的差额。

（3）相关现金流量是未来发生的，而不是过去发生的，也就是说，沉没成本不应该考虑在内。沉没成本是指过去决策发生的，无法由现在或将来的任何决策所能改变的成本。它是过去发生的，不因为接受或拒绝某个投资项目的决策而改变。在进行投资决策分析的时候，财务人员关注的是未来发生的现金流量。例如，某酒店2011年准备在一旅游区开设一家连锁酒店，于是聘请咨询公司进行可行性分析，支付咨询费5万元。但是，这一项目因为某种原因被停了下来。在2014年，这一项目又被提了出来，这时进行该固定资产投资的现金流量分析时，不论该酒店是否进行这项投资，2011年发生的5万元咨询费用已经是沉没成本，不应该再包括在这次的投资现金流量中了。

（4）不能忽略机会成本。机会成本是指在进行决策时，从多种可供选择的方案中选取某个方案放弃另一方案而丧失的收益。例如，某饭店五年前以100万元购进土地2 000平方米，现在这块土地的市价为220万元，意味着如果出售，饭店可以获得220万元的收益。如果饭店在这块土地上新建一个餐厅，饭店将会丧失220万元出售土地的收入，则新建餐厅的机会成本就是220万元。机会成本不是一项实际的支出，而是丧失的潜在收益。机会成本是针对某一具体方案而言的，通过比较才会体现出来，是进行现金流量分析时必须考虑在内的，它有助于全面考虑可能采取的各种方案。

三、项目投资决策的静态方法

按照是否根据货币时间价值进行统一换算，项目投资决策的基本方法分为静态方法和动态方法。

项目投资决策的静态方法不考虑货币时间价值，是直接按投资项目形成的现金流量进行计算的方法，主要包括投资回收期法（静态）、投资利润率法。

1．投资回收期法

（1）定义　投资回收期是指在不考虑时间价值的情况下，一个投资项目能够收回全部投资额所需的时间。投资回收期法简称回收期法，可以衡量某一项目收回初始投资速度的快慢。投资回收期一般以年为单位，是一种使用很广泛的投资决策指标。一般而言，投资者总是希望尽快收回投资。

酒店的资金数额是有限的，提高资金使用效率，加速资金周转，是酒店获利的一个途径。因此，选择投资回收快的项目，就可以承担较小的风险，尽快地收回投入资金，抓住机会进行再投资，酒店就有获取更多利益的可能性。

（2）投资回收期的计算　如果投资项目的原始投资一次性支出，并且每年净现金流量

相等，那么投资回收期的公式如下：

$$投资回收期 = \frac{原始投资额}{年净现金流量}$$

如果每年净现金流量不等，那么投资回收期的公式如下：

$$投资回收期 = n\,年 + \frac{第\,n+1\,年尚未收回的投资额}{第\,n+1\,年的净现金流量}$$

【例5-2】隆盛酒店准备购置一套新的厨房设备，现有 A、B、C 三套设备可供选择，相关数据见表5-3。

表5-3 投资项目的年净现金流量表

（单位：元）

年 份	A 设备		B 设备		C 设备	
	净利润	净现金流量	净利润	净现金流量	净利润	净现金流量
0		−10 000		−10 000		−8 000
1	1 000	4 000	500	3 000	2 500	5 000
2	1 000	4 000	500	3 000	2 000	4 500
3	1 000	4 000	5 500	8 000	1 500	4 000
4			4 000	6 500	500	3 000

注：表中第 0 年表示第一年年初，第 1 年表示第一年年末，第 2 年表示第二年年末，以此类推。

根据上表隆盛酒店的资料，三套设备的投资回收期的计算见表5-4。

表5-4 投资回收期计算表

（单位：元）

年 份	A 设备		B 设备		C 设备	
	净现金流量	年末未收回投资	净现金流量	年末未收回投资	净现金流量	年末未收回投资
0	−10 000		−10 000		−8 000	
1	4 000	6 000	3 000	7 000	5 000	3 000
2	4 000	2 000	3 000	4 000	4 500	—
3	4 000	—	8 000	—	4 000	
4			6 500		3 000	

$$A\,设备投资回收期 = \frac{原始投资额}{年净现金流量} = \frac{10\,000}{4\,000} = 2.5（年）$$

$$B\,设备投资回收期 = n\,年 + \frac{第\,n+1\,年尚未收回的投资额}{第\,n+1\,年的净现金流量} = 2 + \frac{4\,000}{8\,000} = 2.5（年）$$

$$C\,设备投资回收期 = 1 + \frac{3\,000}{4\,500} \approx 1.67（年）$$

从上述计算可知，A、B 两套设备的投资回收期相同，都比 C 设备的回收期长。从投资回收期法的角度看，购买 C 设备优于购买 A、B 设备。假设隆盛酒店接受或拒绝投资方案的投资回收期标准为两年，那么 C 设备符合要求，可以接受，而 A、B 两套设备不符合要求，将被放弃。

（3）投资回收期法的评价

1）优点：

① 由于投资回收期方法简单直观，易于理解，在酒店投资管理中的运用是比较普遍的。

② 投资回收期的长短可以粗略反映投资项目的风险程度。这是因为投资回收期越短，投资项目在未来时期所冒的风险越小。

③ 投资回收期法能够直观地反映投资金额收回的时间。管理部门只要将收回项目投资的回收期确认在给定的时间长度内就可以了。

2）缺点：

① 没有考虑货币时间价值。

② 忽略了投资额收回之后的现金流量。

假设现在有两个投资方案的净现金流量见表 5-5，计算这两个方案的投资回收期，并比较优劣。

表 5-5 现金流量表

（单位：元）

年份（n）	0	1	2	3	4	5
甲设备年净现金流量	−100 000	60 000	40 000	20 000	10 000	5 000
乙设备年净现金流量	−100 000	40 000	60 000	80 000	80 000	80 000

由上表可以看出，两个项目的投资回收期相同，都是两年。如果单纯采用投资回收期法对两个方案进行评价，得到的结论是相同的。但是，如果仔细研究两个方案的现金流量就会发现，甲设备在两年之后的现金流量逐年减少，而乙设备的现金流量在投资收回之后保持平稳，而且高于甲设备的每年净现金流量，因此可以判定乙设备实际上是优于甲设备的。

③ 投资回收期只是投资项目保本指标，不能反映该投资项目的获利程度。因此，投资回收期法主要用来测定方案的流动性，不能计量方案的营利性。

为了弥补静态的投资回收期法不考虑货币时间价值的缺陷，提出了动态回收期法，即将未来各期的净现金流量按照一定的贴现率进行贴现，然后再计算投资总额收回的时间。但是，这种方法仍然不能避免回收期法忽略回收期之后的现金流量对投资项目的影响。

考虑到投资回收期法比较简便，但又具有一定的缺陷，通常将其作为一种辅助的筛选手段，尤其是在投资项目风险较高的情况下，与更为科学的决策方法结合使用。

2．投资利润率法

投资利润率，也叫投资报酬率，表示年平均利润占总投资的百分比，即

$$投资利润率=\frac{年平均净利润}{投资总额}\times100\%$$

在进行投资方案选择的时候，选择投资利润率高于酒店预期的最低利润率的方案。如果存在多个备选投资方案，选择投资利润率最大的方案。

【例 5-3】根据前面隆盛酒店投资方案的资料和所编制的现金流量表（表 5-3）可知，A、B、C 三套设备的投资利润率分别为

A 设备每年净利润相等，因此 A 设备年平均净利润相等为 1 000 元，则

$$A 设备的投资利润率 = \frac{1\,000}{10\,000} = 10\%$$

B、C 设备每年净利润不相同，则项目的年平均净利润是净利润总额除以项目寿命期，计算如下：

$$B 设备年平均净利润 = \frac{500 + 500 + 5\,500 + 4\,000}{4} = 2\,625（元）$$

$$B 设备的投资利润率 = \frac{2\,625}{10\,000} = 26.25\%$$

$$C 设备年平均净利润 = \frac{2\,500 + 2\,000 + 1\,500 + 500}{4} = 1\,625（元）$$

$$C 设备的投资利润率 = \frac{1\,625}{8\,000} \approx 20.31\%$$

从投资利润率的角度看，B 设备的投资利润率高于 A、C 两套设备的投资利润率，A 设备的投资利润率最低，因此购买 B 设备优于购买 A、C 设备。在使用投资利润率这一决策方法时，酒店通常规定一个要求达到的最低投资利润率，如果项目估计的投资利润率超过酒店要求的最低投资利润率，则该投资项目可以实施。

投资利润率法使用会计报表上的数据，以及普通的会计收益、成本观念，简明易算，但是这种决策方法没有考虑货币时间价值。假设，将投资 B 设备获得的现金流量进行调整，第一年的净现金流量发生在第四年，而第四年的净现金流量发生在第一年，计算出来的投资利润率是相同的，但是根据货币时间价值观念可知，更改前后的现值相差很大。另外，投资利润率的计算依赖于会计利润的计算，主观性较强，而且年平均净收益受到会计政策的影响，这也是它的缺陷。

四、项目投资决策的动态方法

项目投资决策的动态方法考虑货币时间价值，是对投资项目产生的现金流量按货币时间价值进行统一换算的基础上进行计算的各种方法，又称贴现法，主要包括净现值法、净现值率法、内含报酬率法。

1．净现值法

净现值（NPV）又称净现金流量现值，是指特定方案未来现金流入的现值和未来现金流出的现值之间的差额。将投资方案未来产生的现金流入量和现金流出量按照一定的贴现率折算成现值，计算它们的差额。贴现率的选择是净现值法的关键，通常采用资金成本或酒店要求达到的最低报酬率作为贴现率。净现值法以绝对数表示投资项目未来净现金流量的现值，反映了投资项目的投资效益。

计算净现值的公式如下：

$$净现值 = \Sigma 现金流入量现值 - \Sigma 现金流出量现值$$

$$NPV = \sum_{t=0}^{n} \frac{I_t}{(1+r)^t} - \sum_{t=0}^{n} \frac{O_t}{(1+r)^t}$$

式中　NPV——净现值；

I_t——第 t 年的现金流入量；

O_t——第 t 年的现金流出量；

r——预定的贴现率；

n——投资涉及的年限。

净现值还有另外一种表示方式，即特定项目投入使用后的净现金流量，按资金成本或酒店要求达到的报酬率折算为现值，减去初始投资额之后的余额。其计算公式为

$$NPV = -C_0 + \sum_{t=1}^{n} \frac{NCF_t}{(1+r)^t}$$

式中　C_0——初始投资额，即第 0 年的投资支出；

NCF_t——第 t 年的净现金流量；

r——预定的贴现率；

n——投资涉及的年限。

（1）净现值的计算步骤

1）计算每年的营业净现金流量。

2）计算未来报酬的总现值。

① 将每年的营业净现金流量折算成现值。如果每年的营业净现金流量相等，则按年金折成现值；如果每年的营业净现金流量不相等，则先对每年的营业净现金流量进行复利折现，然后加以合计。

② 将终结现金流量折算成现值。

③ 将未来营业净现金流量的现值和终结现金流量的现值相加，计算未来报酬的总现值。

3）用未来报酬的总现值扣除初始投资额，计算投资项目净现值。

净现值=未来报酬的总现值–初始投资额

如果得到的净现值大于零，即现金流入现值大于现金流出现值，说明该投资方案可实现的报酬率大于预定的贴现率；如果得到的净现值等于零，即现金流入现值等于现金流出现值，说明该投资方案可实现的报酬率等于预定的贴现率；如果得到的净现值小于零，即现金流入现值小于现金流出现值，说明该投资方案可实现的报酬率小于预定的贴现率。

在选择投资方案时，选择净现值大于零的方案，放弃净现值等丁或小于零的方案。如果多个投资方案的净现值都大于零，则选择净现值最大的方案。

【例5-4】假设贴现率为10%，根据例5-2中隆盛酒店投资方案的资料和所编制的现金流量计算表，计算A、B、C三套设备的净现值。

A设备每年的净现金流量相等，计算如下：

$$NPV_A = -10\,000 + 4\,000 \times \frac{1-(1+10\%)^{-3}}{10\%} = -10\,000 + 4\,000 \times 2.487 = -52（元）$$

B设备每年的净现金流量不相等，因而计算如下：

$\text{NPV}_B = -10\,000 + 3\,000 \times (1+10\%)^{-1} + 3\,000 \times (1+10\%)^{-2} + 8\,000 \times (1+10\%)^{-3} + 6\,500 \times (1+10\%)^{-4}$

$= -10\,000 + 3\,000 \times 0.909 + 3\,000 \times 0.826 + 8\,000 \times 0.751 + 6\,500 \times 0.683$

$= 5\,652.5$（元）

B 设备的净现值列表计算见表 5-6。

表 5-6　净现值计算表

（单位：元）

年份（n）	年净现金流量（NCF）	i=10%	
		复利现值系数	现值（3）=（1）×（2）
1	3 000	0.909	2 727
2	3 000	0.826	2 478
3	8 000	0.751	6 008
4	6 500	0.683	4 439.5
未来报酬的总现值			15 652.5
减：初始投资额			10 000
净现值			5 652.5

C 设备每年的净现金流量不相等，因而计算如下：

$\text{NPV}_C = -8\,000 + 5\,000 \times (1+10\%)^{-1} + 4\,500 \times (1+10\%)^{-2} + 4\,000 \times (1+10\%)^{-3} + 3\,000 \times (1+10\%)^{-4}$

$= -8\,000 + 5\,000 \times 0.909 + 4\,500 \times 0.826 + 4\,000 \times 0.751 + 3\,000 \times 0.683$

$= 5\,315$（元）

C 设备的净现值列表计算见表 5-7。

表 5-7　净现值计算表

（单位：元）

年份（n）	年净现金流量（NCF）	i=10%	
		复利现值系数	现值（3）=（1）×（2）
1	5 000	0.909	4 545
2	4 500	0.826	3 717
3	4 000	0.751	3 004
4	3 000	0.683	2 049
未来报酬的总现值			13 315
减：初始投资额			8 000
净现值			5 315

通过上面的计算，B、C 两设备的净现值大于零，说明 B、C 两套设备的报酬率超过 10%，投资是可行的。A 设备的净现值小于零，说明 A 设备的投资报酬率不能达到 10%，如果隆盛酒店的最低报酬率或者资金成本率为 10%，购买 A 设备将不会给酒店带来收益，不能购买 A 设备。接下来面临的就是在 B、C 两套设备中进行取舍，由于 B 设备的净现值大于 C 设备，说明 B 设备预期能够给酒店带来更多的未来净收益，因此选择 B 设备放弃 C 设备。

净现值方法具有广泛的实用性，在理论上也比其他方法更为完善。净现值法考虑了投资项目整个寿命期内的现金流入量和现金流出量，在考虑资金时间价值的基础上，通过计算投资方案未来的净收益现值，来反映方案的投资效益。

（2）应用净现值法存在的缺陷

1）净现值法需要预测投资项目整个寿命期内的现金流量，并且要确定合理的贴现率，具有一定的难度。一般可以采用酒店的资金成本，也可以采用酒店的预期投资报酬率或者酒店的资金机会成本，即酒店要求的最低资金利润率作为折现率。

2）净现值法不能揭示每个投资方案本身可能达到的实际报酬率大小。这一缺陷，可以通过采用内含报酬率法来解决。

3）净现值法忽略了投资期限不同的问题。如果投资期限短，可以在投资项目结束之后进行再投资，但是净现值法没有对此加以考虑。

4）净现值是绝对数，揭示的是投资项目的投资效果，但不是投资效率。因此对于投资规模不同的项目，净现值法缺少合理性。例 5-4 中设备 B 的净现值高于设备 C 的净现值，但同时设备 B 的投资额也高于设备 C，因此单纯用净现值来评价，就不十分准确。再比如，同样是获得 980 元的净现值的甲乙两个投资项目，可能项目甲的原始投资额为 11 500 元，而项目乙的原始投资额为 22 000 元。如果不考虑原始投资额，单纯从净现值的角度，两个项目是一样的。但是事实上，取得 980 净现值，甲乙两个项目付出的代价是不同的，也就是投资效率不同。只有投资规模相同的时候，用净现值评价才是最公平的。在这种情况下，我们可以采用下面这种投资决策分析方法，即净现值率法，来避免净现值法的缺陷。

2．净现值率法

净现值率是投资项目净现值与初始投资额之比。

$$净现值率 = \frac{净现值}{初始投资额}$$

在选择投资方案时，选择净现值率大于 0 的方案。如果多个投资方案的净现值率都大于 0，则选择净现值率最大的方案。

【例 5-5】根据隆盛酒店的资料和例 5-4 中计算的净现值，计算 A、B、C 三套设备的净现值率。

$$A 设备净现值率 = \frac{-52}{10\,000} = -0.52\%$$

$$B 设备净现值率 = \frac{5\,652.5}{10\,000} \approx 56.53\%$$

$$C 设备净现值率 = \frac{5\,315}{8\,000} \approx 66.44\%$$

如果净现值率小于 0，说明投资项目的未来收益小于成本，净现值一定小于零，投资报酬率没有达到预定的贴现率，由此可以判断，净现值率小于 0 的方案不能接受。如果净现值率等于 0，说明投资项目未来的收益等于成本，净现值为零，投资报酬率刚好等于预定的贴现率。通过计算，A 设备的净现值率小于零，不得购买，B、C 两套设备的净现值率都大于 0，说明两套设备的投资收益都超过了成本，即投资报酬率超过预定的贴现率，两套设备的投资都是可以接受的。但是 C 设备的净现值率大于 B 设备的净现值率，说明该设备每一元原始投资额能够创造更高的净收益，优于 B 设备。

由此可见，只有在净现值率大于 0 的情况下，才可以接受该投资方案。而且，净现值率越高，说明投资方案越具有吸引力。

净现值率代表的是一元原始投资可以获得的净收益现值。与净现值相比，净现值率是一个相对数，反映的是投资方案的投资效率，而净现值是一个绝对数指标，反映投资项目的投资效果，因此净现值率法克服了不同投资额方案之间净现值缺乏可信性的问题。在选择互斥投资方案的时候，通常会以净现值法作为选择标准，选择净现值大的方案；当投资方案互相独立的时候，通常以净现值率法作为选择标准，选择净现值率大的方案。

3. 内含报酬率法

内含报酬率（IRR）又称内部收益率，是指能够使未来现金流入量现值等于未来现金流出量现值的贴现率，或者说是使投资方案净现值为零的贴现率。内含报酬率根据投资方案的现金流量计算，反映投资方案本身实际达到的报酬率。

内含报酬率是满足下面方程式的贴现率：

$$\sum_{t=0}^{n}\frac{I_t}{(1+r)^t}-\sum_{t=0}^{n}\frac{O_t}{(1+r)^t}=0$$

式中　I_t——第 t 年的现金流入量；

　　　O_t——第 t 年的现金流出量；

　　　r——预定的贴现率（内含报酬率）；

　　　n——投资涉及的年限。

　　或

$$-C_0+\sum_{t=1}^{n}\frac{NCF_t}{(1+IRR)^n}=0$$

式中　IRR——内含报酬率；

　　　C_0——初始投资额，即第 0 年的投资支出；

　　　n——投资涉及的年限；

　　NCF$_t$——第 t 年的净现金流量。

（1）内含报酬率的计算方法　根据未来年现金流量的情况，内含报酬率的计算可以采用以下两种方法：

1）如果各年净现金流量完全相同，则按照年金现值的计算方法来计算贴现率。计算步骤如下：

① 按照年金现值计算公式计算年金现值系数：

$$年金现值系数=\frac{初始投资额}{每年净现金流量}$$

② 查年金现值系数表，在给定的相同期数内找到与计算出来的年金现值系数相等和邻近的较大、较小的两个贴现率。

③ 根据插值法计算内含报酬率。

2）如果各年净现金流量不等，则采用逐步试误法计算内含报酬率。计算步骤如下：

① 预估一个贴现率，并按此贴现率计算这个方案的净现值。如果计算出的净现值大于零，表示预估的贴现率小于方案本身实际的内含报酬率，需要提高贴现率再进行测算。若计算出的净现值小于零，表明预估的贴现率大于方案本身实际的内含报酬率，应降低贴现率再进行测算。如此反复，找到使得净现值由正到负，且较为接近于零的两个贴现率。

② 根据上述两个临近的贴现率，采用插值法，计算出方案的实际的内含报酬率。

【例5-6】接例5-4，计算A、B两设备的内含报酬率。

由于A设备每年的净现金流量相等，因而可以用第一种方法来计算内含报酬率。

$$年金现值系数=\frac{初始投资额}{每年净现金流量}=\frac{10\,000}{4\,000}=2.5$$

查年金现值系数表，得知当$n=3$时，与2.5邻近的现值系数在9%和10%之间，用插值法计算如下：

$$\frac{x}{1}=\frac{-0.031}{-0.044}$$

$$x\approx0.70$$

A设备的内含报酬率=9%+0.70%=9.70%

经过上述计算可知，当贴现率为9.70%时，A设备的净现值为零，未来现金流入量现值等于未来现金流出量现值。因此，A设备的内含报酬率为9.70%。

B设备每年的净现金流量不相等，因此必须用第二种方法，进行逐次试算，测算过程如下：

前面对B设备按10%的贴现率进行净现值的测算时，得到B设备的净现值为5 652.5，大于零。说明B设备的贴现率大于10%，于是提高贴现率。逐次测算得知，使得B设备的净现值由正值变为负值的较为接近的两个贴现率为29%和30%。

$$NPV_{B1}=-10\,000+3\,000\times(1+29\%)^{-1}+3\,000\times(1+29\%)^{-2}+8\,000\times(1+29\%)^{-3}+6\,500\times(1+29\%)^{-4}$$

$$=-10\,000+3\,000\times0.775+3\,000\times0.601+8\,000\times0.466+6\,500\times0.361$$

$$=202.5（元）$$

$$NPV_{B2}=-10\,000+3\,000\times(1+30\%)^{-1}+3\,000\times(1+30\%)^{-2}+8\,000\times(1+30\%)^{-3}+6\,500\times(1+30\%)^{-4}$$

$$=-10\,000+3\,000\times0.769+3\,000\times0.592+8\,000\times0.455+6\,500\times0.350$$

$$=-2（元）$$

B设备内含报酬率的逐次测算列表见表5-8。

表5-8　净现值计算表

（单位：元）

年份（n）	年净现金流量（NCF）	$I=29\%$		$I=30\%$	
		复利现值系数	现值	复利现值系数	现值
0	-10 000	1.000	-10 000	1.000	-10 000
1	3 000	0.775	2 325	0.769	2 307
2	3 000	0.601	1 803	0.592	1 776
3	8 000	0.466	3 728	0.455	3 640
4	6 500	0.361	2 346.5	0.350	2 275
NPV	—	—	202.5	—	-2

当贴现率为30%时，B设备的净现值小于零，当贴现率为29%时，B设备的净现值大于零，说明B设备的内含报酬率介于29%和30%之间，于是使用插值法计算内含报酬率：

$$贴现率 \begin{cases} 29\% \\ I\% \\ 30\% \end{cases} \begin{matrix} \\ \}x\% \\ \end{matrix}\Big\}1\% \qquad 净现值 \begin{cases} 202.5 \\ 0 \\ -2 \end{cases} \begin{matrix} \\ \}-202.5 \\ \end{matrix}\Big\}-204.5$$

$$\frac{x}{1} = \frac{-202.5}{-204.5}$$

$$x \approx 0.99$$

B 设备的内含报酬率=29%+0.99%=29.99%

通过对 B 设备的净现值进行逐步测算，我们可以看到，贴现率越大，其净现值越小，两者的变化是成反比例的。在贴现率为 29.99% 的时候，B 设备的净现值为零，说明其投资的收益和支出相等。如果隆盛酒店的资金成本率或最低报酬率高于 29.99%，购买 B 设备就会亏损，反之就会盈利。

如果酒店要求的最低报酬率为 5%，A、B 两套设备的内含报酬率均高于 5%，两设备的投资都可行。但是 A 设备的内含报酬率（9.7%）低于 B 设备的内含报酬率（29.99%），可以判断 B 设备优于 A 设备。图 5-3 展示了随着折现率的增加，A 设备与 B 设备净现值的变化曲线。通过图 5-3 我们可以看出，A 设备与 B 设备的净现值曲线分别与横轴（x 轴）的交点就是使净现值为零的折现率，也就是我们所讲的内含报酬率。

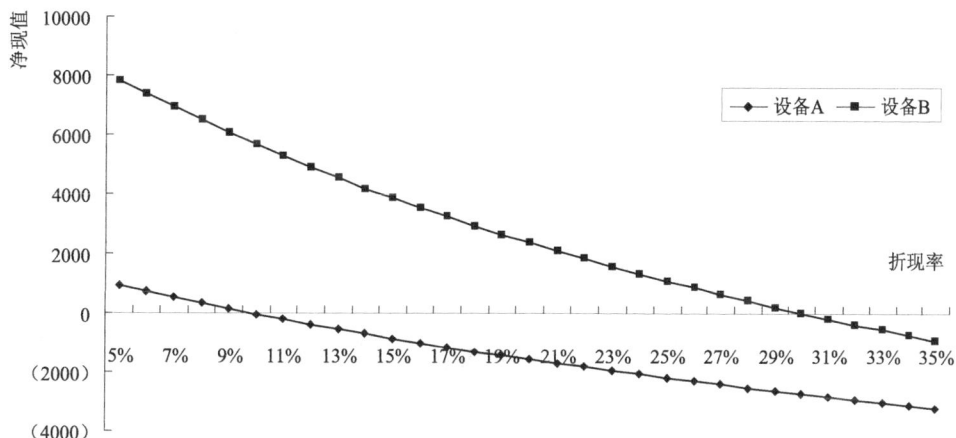

图 5-3　净现值曲线

内含报酬率的决策原则是：进行只有一个备选方案的采纳与否的决策中，如果计算出来的内含报酬率大于或等于酒店的资本成本或酒店要求的最低报酬率，就可以采纳；否则放弃该方案。在有多个独立备选方案的选择决策中，采用内含报酬率超过资本成本或要求的最低报酬率最多的投资项目；在多个互斥方案的选择中，以净现值作为选择标准，选择净现值最大的方案。

内含报酬率是目前使用较广、非常重要的一个指标。它反映投资方案内在的获利水平，易于理解。

（2）应用内含报酬率法存在的缺陷

1）计算比较烦琐、复杂，需要预估贴现率，进行逐步测试。

2）对于净现金流序列符号正负变化多次的非常规项目，内含报酬率的取值不唯一。因此只能计算常规项目的内含报酬率，这使内含报酬率法的使用范围受到限制。常规项目是指在投资项目期限内，开始年份的年净现金流量为负值，以后年份为正值，正负符号仅变化一次的投资项目；非常规项目是指在投资项目期限内，开始年份的年净现金流量为负值，以后年份有时为正值，有时又为负值，正负符号变化超过一次以上的投资项目。下面举个例子来看一下，见表5-9。

表5-9　净现金流量表

（单位：元）

年份（n）	0	1	2
年净现金流量	−1 000	2 500	−1 540

通过图5-4，我们很容易看到随着折现率的增加，投资方案的净现值由负值变为正值，然后又变为负值，在两年内发生两次正负符号的改变。这条曲线与横轴的两个交点就是这个投资方案的两个内含报酬率，也就是使净现值为零的折现率，分别是10%和40%。因此，这个投资方案的内含报酬率不唯一，所以说内含报酬率法在应用时有一定缺陷。

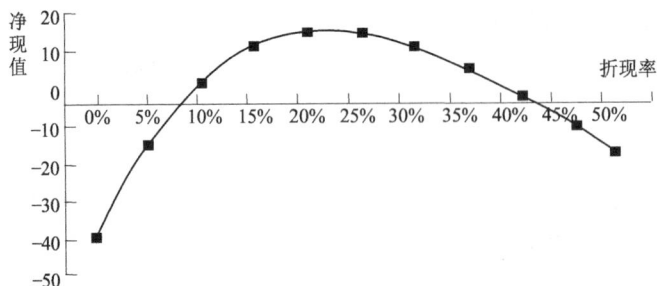

图5-4　净现值曲线

第三节　酒店证券投资

随着我国经济的发展和证券市场的开放，多元化的投资渠道为酒店提供了投资的环境和投资方向。正是在这种条件下，证券投资变得越来越广泛，逐渐成为现代投资活动中的重要组成部分。

所谓证券，主要是指在金融交易中发行的以融资为目的的金融工具，它代表着一定权益或债权，可以在证券市场自由转让，并且能够带来一定的货币收益。证券投资是指酒店把资金用于购买股票、债券等金融资产，是间接投资。我们这里主要介绍债券投资和股票投资。

一、债券投资

1. 概念

债券是发行者为筹集资金，向债权人发行的，承诺按照约定的时间和利率支付利息，并在到期日偿还本金的一种有价证券。债券的票面标明债券面值，包括币种和金额，代表了债券到期日应偿还给债权人的债务金额。债券代表了债券的持有人与发行人之间的债权债务关系。酒店进行债券投资主要是为了调节酒店的现金余额，在保证资金流动性的前提下，获得稳定的收益。

2．债券投资的优缺点

（1）债券投资的优点

1）债券投资本金安全性高。对债券的发行方来说，债券是契约性的债务，契约的约束力使得债券发行人为了维护自身的信誉，而避免违约。因此，对于投资者而言，相比股票投资，债券投资风险较小，购买质量高、流动性强的债券，可以避免无法收回本金的风险。而且，债券投资人在发行人破产清算时，有剩余财产的优先求偿权，本金损失很小。如果投资于政府债券，基本没有风险。

2）投资收益比较稳定。债券持有人可以在约定的时间，按照票面规定的面值和固定的利率，取得利息收入。

3）很多债券具有很好的变现能力，也可以说有很好的流动性。政府和大企业发行的债券一般都可以在金融市场上迅速出售，变现能力强。

（2）债券投资的缺点

1）购买力风险较高。由于债券的面值和利率在发行时就规定好了，如果投资期间通货膨胀较高，则本金和利息的购买力将不同程度受到降低，甚至会给投资者带来损失。

2）债券持有人没有经营管理权。债券持有人只是发行公司的债权人，无法对发行公司加以控制。

酒店在进行债券投资的时候，可以参考债券的信用级别，了解债券发行方的资信，以及债券的风险程度，再进行投资。债券的信用级别是由专门的信用等级审定机构，根据发行者提供的信息材料，并通过调查、预测等手段，运用科学的分析方法，对拟发行的债券募集资金使用的合理性和按期偿还债券本息的能力及其风险程度所做的综合评价。在国际上，应用最广泛、最有权威的是美国"标准普尔公司"（Standard and Poor's）和"穆迪投资者服务公司"（Moody's Investors Service）的债券信用评级等级。

表5-10列示了标准普尔公司和穆迪公司的债券信用评级。

表5-10　标准普尔公司和穆迪公司的债券信用评级

标准普尔等级	穆 迪 等 级	说　　　明
AAA	Aaa	最高信用，最低风险级
AA	Aa	高信用级
A	A	中高信用级
BBB	Baa	中信用级
BB	Ba	中低信用级
B	B	低信用级，高风险级
CCC	Caa	可能出现违约拖欠
CC	Ca	违约可能性很大
C	C	没有偿还能力
D		不履行债务

3. 债券投资收益的衡量

债券投资的收益可以通过对债券价值和债券到期收益率的计算来衡量。

（1）债券的价值　债券的价值也是债券的内在价值，是指持有债券带来的未来现金流入的现值，是在持有期间每期利息的现值和债券本金的现值之和。投资者之所以愿意购买债券，是因为它能够为其持有人带来预期收益。因此，债券的价值就取决于其未来收益的大小。

在进行债券投资时，需要考虑债券的价值是否大于购买价格，只有在债券价值大于购买价格的前提下，投资行为才有意义。因此，债券价值是债券投资决策时使用的主要指标之一。在计算债券价值的时候，首先要估计债券每一时期的现金流量，并确定每期现金流量所要求的收益率。这个收益率可以是个固定值，也可以根据每期的现金流量及其风险大小确定不同的收益率。然后将每期的现金流量按照要求的收益率折现，将折现后的现值加总求和便得到该债券的价值。

债券的现金流量包括到期偿还的本金以及定期支付的利息。债券价值计算的基本公式如下：

$$P = \frac{I_1}{(1+i)^1} + \frac{I_2}{(1+i)^2} + \cdots + \frac{I_n}{(1+i)^n} + \frac{M}{(1+i)^n}$$

式中　P——债券价值；

　　　n——第 n 年的利息；

　　　M——债券的面值；

　　　i——折现率，表示当时的市场利率或者投资者要求的必要报酬率；

　　　n——债券到期前的期限。

如果债券每年按照固定利率计算并支付利息，在到期日归还本金，其价值的计算公式为

$$债券价值 = \frac{债券面值}{(1+i)^n} + \sum_{t=1}^{n} \frac{债券年利息}{(1+i)^t}$$

式中　i——折现率，表示投资者要求的必要报酬率；

　　　n——债券到期前的期限；

　　　t——实际支付利息的时间。

债券年利息等于债券面值与票面利率的乘积。

【例 5-7】隆盛酒店拟购买一张面值为 1 000 元的五年期债券，票面利率为 14%，每年 4 月 1 日计算并支付一次利息。假设当时市场利率为 12%，那么该债券的价值为

$$债券价值 = \frac{1\ 000}{(1+12\%)^5} + \sum_{t=1}^{5} \frac{1\ 000 \times 14\%}{(1+12\%)^t}$$

$$= 1\ 000 \times 0.567 + 140 \times 3.605 = 1071.70（元）$$

当市价低于债券价值 1 071.70 元时，隆盛酒店可以考虑购买该债券。

这个公式是债券价值计算的基本公式。由这个公式可以看出，债券的价值取决于债券面值的大小、票面利率的高低、偿还期限的长短以及折现率的大小。而在债券发行时，其面值、票面利率、偿还期限都已经确定下来，因此债券价值完全取决于折现率。由公式可知，折现率越高，债券价值越低，反之债券价值越高。因此，确定债券价值时，选取适当的折现率是非常重要的。

在证券市场上，债券价值不是一成不变的。债券价值会受到多种因素的影响，这些影响因素包括必要报酬率、债券到期日以及债券利息的支付频率等。当这些因素发生改变时，债券价值也会发生变化。

在实际生活中，证券市场上的市场利率随着经济条件的变化不断变化，公司自己的风险水平也在发生变化，投资者的必要报酬率也因此而发生变化。当计算债券价值的折现率，也就是投资者要求的必要报酬率发生改变时，债券价值也随之改变。

当投资者的必要报酬率高于票面利率时，债券价值低于票面价值，此时投资者愿意采用折价方式购买债券；当投资者的必要报酬率低于票面利率时，债券价值高于票面价值，此时投资者愿意采用溢价方式购买债券；当投资者的必要报酬率等于票面利率时，债券价值等于票面价值，此时投资者采用等价方式购买债券。

【例5-8】接例5-7，如果必要报酬率变为14%，则债券价值为

$$债券价值=\frac{1\,000}{(1+14\%)^5}+\sum_{t=1}^{5}\frac{1\,000\times14\%}{(1+14\%)^t}$$

$$=1\,000\times0.519+140\times3.433$$

$$=519+480.62$$

$$=999.62（元）$$

如果继续提高必要报酬率为16%，那么债券价值为

$$债券价值=\frac{1\,000}{(1+16\%)^5}+\sum_{t=1}^{5}\frac{1\,000\times14\%}{(1+16\%)^t}$$

$$=1\,000\times0.476+140\times3.274$$

$$=479+458.36$$

$$=937.36（元）$$

不仅必要报酬率会对债券价值产生影响，债券的到期时间也会对债券价值产生影响。债券的到期时间是指当前日到到期日之间的时间间隔。债券的到期日随着时间的推移逐渐缩短。在必要报酬率不变的条件下（不管必要报酬率是大于还是小于票面利率），债券的价值都会随着时间的推移逐渐接近债券票面价值，在到期日时，债券价值等于票面价值。根据例5-8，这种变化情况如图5-5所示。

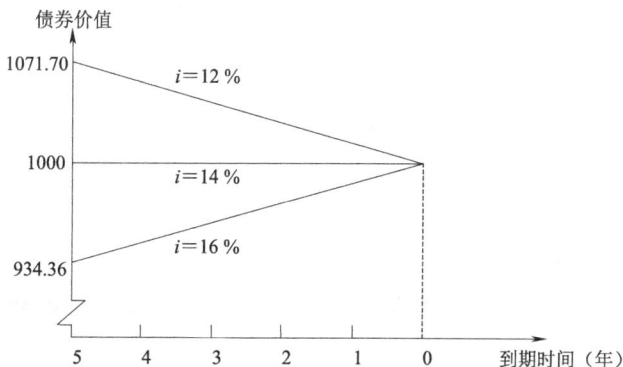

图5-5　债券价值随时间的变化

由上图可以看出，当投资者要求的必要报酬率（12%）低于票面利率（14%）时，随

着到期日的临近，债券价值在逐渐降低，最终在到期日等于债券面值；而当投资者要求的必要报酬率（16%）高于票面利率（14%）时，情况正好相反，随着到期日的临近，债券价值在逐渐提高，最终在到期日等于债券面值；当必要报酬率等于票面利率的时候，债券价值等于面值。

债券利息的支付频率也会对债券价值产生影响。债券价值的基本计算公式假设债权利息每年支付一次，到期还本。实际上利息的支付可以到期一次性还本付息，也可以按年度或季度支付利息，方式多种多样，不同的支付方式会对债券价值产生不同的影响。

（2）债券的到期收益率　债券的到期收益率是指购进债券后，一直持有该债券至到期日可获取的收益率。这个收益率是按照复利计算的收益率，它是能使未来现金流入现值等于债券买入价格的贴现率，也是投资者的实际报酬率。通常，用到期收益率来衡量债券的收益水平。

由现金流出现值=现金流入现值，可知

购进价格=按照面值和票面利率计算的每年利息的现值+债券面值的现值

=每年利息×年金现值系数+债券面值×复利现值系数

【例5-9】隆盛酒店拟平价购买一张面值为1 000元的五年期债券，其票面利率为14%，每年4月1日计算并支付一次利息。该酒店持有该债券至到期日，计算其到期收益率。

$$1\,000=1\,000\times14\%\times(P/A,i,5)+1\,000\times(P/S,i,5)$$

用 $i=14\%$ 计算，

$$140\times3.433+1\,000\times0.519=480.62+519=999.62（元）$$

可见，平价发行的每年付息一次的债券，其到期收益率等于票面利率。

如果债券的价格高于面值，则情况将发生变化，如买价为1 100，则：

$$1\,100=1\,000\times14\%\times(P/A,i,5)+1\,000\times(P/S,i,5)$$

采用逐步测试法解方程，计算到期收益率。

由 $i=10\%$ 可得

$$1\,000\times14\%\times(P/A,10\%,5)+1\,000\times(P/S,10\%,5)$$

$$=140\times3.791+1\,000\times0.621$$

$$=503.74+621$$

$$=1\,151.74（元）$$

由于贴现结果大于1 100，说明需要提高贴现率，用 $i=12\%$ 进行试算。

$$1\,000\times14\%\times(P/A,12\%,5)+1\,000\times(P/S,12\%,5)$$

$$=140\times3.605+1\,000\times0.567$$

$$=504.70+567$$

$$=1\,071.70（元）$$

得到的贴现结果小于1 100，说明收益率低于12%。用插值法计算到期收益率的近似值。

贴现率			贴现结果		
10%	$x\%$	2%	1151.74	−51.74	−80.04
$i\%$			1100		
12%			1071.7		

$$\frac{x}{2}=\frac{-51.74}{-80.04}$$

$$x\approx1.29$$

说明到期收益率 i=10%+1.29%=11.29%

由此例可以看出，当买价不等于票面价值的时候，到期收益率和票面利率不同。

如果债权不是定期支付利息，而是到期一次还本付息，或者用其他方式支付利息，那么即使是平价发行，到期收益率和票面利率也可能不同。

【例5-10】隆盛酒店拟平价购买一张面值为1 000元的五年期债券，其票面利率为14%，按单利计算，五年后到期，一次还本付息。该酒店持有该债券至到期日，计算其到期收益率。

$$1\,000=1\,000\times(1+5\times14\%)\times(P/S,\ i,\ 5)$$

$$(P/S,\ i,\ 5)=1\,000\div1\,700\approx0.588$$

通过查复利现值表可知，当年数为5时，现值系数等于0.588的利率介于12%和11%之间，采用插值法计算到期收益率。

贴现率　　11% / i% / 12%，x% 1%；复利现值系数 0.593 / 0.588 / 0.567，−0.005 −0.026

$$\frac{x}{1}=\frac{-0.005}{-0.026}$$

$$x\approx0.19$$

说明到期收益率 i=11%+0.19%=11.19%

（3）到期收益率的计算方法　按年付息采用"试误法"，到期一次还本付息采用复利现值公式直接计算。到期收益率是指导选购债券的标准，它可以反映债券投资的按复利计算的真实收益率。如果高于投资人要求的报酬率，则应买进该债券，否则就放弃。

二、股票投资

1. 股票的概念

股票是股份公司为了筹集自有资金而发给股东的一种有价证券。股票的持有人是该公司的股东，股票代表了持股人对该公司的所有权，股东凭借所持股票取得股利，拥有对该公司财产的要求权。

2. 股票投资的目的

酒店进行股票投资主要有两个目的：①作为一般的证券投资，获得股利收入及股票买卖的差价；②利用购买某一企业的大量股票达到控制该企业的目的。如果酒店进行股票投资是处于第一种目的，酒店应将投资资金分散，通过证券投资组合，降低风险，获得收益。而第二种投资目的，关注焦点不是近期投资收益的高低，而是长期控制的目的。

3．股票投资的优缺点

（1）股票投资的优点　股票投资是一种高风险、高报酬的投资方式。酒店进行股票投资的优点主要有：①能获得比较高的报酬。从长远看，发行公司应该是持续稳定发展的，股票价格是趋于上涨的，只要选择正确就能够取得丰厚的投资收益。②通过股票投资，可以在一定程度上降低购买力风险。由于普通股股利的支付是根据发行公司的经营状况而定，在通货膨胀较高的情况下，股利支付会随着发行公司盈利的增加而增加。因此，股票投资比固定债券投资能够降低通货膨胀对投资收益的影响。③股东拥有一定的经营控制权。

（2）股票投资的缺点　酒店进行股票投资的缺点主要是风险大，体现在以下三个方面：①普通股收入不稳定。普通股股利的支付随发行公司经营状况和财务状况而定。②普通股的价格受多种因素影响，使得投资风险较高。③普通股持有者对发行公司剩余财产的求偿权和利润的分配权都居于最后。

4．股票价值的评估

股票价值评估的主要方法是计算股票的价值，然后和市价相比，根据其高于、低于或等于市价，来决定卖出、买入或继续持有该股票。

（1）股票评价的基本模型　股票投资给持有人带来的现金流入包括股利收入和出售股票时的资本利得。股票的价值等于未来预期现金流入的现值，包括未来一系列的股利和出售时得到的价格收入的现值。如果持有人不出售股票，永远持有，那么他只有股利收入。股票价值就表现为永续的股利流入的现值。如果投资者准备在一段时间后出售股票，则该股票价值是持有期间的股利和出售时的股价的现值。不论投资者是长期持有还是持有一段时间后出售，都可以用公式表示为

$$P_0=\frac{D_1}{(1+R_s)^1}+\frac{D_2}{(1+R_s)^2}+\cdots+\frac{D_n}{(1+R_s)^n}=\sum_{t=1}^{n}\frac{D_t}{(1+R_s)^t}$$

式中　P_0——股票价值；

R_s——贴现率，即投资者要求的必要报酬率；

D_t——第 t 年的股利，t 为年份。

这个公式是股票价值估价的一般模式，不论股利是否固定，都可以套用这个公式计算股票价值。

在实际应用时，需要解决的主要问题是如何预计未来每年的股利、贴现率的确定。股利的确定取决于每股盈余和股利支付率两个因素，可通过统计分析历史资料得到；贴现率是投资者要求的收益率，通常采用市场利率作为贴现率。

（2）零成长股票的价值　假设未来股利不变，其支付过程是一个永续年金，则股票价值为

$$P_0=D/R_s$$

式中　P_0——股票价值；

D——每年股利；

R_S——最低报酬率。

【例5-11】*每年分配股利3元，最低报酬率为15%，则*

$$P_0=3\div15\%=20（元）$$

这说明，该股票每年带给投资者 3 元的收益，在市场利率为 15% 的条件下，其价值为 20 元。当市价不等于股票价值时，该股票的预期收益率会不等于最低报酬率。例如：市价为 12 元，每年固定股利 2 元，则其预期报酬率为

$$R=2\div12\times100\%\approx16.67\%$$

这说明当市价低于股票价值的时候，预期报酬率高于最低报酬率。

一般情况下，股票发行方对普通股股票的持有人不会每年支付相等金额的股利，因此零成长股票很受限制。对于优先股，由于其每年的股利较为固定，因此可以使用该模型计算股票价值。

（3）固定成长股票的价值　如果公司的经营状态较好，盈利能力稳定，股利每年增长。假设股利年增长率为一个常数 g，且永续固定增长，这种股票就被称为固定成长股票。该种股票的价值可以表示为

$$P_0=\frac{D_1}{R_s-g}$$

式中　P_0——股票价值；

g——每年股利增长率；

D_1——最近一次每股将支付股利的金额；

R_s——最低报酬率。

【例 5-12】天宏酒店的股票报酬率为 15%，股利年增长率为 10%，上一年股利为每股 2 元，计算股票的内在价值。

因为 $D_0=2$，$D_1=D_0\times（1+g）=2\times（1+10\%）=2.2$，代入公式，得

$$P=2.2\div（15\%-10\%）=44（元）$$

（4）非固定成长股票的价值　在现实生活中，股利通常是不固定的，在这种情况下就要分段计算，按照不同的情况确定股票的价值。

5. 市盈率的分析

市盈率是股票市价和每股盈余之比，又称本益比，是一种粗略衡量股票价格的方法，表明投资人愿意用盈利的多少倍的货币来购买这种股票，是市场对该股票的评价。公式中，普通股每股市价通常采用年度平均价格，即全年各回收盘价的算数平均数。为了简单，并增强其适时性，也可采用前一日的实际价。每股盈余指每股普通股股票的税后净收益，可根据注册会计师审核后的盈利预测计算出来。市盈率公式可表示为

$$市盈率=\frac{每股市价}{每股盈余}$$

（1）用市盈率评价股价高低　在股票市场上，投资者非常关心市盈率。市盈率代表了投资者对股票的预期，市盈率越高，投资者对股票的预期越好。较高的市盈率会使投资者认为发行股票的公司有良好的增长前景，公司的经营能力稳定，盈利能够得到很好的保证，投资的风险小。

（2）用市盈率评价股票的风险　当股市受到不正常因素干扰时，某些股票价格被抬高，

市盈率可能会很高。一般来说，超过 40 倍的市盈率是不正常的，很可能是股价下跌的前兆，风险很大。但是，如果市盈率低于 5，说明发行公司前景不乐观，也不值得投资。

只根据一家公司的市盈率数据进行投资是不准确的，最好取得多家风险相同、业务性质相同或相似的公司的市盈率数据，进行分析比较，才能做出比较准确的投资决策。

第四节　酒店投资风险

一项投资的风险与该投资预期收到的未来现金流的不确定性有关。某一项投资方案实施后，能否如期收回投资以及能否获得预期收益，在事前是无法确定的，由此就产生了投资风险。如果某一项投资有绝对确定的 5%的收益率，我们就说它无风险；如果另一投资预期有 70%的收益率，如果经济情况非常好，收益率可能上升到 90%，但是一旦经济不景气，收益率就会降到 20%，我们说这项投资就存在风险。由此也可以看出，风险既可能给酒店带来负面影响，也可能带来正面影响，本文所指风险为给酒店带来负面影响的风险。

一、投资风险概述

投资风险是指在酒店的投资过程中，因为政治、经济、社会、文化、法律等因素在一定时间内发生无法预期的变化，导致投资活动的结果不能达到预期结果的情况。带来投资风险的因素主要有：

（1）政治、经济形式的变化　这种变化一方面对市场和国家的宏观政策产生影响，一方面引起投资者投资心理、投资动机的改变，从而使投资活动的结果与预期产生偏差。

（2）产品销路和投入品市场的变化　由于技术进步迅速，产品更新换代速度加快，进行投资需要认真对市场进行研究，做出正确的投资决策。技术的进步、消费观念的改变，都可能对产品的销售市场产生重要影响，可能会导致投资方案的失败。投入品价格上涨或者供应不足，也会影响到投资决策，导致投资方案失败。例如，某餐厅经过调查，判断今后一年中甜面包将会是一大消费热点，决定增加一套新的加工甜面包的设备。但是没想到设备买来投入使用一个月后，消费者的消费倾向发生改变，甜面包失去了销售市场。由于产品销路发生变化，这就是一次失败的投资，餐厅不得不承担投资的损失。

（3）财政、信贷、投资政策的变化　当国家放权让利、放松银根、降低利率、提供优惠的税收政策的时候，进行投资就会出于有利地位；如果国家紧缩财政，控制投资，那么就可能使投资处于不利地位，增加投资风险。

（4）经营状况的变化　酒店自身经营状况不佳，可能导致资金的短缺，于是后续投资无法跟上，那么投资项目就不得不停下来，受到损失。

不同的投资者对风险有不同的态度。有些人愿意回避风险，有些人愿意冒风险以期获得较高的报酬。一般情况下，在报酬率相同时选择风险小的项目，风险相同时选择报酬率高的项目。是否选择高风险高报酬率项目，则取决于两点：①报酬率是否高到值得去冒风险；②投资者对风险的态度。

二、证券投资风险的分析方法

1. 证券投资风险

证券投资风险是指由于证券预期收益的不确定性而带来的风险，包括违约风险、利率风险、购买力风险、变现力风险和再投资风险。下面，我们分别来看这几种证券投资的风险。

（1）违约风险　是指证券发行者无法按期支付利息和偿还本金的风险。除中央政府发行的国库券以外，地方政府和公司发行的债券或多或少都有违约风险。因此，为了避免违约风险，酒店在进行债券投资时应选择高质量的债券，可以参照信用评估机构对该债券的评估，也可以直接对发债企业的偿债能力进行分析。

（2）利率风险　是指由于利率变动而使投资人遭受损失的风险。利率决定于货币市场的供求状况，而市场供求状况常因种种原因而经常变动，市场上的利率也因此时高时低。而证券价格会随市场利率变动，以股票为例，股价与利率成相反方向变化，即市场利率低，股票的价格高；相反，市场利率高，股票价格低。因而市场利率的变动，会带来股票价格的涨跌。在市场利率不断上涨时，股票价格就会相应不断下跌。因为在利率很高时，会大大削减股票的价值，人们只需要把资金存在银行就可以获得较高的收益，故股票的吸引力就会下降。一般来说，证券的到期时间越长，利率风险越大。这也是长期证券的利率通常比短期证券的利率要高的原因。通常，为了降低利率风险，酒店应该尽量购买到期日不同的证券。

（3）购买力风险　又称通货膨胀风险，是指由于通货膨胀而使货币购买力下降的风险。在通货膨胀期间，货币的购买力是持续下降的，购买力风险对投资者相当重要。在证券投资中，无论何种证券都要受到通货膨胀不同程度的影响，因为投资中的收回本金或取得收益都以货币来实现，货币的价值当然要受到通货膨胀的影响而降低。但是，不同的证券受影响的大小是不同的，通货膨胀对固定收益的债券投资和优先股投资波及很大，使投资者定期所获固定收入的实际购买力下降，同时投资者还要遭受资本价值降低的损失。对于不固定收入的普通股票，其股息的支付不固定，可能随物价上涨而增加，可以抵补一部分损失，但其增加的程度很难赶上物价上涨的幅度。但比较而言，普通股票比固定收益的债券和优先股的损失要小一些。一般来说，预期报酬率会上升的证券，其购买力风险会低于报酬率固定的证券。例如，通货膨胀时房地产、普通股等投资受到的影响较小，而投资收益长期固定的债券受到的影响较大，前者更适合作为减少通货膨胀损失的避险工具。

（4）变现力风险　又称流动性风险，是指无法在短期内以合理价格来卖掉资产的风险。这就是说，如果投资人遇到一个更好的机会时，他需要卖掉持有的债券，取得资金来进行再投资，但如果他持有的债券是冷门债券，那么为了尽快获得资金，他不得不以较低的价格出售债券来换取资金，否则他只能丧失这次机会。避免此种风险的方法是购买国库券等可在短期内以合理市价出售的债券。

（5）再投资风险　是指购买短期证券，而没有购买长期证券在利率下降的时候，会有再投资风险。短期证券到期时利率降低，只能找到报酬率与市场利率差不多的投资机会。避免此风险的方法是预计利率将会下降时购买长期证券。

2. 证券投资风险分析

投资者在进行证券投资的时候，往往不会把所有的资金都投资于一种证券，而是同时持有多种证券。这种同时投资于多种证券的方式，就是证券的投资组合，简称证券组合或投资组合。

对于非系统风险而言，投资组合理论认为，通过增加投资组合中资产的种类，合理进行组合就可以降低。而系统风险则不可排除，其大小以 β 系数加以衡量。在进行投资决策时，投资者可以参考该投资证券的 β 系数。

（1）风险分散理论　风险分散理论与"不要把鸡蛋都放在一个篮子里"的常识是一个道理，鼓励大家把资产进行分散投资，其本质是通过资产的分散化来分散非系统风险。投资组合的收益是这些证券收益的加权平均数，但其非系统风险不是这些证券风险的加权平均。非系统风险的分散程度取决于组合中证券的相关程度和种类多少，相关程度越小，种类越多，越能分散风险。并且，存在这样一个规律，刚开始时增加投资组合中证券的数目，其风险的分散作用相当显著，但随着证券数目不断增加，这种风险分散作用逐渐减弱。

若组合中两种证券的收益完全负相关，则按 1:1 的比例组合，可分散全部的公司特有风险；若两种证券收益完全正相关，则不能分散任何公司特有风险，也不会增加风险。事实上，组合中各种证券之间不可能完全正相关或完全负相关，同时还有系统风险的存在，因此投资组合能降低风险，但是不可能完全消除风险。

【例 5-13】假设某投资组合由 A、B 两种证券构成，A、B 各占 50%。如果 A 和 B 完全负相关，则投资组合的风险被完全抵消，如图 5-6 所示；如果 A 和 B 完全正相关，则投资组合的风险不减少也不扩大，如图 5-7 所示。

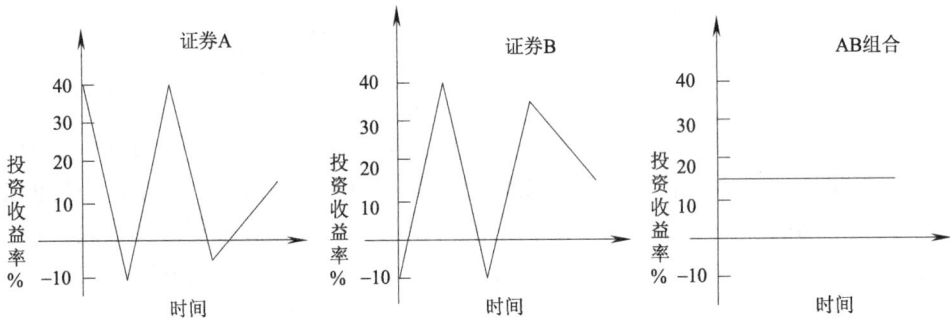

图 5-6　两种完全负相关证券组合的收益与风险

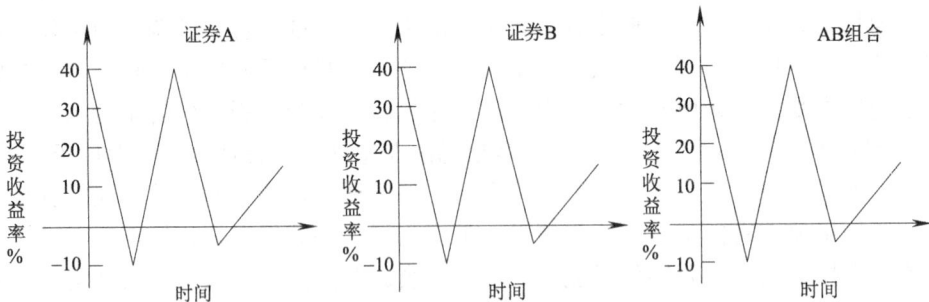

图 5-7　两种完全正相关证券组合的收益与风险

只要证券间不是正相关关系，组合起来就会有降低风险的好处，但不能全部消除风险。

风险分散理论证明，各种证券之间的相关程度可以通过复杂的计算确定，并在此基础上进一步找出最优的证券组合。

（2）资本资产定价模型　通过第二章的学习，我们已经知道风险和报酬之间的关系是：

期望报酬率=无风险报酬率+风险报酬率

那么在市场均衡的状态下，某项证券投资的预期报酬率与预期所承担的风险之间的关系，可以通过下列公式表示：

$$R_i = R_F + \beta_i(R_M - R_F)$$

式中　R_i——第 i 种证券或第 i 种投资组合的必要报酬率；

　　　R_F——无风险报酬率；

　　　β_i——第 i 种证券或第 i 种投资组合的 β 系数；

　　　R_M——所有证券的平均报酬率或市场报酬率。

这一公式便是资本资产定价模型的基本表达式。

【例5-14】假设无风险利率为 8%，证券市场上的平均报酬率为 12%，A 公司股票的 β 系数为 1.5，那么该公司股票的平均报酬率是多少？

$$R_i = R_F + \beta_i(R_M - R_F)$$
$$=8\%+1.5\times（12\%-8\%）$$
$$=12\%$$

根据资本资产定价模型还可以推导出投资组合风险报酬率的计算公式为

$$R_P = \beta_P(R_M - R_F)$$

式中　R_P——投资组合的风险报酬率；

　　　R_F——无风险报酬率；

　　　β_P——投资组合的 β 系数；

　　　R_M——所有证券的平均报酬率，也就是市场上所有证券构成的证券组合的报酬率，又称市场报酬率。

以上两个公式中的 β 系数是某个证券或证券组合相对于市场的敏感度，用来衡量某证券或证券组合的报酬率随着市场组合的报酬率变化而有规则地变化的程度，因此 β 系数也被称为系统风险的指数，用来衡量系统风险的程度。其计算公式为

$$\beta = \frac{某种证券的风险报酬率}{证券市场上所有证券平均的风险报酬率}$$

上述公式是一个高度简化的公式，实际计算过程非常复杂。在实际工作中一般不由投资者自己计算，而由一些机构定期计算并公布。β 系数可以为正值也可以为负值。整个证券市场的 β 系数为 1。如果某种股票的 β 系数等于 1，表示该股票的报酬率与市场平均报酬率呈相同比例的变化，其风险情况与整个证券市场的风险情况一致；如果 β 系数大于 1，说明其风险大于整个证券市场的风险；相应的，如果 β 系数小于 1，说明其风险程度小于整个证券市场的风险。

以上说的是单个股票的 β 系数，对于投资组合来说，其系统风险程度也可以用 β 系数来衡量。投资组合的 β 系数是单个证券 β 系数的加权平均数，权数为各种证券在投资组合中所占的比重。计算公式为

$$\beta_P = \sum_{i=1}^{n} x_i \beta_i$$

式中 β_P——投资组合的β系数；

x_i——第i种证券在投资组合中所占的比重；

β_i——第i种证券的β系数。

【例5-15】某公司持有A、B、C三种股票组成的投资组合，权重分别为30%、50%和20%，三种股票的β系数分别为2.5、1.2、0.5。市场平均报酬率为10%，无风险报酬率为5%。试计算该投资组合的风险报酬率。

（1）确定投资组合的β系数

$$\beta_P = \sum_{i=1}^{n} x_i \beta_i$$
$$=30\% \times 2.5 + 50\% \times 1.2 + 20\% \times 0.5$$
$$=1.45$$

（2）计算投资组合的风险报酬率

$$R_P = \beta_P (R_M - R_F)$$
$$=1.45 \times （10\% - 5\%）$$
$$=7.25\%$$

复习思考题

一、选择题

1. 固定资产投资的特点有（　　）。
   A. 投资风险大
   B. 投资回收速度较慢
   C. 是一种间接投资
   D. 将影响企业经营成果和发展方向

2. 下列属于短期投资的项目包括（　　）。
   A. 购买原材料
   B. 购买设备
   C. 购买五年期国债
   D. 购买三个月的企业债券

3. 下列关于评价投资项目回收期法的说法中，正确的是（　　）。
   A. 它忽视了时间价值
   B. 没有考虑回收期后的现金流量
   C. 能够粗略地衡量投资风险
   D. 无法衡量投资风险

4. 属于动态项目投资决策指标的有（　　）。
   A. 净现值法
   B. 投资利润率法
   C. 投资回收期法
   D. 净现值率法

5. 如果投资方案的净现值小于零，该投资方案（　　）投资价值。
   A. 不具有
   B. 具有
   C. 无法确定
   D. 需其他评价方法辅助判断

二、思考题

1. 一个投资项目会产生哪些现金流量？
2. 比较项目投资决策各项评价方法的优劣。
3. 简述项目投资决策中以各项动态评价方法的决策结果为准的原因。
4. 简述证券投资在企业投资中的作用。
5. 如何理解投资风险？
6. 简述证券投资的风险分类及其对投资的影响。

三、案例分析题

同鑫酒店是一个一直以来经营不错的酒店，为了扩大经营范围，同鑫酒店准备投资购买一批健身设备，构建一个健身房。

经过对健身设备投资相关情况的调查，得到以下有关资料。该健身设备的购买价格为25万元，一次投入，年底可完成建设并正式投入营业。正常营业后，每年可获得营业收入60万元，每年发生的营业成本为54万元，其中包括5万元折旧费。该设备可使用五年，五年后残值忽略不计。在健身设备使用期间，需要垫支流动资金5万元，这笔资金在投资项目结束时可全数收回。

在对该酒店取得资金的各种来源进行分析之后，得出该酒店的加权平均资本成本为10%。

【问题】

1. 根据上述资料，计算该投资项目的营业现金流量、现金流量、净现值，判断该投资是否可行。

2. 在项目投资和使用期间内，通货膨胀率为10%。如果考虑通货膨胀对该投资项目的影响，工程处判断购买健身设备的资金将增加10%，投资项目结束后，设备残值将增加到75 000元。销售部门判断每年营业收入会增加10%，财务部门判断每年的营业成本将增加12%，折旧费不变。于是需要根据上述资料重新计算投资项目的现金流量和净现值，并判断投资方案是否可行。

第 六 章

酒店资产管理

知识目标

- 掌握货币资金的概念、管理。
- 掌握结算资金管理的主要内容。
- 掌握存货的分类、日常管理和控制。
- 掌握固定资产的分类、计价、折旧和日常管理。
- 掌握无形资产、长期待摊费用、其他资产的基本概念和管理。

能力目标

- 能够进行货币资金利用效果的考核分析，从而提高货币资金的利用率。
- 能够运用信用政策，搞好应收账款的管理。
- 能够确定存货的合理定额，减少企业的资金占用。
- 能够熟练掌握折旧的计算方法及折旧预算的编制。

　　酒店为开展正常的业务经营活动必须具有一定的资产。资产是指企业拥有或者控制的能以货币计量的经济资源，它们一般能够带来经济利益。搞好资产管理，充分利用资产，加速资产周转，是提高企业经济效益的重要途径。

第一节　货币资金管理

　　货币资金管理是酒店财务管理的重要组成部分，牵涉面广，政策性强，因此必须严格加强货币资金的管理，认真贯彻国家的有关方针政策和财务制度，以保证货币资金的正常使用，提高货币资金的利用效率。酒店的货币资金包括现金、银行存款和其他货币资金。现金指库存现金，包括人民币和各种外币。银行存款指企业存放在银行及其他金融机构的存款，包括人民币及各种外币存款。其他货币资金指酒店的外埠存款、银行汇票存款、银行本票存款和在途货币资金等其他各种货币资金。有境外往来结算业务的企业，发生的信用证存款也包括在此范围内。外埠存款是指企业到外地进行临时或零星采购时汇往采购地银行开立采购专户的款项。银行汇票存款是指企业为取得银行汇票，按照规定存入银行的款项。银行本票存款是企业为取得银行本票按照规定存入银行的款项。

货币资金的管理在企业的经营管理中具有重要作用。货币资金可以满足企业正常业务经营的需要，随时用来购买各项物资、支付工资、偿还债务等。企业持有一定的货币资金还能够支付企业一些临时性或意外开支，做到防患于未然。同时，企业拥有一定的货币资金还能够在恰当的时机里满足企业投资的需要，以获得投资收益。因此，酒店应搞好货币资金的管理，制定货币资金的合理存量，以提高货币资金的使用效率。

一、现金的管理

现金具有流动性最强，偿付速度最快，普遍可接受性的特点。企业大量经济业务的开展都与现金的收支有着密切关系，因此酒店拥有足够的现金，对降低企业财务风险，增加资金的流动性都是十分必要的。但是企业如果有过量的现金，就会造成闲置和浪费，甚至给坏人以可乘之机，造成贪污、盗窃、挪用等现象的发生。因此为用好现金，酒店应建立健全现金管理的各项规章制度，使现金既能满足企业业务经营的需要，又能够把现金持有量控制在最佳水平，从而提高企业营运资金的盈利能力。

1. 现金管理制度

根据国务院《现金管理暂行条例》的有关规定，一个单位在几家银行开户的，只能在一家银行开设现金结算账户，支取现金，并由该家银行负责核定现金库存限额和进行现金管理。其具体内容如下：

（1）现金的使用范围　职工工资、各种工资性津贴；个人劳务报酬，包括讲课费和稿费及其他专门工作报酬；支付给个人的各种奖金，包括根据国家规定发给个人的各种科学技术、文化艺术、体育等各种奖金；各种劳保、福利费用以及国家规定的对个人的其他现金支出；收购单位向个人收购农副产品和其他物资支付的款项；出差人员必须随身携带的差旅费；结算起点以下的零星支出；确定需要现金支付的其他支出。

（2）库存现金限额管理　凡在银行开户的企业、事业、机关和团体等单位，按规定必须核定库存现金的限额。库存现金限额是根据企业规模大小、现今收支业务的多少和距离银行远近等条件，经与银行协商确定，原则上以开户单位 3～5 天的日常零星开支所需核定的库存现金限额。边远地区和交通不发达地区的开户单位的库存现金限额，可以适当放宽，但最多不超过 15 天的日常零星开支。企业找零备用现金根据营业额核定限额，但不包括在开户单位的库存现金限额之内。库存现金限额一般由开户单位提出计划，报开户银行审批。经核定的库存现金限额，开户单位必须严格遵守。库存现金限额的计算公式如下：

$$库存现金限额 = \frac{预算期营业收入}{预算期天数} \times 限额天数$$

【例6-1】东方酒店年预算营业收入额为 15 000 000 元，按 5 天限额天数核定现金的库存限额，则：

$$库存现金限额 = \frac{15\,000\,000}{365} \times 5 \approx 205\,479.45 \text{（元）}$$

（3）现金收支的有关规定　开户单位收入现金应于当日送存开户银行，当日送存确有困难的，由开户单位确定送存时间；开户单位支付现金可从本单位现金库存中支付或从开户银行提取，不得从本单位的现金收入中直接支付（即坐支现金）；因特殊情况需要坐支现金的单位，要事先报经开户银行审查批准，由开户银行核定坐支范围和限额，坐支单位必须在现金日记账上如实反映坐支金额，并按月向开户银行报送坐支现金额和使用情况；开户单位从开户银行提取现金时，应当如实写明用途，由本单位财会部门负责人签字盖章，并经开户银行审查批准，予以支付。如因特殊情况，办理转账结算不够方便，必须使用现金的开户单位，要向开户银行提出书面申请，由本单位财会部门负责人签字盖章，开户银行审查批准后，予以支付现金。

2. 现金的收支管理

现金的收支管理主要是对现金的收入、支出进行控制，具体内容如下：

（1）完善企业内部现金收支管理的各项规章制度。根据国家有关现金的管理制度，要搞好本企业现金的收支管理，必须进一步完善自身管理制度和内容。

1）建立健全内部制约制度。酒店的现金出纳业务应当由专职或兼职的出纳员负责。出纳员与会计人员必须有明确的分工，即管账的不能管钱，管钱的不能管账，不得由一人兼办。这样便于相互牵制，及时发现问题，防止在现金收支中发生意外和损失。

2）严格现金收支的审批制度和管理。在收支现金时，要严格审核现金收付凭证所列单据是否合法，数额是否准确，签字手续是否齐全等，对凡不符合制度规定的，应予以纠正或拒绝办理收付，发现的问题应及时向有关领导汇报，并进行严肃处理。现金收支业务必须于当日登记现金日记账，做到日清月结，账实相符，杜绝用白条或原始凭证抵库存或账外现金。现金收付凭证和收支结存单，按规定送审核员审核。

3）加强内部稽核工作。对于企业各部门的收付款项都应通过部门财务入账后上交财务部，任何部门和个人都不得自行保留现金，禁止私设"小金库"，计财部应经常督促检查。对库存现金的收支凭证、记账，要由内部人员实行定期和不定期的检查。出纳人员工作调离时，必须严格办理交接手续。

（2）编制现金收支预算，合理安排现金收支。①确定预算期现金的期初余额；②预测预算期的营业收入情况，并要明确有哪些是现销收入，哪些是赊销收入，以便掌握企业可以真正动用的现金；③预测预算期企业的各项支出，如工资、原材料、燃料、物料用品等项的支出，并要搞清哪些是现购，哪些是赊购，以便了解企业预算期现金的实际支出额；④确定预算期末现金的余额，其计算公式为

预算期末现金余额＝预算期初现金余额＋可动用现金合计－现金实际支出额

酒店在经营上由于季节性较强，现金支出的多少也会有所变化，通过以上现金预算的编制，可以根据企业业务经营的特点，更加有计划地安排企业现金收支，保证企业业务经营活动科学、有序地进行。

（3）现金收支管理效果的考核。作为一个企业，现金收支管理究竟应该如何运作？要解决这一问题就要进行现金收支管理效果的考核，具体来说可通过现金周转率这一指标进行反映，计算公式如下：

$$现金周转率 = \frac{计算期营业收入实际收到数额}{现金平均占用额}$$

【例 6-2】某酒店 2014 年度年初现金占用额 60 万元，年末现金占用额为 90 万元，本年度实际收入 4 300 万元，其中现销收入 3 100 万元，赊销收入 1 200 万元，当年可收回 400 万元，求现金周转率。

$$现金平均占用额 = \frac{60+90}{2} = 75（万元）$$

$$现金周转率 = \frac{3\ 100 + 400}{75} \approx 46.67（次）$$

3. 提高现金使用效率的其他方法

如前所述现金管理制度，现金收支的管理都是提高现金使用效率的重要内容，除此之外，还可以通过以下方法，提高现金的使用效率。

（1）尽可能使现金收入和支出时间一致。如果企业现金收入和支出时间一致，即现金流量同步，那么企业可以减少现金的储备量，减少因现金不足而向银行申请的贷款，使其所持的交易性现金余额降低到最低水平。

（2）利用资金时间差。资金时间差是指从购买者购货到销售者实际收到付款之间的时间差。从企业现金流向的角度看，时间差有可能是正时差，也可能是负时差。正时差是指企业作为购货方，从购货到实际付款前的时间。负时差是指企业作为销售方，从售出产品或提供劳务后直至收到款项的时间。资金的多少意味着企业财力的大小，代表着企业盈利的机会，因此利用资金的时间差，对企业资金管理有着重要作用。

1）利用正时间差——推迟付款。在不影响企业信誉的前提下，推迟付款时间，在信用期限到期的前一天付款。可以利用本属销货方的资金，来满足购货方企业资金的需要，这样有利于作为购货方的企业资金周转。

2）利用负时间差——加速收款。企业在客人能接受，并不影响客源的前提下，应尽早把账单转给付款单位，加强过期客账的催收，加速应收账款的收款时间。这样一方面可以避免坏账损失，另一方面有利于本企业使用资金。

（3）不要保存过多的库存现金。根据现金管理制度的要求，企业应严格遵守库存现金限额管理的有关规定，只保存企业日常业务经营所需的现金。闲置现金、盈余现金应存入银行获取稳定的利息收入，或进行投资，取得更高的投资回报。

二、银行存款的管理

银行存款是企业存放在银行或其他金融机构的货币资金。酒店银行存款包括人民币存款和外币存款两种。按照国家的有关规定，凡是独立核算的企业都必须在当地银行开设账户。酒店在与其他单位的经济往来中，除规定的范围可以使用现金外，其他应通过开户银行进行转账结算。企业在银行开设账户以后，除按核定的限额来保留库存现金外，超过限额的现金必须存入银行。

1. 银行存款管理制度

（1）开立银行存款账户 ①酒店应向当地银行或金融机构申请开立账户，填制"开户申请书"，并按申请书所列内容如实填写，然后加盖单位公章；②将"开户申请书"送交有关部门审查，审核无误后，出具证明；③酒店将所填"开户申请书"和有关部门审查证明及其他相关资料送交当地开户银行审核，审核批准后，银行可登记开户，并确定账号，通知企业开始存取款。

（2）银行存款账户的种类　根据中国人民银行 2003 年 4 月颁布的《人民币银行结算账户管理办法》的各项规定，银行账户分为基本存款账户、一般存款账户、临时存款账户和专用存款账户。

1）基本存款账户。基本存款账户是存款人因办理日常转账结算和现金收付需要开立的银行结算账户。基本存款账户是存款人的主办账户。存款人日常经营活动的资金收付及其工资、奖金和现金的支取，应通过该账户办理。

2）一般存款账户。一般存款账户是存款人因借款或其他结算需要，在基本存款账户开户银行以外的银行营业机构开立的银行结算账户。一般存款账户用于办理存款人借款转存、借款归还和其他结算的资金收付。该账户可以办理现金缴存，但不得办理现金支取。

3）临时存款账户。临时存款账户是存款人因临时需要并在规定期限内使用而开立的银行结算账户。临时存款账户应根据有关开户证明文件确定的期限或存款人的需要确定其有效期限。存款人在账户的使用中需要延长期限的，应在有效期限内向开户银行提出申请，并由开户银行报中国人民银行当地分支行核准后办理展期。临时存款账户的有效期最长不得超过 2 年。

4）专用存款账户。专用存款账户是存款人按照法律、行政法规和规章，对其特定用途资金进行专项管理和使用而开立的银行结算账户。专用存款账户用于办理各项专用资金的收付。

根据国家有关规定，酒店只能在一家银行的一个营业机构开立一个基本存款账户。不得在多家银行机构开立多个基本存款账户；不得在同一家银行的几个分支机构开立一般存款账户。

（3）银行存款结算方式　根据中国人民银行发布的《银行结算办法》规定，酒店的结算方式有以下几种：

1）支票结算。支票结算方式是指存款人签发给收款人办理结算或委托开户银行从存款账户中支付给收款人的一种结算方式。支票结算方式是同城结算中使用最为广泛的一种方法。

2）汇兑结算。汇兑结算方式是指汇款单位或个人委托银行将款项汇给异地收款单位或个人的一种结算方式。汇兑分为电汇、信汇两种。电汇是指汇款人委托银行通过电报将款项划转给收款人。信汇是指汇款人委托银行通过邮寄方式将款项划转给收款人。汇兑方式手续简单，适用范围较为广泛，是异地结算较好的方式。

3）信用证结算。信用证结算方式是指银行专营机构签发给信用良好的持有人，在指定的部门（如银行、酒店、商场、机场等）支取现金、购买货物、支付劳务报酬的信用凭证的结算方式。

4）银行本票结算。银行本票结算方式是指申请人将款项交存银行，由银行签发给企业的一种票据，借以办理转账结算或支取现金的一种结算方式。银行本票分为不定额和定额两种。不定额本票起点 100 元，定额本票面额有 500 元、1 000 元、5 000 元和 10 000 元等，同城的商品交易、劳务供应和其他款项的结算均可采用该种结算方式。

5）委托收款结算。委托收款结算方式是指收款人委托银行向付款人收取款项的一种结算方式，委托收款按款项划回方式的不同分为邮寄划回和电报划回两种，企业可根据所收款项的快慢要求选择采用。同城、异地都可采用该种结算方式。

6）银行汇票结算。银行汇票结算是指汇款人将款项交存当地银行，由银行签发给汇票人持往异地办理转账结算或支取现金的一种结算方式。单位或个人向异地支付各种款项都可采用该种结算方式。

7）商业汇票。商业汇票是指由收款人或付款人签发票据，由承兑人承兑并于到期日向收款人或背书人支付款项的一种结算方式。这种结算方式同城、异地都可采用。商业汇票按承兑人不同分为商业承兑汇票和银行承兑汇票两种。商业承兑汇票结算方式是指商品交易的购销双方，根据购销合同，延期付款而开具的反映债权、债务关系的一种票据结算方式。银行承兑汇票结算方式是指收款单位或承兑人申请签发，并由承兑申请人向开户银行申请，经银行审查同意承兑的一种结算方式。

8）异地托收承付结算。异地托收承付结算是指根据购销合同由收款单位发货后委托银行向异地付款单位收取款项，由付款单位向银行承认付款的结算方式。

2．银行存款管理

（1）完善企业内部有关银行存款管理的各项规章制度。具体包括以下几项内容：

1）对超过现金收付限额以上的款项，必须通过银行进行转账结算。

2）企业内部有关部门因业务需要，需支付货款或要求计财部签发转账支票时，必须按事先规定的相关手续办理；当物资验收入库或经济业务结束时，必须及时办理报销销账手续，不得拖延，未办理销账手续的由有关经办人负责。

3）计财部签发转账支票时，应当进行登记，并将支票项目填写准确无误，不准签发空头支票和远期支票。当有特殊情况，如无法明确收款单位名称金额时，也须把支款用途、签发日期写清楚。

4）严格遵守国家有关银行结算制度的规定，不得将银行账户出租、出借其他单位或个人办理结算，不能利用账户替其他单位或个人套取现金。要保管好空白支票及支票存根，防止意外情况发生。

5）正确使用和审核各种银行结算凭证，及时办理银行存款的收付业务，并及时审核银行往来对账单。月末如有未达账项，应查明原因，编制银行存款余额调节表。

6）加强对商品控制及计划控制的费用的管理，如果未经上级批准或超过计划的费用开支，计财部有权拒付款。

（2）银行存款最佳持有量的确定。对于一个企业来说，银行存款数额很大，在一定程度上可以说明该企业有较多的资金可自行支配，资金实力较强。但是过多的资金放置在银行也会使企业失去很多投资赚取更高盈利的机会。因此，就需要确定银行存款的最佳持有量。银行存款最佳持有量的确定，取决于企业银行存款的收入额和支出额两个因素。通常在企业最佳经营状态下，银行存款最佳持有量的确定公式为

$$银行存款最佳持有量 =（银行存款收入额 - 银行存款支出额）\times（1 + 安全系数）$$

式中，银行存款收入额指计算期企业取得的营业收入存放在银行的收入数额和计算期企业收回的应收账款存放在银行的收入数额以及其他银行存款收入。银行存款支出额指计算期企业需要支付的购买存货、工资、劳务费用及其他各项费用的开支。安全系数的比例通常为 10%～15%。

在实际工作中，也可以利用银行存款率测定银行存款最佳持有量。银行存款率的计算

公式如下：

$$银行存款率=\frac{计算期银行存款平均余额}{计算期营业收入额}\times100\%$$

该公式表明每取得 100 元的营业收入，应该持有多少数额的银行存款。

作为酒店，根据基期实际测算出来的银行存款率以及报告期的预算营业收入额，就可测算出报告期的银行存款最佳持有量。计算公式如下：

$$报告期银行存款最佳持有量=报告期预算营业收入额\times基期银行存款率$$

若要准确测算银行存款最佳持有量，基期银行存款率的选择和确定非常重要。通常基期应选择企业经营状况较好，企业资金周转特别是货币资金周转较快且获利能力较强的时期。

三、货币资金利用效果考核分析

货币资金的管理对于企业正常的业务经营活动开展以及偿债能力都有着重要的影响。因此，要管好、用好货币资金还必须在经营期末对货币资金的利用效果进行考核分析，以便企业及时发现问题、解决问题，使企业更加有效地发挥货币资金在企业经营管理中的作用。通常考核货币资金利用效果的指标有许多，但常用的是货币资金周转率指标，货币资金周转率和货币资金周转天数的计算公式如下：

$$货币资金周转率=\frac{计算期营业收入中的现销收入}{计算期货币资金平均占用额}$$

$$货币资金周转天数=\frac{计算期天数}{货币资金周转率}$$

在企业业务经营活动正常开展的情况下，同一时间内货币资金周转率越快，货币资金周转天数越短，说明企业投入的货币资金能及时收回，货币资金利用效果较好。为了提高货币资金周转率，可以从增加企业现销收入，减少货币资金平均占用额两方面进行。增加现销收入不是说企业的营业收入全部采用此种结算方式，而是指在采用多种经营方式，不断降低成本费用，提高服务质量，不断扩大客源的前提下，增加现销收入；减少货币资金平均占用额是指力求使货币资金的持有量既能满足企业业务经营活动的正常开展，同时又要实现其最佳使用效果，即确定货币资金的最佳持有量。

第二节　结算资金管理

一、结算资金的主要内容

结算是指酒店在业务经营过程中与外部单位之间经济往来所引起的货币收付业务。结算资金是指酒店在结算过程中发生的各种应收及预付款项，主要包括应收票据、应收账款、预付账款、待摊费用、其他应收款等。

（1）应收票据　是指企业在业务经营过程中因销售商品或提供劳务而发生的有正式书

面文件证明的应收款项。

（2）应收账款　是指企业因销售商品、提供劳务等业务经营活动应向付款单位收取的各种款项。应收票据与应收账款有较明显的区别，即应收票据有正式的书面证明，同时它一般有较明确的收款期限。

（3）预付账款　是指企业按照购销合同预付给供货单位的款项。

（4）待摊费用　是指企业已经支出但应由本期和以后各期分别负担的分摊期在一年以内的各项费用，如低值易耗品摊销、预付保险费以及一次性购买印花税票和一次性交纳印花税税额较大须分摊的数额等。

（5）其他应收款　是指企业除应收账款、预付账款以外的其他各种应收、暂付账款，包括各种赔款、罚款、支出保证金、应向职工收取的各种垫付款等。

加强结算资金的管理，要严格执行应收票据的专管制度，有关票据的结算方式和程序须按银行规定办理；对预付账款的数量和占用时间要严格加以控制；对于待摊费用要分别规定摊销期限，最长不得超过 12 个月。要尽量减少资金占用，努力降低非经营费用支出，控制其他应收款数额。

在结算资金中，由于应收账款所占比例最大，对于企业流动资金的周转速度也有着重要影响，因此下面着重论述有关应收账款的管理。

二、应收账款的管理

随着酒店之间竞争的加剧，许多企业为了招徕更多的客户、扩大营业额、增加盈利，除了依靠广告、价格、服务质量等方法外，在结算上还采用了赊销的方式，由此就产生了应收账款，另外销售和收款的时间不一致也会产生应收账款。这里所论述的应收账款的管理主要是对因赊销方式而产生的应收账款的管理。

应收账款的管理对于酒店来说非常重要，具体表现在：①如果应收账款不能及时收回，容易发生差错甚至遗忘，从而给结算工作带来很多麻烦；②如果酒店不能及时收回应收账款，对方企业可能会为生息等其他原因长期占用这部分款项，而酒店正常的业务经营活动开展就会受到影响，同时也会产生因失去参加其他投资而获利的机会成本；③企业不能及时收回应收账款，按照权责发生制原则，这部分应收账款要依法缴纳营业税金及附加，对于企业来说收入并没有真正到手，反而先要垫支一部分钱缴纳税金；④应收账款如果根本不可能收回，就会造成企业的坏账损失，从而影响企业流动资金正常周转。

酒店要进行应收账款的管理，需要通过信用政策的变化加以控制和调节。信用政策是指酒店对应收账款容许的最大风险程度、信用期限的长短和折扣率等所采取的政策。它包含了信用期限、现金折扣、信用标准和收款方针等内容。通常，松弛的信用政策会刺激销售，但会增加应收账款数额；紧缩的信用政策会减少坏账损失和应收账款的数额，但会影响销售。所以酒店信用政策的成功与否，关键在于信用政策实施后，收入与费用相比较，企业的利润究竟是增加了还是减少了。企业信用政策通常由总经理、总会计师、专门的信用经理以及相关的赊销部门经理讨论制定。信用政策内容具体如下：

1. 信用期限

信用期限是指企业允许客户推迟付款的时间。通常在信用期限上的变化，无非是延长信用期限或缩短信用期限。延长信用期限通常会给客户以很大的方便，因而可以刺激销售，但也会使企业的平均收款期延长，应收账款数额增加，不利于企业及时收回资金进行再投入，在一定程度上有可能使企业另外筹资以弥补流动资金的不足，这样会增加企业的筹资费用。同时，对于一些信誉不够好的客户，酒店还有可能出现应收账款收不回来的情况，使企业发生坏账损失。缩短信用期限会使企业的应收账款及时收回，减少坏账损失的发生，但对于客户来说会缺乏一定的吸引力，不利于销售和企业的竞争。确定信用期限的长短应根据企业外部竞争环境、企业自身管理及资金等方面的要求，选择最佳的信用期限，使企业收支相抵后能产生利润。

2. 信用标准

信用标准是指酒店允许赊欠的客户所必须拥有的偿付能力，即企业向客户提供信用的最低标准。如果不能达到这个标准，将不能享受（或只能部分享受）企业提供的信用优惠。企业如果只能允许信用非常好，而且企业又很熟悉的客户赊欠，那么企业就可避免坏账损失，有利于企业资金的及时收回。但过于苛刻的信用标准也会丧失一些客户，影响企业销售，使企业失去一定的竞争机会，有可能失去的利润比避免的费用还要大得多。因此，企业制定合理的信用标准，可对不同的客户进行分析归类，予以他们不同的信用期限或规定不同的最高信用限额。超过信用期限或最高信用限额原则上要求客户必须及时结清。通常企业在考虑信用标准时，很重要的一点就是要对客户的信用进行评估，一般从以下几方面进行考虑：

（1）客户的信誉　指债务到期前客户愿意履行其偿债义务的可能性，信誉是评估客户的最主要因素。

（2）客户的偿债能力　主要对客户的财务状况进行了解，分析其流动比率、速动比率、资产负债率等偿债能力指标，以判断客户有无偿债能力。

（3）客户的资本总额、盈利能力　主要掌握客户的资金实力如何。

（4）客户的抵押品　指客户为获得商业信用优惠提供的担保财产。对一些不很了解的客户，只要他们能够提供足够的抵押品，是可以向他们提供与之相适应的信用。

（5）其他情况　指影响客户偿还能力的社会经济形势及其他情况。

在信用评估以后，大致掌握了酒店所承担的风险程度，就可按照由赊销所造成的坏账发生的概率高低，将客户进行信用分级，见表6-1。

表 6-1　客户信用等级表

信 用 等 级	客户人数比例（%）	坏账损失率（%）
1	×××	0
2	×××	0～0.5
3	×××	0.5～1
4	×××	1～5
5	×××	5～10
6	×××	10 以上

这样酒店就可以对不同信用等级的客户采用不同的信用期限，以及最高信用限额等信用政策，以确保企业应收账款的及时收回。

3. 现金折扣

现金折扣是指对提前付款的客户在价格上予以优惠。现金折扣的条件可用特定的方式表示，例如："2/10"表示客户在 10 天内付款，可享受 2%的折扣；"2/20，*n*/30"表示客户在20 天内付款可享受 2%的折扣，如果超过 20 天，并在 30 天内付款，则不再享受任何折扣。

采用现金折扣这种方法，可以吸引一部分客户，因为有些客户可能会把这种折扣当作降价。所以现金折扣在一定程度上可以刺激销售，还可以促使客户提前付款，从而缩短了企业的平均收款期，减少了结算资金占用，降低了收款费用，为企业增加了投资和盈利的机会。总之，折扣率的确定必须能使企业由此产生的收入大于支出，否则现金折扣将失去其意义。

4. 收款方针

收款方针是指酒店对超过规定的信用期限而尚未收到的应收账款所采取的收款程序。如果企业的收款方针过严，催收过急，有可能使企业超过规定信用期限的应收账款得以收回。但也可能由此造成企业信用上的损失，并得罪一些确实遇到特殊情况而非故意拖欠的客户，从而给企业今后的销售带来不利影响。而且由于催收过急，企业也会为此支付不少的催收费用。但过松的收款方针有可能使赊欠者无限期地拖欠款项，从而影响企业的资金周转。因此，在收款的时候企业一般可先采用信函、电话等形式催收，如不见回音，可派专人登门催收。在催收过程中应尽量不和客户发生正面冲突，力求协商解决。但如果这一切均不奏效，必要时也可诉诸法律，通过仲裁机构予以解决。

通过实施上述信用政策，加强对应收账款的管理，可以使企业应收账款尽早收回，加速资金的周转，从而提高企业经济效益。在当前旅游市场竞争愈发激烈的情况下，企业所面临的挑战和风险越来越大。企业一方面要对应收账款实施管理，另一方面还应对未来可能出现的坏账损失按照稳健性原则，预提一部分坏账准备金，以增强企业抵御风险的能力。目前，酒店采用应收账款余额百分比来计提坏账准备，计提比例为 3‰～5‰。计提坏账准备的具体做法是：每期期末按应收账款余额的 3‰～5‰提取坏账准备金，计入管理费用；当实际发生坏账损失时，直接冲减坏账准备金。采用这种方法需要注意的是：当年提取的坏账准备金与当年实际发生的坏账损失不一致时，要通过年末的调整来平衡。如果当年实际发生的坏账损失超过一年计提的坏账准备金部分，计入管理费用；如果当年实际发生的坏账损失少于一年计提的坏账准备金部分，则冲减管理费用；已核销的坏账，以后年度又收回的应直接增加坏账准备金。

三、应收账款的考核分析

1. 应收账款周转率

为了考核分析酒店应收账款管理效果，了解企业应收账款的流动程度，可以通过应收账款的周转率进行具体分析。其计算公式如下：

$$应收账款周转率 = \frac{计算期赊销收入净额}{应收账款平均余额} \times 100\%$$

$$赊销收入净额 = 营业收入 - 现销收入$$

$$应收账款平均余额=\frac{期初应收账款余额+期末应收账款余额}{2}$$

应收账款周转率指标还不能很直观地反映应收账款管理好坏，通常以应收账款的平均收款期进行反映。其计算公式如下：

$$应收账款平均收款期=\frac{计算期天数}{计算期应收账款周转率}$$

【例6-3】某酒店2013年度赊销收入净额730 800元，年初应收账款余额为45 275元，年末应收账款余额为35 925元，则

$$应收账款周转率=\frac{730\ 800}{(45\ 275+35\ 925)\div2}=18（次）$$

$$应收账款平均收款期=\frac{365}{18}\approx20（天）$$

应收账款周转率表明在一定时期内（通常指一年）应收账款转变为现金的次数。应收账款平均收款期指一年内企业应收账款平均收回的时间。通常情况下应收账款周转率越快，应收账款平均收款期越短，表明企业应收账款回收工作越是有效。企业在正常经营情况下，应收账款的平均收款期30天左右比较合适。太长的收款期说明占用企业较多的资金，不利于企业资金的周转；过短的收款期则说明企业采用较为紧缩的信用政策，虽然应收账款能及时收回，但会影响企业的销售。所以，企业应根据自身经营情况，结合同行业的先进指标进行比较分析，以利于企业减少结算所占用的资金，缩短结算过程，加速企业的资金周转。

2．应收账款账龄分析

酒店通过编制应收账款账龄分析表，可以考核分析企业应收账款的回收情况及应收账款的管理情况。下面以某酒店为例，编制应收账款账龄分析表（见表6-2）。

表6-2 应收账款账龄分析表

20××年12月31日

应收账款账龄	金额/元	占总金额百分比（%）
未到信用期限（30天以内）	140 800	55
超过信用期限1～30天	76 800	30
超过信用期限31～60天	17 920	7
超过信用期限61～90天	12 800	5
超过信用期限90天以上	7 680	3
总额	256 000	100

从上表可以了解到该企业有140 800元的应收账款没有到信用期的最后期限，未收回来是正常的，占应收账款总额的55%，这些应收账款在未来有可能出现超过信用期限而未收回的情况，这就需要认真观察以后发生的实际情况。其中超过信用期1～30天的应收账款有76 800元，占总额的30%，这部分应收账款因超过信用期时间较短，收回的可能性应该说还是很大的。超过信用期31～60天的应收账款有17 920元，占总额的7%，收回就有一定的难度。超过信用期61～90天的应收账款有12 800，占总额的5%，收回就有更大的

难度。超过信用期 90 天以上的应收账款有 7 680 元，占总额的 3%，就很有可能收不回来，而使企业出现坏账损失。

通过以上应收账款账龄分析表的编制，可以掌握本企业应收账款的数额、结构、平均收款期等情况，还可以在应收账款的管理上有所侧重，对于超过信用期较长的应收账款应严加管理，防止坏账损失的发生。

另外，编制该表还可以分析检查企业应收账款的管理情况。通过该企业不同时期的比较分析及与同行业其他先进企业的比较分析，可以发现企业在应收账款管理上的问题和不足，从而进一步完善企业的信用政策，提高企业应收账款的管理水平，加速企业资金的周转。

第三节　存　货　管　理

存货是指企业在经营过程中，为销售或耗用而储备的资产。为销售而储备的资产主要指各种可直接对外销售的商品库存；为耗用而储备的资产主要指经各种对外销售或酒店经营管理过程中耗费掉的物品或燃料等库存。酒店的存货在流动资产中占有很大比例，在流动资产管理中占有重要位置。由于存货经常地处于不断销售、耗用和重置之中，流动性很强，因此加强存货管理是企业提高资金使用效率的关键所在。

一、存货的分类

酒店的存货分为以下五大类：

（1）原材料　主要指酒店企业的食品原材料、调料、配料以及月末盘存未售出的有关半成品、成品等。

（2）燃料　主要指企业所储备的各种固体、液体、气体燃料。

（3）低值易耗品　指企业不作为固定资产核算的各种用具和家具。

（4）物料用品　指除原材料、燃料、低值易耗品以外的经营管理用品，主要包括：

1）旅游用品，指为旅游客人备用的物品，如茶叶、小食品、纪念品等。

2）日常用品，指企业经营管理备用的日常用品，包括清洁用品、纸制品、塑料制品、瓷器、玻璃器皿和银器等。

3）办公用品，指为客人备用的各种纸张、笔墨、文具等。

4）针棉织品，指各种床单、被罩、台布、窗帘、毛巾、浴巾等针棉织品和统一制作的制服。

5）包装用品，指各种桶、箱、瓶、坛、袋等包装物品。

6）其他物品，指除上述物品以外的各种零星物料用品。

（5）商品　主要指酒店商品部、餐饮部门对外直接转手出售的各种商品。

二、存货范围的确定

加强酒店存货的管理，首先要确定存货范围。在实际工作中，存货范围确认的规定是：凡在盘存日期内，法定所有权属于企业的所有一切存货，不论其存放地点如何，均视为本企业的存货，包括存放在本企业仓库、存放在本企业门市部门和陈列展览，以及已经发售但未办理结算手续、购入后不经本企业仓库直接发交购买单位或加工单位的物品，委托其他单位加工或代销的、已购入但尚未入库的在途物品等。企业销售的商品、产品等凡是所有权已经转移给购买方，不管物品是否发出，都不应包括在本企业的存货之内。

三、存货成本的内容和控制

1．存货成本项目构成

酒店要对存货项目进行管理，必须首先确定存货成本构成，具体说来包括以下四项：

（1）存货买价　存货买价指所购存货的发票价格，如进口货物，其买价应是离岸价加上海上运费、保险费、进口关税等。

（2）订货成本　订货成本指订购存货而发生的直接和间接的支出，如运杂费、途中损耗（合理部分）、保险费和税金、挑选整理费用等。另外，采购机构经费、采购人员差旅费、市内运杂费也包括在订货成本中。订货成本可分为订货固定成本（与订货次数无关，如采购机构经费）和订货变动成本（与订货次数有关，如差旅费、运杂费等）两部分。

（3）储存成本　储存成本指存货从进入仓库到领出仓库整个储存过程中所发生的一切费用，包括仓库的各项费用开支，如仓库管理人员的工资、维修、折旧等费用以及存货的搬运费、挑选整理费用、变质、被盗、损耗等项费用，还包括由于存货太多，因积压而占用资金的机会成本。储存成本中仓库的折旧费、维修费、管理人员的工资属于固定成本，而存货的挑选整理费、搬运费等属于变动成本。

（4）缺货成本　缺货成本指因缺货而给企业造成的损失。例如：因缺货而给企业造成的停工损失和为及时获得货物而多支付的采购成本；不能按期交货或提供劳务而需交纳的罚款损失；因缺货无法与其他企业交易而失去的本应获得的盈利，以及由此给企业带来的一系列损失。这些统称企业的缺货成本。缺货成本的数额很难准确计算，但它对于企业正常业务经营活动的开展却有着很大影响。

2．存货成本项目的管理

掌握了存货成本的构成，是为了更好地进行成本项目管理，具体做法要点如下：

（1）由于存货买价取决于购入存货的数量和存货的价格，所以在管理时应注意存货购入的数量不能过多，应合理确定购入量，以避免占用企业过多资金。另外，购入存货时应货比三家，选择价钱合理又符合本企业所需档次的存货，以降低采购成本。

（2）订货成本中的差旅费、运杂费多属可控成本，因此在订货时，在同一种存货价格、质量、品种、规格、型号大致相同的前提下，要选择离本企业较近的供应商供应，以降低差旅费、运杂费、途中损耗等多项开支。

（3）储存成本中仓库的折旧费、维修费、管理人员的工资属于不可控成本，而存货的挑选整理费、搬运费、变质、被盗、损耗等项费用是可控的，所以对这些费用的管理应有所区别，可以采用提高工作效率、加强经济责任制、实施存货科学管理等方法来降低其开支。

（4）企业应尽量避免缺货成本的出现，以减少企业不必要的费用开支，保证企业正常经营业务活动的开展。

3. 存货数额水平的管理

存货数额水平的管理是关于存货数量和成本总额的管理，也就是通过存货数额水平的管理来达到企业的最佳存货水平，即存货既能保证企业业务经营的需要，又能使存货成本最低。经济订货量法是确定最佳存货水平的一种较为简便方法。

经济订货量法是指在一定时期内，通过进货批量与进货时间的合理安排，而达到的存货成本最低的采购批量。由于存货总成本的计算方法为

$$存货总成本＝存货买价＋订货成本＋储存成本＋缺货成本$$

假设市场货源充足，不会买不到存货，则缺货成本为零。所以，存货总成本又可以如下计算：

$$存货总成本＝存货年需要量×单价＋\left(订货固定成本＋订货变动成本×\frac{存货年需要量}{每次进货批量}\right)＋$$
$$\left(存储固定成本＋每件储存变动成本×\frac{每次进货批量}{2}\right)$$

如果不考虑单价变动等因素，则只有每次进货批量为变量，对上面公式进行求导，就可得出存货总成本最小值，即经济订货量，用公式可表示为

$$经济订货量（最佳订货量）＝\sqrt{\frac{2×存货年需要量×每次订货成本}{单位储存变动成本}}$$

$$订货次数＝\frac{存货年需要量}{经济订货量}$$

【例 6-4】某酒店每年耗用甲种原材料 3 000 千克，该种原材料每次订货成本 30 元，单位储存变动成本 2 元，则

$$经济订货量＝\sqrt{\frac{2×3\,000×30}{2}}＝300（千克）$$

$$订货次数＝\frac{3\,000}{300}＝10（次）$$

通过以上计算可以看出该公式的优点在于它较为直观地反映了最佳订货量与全年订货量、订货成本、储存变动成本之间的关系。这样有助于企业管理人员了解各变量对最佳订货量的影响，从而在管理上有所侧重，以保证企业存货管理水平达到最佳状态。

4. 存货定额的确定

由于存货是流动资产中的主要项目，在流动资产中占有很大比例，因此加强存货管理，制定先进合理的存货定额，对于减少企业资金占用，保证企业业务经营活动正常开展具有重要作用。存货定额确定的基本方法如下：

（1）因素测算法　因素测算法是以上一年度存货实际平均占用额为基础，根据对测算年度各项变动因素的分析，并剔除不合理占用部分，从而确定其定额水平的方法。计算公式如下：

存货定额＝（上年度存货实际平均占用额－不合理占用额）×（1±预算年度接待量变动量）×
　　　　　（1－预算年度资金周转加速率）

这种计算方法简便，不仅可以用来核定个别存货项目，也可以用来核算部门或整个酒店的存货定额。

（2）比例计算法　比例计算法是根据资金占用量及有关因素之间的比例关系来制定存货定额的方法。比例计算法所采用的比例很多，主要有营业额资金率、成本资金率和利润资金率等。计算公式如下：

存货定额＝预算年度某项指标×上年度该项指标资金率×（1－预算年度资金周转加速率）

需要指出的是，在采用比例计算法时，也应将上年度实际资金占用中的不合理部分予以剔除。下面以利润资金率为例，来计算存货定额。其方法如下：

$$存货定额=预算年度利润总额×预算利润存货率$$

其中：

$$预算利润存货率=\frac{上年存货平均余额-不合理占用额}{上年度实际利润总额}×（1-预算年度资金周转加速率）$$

则存货定额的完整计算公式如下：

$$存货定额=预算年度利润总额×\frac{上年存货平均余额-不合理占用额}{上年度实际利润总额}×$$
$$（1-预算年度资金周转加速率）$$

这种方法计算比较简便，适用于燃料、低值易耗品等项目的核定。

（3）余额计算法　余额计算法是以上年末结转的余额为基础，根据预算年度发生额、推销额来计算定额的一种方法。计算公式如下：

$$预算年度期末存货定额=预算年度期初存货结余额+预算年度存货发生额$$
$$-预算年度存货摊销额$$

这种方法适用于低值易耗品、待摊费用等占用额比较稳定的存货项目。

（4）定额日数法（周转期计算法）　定额日数法是根据存货平均每日消耗额和定额日数来计算定额的一种方法。计算公式如下：

$$存货定额=日平均消耗额×定额日数$$

其中：

$$日平均消耗额=日平均消耗量×单价$$

【例6-5】某酒店有200间客房，平均出租率为80%，每间客房每天茶叶配备量为4包，每包茶叶0.25元，根据供货情况，需储备30天用量，则茶叶的定额为

$$200×80\%×4×0.25×30=4\ 800（元）$$

用于计算存货定额的定额日数是指从付款开始到存货领用日为止，即存货周转一次所需的时间。它包括在途日数、验收整理日数、供应间隔日数、保险日数。

1）在途日数，是指由于结算方式所引起的资金占用，即从付出货款到收到存货的间隔日数。

2）验收整理日数，是指存货运到后开箱验收、计量点数、卫生检验以及存货被领取使

用之前，进行加工整理所需的时间。

3）供应间隔日数，是指两次供货之间的间隔天数。为了保证企业业务经营正常进行，仓库储备量必须能满足下次到货之前营业活动所需的存货。供应间隔时间的长短，直接影响着存货定额的高低。

4）保险日数，是指为了防止发生意外情况，导致货物不能按期到达，因此而中断营业用物资供应，企业特意多储备一些材料而增加的天数。

综上所述，就可得到存货定额日数的计算公式：

$$存货定额日数 = 在途日数 + 验收整理日数 + 供应间隔日数 + 保险日数$$

5．酒店餐饮部存货定额的核定方法

下面以餐饮部门为例，说明存货定额的核定方法。

（1）餐厅用品资金定额的核定　餐厅用品按其周转使用次数不同可分为一次性消耗用品和多次性消耗用品两大类。餐厅用品除少量的属一次性消耗用品外（如餐巾纸、牙签等），其他大部分均属于多次性消耗用品（如台布、餐具、餐巾等）。因此，在核定餐厅用品资金定额时，其计算方法也就分为两种：

$$一次性消耗用品日平均消耗量 = 餐位数量 \times 餐位平均利用率 \times 每餐位配备量$$

$$多次性消耗用品日平均消耗量 = \frac{餐位数量 \times 餐位平均利用率 \times 每餐位配备量}{每种用品平均使用日数}$$

$$餐厅用品资金定额 = 某种用品日平均消耗量 \times 单价 \times 定额日数$$

（2）食品原材料资金定额的核定　餐厅食品原材料主要指大米、面粉、油、肉、菜及各种调料、配料等。餐厅食品原材料资金定额取决于餐厅的日平均消耗额和定额日数。影响日平均消耗额的主要因素除了餐位数量、餐位平均利用率、餐次外，客人的人均消费水平也是重要因素，因为它直接关系着所用食品原材料成本的大小，所以可以用食品成本率或经营毛利率进行计算：

$$食品原材料日均消耗额 = 餐位数量 \times 餐位平均利用率 \times 餐次 \times 每餐人均消费水平 \times$$
$$（1 - 经营毛利率）$$

$$食品原材料资金定额 = 食品原材料日均消耗额 \times 定额日数$$

【例6-6】某餐厅有餐位180个，餐位平均利用率是65%，该餐厅一日开两餐，每餐人均消费水平50元，餐厅的平均毛利率55%，食品原材料的定额日数是7天，则：

$$食品原材料资金定额 = 180 \times 65\% \times 2 \times 50 \times (1 - 55\%) \times 7 = 36\ 855（元）$$

除餐饮部门外，客房部、商场以及其他酒店部门均可采用定额日数法，确定企业的存货定额。

四、存货的日常管理

存货管理必须严格执行国家有关物资供应的方针、政策和法令，做到预算有依据，供应有预算，消耗有定额，管理有制度，具体内容如下：

1. 搞好存货采购预算的编制

根据市场经济环境及企业业务经营活动的要求,并结合企业综合经营预算及订货合同、存货的收发结存等情况,搞好存货采购预算的编制。存货采购预算编制的目的是使企业的存货管理能够按照计划进行,而非盲目行事。同时,既要努力减少存货所占用的资金,又要保证企业正常业务经营活动的开展。

2. 搞好存货收、发、结存的日常管理

要严格按照企业的采购预算进行存货的采购。酒店各部门特别是计财部门要加强与采购部门的工作联系,监督控制外购物资的采购成本。

（1）认真做好存货的检验、入库工作。存货到达企业后应及时进行验收,尽量缩短入库时间。鲜活食品、贵重物品、易燃易爆物品应随到随检,以免食品腐烂变质及意外情况的发生,同时也便于及时发现差错及质量问题。发现差错及质量问题时应尽快由采购部向对方索赔或及时进行其他相关处理,以避免企业不必要的资金浪费。

（2）存货验收入库后,仓库保管员应熟悉并了解各类物资的保管要求。做到"二有"（有岗位责任、有存货定额）、"三化"（仓库环境整洁化、材料堆放系统化、材料收发制度化）、"三相符"（账、卡、物三相符）、"统一编号定位"（按统一的编号,分架、分层、依次对号入座）、"五五堆放"（五个一组、五个一组地进行堆放）、"五防"（防火、防盗、防霉、防潮、防过期变质）。

（3）严格执行存货的领发制度,选择恰当的存货发出方式,以确定存货的实际成本。仓库发出的各种材料物资应以消耗定额和企业存货预算为依据。无特殊原因,预算外用料应拒绝发出,防止可能发生的浪费。

（4）仓库每月自行盘点一次,冷库应当定期冲洗,食品二、三级仓库应逐日盘点,而且要采用不定期抽查、每年仓库全面盘点等多种方法加强存货盘点的管理,做到账卡、账物相符。对于盘盈、盘亏的存货应查明原因,分清责任,及时处理解决。

3. 对于重点存货实行重点管理

解决问题要抓主要矛盾,主要矛盾解决了,次要矛盾也就迎刃而解了。同样对于不同的存货也应实行不同的管理,这样便于抓住重点、照顾一般,提高管理工作的效率和质量。存货重点管理常用的方法是 ABC 分类法。ABC 分类法是对企业品种繁多的各项存货按其重要程度、消耗数量、采购难易等情况划分为 A、B、C 三类,对于不同类别存货采用不同控制的一种管理方法。

（1）A 类存货　在数量上占企业存货总量较小的比例,一般为 10%左右,但由于其单价较高,因而占企业存货资金总额较大的比例,一般为 60%左右,因此对于 A 类存货应实行重点控制和管理。

（2）B 类存货　在数量上和资金上所占比例一般都在 20%左右,属于次要存货,因此对于 B 类存货应实行次要控制和管理。

（3）C 类存货　在数量占企业存货总量较大的比例,一般为 60%左右,但由于其单价较低,因而占企业存货资金总额较小的比例,一般为 10%左右,因此对于 C 类存货应实行一般控制和管理。

第四节　固定资产管理

一、固定资产的概念及其特点

酒店的固定资产是指使用年限在一年以上的房屋、建筑物、机器、机械、运输工具和其他与生产经营有关的设备、器具、工具等。不属于生产经营主要设备的物品，单位价值在2 000元以上，并且使用期限超过两年的，也应当作为固定资产。酒店的固定资产通常投资数额大，投资回收期长，因此加强企业的固定资产管理就显得很重要。特别是酒店，其固定资产一般在总资产中占有很高比例（60%～70%）。因此，只有深入了解固定资产的特点，才能更好地管好、用好固定资产，提高固定资产的利用率。固定资产具有以下几项特点：

（1）循环周期比较长。循环周期是指固定资产完成一次循环所需的时间。固定资产之所以循环周期比较长，是由于固定资产使用年限决定的。固定资产的使用年限最短也要3～5年，最长可达40～45年。由此决定了固定资产循环周期较长的特点，同时表明固定资产支出所产生的效益要比一个会计年度长，因此购置固定资产的支出属于资本性支出。

（2）固定资产价值的补偿和实物的更新是分别进行的。由于固定资产通常投资数额大，因此固定资产的价值补偿是根据固定资产的使用年限，采用一定的方法，以折旧形式按月逐渐完成的。而固定资产的更新则是在其不能使用或从经济上考虑不宜使用时，一次更新完成的。这二者之间的关系可以说是密不可分的，如果没有固定资产价值的补偿，就无法到期实现固定资产的更新，而固定资产的更新则正是价值补偿的最终结果。

（3）固定资产购置的目的不是为了销售，而是为了在业务经营中使用。固定资产与流动资产的一个很重要区别在于它们的购置目的不同。如果购置的目的是为了销售，则属于流动资产；如果购置的目的是为了投入业务经营中使用，则应属于固定资产。

二、固定资产分类

酒店的固定资产品种繁多、规格不一、数量较大、金额较多。因此，为了便于固定资产的管理，必须对其进行科学分类。固定资产按照不同标志，可以进行以下分类：

1．按经济用途划分

（1）营业用固定资产　是指直接或间接地服务于客人的各种固定资产，如客房、餐厅、商场、康乐设施，以及供水、供电、供热等其他设施。

（2）非营业用固定资产　是指不是服务于客人而是用于企业员工的各种固定资产，如员工食堂、员工宿舍、员工浴室、医务室、托儿所等。

固定资产按经济用途分类，可以反映企业营业用和非营业用固定资产在全部固定资产中所占比重，了解企业固定资产总体构成情况，从而可以使企业更加合理地进行固定资产配置，充分发挥其使用效能。

2．按使用情况划分

（1）使用中的固定资产　是指正在使用过程中的经营用和非经营用固定资产。由于季节性和大维修等原因，暂时停止使用的固定资产也列作使用中的固定资产。

（2）未使用固定资产　是指尚未开始使用的新增固定资产和停止使用的固定资产。

（3）不需用固定资产　是指本企业不需用、已报请有关部门批准等待处理的固定资产。

固定资产按使用情况分类，可以反映企业固定资产的使用情况，分析固定资产的利用程度，从而可以促使企业充分挖掘固定资产的使用潜力，提高固定资产的利用效果，并据此确定固定资产计提折旧的范围。

3．按其所属关系划分

（1）自有固定资产　是指由国家投资或企业自有资金购建的，归企业长期支配使用的各项固定资产。

（2）外单位投入固定资产　是指企业与其他单位联合经营，由外单位投资或转入的各项固定资产。

（3）接受捐赠固定资产　是指有关单位或个人向本企业无偿捐赠的各项固定资产。

（4）租入固定资产　包括融资性租入固定资产和经营性租入固定资产两种。融资性租入固定资产是指从外单位租入固定资产，按合同规定租赁期满，租赁费用分期全部付清，资产所有权转归企业所有。经营性租入固定资产是指从外单位租入固定资产，按照合同定期支付租赁费用，合同期满归还外单位，本企业只有使用权，而没有所有权。

固定资产按其所属关系分类，可以反映企业固定资产的资金来源情况，掌握本企业固定资产实有水平，划清固定资产折旧界限，促使企业不断提高业务经营能力。

4．按性能属性划分

（1）房屋、建筑物　房屋包括营业用房以及简易房、仓库等；建筑物是指房屋和仓库以外的设施，如围墙、水塔、门前喷水池、工艺雕塑等。

（2）机器设备　是指供电系统设备、供热系统设备、中央空调设备、通信设备、洗涤设备、维修设备、厨房用具设备、计算机系统设备、电梯、相片冲印设备、复印设备、打字设备和其他机器设备等。

（3）交通运输工具　是指大型客车、中型客车、小轿车、行李车、载货汽车、摩托车等。

（4）家具设备　是指营业用家具设备、办公设备、纯毛地毯、混纺地毯、化纤地毯等。

（5）电器及影视设备　是指闭路电视播放设备、音响设备、电视机、电冰箱、空调器、电影放映机及幻灯机、照相机和其他电器设备等。

（6）文体娱乐设备　是指高级乐器、游乐场设备、健身房设备等。

（7）其他设备　是指工艺摆设、消防设备等。

固定资产按性能属性分类，可以反映企业固定资产不同的类别，从而为确定不同类别固定资产的折旧年限，确定分类折旧率，奠定了基础。

三、固定资产计价

固定资产计价是以货币作为计量单位，确定固定资产的价值。固定资产的计价有以下三种方式：

1．原始价值（原值或原价）

原始价值是指企业在购建或通过其他方式取得某项固定资产时发生的全部支出，包括买价、运杂费、安装费、保险费等。由于取得固定资产的方式多种多样，因而取得固定资产时的实际成本也各不相同。通常情况下固定资产的原始价值按下列规定计价：

（1）购入固定资产　以买价加上支付的运输费、途中保险费、包装费和安装成本及缴纳的税金等计价。

（2）自行建造的固定资产　按在建过程中实际发生的全部支出计价。

（3）投资者投入的固定资产　按评估确认的价值或合同、协议约定的价格计价。

（4）融资租入的固定资产　按租赁协议或合同确定的价款加发生的运输费、途中保险费、安装调试费等计价。

（5）接受捐赠的固定资产　按发票账单或资产验收清单所列金额加上由企业负担的运输、保险、安装等费用计价，也可按市场同类固定资产计价。

（6）改建、扩建的固定资产　按原固定资产的价值加上由于改造、扩建而发生的支出，减去改造、扩建过程中发生的变价收入后的余额计价。

（7）盘盈的固定资产　按照同类固定资产的重置完全价值计价。

另外，企业购建固定资产缴纳的耕地占用税计入固定资产价值。有关融资租赁和企业自营建造固定资产时发生的利息净支出以及外币借款的折合差额，均应以固定资产是否投入使用或办理竣工结算为标准，凡在此之前发生的应计入固定资产原值，在此之后发生的应计入当期损益。

按原始价值计价，可以反映企业固定资产原始投资规模及经营能力，并可以考核企业固定资产的投资效果及利用情况，也是企业计提折旧的依据。

2. 重置完全价值（重置价值或现行成本）

重置完全价值是指企业按当前生产条件和价格标准重新购置或建造某项固定资产所发生的全部支出。当企业取得某项固定资产无法确定原价时，可按重置价值入账。例如，企业盘盈或接受捐赠的固定资产，以及企业根据规定对固定资产进行重新估价时，均可按重置完全价值计价。按重置完全价值计价可以在同一计价标准下对企业不同时期的固定资产投资规模进行可比性分析考核，了解企业固定资产的发展变化情况。

3. 折余价值（净值）

折余价值是指固定资产的原值减去累计折旧额后的余额。按折余价值计价可以反映企业现有固定资产的规模和经营能力。用净值与原值对比还可以了解企业固定资产的新旧程度，从而有计划地安排固定资产的更新和使用。

4. 净额

固定资产净额是固定资产原值减累计折旧，再减减值准备后的差额。用公式表示为

固定资产净额=固定资产账面价值=固定资产的原价–计提的固定资产减值准备–

计提的固定资产累计折旧

这一指标在固定资产净值的基础上考虑了固定资产计提减值准备的情况，因此它能反映固定资产现有的账面价值。

四、固定资产折旧

1. 固定资产折旧的概念

固定资产折旧是指固定资产在使用过程中由于逐渐损耗而转移到企业费用中去的那部

分以货币表现的价值。它随着营业收入的实现而逐渐得到补偿，并用于固定资产的更新改造。固定资产的损耗分为有形损耗和无形损耗两种。有形损耗是指由于使用和自然力的影响，引起固定资产在使用价值和价值上的损失。例如，固定资产随着使用时间的增加，逐渐陈旧，表现为墙皮剥落、机器零件破损、设备老化等。无形损耗是指由于技术进步和劳动生产率提高而引起的价值上的损失。例如，酒店客房用电视机，一开始时是黑白电视机，但由于彩色电视机的出现，虽然黑白电视机还可继续使用，也未到报废年限，但只能停止使用。

了解固定资产的有形损耗和无形损耗，对酒店来说具有重要作用。因为酒店接待的大量客人是国外旅游者、商务客人及经济条件较好的国内客人，他们对旅游设备、设施的档次、质量要求较高。因此，酒店相对于其他行业来说无形损耗就要更大一些。分析有形损耗和无形损耗是为了使酒店在确定固定资产折旧时，能综合有形损耗、无形损耗对固定资产的影响，合理确定其折旧年限，正确计提固定资产折旧。

2．固定资产折旧的范围

正确计提固定资产折旧，首先要确定哪些固定资产计提折旧，哪些固定资产不计提折旧，也就是要确定固定资产折旧的范围。

（1）计提折旧的固定资产　包括：房屋和建筑物；在用的机器设备、仪器仪表、运输车辆；季节性停用、维修停用的设备；融资租入的固定资产；以经营租赁方式租出的固定资产。

（2）不计提折旧的固定资产　包括：房屋、建筑物以外的未使用或不需用的机器设备；以经营租赁方式租入的固定资产；已提足折旧继续使用的固定资产，未提足折旧提前报废的固定资产；国家规定不计提折旧的其他固定资产。

（3）对增减固定资产计提折旧的规定　本月份增加并开始使用的固定资产，当月不计提折旧，从下月起计提折旧。本月份减少或停用的固定资产，当月仍计提折旧，从下月起停止计提折旧。

3．影响固定资产折旧的主要因素

（1）固定资产原始价值　是指购建或取得固定资产时发生的全部支出。固定资产原值是确定折旧额的基础。

（2）固定资产预计净残值　是指固定资产报废时所收回的残值收入减去清理费用后的余额。固定资产预计残值收入指固定资产报废时残留的材料、零配件、废料的价值。固定资产预计清理费用指固定资产报废清理时所发生的拆除、搬运等项费用支出。企业财务制度规定固定资产的净残值按原值的 3%～5% 确定。

（3）固定资产预计使用年限（工作量）　是指在正常情况下，根据固定资产的使用、维修、保养、质量、安全及有形损耗与无形损耗等因素，估计其可使用的时间。工作量指汽车行驶里程、机器工作时数等。

4．固定资产的折旧方法

根据我国财经制度的规定,企业固定资产的折旧方法一般采用平均年限法(即直线法)。交通运输工具也可采用工作量法。经财政部批准的部分设备,企业可以采用双倍余额递减法和年数总和法。

（1）平均年限法 是指固定资产在预计使用年限内，根据其原始价值和预计净残值平均分摊固定资产折旧总额的一种方法。采用这种方法计算的固定资产折旧额在各个使用年（月）份都是相等的，累计的折旧额在平面直角坐标系上表现为一条直线，因此这种方法也称为直线法。这种方法计算简单，被大部分酒店广泛采用，计算公式如下：

1）固定资产年折旧额

固定资产年折旧额=

$$\frac{固定资产原值-（预计净残值-预计清理费用）-已计提减值准备累计金额}{预计使用年限}$$

或

$$固定资产年折旧额=\frac{固定资产原值\times（1-预计净残值率）}{预计使用年限}$$

2）固定资产年折旧率

$$固定资产年折旧率=\frac{固定资产年折旧额}{固定资产原值}\times100\%$$

或

$$固定资产年折旧率=\frac{1-预计净残值率}{预计使用年限}\times100\%$$

3）固定资产月折旧率

$$固定资产月折旧率=\frac{固定资产年折旧率}{12}$$

4）固定资产月折旧额

$$固定资产月折旧额=固定资产原值\times固定资产月折旧率$$

【例6-7】某项固定资产原值50 000元，预计净残值率4%，预计使用年限为五年，则

$$年折旧额=\frac{50\,000\times（1-4\%）}{5}=9\,600（元）$$

$$年折旧率=\frac{9\,600}{50\,000}\times100\%=19.2\%$$

$$月折旧率=\frac{19.2\%}{12}=1.6\%$$

$$月折旧额=50\,000\times1.6\%=800（元）$$

（2）工作量法 是指按照固定资产在使用期间预计的工作量平均分摊固定资产折旧总额的方法。这种方法是根据企业经营活动或设备的运营情况来计提折旧。工作量法包括以下两种：

1）按行驶里程计算折旧。其公式为

$$单位里程折旧提取额=\frac{固定资产原值\times（1-预计净残值率）}{预计总行驶里程}$$

【**例6-8**】某辆汽车原始价值120 000元，预计净残值率5%，预计行驶总里程200 000公里，则

$$单位里程折旧提取额 = \frac{120\,000 \times (1-5\%)}{200\,000} = 0.57 \quad （元/公里）$$

2）按工作小时计算折旧。其公式为

$$单位工作小时折旧提取额 = \frac{固定资产原值 \times (1-预计净残值率)}{预计总工作小时}$$

【**例6-9**】某台设备原值400 000元，预计净残值率5%，预计总工作时数40 000小时，则

$$单位工作小时折旧提取额 = \frac{400\,000 \times (1-5\%)}{40\,000} = 9.5 \quad （元/小时）$$

（3）双倍余额递减法　是指在不考虑固定资产残值的情况下，以平均年限法折旧率的双倍为折旧率，再乘以固定资产在每一会计期间账面净值，计算每期固定资产折旧额的一种方法。计算公式如下：

$$年折旧率 = \frac{2}{预计使用年限} \times 100\%$$

$$年折旧额 = 年初账面净额 \times 年折旧率$$

$$月折旧额 = \frac{年折旧额}{12}$$

采用双倍余额递减法时需要注意，由于这种方法最终不能将应计折旧额分配尽，因此会计制度特作规定：在固定资产预计使用年限到期以前两年内，要将固定资产净值平均摊销完。也就是说，这种方法不能单独使用，需同平均年限法结合使用。下面举例说明：

【**例6-10**】某项固定资产原值50 000元，预计净残值率4%，预计使用年限五年，计算其各年折旧率及各年折旧额。

具体计算过程见表6-3。

表6-3　双倍余额递减法下各年折旧计算

（单位：元）

年　　份	期初折余价值	年 折 旧 率	年 折 旧 额	累计折旧额	期末折余价值
1	50 000	40%	20 000	20 000	30 000
2	30 000	40%	12 000	32 000	18 000
3	18 000	40%	7 200	39 200	10 800
4	10 800		4 400	43 600	6 400
5	6 400		4 400	48 000	2 000

上表中双倍余额递减法的年折旧率计算方法为

$$年折旧率 = \frac{2}{5} \times 100\% = 40\%$$

第四年和第五年计提折旧额是改用平均年限法计提折旧额，其计算方法为

$$\frac{10\,800-50\,000\times4\%}{2}=4\,400（元）$$

（4）年数总和法　是指根据固定资产在预计使用年限内的折旧总额，乘以每期递减的折旧率，计算每期固定资产折旧额的方法。年数总和法中，由于折旧率是一个变量，因此年数总和法又称为变率递减法。其计算公式如下：

$$年折旧率=\frac{折旧年限-已使用年数}{折旧年限（折旧年限+1）\div2}$$

$$年折旧额=（固定资产原值-预计净残值）\times年折旧率$$

$$月折旧额=\frac{年折旧额}{12}$$

【例 6-11】某项固定资产原值 50 000 元，预计净残值率为 4%，预计使用年限五年，计算其各年折旧率及各年折旧额。

$$应计折旧总额=50\,000\times（1-4\%）=48\,000（元）$$

$$第一年折旧率=\frac{5}{5（5+1）\div2}=\frac{5}{15}\approx33\%$$

$$第一年折旧额=50\,000\times（1-4\%）\times\frac{5}{15}=16\,000（元）$$

具体计算过程见表 6-4。

表 6-4　年数总和法下各年折旧计算

（单位：元）

年　　份	应计折旧总额	年 折 旧 率	年 折 旧 额	累计折旧额	期末折余价值
1	48 000	5/15	16 000	16 000	34 000
2	48 000	4/15	12 800	28 800	21 200
3	48 000	3/15	9 600	38 400	11 600
4	48 000	2/15	6 400	44 800	5 200
5	48 000	1/15	3 200	48 000	2 000

从以上举例可以看出：同一项固定资产采用平均年限法、双倍余额递减法、年数总和法提取的年折旧额是不一样的。平均年限法是一种匀速折旧法，即相同会计期间提取的折旧是一样的。而双倍余额递减法、年数总和法是一种加速折旧法，即在固定资产的使用初期多提折旧，后期少提折旧。

5. 采用加速折旧法的意义

（1）固定资产使用的总成本包括折旧费用和大修理费用，由于大修理费用在使用初期较少，后期较多，而且固定资产的服务价值在使用初期较高，后期较低。因此，提取折旧时开始提得多些，后期提得少些。这样成本费用比较均衡，更好地体现了会计准则的配比原则。

（2）在当前科学技术不断进步，劳动生产率不断提高的前提下，酒店固定资产的无形

损耗愈发突出，因此早期多提一些折旧，可以及早防范企业因固定资产无形损耗而带来的损失。

（3）固定资产通常投资数额大，投资收回时间长，因此采用加速折旧法提取折旧，可以加快企业固定资产更新速度，提高社会生产能力。

（4）采用加速折旧法可以推迟企业应交所得税的时间，相当于政府给企业一笔无息贷款。因此，企业利用政府给予的税收上的优惠，可以更好地开展本企业经营业务活动，提高企业经济效益。

由于政治、经济等外部环境及企业内部自身管理要求、相关的税收政策等一系列因素的影响，企业究竟采用哪一种方法计提折旧，还要结合以上多方面因素予以考虑。另外，企业采用哪种折旧方法或哪些设备可以采用加速折旧法，都是需要报经财政部门批准的。固定资产折旧方法和折旧年限一经确定也是不得随意变更的。

6. 固定资产折旧预算的编制

固定资产折旧预算是企业财务预算的重要组成部分。编制固定资产折旧预算对于正确地计算企业成本费用、及时组织充足的资金进行固定资产更新都具有重要意义。编制固定资产折旧预算要确定以下几个主要经济指标：

（1）确定固定资产的总值　是指全部固定资产的原始价值。预算期末的固定资产总值可按以下公式进行确定：

预算期末固定资产总值＝预算期初固定资产总值＋预算期增加固定资产总值－
预算期减少固定资产总值

式中，预算期初固定资产总值是指预算期初固定资产原始价值。预算期增加固定资产总值是指预算期企业购建的各项固定资产、其他单位投资转入的及其他形式新增企业的固定资产。预算期减少固定资产总值是指预算期企业设备报废、毁损、调出、减少的固定资产原始价值。

（2）确定应计折旧的固定资产总值　编制固定资产折旧预算，必须明确计提折旧的固定资产范围，以便正确核定应计折旧固定资产总值，计算企业预算年度折旧总额。其计算公式如下：

预算期末应计折旧固定资产总值＝预算期初应计折旧固定资产总值＋
预算期增加应计折旧固定资产总值－
预算期减少应计折旧固定资产总值

（3）确定应计折旧的固定资产平均总值　酒店应根据固定资产在预算年度内增加和减少的具体时间，计算其应计折旧固定资产平均总值，以反映企业预算期内应计折旧固定资产的平均占用水平。其计算公式如下：

$$增加应计折旧固定资产平均总值＝\frac{\sum\left(某月份增加应计折旧固定资产总值 \times 该固定资产使用月数\right)}{12}$$

$$减少应计折旧固定资产平均总值＝\frac{\sum\left[某月份减少应计折旧固定资产总值 \times \left(12-该固定资产使用月数\right)\right]}{12}$$

预算年度应计折旧固定资产平均总值＝预算期初应计固定资产总值＋
预算年度增加应计折旧固定资产平均总值－
预算年度减少应计折旧固定资产平均总值

（4）确定预算年度折旧提取总额　　根据预算年度应计折旧固定资产平均总值及年度分类折旧率，就可以确定预算年度折旧提取总额。固定资产折旧预算的具体编制见表6-5。

表 6-5　固定资产折旧预算表

20××年度　　　　　　　　　　　　　　　　　　（单位：元）

行　　次	项　　目	本 年 预 算
1	期初固定资产总值	×××
2	期初应计折旧固定资产总值	×××
3	增加固定资产总值	×××
4	增加应计折旧固定资产总值	×××
5	增加应计折旧固定资产平均总值	×××
6	减少固定资产总值	×××
7	减少应计折旧固定资产总值	×××
8	减少应计折旧固定资产平均总值	×××
9	期末固定资产总值	×××
10	期末应计折旧固定资产总值	×××
11	期末应计折旧固定资产平均总值	×××
12	年折旧率（分类折旧率）	×××
13	年度折旧提取总额	×××

五、固定资产的日常管理

固定资产的日常管理是对企业使用固定资产的各个部门所进行的经常性管理。固定资产日常管理的目的在于保证固定资产的安全完整，提高固定资产的利用效果。固定资产日常管理的主要内容如下：

（1）建立健全固定资产管理责任制度，实行归口分级管理。酒店固定资产的管理必须在总经理或财务总监的统一领导下，实行归口分级管理。将企业全部固定资产归口列入有关部门，同时根据"谁用谁管"的原则，将固定资产管理的权限和责任下放到各使用部门，并落实到班组和个人，做到层层落实，控制责任。

归口管理部门应配备专职或兼职的管理人员负责归口管理工作。归口管理部门的各项固定资产应有记载其详细资料的卡片，并要将固定资产进行编号，将编号贴在每项固定资产上，以便于核对检查，做到账实相符。同时，要将每项固定资产的管理落实到每个班组、每个人，做到固定资产的管理人人有责任。归口管理部门设立的固定资产卡片定期要与财务部门的固定资产明细账进行核对，保证账卡相符。另外，归口管理部门作为固定资产管理的基层单位，要对固定资产负有管、用、养、修的职责，而且要将班组和个人对固定资产的管理进行经常性岗位考核，以保证固定资产的充分利用。

（2）根据企业业务经营情况，合理进行固定资产配置。企业在购建固定资产时，必须进行充分的可行性分析和论证，看其是否符合企业业务经营需要，一旦购入能否给企业带来良好的回报。然后按规定报经有关部门批准后方可执行，而且要办理好相关手续。在交付使用时必须由财务部、归口管理部门、使用部门共同验收，以确保所购固定资产符合本企业的需要。企业调出固定资产必须经总经理或财务总监批准，并按企业规定程序由归口部门填制"固定资产调拨单"，财务部门和使用部门都要签章。如果未按规定私自调出固定资产，则要追究当事人的责任。固定资产出租、出借的有关事宜须报经总经理或财务总监批准，要严格出租、出借的有关手续，并建立相关档案，以确保固定资产的完整无缺。固定资产的报废和毁损要及时办理相关手续，同时要报经上级有关主管部门批准后，方可进行有关清理工作。

（3）搞好固定资产的维修保养，提高固定资产的完好率和利用率。为了保证企业业务经营活动的顺利开展，使固定资产处于良好的运转状态，固定资产的使用保管部门要负责固定资产的维修保养工作，到一定时期还要进行固定资产的大修和全面检查，以防止意外事故发生给企业造成不良影响及带来不必要的损失。财会部门还要对固定资产的使用情况进行定期和不定期的检查，分析固定资产的利用情况和完好程度，对于闲置未用的固定资产要及时采取措施，提出处理意见和办法。对于设备需要更新的，要及时报送有关部门批准进行更新。要监督使用和保管部门经常进行设备的日常维修和保养，以使固定资产处于完好状态，提高固定资产利用率。

（4）建立定期盘点清查制度。由于企业固定资产种类繁多，占用资金数额较大，分布在企业的各个部门，因此为了保证账实相符，了解企业现有固定资产的实有状况，企业每年应定期对固定资产进行清查盘点。要在总经理的领导下，由财务部、工程部、固定资产使用保管部门的相关人员参加，组成盘点清查小组，以便及时发现问题，解决问题。通常可采用"账账核对""账实核对"的办法。对于盘盈、盘亏的固定资产要填制"固定资产盘盈盘亏报告单"，并按有关规定报请处理。

六、固定资产分析

为了减少固定资产的闲置，使固定资产得到充分利用，应当进行固定资产分析。通过分析可以挖掘现有固定资产的使用潜力，使企业在不增加投资的情况下，提高接待能力，扩大销售，增加企业收入和利润。固定资产分析可以从以下几方面进行：

1. 固定资产营运效率能力分析

固定资产营运效率能力分析是要着重评价企业的固定资产周转是否顺畅，周转速度是否合适，可以通过固定资产周转率这一指标进行具体分析。固定资产周转率指一定时期内企业营业收入总额与固定资产平均占用额之比。其计算公式如下：

$$固定资产周转率=\frac{计算期营业收入总额}{计算期固定资产平均占用额}$$

$$固定资产周转天数=\frac{计算期天数}{固定资产周转率}$$

公式中计算期固定资产平均占用额是指一定时期内固定资产的平均占用数额，其计算公式如下：

$$月度固定资产平均占用额=\frac{月初固定资产占用额+月末固定资产占用额}{2}$$

$$季度固定资产平均占用额=\frac{季度内各月固定资产平均占用额之和}{3}$$

$$年度固定资产平均占用额=\frac{年度内各季度固定资产平均占用额之和}{4}$$

固定资产周转天数这一指标表明计算期内企业固定资产的平均原值通过营业收入补偿的话，需要经过多长时间。在企业正常经营的情况下，固定资产周转率越快，周转天数越少，说明企业固定资产利用效果越好。因此，要提高固定资产的周转率，一方面要不断扩大营业收入，另一方面要尽量合理地占用固定资产。

2．固定资产盈利能力分析

固定资产盈利能力分析是要评价企业一定时期内占用百元固定资产获利能力如何。可通过固定资产利润率这一指标进行具体分析。其计算公式如下：

$$固定资产利润率=\frac{计算期利润总额}{计算期固定资产平均占用额}\times100\%$$

固定资产利润率越高，说明企业占用百元固定资产所提供的利润越多，固定资产利用效果越好。该指标不仅是评价本企业固定资产利用效果的一个重要指标，而且通过该指标与同行业其他企业、同行业历史先进水平进行比较分析，还可以找出本企业在固定资产管理上存在的差距和不足，促进企业不断完善固定资产的管理。

3．固定资产偿债能力分析

固定资产偿债能力分析是要评价企业一定时期内以固定资产净值偿还债务的能力。可通过固定资产负债率这一指标进行具体分析。其计算公式如下：

$$固定资产负债率=\frac{计算期负债总额}{固定资产净值平均占用额}\times100\%$$

固定资产负债率这一指标表明企业负债经营能力、固定资产对债权的保障程度及企业固定资产承担财务风险大小的能力。

4．固定资产构成分析

固定资产构成分析主要是分析各类固定资产占企业全部固定资产的比重，评价其构成是否合理，从而促使企业进行固定资产合理配置，提高固定资产的利用效果。可通过固定资产利用率这一指标进行具体分析。它是指一定时期内企业在用固定资产平均占用额与全部固定资产平均占用额的比率。其计算公式如下：

$$固定资产利用率=\frac{在用固定资产平均占用额}{全部固定资产平均占用额}\times100\%$$

固定资产利用率这一指标越高，说明企业固定资产的利用效果越好；反之，则说明企业固定资产未得到充分利用，资产闲置较多，企业应积极查找原因，以使固定资产得到充分有效利用。

5．固定资产新旧程度分析

固定资产新旧程度分析主要是分析企业固定资产净值与固定资产原值的差距，从而了解固定资产的新旧程度及企业的新旧程度。同时为企业进行设备的更新积极筹措资金，尽早做好准备，以满足企业今后长远发展的需要。固定资产新旧程度可通过固定资产净值率及固定资产磨损率这两个指标进行具体分析。其计算公式如下：

$$固定资产净值率 = \frac{固定资产净值总额}{固定资产原值总额} \times 100\%$$

$$固定资产磨损率 = \frac{累计已提折旧额}{固定资产原值总额} \times 100\%$$

以上两项指标均反映着固定资产的新旧程度和企业的历史发展状况。固定资产净值率高，磨损率低，在一定程度上表明该企业固定资产较新，是一个比较年轻的企业；反之，固定资产净值率低，磨损率高，则说明该企业固定资产比较陈旧，是一个老的企业。

第五节　无形资产管理

一、无形资产的概念及其特点

无形资产是指企业长期使用而没有实物形态的资产。它包括专利权、商标权、著作权、土地使用权、非专利技术等。无形资产具有以下特点：

（1）具有流动性，能在较长时期内被企业所占有和使用。

（2）不存在物质实体，但未来收益却较大。

（3）所能提供的未来经济效益具有高度不确定性。

（4）须有偿取得。

二、无形资产的分类

1．按无形资产的内容和性质分类

（1）专利权　是指由政府按法律程序，授予发明人在一定时间内专造或专卖发明创造成果的一种特权。

（2）商标权　是指使用产品特定名称、图案、词语，并经工商行政管理部门注册的专用权利。

（3）著作权　是指国家通过法律形式赋予书籍作家、艺术品的创造者及出版者对其作品的专有权利。

（4）土地使用权　是指企业征用国家土地，支付有关费用后而取得的使用权利。

（5）非专利技术　也称技术秘密或技术诀窍，是指持有人未申请、未公开的先进技术和制造方法。非专利技术没有法律保护，但具有保密性，它只是在技术贸易合同中作出相应的规定予以保护，并可以有偿传授和转让。

（6）商誉　是指企业由于所处地理位置优越，或经营有特色、服务质量高、历史悠久、在顾客中和社会上享有公认的良好声誉，与同行业相比可获得超额利润而形成的价值。

2．按无形资产的期限分类

（1）有期限无形资产　是指有效期为法律所规定的无形资产，如专利权、专营权、商标权等。

（2）无期限无形资产　是指有效期在法律上没有规定的无形资产。

3．按无形资产的有无确指性分类

（1）可确指的无形资产　是指具有专门名称，可单独取得、转让或出售的无形资产，如专利权和商标权。

（2）不可确指的无形资产　是指不可清晰辨认、不能单独取得的无形资产，如商誉。

4．按无形资产来源分类

（1）自创无形资产　是指企业自行研究、自行开发创造的无形资产，如商誉、专利技术等。

（2）外购无形资产　是指企业有偿从外部取得的无形资产，如土地使用权、商标权等。

三、无形资产的计价

无形资产虽然没有物质实体，但它往往有很高的经济价值，而这种价值又有很大的不确定性，因此对无形资产进行正确的估价，以价值形式对无形资产实施管理就具有重要作用。无形资产计价的基本原则是以实际成本计价，同时又要考虑相关因素对无形资产价值的影响，如使用无形资产给企业带来的社会效益、经济效益，以及无形资产的使用寿命和技术复杂程度等，这些因素在无形资产计价时都要予以考虑。具体来说，无形资产的计价有以下几种方式：

1．成本计价法

成本计价法是指无形资产按取得的成本入账。由于无形资产取得的方式不同，入账原则也有各自具体的标准：

（1）投资者作为资本或合作条件转入的无形资产　按评估确认或合同、协议确定的金额计价。

（2）外购的无形资产　应以实际支付的买价、手续费及其他资本性支出作为入账价值。

（3）自行开发的依据法律认可的无形资产　以开发过程中的实际支出计价，包括试验费、研制费、制图费、制作费、律师费、设计费、工资、申请登记费以及其他费用等全部支出。

（4）接受捐赠的固定资产　应按所附单据的金额入账。如果无法取得单据，参照同类无形资产的市场价计价。

（5）投资者投入的无形资产　应按协议规定的金额计价。

上述无形资产在计价时，须备有相关的详细资料，包括所有证书复印件、作价的依据和标准等，其中非专利技术和商誉的计价应由法定评估机构评估确认。另外，商誉除企业合并外，不得作价入账。

2．效益计价法

效益计价法是指企业的某些无形资产可以按其使用后在近期和未来长期创造的效益来确定价值，如非专利技术、商标权等。

3．行业对比计价法

行业对比计价法是指企业某些无形资产可以按照其服务质量、信誉等级、经营特色、销售范围、所处地理位置等因素，并参照同行业其他企业的情况来确定其价值，如商誉等。

4．技术寿命计价法

技术寿命计价法是指企业的某些无形资产可以根据法律规定的寿命期限来确定其价值。

5．合同随机计价法

合同随机计价法是指企业的某些无形资产可以根据市场行情、技术应用的深度及广度，以及它能产生和提高利润能力的大小等多方面因素，进行广泛分析论证，最终合作双方通过商务谈判，签订经济合同，确认其价值，如非专利技术等。

四、无形资产摊销

无形资产计价入账后，应从开始使用之日起，在有效期限内采用平均方式摊销，计入管理费用中。无形资产摊销时需要注意：由于无形资产没有物质实体，它的价值不会因为它的使用期限延长而变化，即它不像固定资产那样存在有形损耗。无形资产的价值损耗相似于固定资产的无形损耗。这些都要在无形资产摊销时予以充分考虑，以便在无形资产的有效期内，将其价值适时、合理地从营业收入中得到补偿。

1．无形资产摊销期限的确定

（1）法律、合同和企业有关申请书中分别规定了有效期限和受益年限的，按照法定有效期限与合同或者企业申请书规定的受益年限孰短的原则确定无形资产的摊销期限。例如，目前法律规定有效期限的无形资产主要有：发明专利权为 20 年；实用新型专利权和外观设计专利权为 10 年，均自申请日起计算。

（2）法律无规定有效期限、合同或者申请书中规定有受益年限的，按照合同或者企业申请书规定的受益年限确定。

（3）法律和合同或者企业申请书均未规定法定有效期限和受益年限的，按照不少于 10 年的期限摊销。

2．无形资产的摊销方法

无形资产的摊销方法单一，采用直线法，即将无形资产的价值按有效限期平均分摊由各会计期间负担。这种方法可使各期负担的费用均衡，保证财务指标考核的可比性。其计算公式如下：

$$无形资产年摊销额 = \frac{无形资产价值}{无形资产摊销期}$$

$$无形资产月摊销额 = \frac{无形资产年摊销额}{12}$$

【例 6-12】某酒店购入一项无形资产价值 12 万元，按规定有效期为 10 年，则

$$无形资产年摊销额 = \frac{12}{10} = 1.2 \text{（万元/年）}$$

$$无形资产月摊销额 = \frac{1.2}{12} = 0.1 \text{（万元/月）}$$

五、无形资产投资、使用的管理

在当前市场经济和对外开放的经济大潮中，重视无形资产的作用，加强无形资产投资、使用的管理，可以提高企业的竞争力，增加企业的经济效益。无形资产投资、使用管理应注意以下几项内容：

1. 重视无形资产的投资

企业购建无形资产时，应进行充分的可行性分析论证，看其是否符合本企业需要，所投入的资金是否合理，能否给企业带来良好的经济效益和社会效益。同时，企业要积极创立属于本企业的无形资产，如企业的知名度和竞争力，扩大客源，增加企业的营业收入。

2. 对无形资产实行归口分级管理

同固定资产的管理一样，根据无形资产的使用特点和管理要求，对无形资产进行分类，划分给企业中各相关部门实行归口管理。各归口部门按照经济责任制原则，对所管理的无形资产实行分级管理。通过归口分级管理，形成责任共同体，并严格奖惩考核，使无形资产的使用管理能够真正给企业带来更多的机遇和盈利。

3. 提高无形资产利用效果

企业应积极利用现有的无形资产，充分挖掘其使用潜力。例如：对本企业自己创立的无形资产应珍惜爱护，以使其发挥应有的作用；对本企业闲置不用的无形资产，可以考虑对其进行转让、销售或再投资，这样可以使无形资产得到充分利用；对正在投入使用的无形资产要认真监控管理，积极组织相关业务经营活动的开展，开拓销售市场，以提高无形资产的利用效果。

六、无形资产转让的管理

企业根据业务经营的需要，按照国家的有关法律规定，可以将持有的无形资产进行转让。转让的方式有两种，即转让所有权和转让使用权。转让所有权指企业将无形资产的所有权在国家法律允许的范围内，按照自己的利益与意愿，转让给其他单位或个人，放弃对它的专有性和控制权。转让后原有企业不得再使用和占用。转让使用权指企业将持有无形资产的使用权，部分或全部转让出去，但企业仍保留对该项无形资产的所有权。受让企业应在法律和双方合同规定的范围内使用无形资产，也就是只有使用权，而无所有权。出让企业仍保留对该项无形资产的所有权，对其仍拥有占有、使用、收益、处置的权利。进行无形资产转让的管理应搞好以下几方面工作：

（1）当无形资产闲置，或者当无形资产对本企业经营活动的发展已逐渐失去其作用，或者当企业转让无形资产时可以获取高额利润，并有利于本企业发展时，可以进行无形资产的转让，以使无形资产充分发挥其作用，并给企业带来良好的经济效益。

（2）在无形资产转让时，应严格依照国家的有关法律、法规，并按照财务制度的规定，权衡无形资产对本企业销售市场、长远发展及对受让企业的影响等多方面因素，选择合理的转让方式。

（3）无形资产的收入由于有一次性的、多次性的、长期性等方式，在处理时也应有所不同。例如：取得一次性收入，应作为企业营业收入的其他业务收入处理；取得多次性或长期性收入的，应作为投资净收益处理；专门从事技术研究开发单位出售、转让技术成果取得的收入，应作为营业收入处理。

（4）无形资产转让方式由于有转让所有权与转让使用权两种，因此其成本确定方法也不同。例如：转让无形资产所有权的，其转让成本应按无形资产摊余价值计价；转让无形资产使用权的，其转让成本应按履行出让合同规定义务时所发生的服务费用及相关费用计价。

复习思考题

一、选择题

1. 为了提高现金的使用效率，酒店应当（　　　）。
    A. 编制现金收支预算
    B. 尽可能推迟款项的支付
    C. 尽可能使现金收入和支出时间一致
    D. 不要保存过多的库存现金
    E. 加速款项的收回

2. 下列方法中，属于固定资产加速折旧法的是（　　　）。
    A. 平均年限法   B. 工作量法
    C. 年数总和法   D. 余额计算法

3. 下列各种筹资渠道中，属于企业内部筹资渠道的是（　　　）。
    A. 银行信贷资金   B. 非银行金融机构资金
    C. 企业提留的准备金   D. 职工购买企业债券的投入资金

4. 现金折扣是根据客人（　　　）。
    A. 付款时间的快慢而给予打折
    B. 购买数量的多少而给予打折
    C. 是否以现金方式支付而给予打折
    D. 以现金付款的比例而给予打折

5. 某企业规定的信用条件是"2/10，1/20，n/30"。一客户从该企业购买 10 万元的材料，并于第九天付款，则该客户实际支付的货款是（　　　）。
    A. 97 000 元   B. 98 000 元
    C. 99 000 元   D. 100 000 元

6. 结算资金主要包括（　　　）。
    A. 预提费用   B. 应收票据
    C. 预付款   D. 应收账款

7. 计算存货定额的定额日数包含（ ）。

    A. 在途日数   B. 验收日数

    C. 保险日数   D. 供应间隔日数

二、思考题

1. 如何对货币资金进行控制？

2. 对货币资金利用效果怎样进行考核？

3. 如何对应收账款进行控制和分析？

4. 存货如何控制？

5. 固定资产如何分类和计价？

7. 试述固定资产计提折旧的方法及其适用条件。

8. 比较固定资产折旧计算的平均年限法和加速折旧法。

9. 对固定资产利用效果进行分析？

10. 无形资产如何计价和摊销？

三、案例分析题

当美国新经济政策出现危机的时候，企业的存货成为美国经济界最为关注的问题之一。因为在美国直接劳动成本不足工厂成本的 10%，并且呈不断下降趋势，全部生产过程只有 5% 的时间用于加工制造，余下的 95% 的时间都用于储存和运输。由此可见，在当前日趋激烈的市场竞争中，在企业管理的其他环节成本降低潜力不大的情况下，在降低存货成本上多下工夫，以提高企业的经济效益，已成为企业管理的重要内容。

在 20 世纪 50 年代，日本丰田公司的管理人员创造了一种高质量、低库存的生产方式——"即时生产"（Just In Time，简称 JIT）。JIT 技术的基本思想是"只在需要的时候，按需要的量，生产所需的产品"，也就是追求一种零库存或库存量最小的生产管理系统。丰田公司利用"即时生产"方式，协调供应、生产环节，降低了原材料的库存，加速了企业存货的周转速度，减少了企业的存货成本，增加了企业的利润。

目前，随着现代信息技术的发展及互联网技术的兴起，供应链管理（Supply Chain Management，SCM）的运用，对存货的管理也产生了巨大的影响。供应链管理是对供应链中的信息流、物流和资金流进行设计、规划和控制，从而增强企业竞争实力，提高供应链中各成员的效率和效益。它是在企业资源规划（ERP）的基础上发展起来的，它把公司的制造过程、库存系统和供应商产生的数据合并在一起，从一个统一的视角展示产品制造过程中的各种影响因素，把企业活动与合作伙伴整合在一起，成为一个严密的有机体。供应链管理有助于管理人员有效分配资源，最大限度提高资产运作效率和减少工作周期，实现在正确的时间把正确的产品或服务送到正确的地方。

供应链管理运用到存货管理当中，可以对企业经济效益产生重要影响：

（1）降低采购成本 由于供应商能够方便地取得存货和采购信息，因此节约了采购人员的工资及各项采购费用开支。而且利用互联网技术，大大加快了采购的时间，提高了采购工作的效率。

（2）降低存货水平 通过扩展组织的边界，供应商能够随时掌握存货信息，组织生产，及时补充，因此企业已无必要维持较高的存货水平，加快了企业存货的周转速度，减少了企业的资金占用。

（3）增加收入和利润 通过组织边界的延伸，企业能履行它们的合同，增加收入并维持和增加市场份额。国际上一些著名的企业如惠普公司、沃尔玛公司、戴尔计算机公司等在供应链实践中取得了巨大的成绩。例如，利用互联网技术，根据顾客在网上的订单来组织生产，完全消灭了成品库存，其零件库存量是以小时计算的。当企业的销售收入为 123 亿美元时，库存额仅为 2 亿多美元。这样一来公司存货的周转速度加快，降低了存货成本，提高了企业的经济效益。

【问题】请根据以上资料，结合我国酒店经营的特点分析：

（1）酒店各部门应如何借鉴"即时生产"的管理思想，搞好存货的管理。

（2）现阶段酒店将供应链管理运用到存货管理当中的可行性及具体实施方法。

第 ⑦ 章

酒店成本费用管理

✎ **知识目标**

- 掌握成本费用的内容、分类、管理原则。
- 掌握经营保本的概念、预测方法。
- 掌握成本费用预算的概念、编制步骤、编制方法。
- 掌握成本费用控制的概念、基本程序、基本方法。

🔍 **能力目标**

- 运用所学经营保本的预测方法，预测酒店各部门的经营保本收入及保本接待量。
- 编制酒店成本费用预算。
- 运用所学方法，进行酒店的成本费用控制。

　　酒店在一定时期内业务经营活动中发生的一切人、财、物耗费的货币表现，形成了企业的成本费用。它是财务管理的重要内容。加强成本费用的管理对于企业节约各项开支，提高经济效益，增强国家的相关税收等都有着重要意义。

第一节　酒店成本费用管理概述

一、成本费用的概念

　　酒店的成本费用是指企业在向旅游者提供服务的业务经营过程中发生的各项直接支出和耗费，按经济内容可以分为以下四个部分：

1. 主营业务成本

企业在业务经营过程中发生的各项直接支出，具体包括：

（1）原材料耗用成本　是指旅游饮食服务企业在生产经营过程中直接耗用的原材料的

价值，包括：酒店、餐饮部、餐馆耗用的食品、饮料的原材料、调料、配料成本；餐馆、浴池耗用的燃料成本；酒店、洗衣房、照相馆、洗染店、修理店耗用的原材料、辅料成本。

（2）商品进价成本　分为国内购进商品进价成本和国外购进商品进价成本。

1）国内购进商品进价成本是指购进商品原价，包括原始进价及企业可以直接认定的运杂费和缴纳的税金等。

2）国外购进商品进价成本是指进口商品在购进中发生的实际成本，包括进价、进口税金、购进外汇价差、支付委托外贸管理部门代理进口的手续费。

（3）其他成本　是指其他营业项目支出的直接成本，如企业出售无形资产（不包括商品）的实际成本以及商务中心的复印纸等。

2．期间费用

期间费用是指在一定会计期间发生的与生产经营没有直接关系和关系不密切的直接计入当期损益的各项费用，主要有营业费用、管理费用、财务费用等。

（1）销售费用　是指各营业部门在经营中发生的各项费用，包括运输费、装卸费、包装费、保管费、保险费、燃料费、水电费、展览费、广告宣传费、邮电费、差旅费、洗涤费、清洁卫生费、低值易耗品摊销、物料消耗、经营人员的工资（含奖金、津贴和补贴）、职工福利费、工作餐费、服装费以及其他营业费用。

1）工作餐费指企业按规定为职工提供工作餐而支付的费用。

2）服装费指企业按规定为职工制作工作服装而发生的费用。

（2）管理费用　是指企业为组织和管理业务经营活动而发生的费用以及由企业统一承担的费用，包括公司经费、工会经费、职工教育经费、劳动保护费、待业保险费、劳动保险费、董事会费、外事费、租赁费、咨询费、审计费、诉讼费、排污费、绿化费、土地使用费、土地损失补偿费、技术转让费、研究开发、税金、燃料费、水电费、折旧费、修理费、无形资产摊销、低值易耗品摊销、开办费摊销、交际应酬费、坏账损失、存货盘亏和毁损、上级管理费以及其他管理费用。

1）公司经费包括行政管理部门的人员工资、职工福利费、工作餐、服装费、办公费、会议费、差旅费、物料消耗以及其他行政经费。

2）劳动保护费指退休职工的退休金、价格补贴、医药费（包括离退休人员参加医疗保险的医疗保险基金），易地安家补助费、职工退职金、职工死亡丧葬补助费、抚恤费、按规定支付给离退休人员的各项经费，以及实行社会统筹办法的企业按规定提取的退休统筹基金。

3）待业保险费指企业按国家规定交纳的待业保险基金。

4）董事会费指企业最高权力机构（如董事会）及其他成员为执行职能而发生的各项费用，包括差旅费、会议费等。

5）咨询费指企业聘请经济技术顾问、法律顾问等支付的费用。

6）审计费指企业聘请注册会计师进行查账验资以及进行资产评估等发生的各项费用。

7）排污费指企业按规定交纳的排污费用。

8）税金指企业按规定支付的房产税、车船使用税、土地使用税、印花税。

9）土地使用费指企业使用土地而支付的费用。

10）土地损失补偿费指企业在业务经营过程中破坏的国家补征用的土地所支付的费用。

11）技术转让费指企业使用非专利技术而支付的费用。

12）上级管理费指企业上交集团公司或管理公司的费用。

企业列入成本费用的职工福利费、职工教育经费、工会经费，分别按下列比例提取：职工福利费按工资总额的14%提取，法律另有规定的，从其规定；职工教育经费按工资总额的1.5%提取；工会经费按工资总额的2%提取。

（3）财务费用　是指企业经营期间发生的利息净支出、汇兑净损失、金融机构手续费、加息及筹资发生的费用。

二、成本费用分类

成本费用根据不同的管理要求，按照一定的标准可以分为以下几类：

1．根据成本与经营业务量的关系划分

（1）固定成本（或固定费用）　在一定时期和一定经营条件下，不随企业经营业务量（如客房出租率、餐厅上座率、旅行社接待人数）的变化而发生变动的那部分成本（或费用）。

（2）变动成本（或变动费用）　在一定时期和一定经营条件下，随着企业经营业务量的变化而发生变动的那部分成本（或费用），如客房部的各种物料用品消耗会随着客房出租率的提高而相应增加。

将成本（费用）划分为固定成本（或固定费用）、变动成本（或变动费用），有利于加强成本费用管理，寻求降低成本费用途径。例如：可以从降低固定成本绝对额和增加业务量着手，来降低固定成本；可以从降低变动成本单位经营业务量的消耗来达到降低变动成本的目的。

2．根据成本是否可以控制划分

（1）可控成本（或可控费用）　凡成本（或费用）的发生能明确归属于某一单位（如楼层、部门、班组等）权责范围内，而且能够加以控制的成本（或费用）。例如，企业管理部门的办公费用是可以控制的，就属于可控成本（或费用）。

（2）不可控成本（或不可控费用）　凡成本（或费用）的发生不能明确归属于某一单位权责范围内而且不能加以控制的成本（或费用）。例如，固定资产折旧费等均属于不可控成本（或费用）。

将成本费用划分为可控成本（或可控费用）、不可控成本（或不可控费用），有利于确定企业内部各单位及个人的经济责任，便于企业经济责任制的建立，有利于考核和评价其工作业绩的好坏，使成本费用的管理和每个部门、每个人的责任及经济利益挂起钩来，对于降低成本费用，提高企业的经济效益有着很大的影响。

三、成本费用管理原则

酒店的成本费用管理要遵守国家的有关方针政策及财经制度的要求，同时又要结合企

业自身的特点，按下列原则实施管理：

1. 严格遵守国家规定的成本费用开支范围

企业只有严格遵守国家规定的成本费用开支范围，才能保证成本费用资料的可比性，便于本企业不同历史时期，同类型企业间成本费用内容的口径一致，从而便于比较，进行成本分析；才能不影响国家的财政收入，因为成本费用是计算利润的基础，只有严格遵守成本费用开支范围，才能正确计算成本费用和利润，从而保证国家财政收入的实现。

根据酒店财务制度的规定，企业的下列支出，不得计入成本费用：为购置和建造固定资产、购入无形资产和其他资产发生的支出；对外投资支出和分配给投资者的利润；被没收财务的损失；支付的各种赔偿金、违约金、滞纳金、罚款以及赞助、捐赠支出；国家规定不得列入成本费用的其他开支。

2. 正确处理降低成本费用与保持服务水平的关系

企业进行成本费用管理，就是要在现有人力、财力、物力的情况下，充分挖掘企业内部各方面的潜力，降低企业成本费用。这样企业才能在市场激烈的竞争中立于不败之地。同样，酒店的服务质量对于企业的生存有着重要的意义。服务质量好，企业能广招客源，在竞争中才会有竞争力；反之，服务质量差，则会影响企业的声誉，使企业失去竞争力。降低成本费用与提高服务质量这二者之间既是矛盾的，又是统一的。矛盾表现在：企业要想提高服务质量，通常要在现有的条件下进一步追加投资，使现有设备设施进一步完善。另外要加强员工培训，以提高员工服务技能和水平，而这也需要一定的资金投入。因此，保持服务质量与降低成本是矛盾的。而这二者又是统一的，表现在他们的终极目标都是一致的，即要适应市场竞争的需要，改善企业经营管理，提高企业经济效益。因此，企业要降低成本费用必须在保证服务质量的前提下进行。例如，旅游酒店客房部要处理好这一对矛盾，需要在为旅游者提供服务的同时，努力从客房部自身做起，降低客房部自身的各种消耗，杜绝各种损失和浪费现象的发生。因此，在处理降低成本与提高服务质量的关系时，要努力做到在不降低服务质量甚至提高服务质量前提下，尽可能地降低企业内部人、财、物的消耗，最终提高企业的经济效益。

3. 实行全面成本费用管理

成本费用的形成与企业的业务经营过程有着密切的联系。它涉及企业各个部门、班组和个人，是企业内部各部门工作情况的综合总结。因此，成本费用管理是全员、全过程、全方位的综合性管理，需要人人参加，各部门相互配合。实行全面的成本费用管理首先要依据市场情况，制定成本费用目标，并以此目标来指导企业各项业务经营活动的开展。各项成本费用指标的制定应当既是先进的，又是可行的。其次要保证能够达到预定的成本费用指标，需要进行成本费用控制，建立成本管理责任制。要把成本费用指标分解落实到各个部门、班组及个人，并与奖惩挂钩，使责权利相统一，形成成本管理体系。然后要进行成本费用的考核分析，通过严格的奖惩考核，使企业能及时发现问题，解决问题，并不断总结经验，使企业成本费用管理水平提高。

第二节 企业经营保本的预测

一、经营保本预测的意义

经营保本是指企业在业务经营过程中，其营业收入正好抵补支出，不盈不亏，这种经营状态称为经营保本。这种经营状态下的收入称为保本收入。它表明企业在一定时期内的接待量（或营业额）达到这个量（或金额）以上企业才能赢利；反之，低于这个量（或金额）时企业会发生亏损。其用公式表示为

$$营业收入-成本费用=0$$

根据税法的有关规定，企业只要有营业行为并取得收入就要缴纳营业税金及附加，因此企业要做到经营保本，其营业收入不仅能抵补成本费用支出，还应在扣除营业税金及附加后不盈不亏，这时才是真正意义上的经营保本。用公式表示为

$$营业收入-成本费用-营业税金及附加=0$$

或

$$成本费用=营业收入-营业税金及附加$$

在现代酒店的财务管理中，做好经营保本预测具有重要的意义：

（1）经营保本是企业进行简单再生产的保证。任何一个企业都是以盈利为目的的，而盈利是为了使企业能不断有新的投入，进行扩大再生产。如果企业不能盈利，要想生存下去，其最基本的条件应是经营保本。否则，企业收不抵支，不能补偿消耗的原材料、支付人员的工资，不能进行设备的更新，到了一定时期企业就无法维持正常的经营活动，最终导致企业的破产倒闭。

（2）通过经营保本预测，可以控制企业经营，了解企业经营状况，从而改善企业经营管理水平，提高企业经济效益。因为经营保本的预测把企业的收入、成本费用、盈亏这三项有机地联系起来，不仅可以对企业的经济效益进行事前分析，还有助于解决企业经营管理上的诸多问题。例如客房的出租率、餐饮部的上座率达到什么样的水平，企业才能经营保本。通过这样一系列的预测，就可以使企业的经营管理者对本企业的业务经营情况做到心中有数。

二、经营保本预测的方法

企业在进行经营保本预测时首先要搞清边际利润（亦称边际贡献）这一概念。

边际利润是指企业的营业收入减去变动成本和营业税金及附加后的余额，即

$$边际利润=营业收入-变动成本-营业税金及附加$$

企业实现边际利润后首先要补偿固定成本，当边际利润等于固定成本总额时，企业不盈不亏，盈亏平衡，经营保本。当边际利润小于固定成本总额时，企业发生亏损；反之，当边际利润补偿固定成本以后出现盈余，则企业实现了利润。

边际利润除可用上述绝对数值来表示外，还有一种相对数值表示方法，即边际利润率。其计算公式如下：

$$边际利润率 = \frac{边际利润}{营业收入} \times 100\%$$

或

$$边际利润率 = 1 - 变动成本率 - 税率$$

企业经营保本预测，一般可通过下列计算公式求得：

$$\frac{经营保本收入}{(盈亏临界点收入)} = \frac{固定成本总额}{边际利润率}$$

$$\frac{保本接待量}{(盈亏临界点接待量)} = \frac{固定成本总额}{单位边际利润}$$

对于酒店企业来说，各部门有其不同的业务经营特点，因此经营保本预测的方法也有所不同，下面分别介绍如下：

1. 客房经营保本的预测

上述公式预测出的保本收入表示：企业的收入达到多少时，企业的经营状况是不盈不亏经营保本。但这一绝对数指标通常很难直观地反映出企业经营状况，所以在预测保本收入的同时还要预测保本出租率：

$$\frac{保本}{出租率} = \frac{保本收入 / 平均房价}{可供出租可房间数}$$

【例7-1】东方酒店有客房500间，年固定成本总额为700万元，变动成本率为12%，营业税金及附加的综合税率为5.5%，每间客房的平均房价为100元，则

$$\frac{客房年}{保本收入} = \frac{7\ 000\ 000}{1 - 12\% - 5.5\%} \approx 8\ 484\ 848（元）$$

$$\frac{年保本}{出租率} = \frac{848\ 484\ 848 / 100}{500 \times 365} \times 100\%$$

$$\approx 46.49\%$$

通过以上测算，企业的经营管理者可以了解到当客房出租率达到46.49%，年保本收入达到8 484 848元时，该客房部的经营是一种经营保本状态。客房部要盈利，需要广招客源，提高客房出租率，增加企业营业收入。

2. 餐饮经营保本的预测

$$\frac{保本}{收入} = \frac{固定成本总额}{毛利率 - 变动成本率 - 税率}$$

上述公式中毛利率是指营业收入扣除食品原材料成本以后的余额占营业收入的百分比，它是按综合毛利率计算的。变动成本率则是除去食品原材料成本以外的其他变动成本占营业收入的百分比。

同客房部一样，餐饮部在预测保本收入的同时还要预测保本上座率，以便能更好地了解企业经营保本状况。保本上座率的计算公式如下：

$$保本上座率 = \frac{保本收入/餐位平均消费水平}{餐位数量 \times 餐次 \times 报告期天数} \times 100\%$$

【例7-2】某餐厅年固定成本总额为120万元，平均毛利率为45%，其他变动成本率为15%，营业税金及附加的综合税率为5.5%，则

$$保本收入 = \frac{1\,200\,000}{45\% - 15\% - 5.5\%}$$

$$\approx 4\,897\,959（元）$$

又知该餐厅人均消费水平35元，一日开三餐，餐位数量280个，则

$$年保本上座率 = \frac{4\,897\,989/35}{280 \times 3 \times 365} \times 100\%$$

$$\approx 45.64\%$$

上述计算求出的餐厅年保本收入与餐厅年实际收入进行比较，可以掌握企业盈亏情况。用相对数指标保本上座率与企业实际情况进行比较，可以随时了解企业经营情况，及时发现问题，解决问题。

3．商场经营保本预测

$$保本收入 = \sum \left(\frac{某类商品固定成本总额}{1 - 某类商品变动成本率 - 税率} \right) \qquad ①$$

或

$$保本收入 = \sum \left(\frac{某类商品固定成本总额}{毛利率 - 变动成本率 - 税率} \right) \qquad ②$$

公式①中的变动成本率为某类商品变动成本占营业收入的百分比，公式②中的变动成本率是指某类商品变动成本扣除商品进价成本以外的其他变动成本占营业收入的百分比。

由于商场经营各类商品，而各类商品的进销差价率不同，因此应当分类计算各类商品的保本收入。各类商品保本收入之和就形成了商场总的保本收入。由此也就产生了商品销售收入总额构成对商场保本收入的影响，也就是说在预测保本收入的同时也要预测保本收入的构成，即各类保本收入占整个商场保本收入的百分比。

第三节　成本费用预算

一、成本费用预算的概念及编制要求

成本费用预算是以货币形式预先规定企业在预算期内成本费用开支标准和降低成本费用的任务。成本费用预算是企业全面预算的重要组成部分。

当企业通过预测掌握了各部门在何种状况才能做到经营保本的情况后，接着要做的一项很重要的工作就是制定成本费用预算。因为成本费用预算可以指导企业科学、有序、系统地安排各项费用支出，使企业的各项成本费用支出力求做到合理，并不断降低，以提高企业的经济效益。

酒店成本费用预算的编制需要以各部门为基础，在总经理的领导下，由财务部门及其他部门相互配合共同完成。

成本费用预算在编制过程中要注意成本费用预算应由综合预算和部门预算两部分构成。综合预算是向企业管理机构提供的总括性文件，内容全面，但比较简单。部门预算则需要具体详细。另外，各项预算指标的确定需要参照本企业历史最好水平及同行业先进水平，由各部门反复推敲研究后确定，以保证成本费用预算指标的先进性及可行性，达到调动职工积极性、使企业成本费用不断降低的目的。

二、成本费用预算的编制步骤

1．收集、整理和分析有关资料

（1）各项经济业务预算资料：劳动工资预算、固定资产折旧预算、物资供应和消耗预算、营业收入预算等资料。

（2）各项资源消耗定额：餐饮部食品原材料消耗定额、客房部物料用品消耗定额、岗位定员标准等资料。

（3）企业基期成本费用和经济效益实际指标、本企业历史最好水平、同行业先进水平等指标。

（4）上级主管部门下达的成本费用指标及降低成本费用指标等资料。

2．进行成本费用指标的试算平衡

搞好成本费用指标的试算平衡，对于保证成本费用预算可行性有着重要的影响。在试算平衡中应考虑到社会、经济等外界因素所带来的客源、价格等一系列的影响，同时考虑企业内部各项相关因素所带来的增收节支等影响，充分估计到各种情况的发生对成本费用产生的影响。寻找各种途径、探索各种方法，测算出成本费用可能达到的水平，分析成本费用降低的可行性和预算成本实现的保证程度，从而确保所制定出的成本费用预算指标体系既是先进的又是可行的。

3．编制成本费用预算

编制成本费用预算要在总经理的领导下，由财务部门具体负责，在各部门认真搜集成本费用资料并积极配合下，运用科学的方法，首先编制出各部门的成本费用预算，然后经财务部汇总成企业总的成本费用预算。成本费用预算编制完成后按规定程序报批，经有关部门或上级机关审核批准后，由计财部组织具体实施。

三、成本费用预算的编制方法

成本费用预算的编制方法有两种：一是直接计算法，二是因素测算法。

直接计算法：根据企业各成本费用项目的单位消耗定额、预算指标等资料，按照其相互之间的钩稽关系，采用一定的成本计算方法计算出企业的全部成本费用预算指标。

因素测算法：以基期的成本费用资料作为参考，根据预算期的客源情况、价格等外界条件变化，分析企业内部增收节支因素对于预算期成本费用的影响，从而对基期的成本费用指标进行调整，计算预算期的成本费用预算指标。

由于酒店的经营范围较为广泛，因而其成本费用构成各异，成本费用预算的编制方法也就有所不同。下面主要就酒店成本费用预算编制加以说明：

1. 客房部销售费用预算的编制

客房部的销售费用按照其与经营量（出租率）的关系划分为固定费用和变动费用。在编制客房部营业费用预算时，可分变动费用预算和固定费用预算两部分进行编制。

（1）变动费用预算的编制　客房部的变动费用包括物料用品消耗、针棉织品消耗、日常维修费用、洗涤费、水电费等内容。对于这些费用的预算以物料用品消耗为例，可采用如下方法进行：

$$物料用品预算支出=\sum（客房数量×出租率×某类消耗品每间客房配备量×$$
$$某类消耗品平均单价×预算期天数）$$

【例 7-3】某酒店有客房 400 间，平均出租率 60%，每间客房每天配备茶叶 4 包，每包茶叶 0.50 元，则计划年度茶叶支出额为

$$400×60\%×4×0.50×365=175\,200（元）$$

将客房部的各项变动费用预算累加起来就是客房部的变动费用预算总额。

（2）固定费用预算的编制　客房部的固定费用包括工资及与人员有关的各项费用支出、固定资产折旧费用、固定资产大修理费用等内容。以上费用可以根据历史资料，预测预算期的人员及固定资产的增减变化情况，对上一年度的有关费用开支进行调整，从而编制出固定费用开支总额。客房部的变动费用总额和固定费用总额汇总以后，就是预算期客房部的费用预算，见表 7-1。如果要将客房部费用分解到各月，可先根据若干年来每年和每月的客房费用或出租间天数，计算出客房的各月季节指数，即：

$$某月季节指数 = \frac{某月客房费用总额}{全年客房费用总额}×100\%$$

或

$$某月季节指数 = \frac{某月客房出租间天数}{全年客房出租间天数}×100\%$$

然后再将年度客房费用预算和季节指数相乘，即可得出客房部各月的费用预算。

表 7-1　东方酒店客房部营业费用预算表

2014 年××月××日　　　　　　　　　　（单位：元）

项　　目	金　　额	备　　注
一、固定费用		
1. 工资		
2. 福利费		
3. 工作餐		
4. 服装费		

（续）

项　目	金　额	备　注
5. 折旧费		
6. 租赁费		
7. 保险费		
8.		
9.		
10.		
二、变动费用		
1. 物料用品消耗		
2. 水费		
3. 电费		
4. 燃料费		
5. 洗涤费		
6. 邮电费		
7. 广告费		
8. 日常维修费		
9. 差旅费		
10. 其他费用		
11.		
12.		
13.		
合　　计		

2. 餐饮部成本费用预算的编制

餐饮部的成本费用预算主要指用于购买食品原材料的主营业务成本和餐饮部在为客人提供服务中所发生的人员工资、水电费、固定资产折旧费等销售费用开支。

餐饮部成本费用预算是在餐饮部营业收入预算的基础上编制出来的。

（1）主营业务成本的预算　餐饮部的主营业务成本是指食品原材料，而食品原材料的开支与餐厅的规模、上座率、客人的人均消费水平、餐厅食品原材料的毛利率有着重要的关系，其预算方法如下：

餐饮预算主营业务成本=餐位数量×上座率×餐次×人均消费水平×
预算期天数×（1-预计平均毛利率）

【例7-4】某餐厅有餐位数量200个，每日三餐，每餐人均消费水平30元，该餐厅每餐上座率为60%，毛利率为50%，试测算该餐厅预算年度食品原材料成本：

餐厅预算年度食品原材料成本=200×3×60%×30×365×（1-50%）
=1 971 000（元）

若酒店餐饮部由几个餐厅组成，因各餐厅经营有其特色，因此各餐厅的毛利率会有所不同，所以若预测整个餐饮部的食品原材料成本，应分别计算各餐厅的食品原材料成本，然后再汇总起来，就是整个餐饮部营业成本。

（2）销售费用的测算　餐饮部销售费用的测算与客房部销售费用的测算方法基本相同，不再重复。

以上餐饮部的主营业务成本和销售费用汇总以后就形成了预算期餐饮部的成本费用预

算。将预算指标分解到各月时，可根据餐饮收入预算加以确定，以反映季节变化所带来的影响。

3．商品部成本费用预算

商品部的成本费用主要是指商品部由于购进商品的营业支出成本和售出商品及维持商品部经营所发生的各项费用支出。

商品部的主营业务成本是指所售商品的进价成本。由于是销售商品的进价，所以在数量上就不是购入商品的全部数量，而是销售商品的数量。因此，商品部的主营业务成本一方面取决于所售商品的数量、售价，即营业收入，另一方面取决于国家规定的进销差价率。商品部由于所售商品品种不同，各类商品进销差价率亦不相同，所以在测算商品部的营业成本时，应先测算各类商品的进价成本，然后汇总起来，就是商品部的主营业务成本，其测算公式如下：

$$商品预算主营业务成本=\sum\left[某类商品预算营业收入×(1-某类商品预计平均进销差价率)\right]$$

【例 7-5】某酒店商品部经营三大类商品，预算年度内一类商品的营业收入为 50 万元，进销差价率为 40%；二类商品的营业收入为 80 万元，进销差价率为 30%；三类商品的营业收入为 60 万元，进销差价率为 25%，则

$$商品预算主营业务成本=500\,000×(1-40\%)+800\,000×(1-30\%)+600\,000×(1-25\%)$$
$$=1\,310\,000（元）$$

商品部销售费用的测算与客房部基本相同，分为固定费用和变动费用，其中变动费用由于与商品销售额有关，可参照历史资料的有关比例，依据商品的营业收入测算。

4．管理费用和财务费用预算

管理费用是指企业为组织和管理经营活动而发生的费用以及由企业统一负担的费用。财务费用是指企业经营期间发生的利息净支出、汇兑净损失、金融机构手续费、加息及筹资发生的费用。

以上两项费用均可分为固定费用和变动费用两部分。固定费用可根据上年度成本费用开支情况，将预算期内各项费用开支降低的潜力及相关因素，如价格变化、客源等情况加以考虑，并进行调整。变动费用则可根据上年度变动费用率指标结合预算期收入指标及预算期的变化情况加以确定。以东方酒店为例，其管理费用预算具体内容见表 7-2。

表 7-2　东方酒店管理费用预算表

2014 年××月××日　　　　　　　　　　　　　　　（单位：元）

项　　目	金　　额	部　　门					
		总经办	销售部	人事部	计财部	工程部	保卫部
一、固定费用							
1．工资							
2．福利费							
3．养老金							
4．工作餐							
5．服装费							
6．折旧费							
7．保险费							

（续）

项 目	金 额	部 门					
		总经办	销售部	人事部	计财部	工程部	保卫部
8. 工会经费							
9. 教育经费							
10. 无形资产摊销							
11. 相关税金							
12.							
13.							
14.							
二、变动费用							
1. 物料用品消耗							
2. 水费							
3. 电费							
4. 燃料费							
5. 办公费							
6. 邮电费							
7. 差旅费							
8. 交际应酬费							
9. 绿化费							
10. 日常维修费							
11. 培训费							
12. 董事会费							
13. 其他费用							
14.							
15.							
16.							
合 计							

5. 酒店成本费用预算的编制

将以上各部门的成本费用预算及管理费用和财务费用预算加以汇总，即为酒店成本费用预算。

第四节 成本费用控制

一、成本费用控制概述

1. 成本费用控制概念

酒店要搞好成本费用的管理，必须实施有效的成本费用控制。成本费用控制有狭义和广义之分，狭义的成本费用控制是指成本费用的事后控制，即在成本费用发生之后，将成本费用的实际发生额与预算指标进行比较，从而发现问题，纠正偏差。广义的成本费用控制是指事前、事中、事后都要进行控制，即：在成本费用发生之前，就要开展价值工程分析，使价值与成本费用处于最佳状态；事中通过严密的管理制度约束，实行全过程、全方位、全员的控制；事后通过财务分析等一系列方法，发现成本费用管理中的问题与不足，并提出解决问题的方法，以保证成本费用预算的实现。酒店应严格对成本费用进行事前、事中、事后控制，以保证企业成本费用的有效管理，从而不断提高企业的经济效益。

成本费用控制就是指在成本费用形成的过程中，按照国家成本费用制度的有关规定和成本费用预算的要求，通过经常性监督和及时纠正偏差，把各项费用的发生和成本的形成限制在成本费用预算之内，以实现成本费用不断降低的一种管理方法。

2．成本费用控制的基本程序

（1）制定成本费用控制的标准　成本费用控制的标准，是以成本费用预算为主要依据的，但在现代化管理方法中，将成本费用控制标准分为三种。

1）理想标准成本，是指企业内部人、财、物的利用与管理均处于最佳状态下所确定的成本控制标准。这一标准应能在企业与同行业其他企业的竞争中处于有利地位。这一标准的定位是很高的，需要的企业经营管理水平、员工素质也很高，而且还需进一步努力才能达到成本费用标准。

2）正常标准成本，是指企业内部人、财、物的利用与管理处于较佳状态所确定的成本控制标准。这一标准应在同行业当中是比较先进的，需要调动员工的积极性才能达到的成本费用标准。

3）预计实际标准成本，是根据企业内部人、财、物的利用与管理的现有状态下所确定的成本费用标准。

（2）监督成本费用形成过程　由于有了成本费用控制的标准，因此在成本费用的形成过程中要经常把企业成本费用发生的实际情况与控制标准对比，及时纠正偏差，以保证成本费用的降低。以餐饮成本为例，为了控制餐饮成本，从"采购→验收→储藏→发料→粗加工→装配→生产→销售"每一环节都应有严格的控制标准和方法，以保证成本费用支出控制在预算范围之内。

（3）进行成本费用预测　根据企业成本费用与其相关因素指标的内在联系，来掌握成本费用变动的趋势和水平，以更好地进行成本费用的控制。例如：某酒店根据市场情况预测甲原材料随着市场的供不应求，价格将会有上扬的可能，为此加大了采购量，这样一来在一定程度上就规避了日后原材料采购成本加大对于企业成本费用的影响。

（4）处理成本费用问题　企业在成本控制过程中会随时发现问题，对于成绩应总结推广，对于问题应及时纠正解决，以不断完善成本控制，提高企业的经济效益。

3．成本费用控制的工作体系

为保证成本控制工作能顺利开展，需要建立一套完整的保障体系。

（1）建立归口分级管理责任制　由财务部门把成本费用控制指标分解落实到各个有关归口管理部门，各部门再把各部门指标进一步分解落实到各个班组及个人，并结合每个班组和个人的经济责任制，考核指标的执行情况。使各部门、各班组及每个人都清楚各自的成本费用控制目标，关心成本费用指标的完成，使成本费用管理真正成为全员性的管理。

（2）建立成本控制的指标体系　由财务部门和其他部门互相配合，进行反复对比研究，并参照本企业历史最好水平及同行业先进水平，制定出各部门、各班组及个人的成本控制指标，使企业的生产经营按照严格的计划进行，而不盲目从事。

（3）建立相应的制度　为保证成本费用控制能够真正实施，需要建立相应的经济责任制，把每个部门、班组、员工的工资奖金与成本费用指标挂起钩来，以保证成本费用控制的得以实现。

4．成本费用控制的基本方法

酒店企业成本费用控制主要有预算控制法、主要消耗指标控制法和标准成本控制法。

（1）预算控制　成本费用预算是酒店经营支出的限额目标。预算控制法就是以分项目、分阶段的预算指标作为测量、控制实际成本费用的尺度，通过实际与预算指标的比较分析，发现问题，解决问题，从而保证成本费用预算实现的一种方法。

【例7-6】东方酒店2014年度成本费用预算总额是2 000万元，在预算控制法下为了确保成本费用预算的实现，就要将成本费用指标分解到客房部、餐饮部、康乐部、销售部、工程部等各个部门，由于成本费用每个月都要进行核算，还要将成本费用按照淡季、旺季分解到各个月份（图 7-1），同时将指标的完成情况与经济责任制挂钩，指标完成得好，要进行奖励，完成得不好，应根据相关的制度规定进行利益上和责任上的惩处。使每一个人的利益、责任与企业的经济效益联系起来，形成风险共担、利益共享的管理体制。

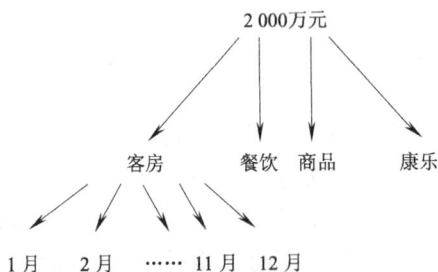

图 7-1　成本费用预算分配

若成本费用预算只有一个固定指标，在实际工作中就会出现实际完成数与预算指标相比不具有可比性的情况，因而不便于有效地进行成本费用控制。因为预算一般是在预算期前编制的，与实际经营在时间上和空间上都有很大的差距，随着时空的变化，预算编制的根据也会随之发生变化，实际成本费用和预算成本费用之间就有可能发生偏离。所以，仅将成本费用预算指定在某一特定水平上的固定预算是不够全面的，为了弥补这种不足，适应不同情况下成本费用的变化，就要编制出弹性预算，也称滑动预算，即在预算期内反映多种业务量水平的成本费用支出预算。这样做既控制了成本费用水平，又免除了调整成本费用预算的工作量，同时能在更加现实和可比的基础上进行成本费用控制方面的业绩衡量。例如，某酒店依据弹性预算编制出的成本费用预算表见表 7-3。

表 7-3　成本费用预算表　　　　　　　　　（单位：元）

年 出 租 率	60%	70%	80%	90%
变动成本费用	4 204 800	4 905 600	5 606 400	6 307 200
固定成本费用	7 226 400	7 226 400	7 226 400	7 226 400
成本费用合计	11 431 200	12 132 000	12 832 800	13 533 600

根据表 7-3，将实际成本费用与滑动成本费用预算中同样经营量对应的预算指标进行

比较，就可以发现差距，从而进一步搞好成本费用的控制。

（2）标准成本控制　标准成本是指正常条件下某营业项目的标准消耗（只包括营业成本、营业费用，不分摊到部门的管理费用、财务费用除外）。标准成本控制就是以各营业项目的标准成本作为依据来对实际成本进行控制的方法。

由于酒店经营活动项目不同，因此各部门标准成本的确定及计算方法也不相同，现分别根据酒店各自的经营特点论述如下：

1）间天出租成本，是指一间客房出租一天的成本。用公式表示为

$$客房间天出租成本=间天固定成本+间天变动成本$$

或

$$\frac{客房间天}{出租成本}=\frac{全年客房计划费用总额}{可出租客房数量×出租率×365}$$

客房的单位是间，客房的折旧和低值易耗品的摊销在大部分企业中都是按照平均年限法计提的，无论客房是否出租，每间客房都必须计提折旧，摊销各种低值易耗品。客房出租以天为单位，客房出租以后，客人会消耗水、电及各种物料用品，此外还要为客人提供相关的各种服务。以上这些支出就构成了客房的间天成本。由于酒店淡、旺季的原因，每间客房在不同时期出租的天数是不同的。随着出租时间的增加，客人在客房的消耗也会增加，但出租单位时间应负担的各项固定费用会相应减少。因此，同一间客房在相同的期限内，出租时间的多少以及出租时间应负担的费用是不相同的。所以，只计算每间客房的出租成本，不能有效地进行成本费用的控制，必须计算每一间客房出租一天的成本，即以"间天出租成本"作为标准，用来与客房间天实际成本进行比较分析，才能达到成本控制的目的。

2）百元营业额主营业务成本，是指百元营业收入中主营业务成本的支出限额。该指标适用于餐饮、康乐、商品等部门。餐饮部销售的食品、饮料品种繁多，不便于对每一种食品、饮料的成本核定定额进行控制。同样，康乐部经营项目多样，也不便对每一项目核定成本。商品部亦如此。所以，这些部门可以用百元营业额这样综合的数量指标作为成本计算单位，以百元营业额主营业务成本作为控制依据。百元营业额主营业务成本计算公式如下：

$$\frac{百元营业额}{主营业务成本}=\frac{计算期主营业务成本}{计算期营业收入}×100$$

公式中，主营业务成本指餐饮部的食品原材料，商品部商品的进价成本，康乐部的直接支出。这些部门在实施成本费用控制时，还可根据各部门的经营特点及成本费用控制要求，制定出"百元营业额营业费用"等其他控制指标，以保证成本费用预算的实现。

为了使上述标准制定得科学合理，必须在各经营部门参与并反复论证的情况下，确保标准的先进性及可行性，以调动大家执行的积极性。在实际执行过程中要进行成本差异的分析，及时发现差异形成的原因，并分清成本费用差异形成的责任，提出处理意见和方法。

（3）主要消耗指标控制　在企业的成本费用中，各种消耗对成本费用数额的影响是各不相同的，有的支出数额很大，有的支出数额很小。因此，那些支出数额很大的成本费用项目对于成本费用预算是否能完成起着重要的作用，需要对这些主要消耗实行重点控制。主要消耗指标控制法就是在企业经营活动中对企业成本费用有着重要影响的主要消耗指标实施控制的方法。

解决问题要抓主要矛盾，主要矛盾解决了，次要矛盾也就迎刃而解了。同样，要搞好成本费用的控制，酒店各部门应根据各自的主要耗费制定相应的控制标准和方法，以更好地搞好成本费用管理。主要消耗和支出指标的计算方法，与标准成本计算方法近似。下面分别论述如下：

1）客房间天物料用品消耗额。酒店客房部费用支出中的一项主要消耗是物料用品，为了严格控制物料用品的支出，避免物料用品不必要的损耗和流失，必须制定相应的控制标准，并结合有关的管理制度进行管理。为此，可通过间天物料用品消耗额进行控制，计算公式为

$$间天物料用品消耗额 = \frac{计算期物料用品消耗额}{可出租客房数量 \times 计算期天数 \times 出租率}$$

2）百元营业额燃料消耗额。酒店餐饮部的主要支出除了食品原材料、人工成本等外，燃料消耗也是一项重要开支。为了更好地对燃料消耗实施管理，可以通过百元营业额燃料消耗额进行控制，计算公式为

$$\frac{百元营业额}{燃料消耗额} = \frac{计算期燃料消耗额}{计算期营业收入总额} \times 100$$

酒店可根据各自的经营特点，结合本部门的主要消耗，制定行之有效的控制标准。这些标准一经制定，应有相应的制度配合，如经济责任制，使每个员工的切身利益与成本费用控制指标挂起钩来，以保证成本费用预算的完成。

复习思考题

一、选择题

1. 餐饮部的食品原材料消耗应计入（　　）。
   A. 主营业务成本　　　　　　B. 销售费用
   C. 管理费用　　　　　　　　D. 财务费用
2. 下列属于可控成本的是（　　）。
   A. 固定资产折旧费　　　　　B. 水电费支出
   C. 原材料支出　　　　　　　D. 物料用品消耗
3. 成本费用控制的基本方法有（　　）。
   A. 连环替代法　　　　　　　B. 标准成本控制法
   C. 主要消耗指标控制法　　　D. 因素测算法
4. 下列属于企业不可控成本的是（　　）。
   A. 食品原材料成本　　　　　B. 水电费
   C. 固定资产折旧费　　　　　D. 物料用品消耗
5. 制定成本费用控制的标准通常有（　　）。
   A. 定额成本　　　　　　　　B. 理想标准成本
   C. 正常标准成本　　　　　　D. 可控成本
   E. 预计实际标准成本

二、思考题

1. 什么是酒店的成本费用？
2. 成本费用应如何进行分类？
3. 经营保本的含义是什么？如何预测客房、餐饮经营保本？
4. 什么是成本费用预算？编制的方法有哪几种？
5. 成本费用控制的基本概念和基本程序是什么？
6. 成本费用控制的方法有哪些？

三、案例分析题

桃花园酒楼创立于2010年2月，是一个以经营川菜为主，大众化消费为基调的休闲食府，面积为2500平方米。酒楼一直以来在成本管理等方面存在一系列问题，所以特请来餐饮财务管理专家张先生等人共同对桃花园酒楼存在的主要问题进行了诊断分析。经专家一段时间的考察，发现问题主要在以下几方面：

（1）原料采购价格变化大　桃花园酒楼对鲜活类物料实行自行采购，因为市场价格经常波动，给原料的进货成本控制增加了一定的难度，如鸡蛋昨天4元，今天就涨到了4.5元。原料成本的变化给菜品的成本把握造成了很大困难。

（2）库存积压，造成浪费　原料的采购数量没有清晰的标准，导致原料积压，不仅占用了资金，还因为原料不新鲜导致菜品质量下降。

（3）财务不能有效监督　财务人员不能及时得到餐厅的原料采购数据，在统计核算时，不能及时根据数据分析判断物料使用量是否符合标准。因为统计数据的手段比较传统，财务人员依旧采用手工记账方式统计，出账速度慢，并且经常出现差错，无法实施精细"数字化"管理。

经进一步调查，发现问题的原因主要有以下方面：

（1）信息化建设功能不全面　在信息化管理方面，他们目前使用的点菜系统也具有精细化成本管理方面的功能。为什么还会出现成本管理的问题呢？了解后才知道，原来当时定制这套软件的时候只是选用了一些基本的收银、点菜和查询功能，没有购买后台进销存管理模块。酒楼的仓库管理还是处于手工记账方式，没有实现菜品原材料进销存数据的实时记录，手工出账慢，并且容易出现记录和操作失误，给经营管理做决策分析带来了很多障碍。

（2）菜品成本数据报送不及时　现在餐厅每天能够通过系统得到菜品和酒水销售的数据资料，但是仓库的收发、库存数据却因手工操作延后，不能及时送达财务，所以财务也就不能在第一时间内做出对成本控制的反应。等到月底统计数据出来才发现问题，但是已经晚了。

【问题】请根据所学相关知识就以上财务管理专家提出的问题，提出解决问题的具体方案。

第 八 章

酒店收益管理

知识目标

■ 掌握酒店收益管理的核心。
■ 掌握酒店营业收入的确定。
■ 掌握酒店营业收入的控制。
■ 掌握酒店应纳的主要税费。

能力目标

■ 能够运用所学知识，正确认识酒店的收益管理。
■ 能够对酒店的营业收入进行控制。

收益管理（Revenue Management 或 Yield Management），亦称"效益管理"或"实时定价"，它主要是通过建立实时预测模型和对以市场细分为基础的需求行为分析，确定最佳的销售或服务价格。其核心是价格细分，亦称价格歧视（Price Discrimination），就是根据客户不同的需求特征和价格弹性向客户执行不同的价格标准。

收益管理归根结底是一种谋求收入最大化的新经营管理技术。收益管理最早起源于 20 世纪 80 年代初的美国航空业，此后逐渐在饭店、餐饮、高尔夫、汽车租赁等行业中得以推广。收益管理主要适合具有以下经营特点的行业：提供的服务和产品无法储存；企业的生产和服务能力相对固定，且这种能力不能在短期内有很大提高；企业所提供的产品和服务具有较高的固定成本，且其可变成本相对较低；企业可对其提供的产品和服务的市场进行细分；企业提供的产品和服务可通过预订系统提前预订；顾客对企业提供的服务和产品需求随着时间的变化而变化。

酒店收益管理的核心内容是通过价格管理以实现酒店收入的最大化，与此同时，酒店收入的增加会对酒店应纳税额产生影响，从股东的角度出发最终体现在酒店的利润及利润分配等相关财务指标上。为此，本章安排四个章节的内容，分别从酒店的价格、收入、税金和利润四个方面加以研究和探讨。

第一节 酒店价格管理

一、影响价格的因素

价格是价值的货币表现，酒店价格是酒店所提供的产品和服务的价值的货币表现。酒店在对产品和服务进行定价前，不仅需要考虑酒店经营过程中的各项微观因素，也需要综合考虑经济发展、税收政策、同业竞争等宏观因素。

在价格的制定过程中，酒店首先需要从不同角度考虑各种成本因素，包括可变成本和不可变成本、营业成本和经营费用等，这是酒店价格制定的基础。此外，酒店还需要考虑目标利润因素，这是酒店价格制定过程中不可或缺的。只有在综合考虑成本、利润等多因素的基础上制定的价格才是比较客观的。

其次，在价格制定过程中，酒店还必须考虑国内的经济发展水平和居民的购买力水平、国家相关的经济政策，如国家对行业发展的鼓励或限制、国家税款征收和减免、同行业竞争态势等因素，甚至还需考虑国际经济形势，如金融危机对行业和企业的影响等。

二、价格的种类

酒店价格的多样化意味着酒店在不同的时间段为不同的客户群体提供着多样化的产品和服务。在某一酒店内部，众多的服务部门，如客房部、餐饮部、商品部、商务中心、康体部等，为客人提供着多方位的服务。各部门定价的方法不同，使得各部门的价格种类也不尽一致。以酒店的客房部为例，依据不同的分类方法，所得的价格种类也很多。

（1）针对酒店客房的类型，可以分为标准客房价、豪华客房价、标准套房价、豪华套房价、加床价等。一般酒店针对入住客人需求的不同，可以提供不同种类的产品和服务，有客房和套房的差异，也有标准间和豪华间的差异，有些高星级酒店还能提供总统套房。

（2）针对不同的季节，可以分为淡季价和旺季价。在不同的旅游季节，酒店客房的需求量也不一致，一般旺季酒店的客房价格相对较高，这时酒店客房的价格需求弹性相对较小，价格的适当提高不会影响酒店客房的销售和收入的取得；到了淡季，为了吸引客户，提高酒店客房的出租率，很多酒店则会采取适当降低价格的做法。

（3）针对酒店的客户群体，酒店价格通常分为门市价和优惠价。门市价就是明码标价在酒店大堂的价格，这一价格通常比较高，但酒店对这一价格的限制，如取消预订、更改预订的限制一般也比较小；酒店的优惠价格种类很多，有贵宾优惠价、团体价、公司协议价、旅行社报价、包价、合作网站价、政府价等，针对优惠价，酒店通常在取消预订、更改预订或是其他方面会有一些限制约定。

三、价格的制定方法

从财务的角度出发，任何企业的经营必须首先保本，只有以成本为基础制定的价格才是保证企业持续经营的前提。虽然酒店各部门在定价的过程中需要以成本为基础，但由于酒店各部门提供的产品和服务差异较大，在定价过程中还必须综合考虑各部门的经营特点，因此每个部门在使用的方法也不完全相同。下面以酒店的客房部和餐饮部为例，探讨酒店价格的制定方法。

1. 客房部关于房价的制定

（1）成本定价法　是以客房成本为依据确定房价的一种定价方法。酒店客房在经营过程中所发生的固定成本和变动成本是决定酒店房价的关键因素，固定费用通常按不同类型的客房面积分摊，变动费用通常按出租客房的间天数分摊，另外客房的出租率指标也是决定酒店客房价格制定的重要因素之一。其计算公式为

$$房价 = \frac{每间客房日平均成本}{1-营业税率-利润率}$$

$$每间客房日平均成本 = 间天固定成本 + 间天变动成本$$

$$间天固定成本 = 每平方米每天固定成本 \times 客房面积 = \frac{年固定成本总额}{365 \times 客房总面积 \times 出租率} \times 客房面积$$

$$间天变动成本 = \frac{年变动成本总额}{客房总数 \times 年平均出租率 \times 365}$$

（2）目标利润法　是综合考虑酒店成本和目标利润来确定房价的一种定价方法。其计算公式为

$$房价 = \frac{年总成本 + 目标利润}{365 \times 客房总数 \times 年平均出租率}$$

（3）赫伯特定价法　是以预期投资收益回报率为出发点，在充分估计酒店各项成本费用和利润指标的前提下，通过计算客房收入指标，进而倒推出房价的一种定价方法。

（4）千分之一法　是以客房的平均造价为基础，将每间客房的房价确定为客房平均造价的千分之一。

（5）随行就市法　不考虑酒店的成本费用指标，而是以同档次的竞争对手的客房价格作为依据，确定酒店客房的价格。

2. 餐饮部关于餐饮价格的制定

（1）销售毛利率法　销售毛利率也称内扣毛利率，是根据餐饮产品的标准成本和销售毛利率（内扣毛利率）来计算餐饮产品的销售价格。毛利是指销售价格超过原材料成本以上的部分，通常包含费用、税金、合理的利润等。毛利率是毛利占销售价格的百分比。餐饮产品价格的计算公式为

$$餐饮产品价格 = \frac{标准成本}{1-销售毛利率}$$

（2）成本毛利率法　成本毛利率也称外加毛利率，是根据餐饮产品的标准成本和成本毛利率（外加毛利率）来计算的餐饮产品销售价格。餐饮产品价格的计算公式为

$$餐饮产品价格 = 标准成本 \times (1+成本毛利率)$$

（3）成本加成定价法 该方法是按餐饮成本耗费再加上一定的百分比（加价率）定价。在同一酒店内部，不同的餐厅定价可以采用不同的加价率。餐饮产品价格计算公式为

$$餐饮产品价格 = 成本 \times (1 + 加价率)$$

第二节 酒店营业收入管理

一、酒店营业收入的确定

1．酒店营业收入的界定

根据《企业会计准则第14号——收入》的规定，收入是指企业在日常活动中形成的、会导致所有者权益增加的、与所有者投入资本无关的经济利益的总流入。本准则所涉及的收入，包括销售商品收入、提供劳务收入和让渡资产使用权收入。

酒店是向旅游者提供客房、餐饮、商品，以及电话、洗衣、康体等服务的综合性企业，酒店经营业务的多样性决定其营业收入也是多样性的。因此，酒店按照一定的价格，通过出租、出售等方式所取得的收入统称为酒店的营业收入，主要包括：

（1）客房收入 是指主要来源于出租客房取得的租金收入。

（2）餐饮收入 是指各餐厅提供食品、菜肴、酒水、饮料、香烟等取得的收入。

（3）销售商品收入 是指发出商品或提供劳务时收取的各种价款，包括商品销售收入、代销业务收入等。

（4）其他业务收入 主要包括：电话收入，指收取客人的市话、长途电话费用等；洗衣收入，指收取客人的衣物等的清洗费用；车队收入，指酒店经营性车队以为酒店客人服务为主，也面向社会服务获取的收入；康体收入，指酒店以住店客人为主，也面向社会提供的健身、娱乐等活动获取的收入；手续费收入，主要是商务中心为酒店客人提供多种服务的手续费收入。

2．酒店营业收入确认的时间

《企业会计准则第14号——收入》中界定的收入是指企业在日常活动中形成的、会导致所有者权益增加的、与所有者投入资本无关的经济利益的总流入。其中"日常活动"是指企业为完成其经营目标所从事的经常性活动以及与之相关的活动。酒店为客人提供的客房出租、餐饮销售、商品销售、租车服务、康体服务、电话服务、洗衣服务等，均属于酒店为完成其经营目标所从事的经常性活动，由此产生的经济利益的总流入构成酒店的收入。酒店销售收入确认的具体时点为：

（1）提供经常性活动时 酒店为客人提供的客房出租、餐饮销售、租车服务、康体服务、电话服务、洗衣服务等经常性活动，在酒店提供的服务发生时确认营业收入。例如，酒店的餐饮销售，当酒店为客人提供用餐服务后确认营业收入。

（2）采用预收款方式的 预收款确认为负债，服务提供时逐步转化为收入。例如，酒店对散客一般采取预收房款，在客人住店期间，酒店每天分别将预收款转化为房款收入。

（3）采用会员制或包价制　能使客人在特定期间得到服务或商品，或以低于非会员的价格销售商品或提供服务的，在受益期内分期确认收入。

（4）酒店商品部销售商品　在转移商品所有权凭证并交付实物后确认收入。涉及商业折扣的，应当按扣除商业折扣后的金额确定营业收入；涉及现金折扣的，在现金折扣实际发生时计入当期损益；涉及销售折让和销售退回的，冲减当期营业收入。

二、酒店营业收入的控制

酒店实行收益管理的关键是尽可能将酒店的各项服务提供出去，以实现酒店有效的收入，并对酒店的收入进行合理的控制，使酒店收益最大化。在酒店经营过程中，各部门收入实现及控制差异较大，下面重点阐述酒店的客房收入控制和餐饮收入控制。

1. 客房收入控制

客人入住酒店一般需要经过预订、登记、入住、结账等过程。在酒店为客人提供住宿服务的过程中，酒店客房收入主要经过预收押金、结账、交款、稽核等几个环节。

（1）预收押金　客人办理入住手续时，为保证酒店的权益不受侵害，酒店一般要求客人交纳一定的押金，押金的数额一般按照客人入住的天数和酒店内部规定的押金标准确定收取。收取押金时，前台收款员一般需要开立押金收据。押金收据一式三联。押金收据的格式见表8-1。

表　8-1

预收款收据	
	日期：
今收到 房号	
交来：	
金额（大写）：	
请阁下务必保管好此单据，退房时凭此单据到总台收银处办理结账手续。	
客人签名：	

酒店前台收取客人押金，为客人分配房间，客人完成入住手续。酒店要结合房间号和客人姓名，为客人设立唯一的识别账号，以便正确记录客人的房费和其他消费。客人在酒店内的各项消费，要及时准确地计入客人的账号中，以便酒店如数收回款项。

（2）结账　客人提出结账申请时，酒店前台一方面需要将客人在店内的各项消费及时入账，尤其是结账前的消费不能遗漏，另一方面等待客房部的查房信息，客房部查房后为客人打印消费明细，请客人核对确认无误后，开出账单由客人签字认可，再按预订时的付款方式向客人收取款项。

一般客人结账可以采用现金结账、信用卡结账、支票结账、挂账等几种方式。

采用现金结账时，收款员重点是要验证现钞的真伪，以免收到假钞，如果客人提前预付过押金，结账时根据客人的消费情况多退少补，收回"预收款收据"客人联，有余额的填写"现金支出单据"，押金数额不足的收取差额款项。

采用信用卡结账时，需要检查信用卡是否为酒店可以接受的范围，查看信用卡的有效期，核对注销名单，查看签名，核对客人身份证上的姓名与信用卡上的拼音、签名是否一致，检查无误后打印销售单据，最后给客人签单。

采用支票结账时，酒店为减少风险一般只接受大单位或是协议单位的支票，收到支票时收款员需要检查支票的内容是否完整、签章是否齐全、是否有酒店员工担保等，并设立支票登记簿，将有关资料登记入册。

采用挂账结账时，需要检查是否为贵宾卡挂账客户、协议客户或是一些特殊客户，确实符合挂账消费的客户结账时需要将客人的所有消费全部转入应收账款管理中。

（3）交款 酒店收银员在一个工作班次结束后，需要清点所收取的现金，并将现金装入交款信封，然后填写印在交款信封背面的交款表（见表8-2），如果在财务部总出纳上班期间，收银员可将交款信封交由总出纳收取、清点、核对，如果财务部总出纳已下班，收银员需要按照酒店的规定，在监管人的见证下，将交款信封存入到指定的保险箱内。

表 8-2　收银员交款表

年　　月　　日

营 业 部 门	班次/交款时间	金　额	交 款 人	证 明 人	备　注

填写人：　　　　　（收银员）总出纳：　　　　　　　证明人：

（4）稽核 酒店一般安排夜审人员对全天前台收银员的工作进行稽核，以便确认收银员的工作是否存在问题。夜审人员对前台收银员工作稽核的重点主要有以下几个方面：

1）打印当日IC卡系统报表，并入IC卡系统打印当日IC卡减值报表，两表相核对，查看其差额是否与收据金额一致，发现错误及时补救，并记录下收银操作。

2）打印IC卡消费报表，餐厅收入及财务记录日报表，娱乐收入及财务记录日报表，客房收入及财务记录日报表，客房、餐厅、娱乐转AR账报表，核对IC卡消费数是否一致。

3）核对餐厅收入及财务记录日报表、娱乐收入及财务记录日报表、客房收入及财务记录日报表与前台客账数是否一致。

4）打印前台、综合收银招待明细表，与实际账单核对，查看招待是否符合手续。

5）打印餐饮打折变动表、服务费变动表、赠送免单凭据、单品折扣报表、免零报表、冲减报表、异常账单报表，审查餐娱账单，审核其是否符合规定手续。

6）打印上日（如果还没有执行电脑中"夜间稽核"则为本日）菜单统计报表与每张账单核对，查看账单金额与报表上对应统计数是否一致（如果有不一致的现象应立即上报），是否有账单未上交，并审核每一个账单是否存在少收、多收的现象，审核各种优惠券、免费券及有价证券的使用是否符合有关规定。

7）打印前台实际结账退房报表，审核前台入住、退房、结账的时间，房租是否全部计入，应加收半天房租或全天房租的是否加收，免收或少收的是否有规定的批准手续。

8）审核每日客房迷你吧报表、杂项租金报表、商务吧消费报表、赔偿报表，并与客房营业日报表中数字相核对。

9）核查在住客人在宾馆的消费是否全部计入房间账，有无漏入或错入的数额，账单的计算是否正确，账款是否全部结清。

10）检查退房账单上款项是否正确，是否符合规定手续，是否有客人签名，现金结账要与电脑报表核对其金额是否吻合。

11）进入账务查询，查前台收银账务，打印调整账、对冲账、优惠账等，并与前台账单相核对，核查前台打折、冲减是否正常，是否符合手续。

夜审工作结束后填写夜间稽核报告，并将各类单据分门别类归并整齐，次日转交日审。夜间稽核报告将所有夜间稽核过程中发现的问题记录下来，并对每日营业收入、收款情况、销售分析概述、房租报告等信息进行汇总，以便酒店相关管理人员及时发现问题。

2．餐饮收入控制

酒店内部一般有餐厅、酒吧等多个营业场所，餐饮服务项目繁多、价格各异且人员流动较大，为有效控制餐饮服务过程中的走单、走数、走餐等舞弊行为和可能发生的错误，需要对酒店餐饮服务过程中的钱、单、物进行有效控制，以维护酒店的利益。

在餐厅收入控制中重点是要做到"三牵制、两核对"，将钱、单、物分成三条互相独立的线进行传递，在三条传递线的终端设置两个核对点，以便对三线进行控制，如图 8-1 所示。

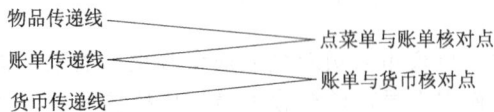

物品传递线
账单传递线 → 点菜单与账单核对点
货币传递线 → 账单与货币核对点

图 8-1 "三牵制、两核对"图

在"三牵制"中的做法是经手物品的人员不经手餐单和货币，经手餐单和货币的人员又将餐单和货币分开，交与不同人员入数。在"两核对"时，点菜单与账单核对，是防范走单、走数的关键；账单与货币核对，重点是防止现金短缺。

客人通知结账时，服务员根据客人的餐台号，通知收银员打印餐饮账单，并及时为客人办理结账手续。一般客人可以采用现金、信用卡、支票、挂账等方式结账。

对于采用现金结账的，收银员应注意辨别真伪和币面的完整；对于采用信用卡结账的，需要检查信用卡的有效性，并压印信用卡销售单据；对于采用支票结账的，需要检查支票的真伪、有效期以及是否超过限额，检查支票行号、账号以及印章是否清晰，并留下客人的姓名、地址、电话等；对于采用挂账结账的，住店客人挂账需要检查是否有房卡，并检查房卡签名与账单签名是否一致，非住店客人挂账，主要是协议单位挂账、董事长总经理担保挂账以及酒店宴请挂账，所有非住店客人挂账需要有关人员签字方可挂账。

收银员本班次结束时需要将已结账的账单全部记录在收银机上，并编制餐厅营业收入报告（见表 8-3）。

表 8-3　餐厅营业收入报告

收　入　部　门	金　额		备　注	
			账单号码	
小　　计				
内　容　分　析				
现金			支票号码	1
信用卡				2
支票				3
房账				4
小　　计				5
加：押金			其他	
加：本班长款				
减：本班短款				
合　　计				

第三节　酒店税金管理

依法纳税是每个企业的义务，酒店在持续经营管理过程中需要按规定向国家税务机关缴纳各种税金。酒店需要缴纳的税金，按照征收对象来分，主要有三类，即流转税、所得税和其他税种。

一、流转税的管理

流转税是指对从事商品生产、销售及提供劳务的企业，按照商品和劳务的流转额来计算征收的税金，包括增值税、营业税、消费税、关税等。酒店在销售商品、提供劳务等日常经营活动中主要需要缴纳的流转税有营业税和增值税，并需要按照流转税的一定比例缴纳城市维护建设税和教育费附加。

1. 营业税的管理

营业税是对我国境内提供应税劳务、转让无形资产或者销售不动产的单位和个人，就其取得的营业额征收的一种税。酒店提供的客房、餐饮、商务中心、康体以及娱乐等劳务均属于营业税的纳税范围。

营业税实行比例税率，酒店提供的客房、餐饮、商务中心等劳务适用的营业税税率为5%；酒店通过提供体育器械和场地取得健身、健美的收费收入，应按 3%税率计算缴纳营业税；酒店通过提供桑拿、美容、美发、化妆、面部皮肤护理、倒膜等配套性服务取得的收入，应按 5%税率计算缴纳营业税；酒店取得的歌厅、舞厅收入，应按 20%税率计算缴纳营业税。

营业税按照营业额和适用的税率计算缴纳，计算公式为

$$应纳营业税税额=营业额×税率$$

酒店应缴纳的营业税的纳税申报表格式见表 8-4。

表8-4　营业税纳税申报表

纳税人识别号：

纳税人名称（公章）：

税款所属时间：自　年　月　日　至　年　月　日　　填表日期：　年　月　日　　金额单位：元（列至角分）

税目	行次	应税收入	营业额 前期多缴项目营业额				应税减除项目金额	应税营业额	免税收入	税率(%)	本期税款计算			期初欠缴税额	前期多缴税额	本期已缴税额				税款缴纳 本期应缴税额计算		
			小计	营业额事后冲减	审批减免	其他					小计	本期应纳税额	免(减)税额			小计	已缴本期应纳税额	本期已缴被扣缴税额	本期已缴欠缴税额	小计	本期期末应缴税额	本期期末应缴欠缴税额
		1	2=3+4+5	3	4	5	6	7=1-6	8	9	10=11+12	11=7×9	12=8×9	13	14=2×9	15=16+17+18	16	17	18	19=20+21	20=11-14-16-17	21=13-18
交通运输业	1																					
建筑业	2																					
邮电通信业	3																					
服务业	4																					
娱乐业 5%税率	5																					
娱乐业 10%税率	6																					
娱乐业 20%税率	7																					
金融保险业	8																					
文化体育业	9																					
销售不动产	10																					
转让无形资产	11																					
合计	14																					
代扣代缴项目	15																					
	16																					
总计	17																					

纳税人或代理人声明：

此纳税申报表是根据国家税收法律的规定填报的，我确定它是真实的、可靠的、完整的。

办税人员（签章）：　　财务负责人（签章）：　　法定代表人（签章）：

代理人名称：　　联系电话：　　代理人（公章）：

代理人：　　经办人（签章）：　　受理税务机关（签章）：

受理日期：　年　月　日　　联系电话：

以下由税务机关填写：

如纳税人填报，由纳税人填写以下各栏：

如委托代理人填报，由代理人填写以下各栏：

本表为A3横式一式三份，一份纳税人留存，一份主管税务机关留存，一份征收部门留存。

2．增值税的管理

增值税是对销售货物或者提供加工、修理修配劳务以及进口货物的单位和个人就其实现的增值额征收的一个税种。酒店商品部的商品销售收入属于增值税的纳税范围。

我国税法在界定一般纳税人和小规模纳税人时规定：从事货物批发、零售的，年销售额 180 万元以上的，可以认定为一般纳税人，年销售额在 180 万元以下的，属于小规模纳税人。酒店商品部主要是商品零售业务，商品售价已含增值税税额，所取得的销售收入是含税收入，且酒店商品部一般销售数额不大，年应税销售额都远低于 180 万元，属于小规模纳税人范畴。我国对小规模纳税人实行简易办法征收增值税，增值税征收率自 2009 年 1 月 1 日起调整为 3%，并且其进项税不允许抵扣。酒店商品部增值税的计算公式为

$$应纳增值税税额=含税销售额/（1+征收率）×征收率$$

酒店商品部应缴纳的增值税的纳税申报表格式见表 8-5。

表 8-5　增值税纳税申报表（适用小规模纳税人）

纳税人识别号：

纳税人名称（公章）：　　　　　　　　　　　　　金额单位：元（列至角分）

税款所属期：　年　　月　　日至　年　　月　　日　　填表日期：　年　　月　　日

	项　目	栏　次	本 月 数	本年累计
一、计税依据	（一）应征增值税货物及劳务不含税销售额	1		
	其中：税务机关代开的增值税专用发票不含税销售额	2		
	税控器具开具的普通发票不含税销售额	3		
	（二）销售使用过的应税固定资产不含税销售额	4	—	—
	其中：税控器具开具的普通发票不含税销售额	5	—	—
	（三）免税货物及劳务销售额	6		
	其中：税控器具开具的普通发票销售额	7		
	（四）出口免税货物销售额	8		
	其中：税控器具开具的普通发票销售额	9		
二、税款计算	本期应纳税额	10		
	本期应纳税额减征额	11		
	应纳税额合计	12=10-11		
	本期预缴税额	13		—
	本期应补（退）税额	14=12-13		—

纳税人或代理人声明：	如纳税人填报，由纳税人填写以下各栏：
此纳税申报表是根据国家税收法律的规定填报的，我确定它是真实的、可靠的、完整的。	办税人员（签章）：　　财务负责人（签章）：
	法定代表人（签章）：　　联系电话：
	如委托代理人填报，由代理人填写以下各栏：
	代理人名称：　　经办人（签章）：　　联系电话：
	代理人（公章）：

受理人：　　　　受理日期：　　年　　月　　日　　受理税务机关（签章）：

本表为 A3 竖式一式三份，一份纳税人留存，一份主管税务机关留存，一份征收部门留存。

2012 年 1 月 1 日上海率先在交通运输业和部分现代服务业试点营业税改征增值税（以下简称"营改增"）。至 2013 年 8 月 1 日，"营改增"范围已推广至全国范围试行，从 2014 年 1 月 1 日起将铁路运输和邮政服务业纳入"营改增"试点，从 2014 年 6 月 1 日起将电信业纳入"营改增"试点范围。国家计划到 2015 年年底将在全国范围内全部服务业完成"营改增"，到时旅游酒店业将不再缴纳营业税，改为缴纳增值税。

3. 城市维护建设税及教育费附加的管理

城市维护建设税简称城建税，是对从事工商经营而缴纳消费税、增值税、营业税的单位和个人征收的一种税。城建税实行地区差别比例税率：纳税人所在地在市区的，税率为 7%；纳税人所在地在县城（镇）的，税率为 5%；纳税人所在地不在市区、县城（镇）的，税率为 1%。

城建税以纳税人实际缴纳的增值税、消费税、营业税税额为计税依据，并随同增值税、消费税、营业税征收。城建税的计算公式为

$$应纳城建税税额 = （增值税 + 消费税 + 营业税）\times 适用税率$$

教育费附加是对缴纳增值税、消费税、营业税的单位和个人征收的一种附加费。凡缴纳增值税、消费税、营业税的单位和个人，均为教育费附加的纳费义务人（简称纳费人）。教育费附加征收率为 3%。纳费人在申报缴纳增值税、消费税、营业税的同时，申报缴纳教育费附加。教育费附加的计算公式为

$$应纳教育费附加 = （增值税 + 消费税 + 营业税）\times 征收率$$

酒店应缴纳的城市维护建设税和教育费附加申报表格式见表 8-6。

表 8-6 城市维护建设税和教育费附加申报表

纳税人识别号：☐☐☐☐☐☐☐☐☐☐☐☐☐☐☐☐☐☐

纳税人名称（公章）　　　　　　　　　　　　　　　金额单位：元（列至角分）

税款所属期：　年　月　日至　年　月　日　　填表日期：　年　月　日

税种名称	计税（费）税额	城市维护建设税				教育费附加			
		税率	应纳税额	已纳税额	本期应补（退）税额	费率	应纳附加额	已纳附加	本期应补（退）附加额
(1)	(2)	(3)	(4)=(2)×(3)	(5)	(6)=(4)-(5)	(7)	(8)=(2)×(7)	(9)	(10)=(8)-(9)
营业税									
增值税									
消费税									
合　计									

如纳税人填报，由纳税人填写以下各栏		如委托代理人填报，由代理人填写以下各栏		
会计主管（签章）	纳税人（公章）	代理人名称	代理人（公章）	
		代理人地址		
		经办人	电话	
以下由税务机关填写				
收到申报表日期		接收人		

【例 8-1】　某酒店 2014 年 8 月各部门获取收入情况如下：客房收入 142 000 元，餐饮收入 50 000 元，商品部收入 18 000 元，商务中心收入 4 000 元。该酒店应缴纳的各项流转税税额及附加如下：

应纳营业税税额=（142 000+50 000+4 000）×5%=9 800（元）

应纳增值税税额=18 000/（1+3%）×3%≈524.27（元）

应纳城市维护建设税税额=（9 800+524.27）×7%=722.70（元）

应纳教育费附加=（9 800+524.27）×3%=309.73（元）

二、企业所得税的管理

企业所得税是针对企业的生产经营所得和其他所得征收的一种税。企业所得越多，需要缴纳的企业所得税也就越多。企业所得税税率为25%。

应纳所得税税额=应纳税所得额×税率

企业所得税的计算缴纳是按照应税所得（也称应税利润）与企业所得税税率之积计算得到的。应税利润是以会计核算的利润为基础，但与会计利润不完全一致。应税利润是按税法的规定计算得到的，会计利润是按照会计核算方法计算得到的，两者主要是在对收入和费用的确认上遵循了不同的原则，从而导致利润计算结果出现差异。因此，在计算应缴纳的企业所得税时，应对企业的会计利润进行调整，使计算的应税所得符合税法规定的要求。

酒店应缴纳的企业所得税申报表格式见表 8-7。

表 8-7　中华人民共和国企业所得税年度纳税申报表（A 类）

行　次	类　别	项　目	金　额
1	利润总额计算	一、营业收入	
2		减：营业成本	
3		营业税金及附加	
4		销售费用	
5		管理费用	
6		财务费用	
7		资产减值损失	
8		加：公允价值变动收益	
9		投资收益	
10		二、营业利润（1−2−3−4−5−6−7+8+9）	
11		加：营业外收入	
12		减：营业外支出	
13		三、利润总额（10+11−12）	
14	应纳税所得额计算	减：境外所得	
15		加：纳税调整增加额	
16		减：纳税调整减少额	
17		减：免税、减计收入及加计扣除	
18		加：境外应税所得抵减境内亏损	
19		四、纳税调整后所得（13−14+15−16−17+18）	
20		减：所得减免	
21		减：抵扣应纳税所得额	
22		减：弥补以前年度亏损	
23		五、应纳税所得额（19−20−21−22）	

（续）

行　次	类　别	项　目	金　额
24	应纳税额计算	税率（25%）	
25		六、应纳所得税额（23*24）	
26		减：减免所得税额	
27		减：抵免所得税额	
28		七、应纳税额（25-26-27）	
29		加：境外所得应纳所得税额	
30		减：境外所得抵免所得税额	
31		八、实际应纳所得税额（28+29-30）	
32		减：本年累计实际已预缴的所得税额	
33		九、本年应补（退）所得税额（31-32）	
34		其中：总机构分摊本年应补（退）所得税额	
35		财政集中分配本年应补（退）所得税额	
36		总机构主体生产经营部门分摊本年应补（退）所得税额	
37	附列资料	以前年度多缴的所得税额在本年抵减额	
38		以前年度应缴未缴在本年入库所得税额	

三、其他税种的管理

1．房产税的管理

房产税又称房屋税，是以房产作为课税对象向产权所有人征收的一种财产税。国家按照房屋经营使用方式的差异采用不同的征税办法：对于自用房产，按房产计税余值征收，依照房产原值一次减除 10%～30%后的余值计算缴纳，扣除比例由省、自治区、直辖市人民政府在税法规定的减除幅度内自行确定，年税率为 1.2%；对于出租房屋，按租金收入征税，税率为 12%。房产税实行按年计算、分期缴纳的征收方法。

对于自用房产，应纳税额的计算公式为

$$应纳房产税税额=应税房产原值×（1-扣除比例）×年税率$$

对于出租房屋，应纳税额的计算公式为

$$应纳房产税税额=租金收入×年税率$$

2．印花税的管理

印花税是以经济活动中签立的各种合同、产权转移书据、营业账簿、权利许可证照等应税凭证文件为对象所征的税。按照应税凭证文件的不同，采用的印花税税率也不同。印花税的纳税义务人按规定应税的比例和定额，自行购买并粘贴印花税票，即完成纳税义务。

由于印花税是由纳税义务人根据规定自行计算印花税税额，采用购买并一次贴足印花税税票的方法缴纳税款，不存在与税务机关结算或清算的问题，但印花税纳税单位应按季向税务机关申报。

3．土地使用税的管理

土地使用税是指在城市、县城、建制镇、工矿区范围内使用土地的单位和个人，以实际占用的土地面积为计税依据，依照规定由土地所在地的税务机关征收的一种税。土地使用税以土地面积为课税对象，向土地使用人课征。土地使用税根据实际占用土地的所在地不同适用不同的单位税额。土地使用税实行按年计算、分期缴纳的征收方法。

土地使用税的计算公式为

应纳城镇土地使用税税额=应税土地的实际占用面积×适用单位税额

此外，酒店还需要按照车船的使用情况缴纳车船使用税，按照职工个人所得扣缴个人所得税，按照酒店固定资产投资项目的完成情况缴纳固定资产投资方向调节税等。

第四节 酒店利润管理

一、利润的构成

利润是企业在一定期间内的经营成果，即全部收入抵偿全部支出后的净额，包括营业利润、投资净收益和营业外收支净额三部分。酒店经营活动的主要目的在于不断提高酒店的获利能力，只有这样酒店才可能获得长远发展。

酒店利润总额的计算公式为

利润总额=营业利润+投资净收益+营业外收入−营业外支出

投资净收益是指投资收益扣除投资损失后的差额。营业外收入和营业外支出是指与酒店日常经营无直接关系的各项收入和支出。

营业利润=主营业务利润+其他业务利润−期间费用

=主营业务利润+其他业务利润−销售费用−管理费用−财务费用

其他业务利润是指其他业务收入和其他业务支出的差额。期间费用是指酒店当期发生的、不能直接或间接计入主营业务成本的，而是直接计入当期损益的各项费用，包括销售费用、管理费用、财务费用。

主营业务利润=主营业务收入−主营业务成本−主营业务税金及附加

酒店主营业务收入是指酒店经常性的、主要业务所产生的基本收入。酒店主营业务成本是指直接成本，包括餐饮直拨原料、调料、酒水饮料等。酒店的其他耗费根据经营性部门和非经营性部门具体划分到销售费用和管理费用中。主营业务税金及附加主要是指酒店缴纳的营业税、增值税等流转税和城市维护建设税、教育费附加。

二、利润预测

利润预测是酒店财务人员根据历史资料，依据现实条件，利用一定的预测方法对酒店未来可能获得的利润数额进行科学、合理的预计与测算。酒店在进行利润预测时，需要在销售预测的基础上，通过对销售量、销售价格、成本费用的耗费等进行逐一分析，来预计酒店未来一定期间的利润水平。合理的利润预测是酒店编制财务预算的重要组成部分，是酒店进行正确的财务决策的基础，也是酒店提高经济管理效益的重要手段。酒店利润预测有两种方法：一种是直接测算法，另一种是因素测算法。

1．直接测算法

直接测算法就是直接根据酒店各项服务在预算期的销售收入、成本费用以及税金等预测资料，分别计算酒店各项服务的利润预算数额，然后汇总得到酒店的利润总额。其计算公式为

$$酒店预算期利润总额 = \sum（某项服务预算收入 - 某项服务预算成本费用 - 某项服务预算税金及附加）$$

直接测算法适用于酒店新推出的服务项目的利润预测或是新建酒店的利润预测。因为新的服务项目或是新建酒店没有以往的经营记录，无法与历史数据进行对比分析，只能在销售收入、成本费用、税金预测的基础上汇总得到酒店的利润总额。

2．因素测算法

因素测算法又称分析计算法，是在上年利润水平的基础上，考虑预测年度影响销售利润增减变动的各项因素，进而对预测年度利润数额进行测算的一种方法。酒店利润的高低与酒店客人的数量增减、成本费用的高低、价格的升降以及税收政策的变动等因素密切相关，在对酒店利润进行预测时需要综合考虑这些因素的变化对酒店利润的影响。酒店各营业部门中，一般客房为酒店创造的收入占酒店全部营业收入的70%以上，成为酒店营业收入的重要组成部分，因此下面以客房营业收入为例，介绍酒店利润的测算。

测算酒店利润的具体步骤如下：

（1）确定上年利润额和成本费用率　上年利润额和成本费用率是确定酒店预算期销售利润的基础。上年利润额可以根据上年的财务数据取得，如果利润预测工作开始较早，在预算期开始前一个季度就已经着手测算，则可以根据上年1～3季度的实际数和第四季度的预计数来计算得到。

【例8-2】　某酒店基期以房间类型分类的收益情况见表8-8。

表8-8　不同房间类型的收益情况

房间类型	可供销售客房数量/间	可供销售客房间天数/天	平均出租率（%）	客房实际销售间天数/天	平均销售价格	销售收入/元	成本费用率（%）	税率（%）	利润总额/元	利润率（%）
	①	②=①×365	③	④=②×③	⑤	⑥=④×⑤	⑦	⑧	⑨=⑥×（1-⑦）×（1-⑧）	⑩=⑨/⑥
普通房	100	36 500	80	29 200	400	11 680 000	40	5.5	6 622 560	56.70
商务房	40	14 600	60	8 760	500	4 380 000	30	5.5	2 897 370	66.15
豪华房	10	3 650	50	1 825	1 000	1 825 000	20	5.5	1 379 700	75.60
合　计	—	—	—	—	—	17 885 000	—	—	10 899 630	60.94

确定上年利润额和成本费用率后，就可以对酒店预算期客人数量的增减、成本费用的高低、价格的升降以及税收政策的变动等因素的变化对酒店利润的影响进行测定。

（2）测定出租率变化对酒店利润的影响数额　酒店客人数量的增减可以是可供销售的客房数量的变化引起的，如酒店对客房进行改造，使得客房类型及数量发生变化，从而引起可供

销售的客房数量和实际销售的客房数量的变化；也可以是仅由于出租率的变化而引起实际销售的客房数量的变化。前一种情况需要考虑的因素更复杂，包括各类型房间数量如何变化，有无新增或是减少房间类型等。在此，主要考虑后面一种情况，即由于出租率的变化引起实际销售的客房数量的变化。出租率的提高会增加酒店的利润，出租率的降低会减少酒店的利润。

在假设成本费用、价格以及税收等因素不变的情况下，测定出租率的变化引起酒店利润数额的增减变化。其计算公式为

$$出租率变化影响利润数额 = \sum \begin{bmatrix} (预算期出租率按报告期价格计算的某项营业收入 \\ -报告期某项营业收入) \times 报告期利润率 \end{bmatrix}$$

【例 8-3】　接例 8-2，如果酒店将在预算期努力提高商务房的出租率，使之达到 70%，普通房和豪华房出租率略有下降，平均出租率降低 5%，那么预算期客房出租率的变化对酒店利润产生的影响数额见表 8-9。

表 8-9　出租车变化对酒店利润的影响

房间类型	可供销售客房数量	可供销售客房间天数	预计出租率(%)	客房预计销售间天数	平均销售价格	预算期出租率按报告期价格计算的销售收入	成本费用率(%)	税率(%)	利润总额	利润变化金额
	①	②=①×365	③	④=②×③	⑤	⑥=④×⑤	⑦	⑧	⑨=⑥×(1-⑦)×(1-⑧)	⑩=表8-9中⑨-表8-8中⑨
普通房	100	36 500	75	27 375	400	10 950 000	40	5.5	6 208 650	−413 910
商务房	40	14 600	70	10 220	500	5 110 000	30	5.5	3 380 265	482 895
豪华房	10	3 650	45	1 642.5	1 000	1 642 500	20	5.5	1 241 730	−137 970
合　计	—	—	—	—	—	17 702 500			10 830 645	−68 985

（3）测定价格的变化对酒店利润的影响数额　如果假设酒店出租率、成本以及税金等因素都不发生变化，仅仅考虑由于价格的变化对酒店利润产生的影响，那么价格的提高会增加酒店的利润，价格的降低会减少酒店的利润。其计算公式为

$$价格变化增减利润 = \sum \begin{bmatrix} (报告期出租率按预算价格计算的某项营业收入 \\ -报告期某项营业收入) \times 报告期利润率 \end{bmatrix}$$

【例 8-4】接例 8-2，如果由于社会平均物价上涨，酒店计划预算期所有客房价格上涨 10%，那么价格的变化对酒店利润的影响数额见表 8-10。

表 8-10　价格变化对酒店利润的影响

房间类型	可供销售客房数量	可供销售客房间天数	平均出租率(%)	客房实际销售间天数	预计销售价格	报告期出租率按预算价格计算的销售收入	成本费用率(%)	税率(%)	利润总额	利润变化金额
	①	②=①×365	③	④=②×③	⑤	⑥=④×⑤	⑦	⑧	⑨=⑥×(1-⑦)×(1-⑧)	⑩=表8-10中⑨-表8-8中⑨
普通房	100	36 500	80	29 200	440	12 848 000	40	5.5	7 284 816	662 256
商务房	40	14 600	60	8 760	550	4 818 000	30	5.5	3 187 107	289 737
豪华房	10	3 650	50	1 825	1 100	2 007 500	20	5.5	1 517 670	137 970
合　计	—	—	—	—	—	19 673 500			11 989 593	1 089 963

（4）成本费用变化对酒店利润的影响数额　如果假设酒店出租率、价格以及税金等因素都不发生变化，仅仅考虑由于成本的变化对酒店利润产生的影响，那么成本的变化会引起酒店利润的反方向变化，即成本费用的增加会减少酒店的利润，成本费用的减少会增加酒店的利润。其计算公式为

$$成本费用变化增减利润 = \sum \left[\begin{array}{l} 预算期某项营业收入 \times (预算期某项成本费用率 \\ -报告期某项成本费用率) \end{array} \right]$$

（5）税种、税率的变化对酒店利润的影响数额　如果假设酒店出租率、价格以及成本费用等因素都不发生变化，仅仅考虑由于税率、税种的变化对酒店利润产生的影响，那么税率、税种的变化会引起酒店利润的反方向变化，即税率、税种的增加会减少酒店的利润，税率、税种的减少会增加酒店的利润。其计算公式为

$$税率、税种变化增减利润 = \sum \left[预算期某项营业收入 \times (预算期税率 - 报告期税率) \right]$$

（6）汇总计算预算期利润　汇总各因素对酒店利润的影响数额，就是预算期利润与报告期利润的差额，也就是综合考虑出租率、价格、成本费用以及税率、税种等因素的变化对酒店利润产生的影响，由此可以计算得出酒店预算期利润。

$$预算期利润 = 报告期利润 \pm 出租率变化增减利润 \pm 价格变化增减利润$$
$$\pm 成本费用变化增减利润 \pm 税率、税种变化增减利润$$

三、利润分配的管理

酒店年度决算后实现的利润总额，要在国家、所有者和酒店之间进行分配。利润分配关系着国家、酒店、职工及所有者各方面的利益，必须严格按照国家的法规和制度执行。

1．利润分配的原则

（1）依法分配原则　为规范企业的利润分配行为，国家制定和颁布了若干法规，这些法规规定了企业利润分配的基本要求、一般程序和重大比例。企业的利润分配必须依法进行，这是正确处理企业各项财务关系的关键。

（2）分配与积累并重原则　企业进行利润分配时，要正确处理长期利益和近期利益这两者的关系，坚持分配与积累并重。企业除按规定提取法定盈余公积金以外，可适当留存一部分利润作为积累，这部分未分配利润仍归企业所有者所有。这部分积累的净利润不仅可以为企业扩大生产筹措资金，增强企业发展能力和抵抗风险的能力，同时还可以供未来年度进行分配，起到以丰补歉、平抑利润分配数额波动、稳定投资报酬率的作用。

2．利润分配的一般顺序

利润分配的顺序根据《中华人民共和国公司法》（以下简称《公司法》）等有关法规的规定，企业当年缴纳所得税后的净利润一般应按照下列内容、顺序和金额进行分配：

（1）没收的财物损失，支付各项税收的滞纳金和罚款。

（2）弥补以前年度亏损。

（3）提取法定盈余公积金。法定盈余公积金按照税后净利润的10%提取。法定盈余公积金已达注册资本的50%时可不再提取。提取的法定盈余公积金用于弥补以前年度亏损或

转增资本金，但转增资本金后留存的法定盈余公积金不得低于注册资本的 25%。

（4）提取任意盈余公积金。任意盈余公积金的提取与否及提取比例由企业自行决定，法律不做强制规定，企业提取的任意盈余公积金可以用作弥补公司亏损、扩大公司生产经营、转增公司资本等。

（5）向投资人分配利润。企业以前年度未分配的利润，可以并入本年度分配。

复习思考题

一、选择题

1. 收益管理的核心是（　　）。

    A. 价格细分　　　　　　　　　　B. 销售收入管理

    C. 利润管理　　　　　　　　　　D. 净利润管理

2. 夜审人员对前台收银工作稽核的重点不包括下面哪个方面？（　　）

    A. 核查在住客人在宾馆的消费是否全部计入房间账，有无漏入或错入的数额，账单的计算是否正确，账款是否全部结清

    B. 如果是在财务部总出纳上班期间，应将交款信封交由总出纳收取、清点、核对，如果财务部总出纳已下班，需要按照酒店的规定，在监管人的见证下，将交款信封投入到指定的保险箱内

    C. 检查退房账单上款项是否正确，是否符合规定手续，是否有客人签名，现金结账要与电脑报表核对其金额与电脑是否吻合

    D. 进入账务查询，查前台收银账务，打印调整账、对冲账、优惠账等与前台账单相核对，核查前台打折、冲减是否正常，是否符合手续

3. 王洪 2014 年 6 月 22 日入住一四星级酒店，计划住一间标准间两天。酒店标准间门市价 350 元/间·天。前台服务员收取王洪 1 000 元押金，并当即为王洪办理入住手续。2014 年 6 月 22、23 日酒店应确认的营业收入为（　　）。

    A. 1 000 元、0 元　　　　　　　　B. 0 元、1 000 元

    C. 350 元、350 元　　　　　　　　D. 350 元、650 元

4. 已知某四星级酒店清蒸鲑鱼的标准成本为 56 元，销售毛利率为 60%。该清蒸鲑鱼的销售价格为（　　）。

    A. 140 元　　　　　　　　　　　　B. 89.6 元

    C. 110 元　　　　　　　　　　　　D. 120 元

5. 已知某四星级酒店 2013 年 9 月份客房部销售收入为 6 849 200 元，餐饮部销售收入为 3 373 500 元，商务中心销售收入 52 600 元，康体部销售收入为 368 800 元。该酒店 2013 年 9 月份应缴纳的营业税为（　　）。

    A. 532 205 元　　　　　　　　　　B. 319 323 元

    C. 524 829 元　　　　　　　　　　D. 326 699 元

二、思考题

1. 什么是收益管理？酒店收益管理的核心是什么？

2. 酒店客房价格种类有哪些？
3. 阐述酒店客房营业收入控制的过程。
4. 阐述酒店营业税的计算与纳税申报。
5. 阐述利润分配的顺序。

三、案例分析题

日本某公司驻上海办事处工作人员一行两人，一次住进厦门市某三星级商务型酒店。由于他们已向该酒店销售部预订了房间，所以到总台登记入住时十分顺利，只需在登记表上签个字交上押金就算办完全了入住手续。住下后的两天里倒也相安无事，然而不愉快的事情却在他们离店结账时发生了。"预订时不是讲好房价是每晚 330 元吗？现在怎么变成580 元了？"客人不解地向总台收银员问道。收银员小宋耐心地解答说："预订时讲的是 330元，没错，但你入住的那一天刚好遇上全国煤炭订货会在厦门召开，客房紧张，全市酒店的房价普遍上调，所以现在是按上调后的房价结算的。"由于日本公司驻上海办事处的职员是中国人，对国内酒店的运作方式还是了解的。他们认定，一旦预订时讲好多少价钱，入住后必须按此价钱结算。因此，对收银员小宋的回答十分不满，并立即找到销售部，与当时接受预订的销售部林经理交涉此事。林经理也感到总台做法不妥，马上亲自到总台解释，希望总台立即予以更正。可是总台的收银员小宋认为，她是凭客人入住当天签字认可的登记表上房价结算的，并无过错，而且若要更改房价，她没有这个权力。林经理问小宋："预订单上已写明是房价 330 元，怎么登记表上变成了 580 元呢？"小宋说："客人抵店之前，我们已先按预订客户姓名等资料填好登记表，房价是按当天收费标准改过来了，而且客人当时签字时也无异议。"客人说："我们签字时没有去看登记表上的房价，因为我们历来认为房价肯定按预订时说好的计算，没有疑问就签了字。这不是我们的错。"在一旁的该公司另一位职员插话道："按理说，你们酒店只能按预订时确认的房价收费，怎么突然变卦？你们究竟讲不讲诚信？"总台的气氛一时紧张起来。林经理出于无奈，只好请大堂副理出面解决。然而大堂副理听完情况介绍后，对客人说道："反正你们回公司可以报销，也不在乎出多少钱，我看就这样算了。"客人原以为事情大概会有转机，没想到大堂副理是这么一种态度，不满的情绪徒然增长。其中一位客人抬高了声音："我们是你们的长期客户，要是按580 元房价拿回去报销，公司还不怀疑我们拿了好处？"客人的话不无道理。林经理见此情形，又气又急，立即把大堂副理拉到一边，悄悄地说："请你马上叫总台更正，否则这个长期客户今后不住我们这里了，损失就更大。"谁知大堂副理却振振有词地说："客人自己已经在登记表上签字了，白纸黑字，并且当时资料也输入了电脑，怎么变？要变只有找总经理了。"两个人的脸色显然都不好看。也许是这两位客人不想再为难林经理，也许是急于赶车上路，他们走过来拉住林经理的手说："算了，这次就把这个账结了，请你用电话向我们公司解释一下，下回不住你们酒店就是了。"林经理一时怔住，当他缓过神还想再讲什么时，客人中的一位已经匆匆回到总台结账去了。

【问题】请根据以上资料分析：
（1）你认为总台收银员应该按多少金额收费比较合理？为什么？
（2）如果按林经理的意思，按预定价格收费，夜审稽核发现问题应该怎么处理？
（3）如果按大堂副理的意思，按登记价格收费，会对酒店产生什么影响？

第 九 章

酒店财务分析

知识目标

- 掌握酒店财务报告的含义。
- 掌握酒店各项分析的重要财务指标及其内涵。

能力目标

- 能够正确认识酒店的会计报表及其基本内涵。
- 能够运用所学知识，结合酒店的实践，科学评价酒店的各项财务指标，以便为酒店的科学决策提供有用数据。

第一节 酒店财务分析概述

财务分析是指以会计报表和其他资料为依据和起点，采用专门方法，系统介绍和评价企业的过去和现在的经营成果、财务状况及其变动，目的是了解过去、评价现在、预测未来，帮助利益关系集团改善决策。尽管财务分析主要依据的是会计报表，并辅之以其他相关资料，但由于财务分析主体不同，其分析评价所选取的指标有所差异，采用的分析方法和分析标准各不相同，所得出的分析结果和据此做出的分析决策也各有千秋。

一、酒店会计报表介绍

财务报告是反映企业财务状况和经营成果的书面文件。我国《企业会计准则》的基本准则第十章规定，财务会计报告包括会计报表及其附注和其他应当在财务会计报告中披露的相关信息和资料。会计报表至少应当包括资产负债表、利润表、现金流量表等报表。为适应我国企业集团化发展的需要，我国从 2011 年 1 月 1 日开始实行新的企业会计制度，新企业会计制度规定：除不对外筹集资金、经营规模较小的企业，以及金融保险企业以外，在中华人民共和国境内设立的企业（含公司，下同），执行本制度。

1. 资产负债表

资产负债表是反映企业某一特定日期财务状况的会计报表，它以"资产=负债+所有者权益"这一会计恒等式为依据，按照一定的分类标准和顺序，把资产、负债、所有者权益各项目进行适当排列，并对有关数据进行整理后编制而成的。

我国企业会计制度规定，资产负债表采用账户式结构，即资产列示在报表的左边，负债及所有者权益列示在报表的右边，左右双方的合计数必须相等。资产及负债各项目按照流动性进行排列，流动性强的项目在前，流动性弱的项目在后；所有者权益按形成来源分类，并按在企业保留的永久程度排列。资产负债表的具体示例见表 9-1。

表 9-1 锦江股份资产负债表

2014 年 12 月 31 日 （单位：千元）

资 产	期 末 数	年 初 数	负债及所有者权益	期 末 数	年 初 数
流动资产：			流动负债：		
货币资金	678 808	751 746	短期借款	1 330 000	0
交易性金融资产	0	0	应付票据	0	0
应收票据	0	0	应付账款	462 706	400 533
应收股利	5 257	0	预收账款	156 573	156 577
应收利息	611	2 193	应付职工薪酬	121 204	120 183
应收账款	69 225	50 282	应交税费	125 139	79 918
其他应收款	47 797	51 051	应付利息	2 023	0
预付账款	38 509	47 530	应付股利	344	306
存货	32 932	30 319	其他应付款	175 104	149 309
其他流动资产	3 743	1 637	一年内到期的非流动负债	486	448
流动资产合计	876 882	934 758	流动负债合计	2 373 579	907 274
			非流动负债：		
非流动资产：			长期借款	0	0
可供出售金融资产	1 006 490	1 150 338	应付债券	0	0
长期股权投资	186 569	235 181	长期应付款	6 266	6 690
长期债权投资	0	0	递延所得税负债	301 788	210 037
固定资产	2 838 958	1 145 686	其他非流动负债	20 630	2 920
工程物资	0	0	非流动负债合计	328 684	219 647
在建工程	362 467	344 043	负债合计	2 702 263	1 126 921
无形资产	250 303	258 023	股东权益：		
商誉	91 957	40 171	股本	603 241	603 241
长期待摊费用	1 319 290	1 235 119	资本公积	2 225 421	2 282 473
递延所得税资产	84 817	68 854	盈余公积	482 302	482 302
其他非流动资产	65 334	0	未分配利润	1 032 671	878 396
非流动资产合计	6 206 185	4 477 415	少数股东权益	37 169	38 840
			归属母公司股东权益	4 343 635	4 246 412
			股东权益合计	4 380 804	4 285 252
资产总计	7 083 067	5 412 173	负债及股东权益总计	7 083 067	5 412 173

通过分析资产负债表，可以了解：

（1）企业的资产总额　结合相关指标，可以在一定程度上反映企业的经营规模。

（2）企业的资产结构　通过计算有关比率，可以衡量企业资产结构是否合理、资产营运能力以及资产获利能力的强弱。

（3）企业的资金来源　通过计算有关比率，可以衡量企业负债能力是否合理以及企业偿债能力的强弱。

2．利润表

利润表是反映企业一定时期经营成果及其分配情况的会计报表。它是以"收入–费用=利润"为依据，反映企业一定期间内收入、与之相配比的费用的情况，总结企业经营业绩的报表。

我国企业会计制度规定，利润表采用多步式结构：第一步反映主营业务利润，即主营业务收入减去主营业务成本及流转税后的差额；第二步反映营业利润，即主营业务利润减去期间费用的余额；第三步反映企业利润总额，即营业利润加上投资净收益和营业外收支净额后的结果；第四步反映净利润，即利润总额减所得税后的差额，净利润也称为税后利润。利润表的具体示例见表9-2。

表 9-2　锦江股份利润表

2014 年　　　　　　　　　　　　　　　　（单位：千元）

项　　目	本　年　数
一、营业收入	2 684 411
减：营业成本	300 756
营业税金及附加	142 159
销售费用	1 392 780
管理费用	580 945
财务费用	45 849
资产减值损失	−1 069
加：公允价值变动净收益	0
投资收益	246 716
其中：对联营企业和合营企业的投资收益	−8 861
二、营业利润	469 707
加：营业外收入	29 192
减：营业外支出	2 251
其中：非流动资产处置净损失	1 204
三、利润总额	496 648
减：所得税	114 498
四、净利润	382 150
归属于母公司股东的净利润	377 473
少数股东损益	4 677
五、每股收益	
基本每股收益	0.63

通过分析利润表，可以：

（1）了解企业经营成果的形成和经营成果各组成部分的构成情况，为企业经营成果的分配提供依据。

（2）通过分析利润表中收入与成本费用之间的此消彼长关系，找出企业在经营过程中的差距，尤其是企业在成本费用开支过程中存在的问题，以便采取相应的改善措施，提高经营管理水平。

（3）通过比较企业在不同时期及同类企业在同一时期的经营成果信息，可以评价企业的经营业绩。

（4）企业利润形成的信息在一定程度上能够体现企业经营、融资、投资等活动的管理效率。

3．现金流量表

现金流量表是反映企业在一定会计期间现金流入与现金流出情况的报表。现金流量表中的"现金"，是指货币资金（库存现金、银行存款和其他货币资金等）和现金等价物（如短期投资等变现能力极强的资产）。

我国《企业会计准则第 31 号——现金流量表》规定，企业应采用直接法编制现金流量表，并在补充资料中采用间接法报告企业经营活动产生的现金流量。现金流量表的具体示例见表 9-3。

表 9-3　锦江股份现金流量表

2014 年	（单位：千元）
项　　目	金　　额
一、经营活动产生的现金流量：	
销售商品、提供劳务收到的现金	2 704 855
收到的税费返还	0
收到的其他与经营活动有关的现金	42 944
经营活动现金流入小计	2 747 799
购买商品、接受劳务支付的现金	580 248
支付给职工以及为职工支付的现金	742 733
支付的各种税费	257 727
支付的其他与经营活动有关的现金	527 953
经营活动现金流出小计	2 108 661
经营活动产生的现金净流量	639 138
二、投资活动产生的现金流量：	
收回投资所收到的现金	258 025
取得投资收益所收到的现金	120 384
处置固定资产、无形资产和其他长期资产收回的现金净额	6 566
收到的其他与投资活动有关的现金	0
投资活动现金流入小计	384 975
购建固定资产、无形资产和其他长期资产所支付的现金	809 425
投资所支付的现金	10 411

（续）

项　目	金　额
取得子公司及其他营业单位支付的现金净额	653 768
支付的其他与投资活动有关的现金	0
投资活动现金流出小计	1 473 604
投资活动产生的现金净流量	−1 088 629
三、筹资活动产生的现金流量：	
吸收投资所收到的现金	4 500
借款所收到的现金	2 630 000
收到的其他与筹资活动有关的现金	0
筹资活动现金流入小计	2 634 500
偿还债务所支付的现金	1 975 000
分配股利或利润或偿付利息所支付的现金	266 002
支付的其他与筹资活动有关的现金	16 945
筹资活动现金流出小计	2 257 947
筹资活动产生的现金净流量	376 553
四、汇率变动对现金的影响	0
五、现金及现金等价物净增加额	
加：年初现金及现金等价物余额	751 746
六、年末现金及现金等价物余额	678 808

通过分析现金流量表，可以：

（1）有助于评价企业的支付能力、偿债能力和周转能力。通过计算现金比率、每股现金流量等指标，可以判断企业的现金能否偿还到期债务、支付股利等，评价企业现金流转效率和效果。

（2）有助于预测企业未来现金流量。通过比较企业过去一定期间现金流量和其他经营指标，可以了解和判断企业现金流入和现金流出的数量是否合理，并可以在依赖外部资金的基础上，预测企业未来现金流量。

（3）有助于分析企业的收益质量和影响现金净流量的因素。通过将经营活动的现金流量与净利润相比较，可以从现金流量的角度了解净利润的质量，并逐个分析哪些因素影响现金流入与现金流出。

二、财务分析主体及分析目的

企业编制并对外报送财务报告，主要目的是提供反映企业财务状况和经营成果的信息，以供信息使用者使用。与企业有直接或潜在经济利益关系的信息使用者都有可能成为企业财务分析的主体，不同的企业财务分析主体，对企业财务信息的关注不同，财务分析的结果也可能不尽相同。

1. 企业的投资者或股东

依据现代企业制度的要求，企业投资者或股东出资，享有资产的所有权，但其本身并不直接经营这些资产，而是将其委托给企业经营者加以管理。为此，企业的投资者或股东需要对企业经营者提供的有关信息加以分析评价，以判断企业的获利能力、资产的营运能力以及投资风险和现金的流转情况等，从而为是否继续投资或追加投资等财务决策提供依据。企业大股东或投资者与小股东或投资者由于在企业所占的投资比例不同，所享有的权益不同，其财务分析的侧重点也不同。企业大股东或大额投资者对企业拥有较大的控制权和影响力，他们可以通过"用手投票"的方式，决定企业的人事安排、投筹资决策、经营决策、股利分配等，他们更关心的是影响企业长远发展的财务信息；作为企业的小股东或小额投资者，对企业的经营决策没有决定权，只能采用"用脚投票"的方式，尽量使自己的投资保值增值，因此他们更关心企业的短期财务信息。

2．企业的债权人

企业的债权人将贷款提供给企业，在双方约定的时间内收回本金和利息。因此，企业的债权人注重分析企业的偿债能力、现金的流转情况、企业的信用以及风险等财务信息。

3．企业的经营管理者

在现代企业制度中，企业的经营管理者受企业投资者或股东的委托，充分合理地利用企业各项经济资源，经营管理企业日常经济业务，对企业资本的保值、增值负有责任。因此，企业的经营管理者依据自己的经营管理权限，分析利用财务信息，为经营决策提供依据。

4．企业的供应商和客户

企业的供应商通常向企业提供商品和服务。在日益激烈的市场竞争中，为保证占有一定的市场份额，供应商往往采用赊销这一商业信用方式。为此，企业供应商必须充分分析了解企业的信用、风险以及偿债能力等财务信息。企业的客户是企业商品和劳务的接受者，为保障生产经营的连续性和质量，企业的客户十分关心企业持续供应商品和劳务的能力。为此，客户需要了解企业的持续发展能力、获利能力、未来发展前景等。

5．企业职工

企业职工通常与企业保持较为稳定的雇佣关系，他们十分关心获取的报酬、工作的稳定性、工作环境的安全性以及自我能力的发挥等。为此，企业职工需要了解企业的获利能力、发展能力等信息。

6．企业的竞争对手

企业的竞争对手希望尽量了解企业产品或服务的供应信息，以改进产品、改善服务，争取更多的客户；希望通过获取企业经营信息，不断改进经营管理水平；并通过充分掌握企业的信用、偿债能力、获利能力、发展能力以及风险等信息，为企业间并购提供依据。

7．政府有关部门

政府作为宏观经济管理部门和监督部门，需要充分了解企业的财务信息，为宏观经济决策和制定法律法规约束企业行为等提供依据。

三、财务分析方法

要对一个企业的会计报表进行比较全面、深入的分析，并获得客观、有用的相关信息，必须掌握相关的专业知识、选择合理的分析方法，通过对财务信息进行比较、对相关数据进行计算，以得出分析结果，并结合其他相关信息进行全面分析评价。财务分析可采用的方法通常有比较分析法、比率分析法、趋势分析法和因素分析法等几种。

1．比较分析法

比较分析法是指通过对指标数值变化进行对比，找出差异，以评价企业财务状况、经营成果及现金流转等情况的一种分析方法。按比较对象不同，可以将企业本期实际指标与以前会计期间相应指标对比，也可以将实际指标与计划指标、预算指标或定额指标进行对比，或与行业最高水平、平均水平、竞争对手进行比较；按比较数据性质的不同，比较分析法又可以分为绝对数比较分析、绝对数增减变动比较分析、百分比增减变动分析以及比率增减变动分析等。

在运用比较分析法时，要注意指标的可比性。例如，将企业指标与竞争对手进行比较时，如果两企业经营规模相差无几，可以采用绝对数进行比较，但如果两企业经营规模相差较大，采用绝对数比较所得出的结果就没有太多分析的意义。指标的可比性要求必须使相互比较的指标在内容、时间区间、计算口径、计价基础等方面尽量保持一致，从而使计算和对比的结果具有一定的现实意义。

2．比率分析法

比率分析法是指利用指标间的相互关系，通过计算比率进行对比和分析，借以评价企业财务状况和经营成果的一种分析方法。比率是一种相对数，通过指标间的对比，将某些不具有可比性的绝对指标转化为可比指标，从而揭示指标间的相互关系。

根据分析的内容和要求的不同，比率分析法可以分为相关比率分析和构成比率分析两种分析方法。

（1）相关比率分析　根据经济活动客观存在的相互依存、相互联系的关系，将性质不同但又相互关联的指标进行对比，计算比率并进行财务评价。可以采用同一张报表的不同项目计算比率，如流动比率、速动比率、资产负债率等，也可以采用不同报表有关项目计算，如资产周转率等。在运用相关比率分析时，必须首先确定各项目之间是否存在联系、对比的结果是否有意义。

（2）构成比率分析　通过计算某项经济指标各个组成部分占总体的比重，评价分析企业经营的变化趋势，如各项资产占总资产的比重等。

3．趋势分析法

趋势分析法是指将企业连续数期会计报表的有关项目进行比较，以揭示企业财务状况和经营成果的变动趋势。该方法也称为横向分析法。趋势分析法依据所选择的基期不同，可以分为定基趋势分析和环比趋势分析两种。

（1）定基趋势分析　以某一确定时间各项目的金额为比较标准，计算并分析各期相对于基期各项目之间的差异。

$$定基趋势百分比 = \frac{本期金额}{某确定基期金额} \times 100\%$$

（2）环比趋势分析　以上期各项目的金额为比较标准，计算并分析各期相对于上期各项目之间的差异。

$$环比趋势百分比 = \frac{本期金额}{上期金额} \times 100\%$$

4．因素分析法

因素分析法是指将一项综合性的指标分解为各个构成因素，按照一定的顺序逐个将各因素的实际数替换基期数，以计算各因素的变动对综合性指标的影响程度，寻找问题的根源，为企业经营决策提供依据的方法。因素分析法在进行成本费用分析时经常使用。

四、财务分析标准

在财务分析过程中，需要选择一定的标准，作为对比、分析、评价的标准。在实践过程中，可作为分析标准的通常有以下几种：

（1）目标标准　又称为理想标准，是企业报表分析者根据实际情况通过预算、计划等方式所确定的最佳标准。通过将企业实际财务信息与目标标准相比较，可以找出企业实际经营过程中的不足与差距，以便更好地改善经营管理。

（2）行业标准　是指同行业所有企业或大多数企业在相同时期内的平均水平。通过将企业实际财务信息与行业标准相比较，可以对企业经营优劣做出判断。如果某企业某些财务指标优于行业标准，则说明该企业该项目处于行业平均水平之上。

（3）历史标准　以本企业历史上的最佳状况或选定某一特定时期的状况作为分析评价的标准。在选定某一特定时期作为评价标准时，一般需要剔除某些特殊因素对财务信息的影响，使所选定的标准更具有可比性，也使所比较的结果更能体现企业的实际情况，从而为制定经营决策提供客观依据。

第二节　酒店偿债能力分析

偿债能力的强弱是评价企业财务状况的重要指标。依据《破产法》的要求，企业必须按期偿还到期债务，否则企业持续经营将会受到威胁。为此，评价企业的偿债能力，尤其是短期偿债能力，就成为企业财务分析的重点。由于酒店经营过程中固定资产在资产中所占比重非常大，占据了酒店相当一部分的资金，使得部分酒店资金周转可能会有问题，因此在对酒店进行财务分析时偿债能力分析就显得非常重要。

一、短期偿债能力

1．流动比率

企业需要偿还的是短期债务，而企业能否按期偿还这些即将到期的债务，一方面要看企业短期债务的多少，另一方面要看企业持有的可用于变现偿债的流动资产的数量。因此，在评价企业短期偿债能力时，通常首先需要计算流动比率。

$$流动比率 = \frac{流动资产}{流动负债}$$

流动比率表示企业每承担 1 元流动负债，有多少元流动资产用于担保偿付。从债权人的角度来说，流动比率越大，债权的安全程度越高。从债务人的角度来说，流动比率越大，企业偿债能力越强，但过高的流动比率说明企业资产利用效率低。

通常认为，流动比率为 2 时比较理想，一方面说明企业偿还债务后还能有部分剩余资产用于经营，另一方面由于考虑市场物价的变动，企业资产的价值可能会减值，即使企业流动资产减值 50%，企业也能保障按期偿还债务。通过表 9-1 中的数据可知：

$$锦江股份2014年流动比率 = \frac{876\,882}{2\,373\,579} \approx 0.396\,4$$

从锦江股份 2014 年财务数据及财务比率看，锦江股份的流动比率为 0.369 4，低于理想值 2，锦江股份的短期偿债能力较弱。锦江酒店 2014 年的财务报表显示，其流动比率低，主要原因在于流动负债中的短期借款的数额所占比重非常大，为此，可以结合公司的现金流量表进行综合分析。

在进行财务数据分析时，还要注意与以前年度相应财务指标进行比较，如果企业某些年份流动比率异常，主要原因可能在于应收账款或存货的异常变动，所以应结合对应收账款和存货的详细分析，找出流动比率异常变动的原因。

2．速动比率

在企业经营过程中，企业首先应该考虑用存货以外的其他流动资产用于偿还到期债务。其主要原因在于：①变卖存货还债，可能使企业原材料等维持正常经营所必需的物资减少，从而使企业的正常经营受到影响；②存在存货变现压力时，存货可能会难于及时脱手或有压价的风险，兑换的现金价值减少。因此，在评价企业短期偿债能力时，可以将流动资产中变现能力弱的存货剔除，计算速动比率。

$$速动比率 = \frac{流动资产 - 存货}{流动负债}$$

速动比率说明企业每承担 1 元流动负债，有多少元的速动资产担保偿付。通常认为，速动比率为 1 比较理想，这样企业每 1 元的流动负债都有 1 元的速动资产用于偿付。通过表 9-1 中的数据可知：

$$锦江股份2014年速动比率 = \frac{876\,882 - 32\,932}{2\,373\,579} \approx 0.355\,6$$

从锦江股份 2014 年速动比率看，速动比率低于理想值 1，也能说明锦江股份的短期偿债能力比较弱。

国务院国资委 2014 年颁布的企业绩效评价标准值显示住宿业全行业速动比率的平均值为 0.659，较低值为 0.372，锦江股份的速动比率远低于住宿业全行业速动比率的平均值，与住宿业全行业速动比率的较低值相当，说明锦江股份的短期偿债能力在全行业处于落后水平。

流动比率和速动比率能在一定程度上反映企业的短期偿债能力，但在客观分析的过程中，还应结合对资产的流动性进行分析。流动资产可以分为速动资产和非速动资产，速动资产包括货币资金、短期投资、各种短期债权等，非速动资产主要包括存货、待摊费用、待处理流动资产损失等。如果企业流动比率和速动比率偏低，但资产的周转速度尤其是应收账款、存货等的周转速度较快时，企业的短期偿债能力也会较强。因此，在分析企业的短期偿债能力时，还需要结合对资产的流动性及其构成比率进行分析，才能更客观全面地反映企业的实际情况。

二、长期偿债能力

1．负债比率

负债比率也称债务比率、资产负债率，是将企业全部负债与全部资产相比较的结果。负债比率表示企业通过负债方式所筹集到的资产占全部资产的比重。

$$负债比率 = \frac{负债总额}{资产总额} \times 100\%$$

通过表 9-1 中的数据可知：

$$锦江股份2014年负债比率 = \frac{2\,702\,263}{7\,083\,067} \times 100\% \approx 38.15\%$$

锦江股份 2014 年的负债比率比较低，只有 38.15%，说明锦江股份的自有资金所占比率比较高，公司的长期偿债能力比较强。

负债比率多少为好，一般没有固定的评价标准，取决于企业的筹资策略和风险的承担能力。对企业的债权人和投资者来说，由于投资目的不同，对负债比率高低的认识也不同。企业的债权人希望负债比率越低越好，这样企业的偿债能力强，风险低；但对企业的投资者来说，需要视总资产报酬率的高低来评价企业应该保持多大的负债比率合适。当企业总资产报酬率大于企业负债所承担的利息率时，负债比率越高，企业总收益的增长幅度将大于负债利息的增长幅度，投资人的自有资金收益将增加。此时对企业的投资者来说，负债比率越大越好，能提高投资者自有资金的收益率。但负债比率越高，企业的财务风险越大。所以，负债比率的多少是对总资产报酬率和财务风险预测权衡的结果。对企业的经营者来说，并不完全以资产负债率的高低来做筹资评价，他们更关心的是企业经营是否有足够用于周转的资金，如果企业用于周转的资金不足，则需要采用各种筹资手段及时筹集资金。

2．利息保障倍数

为更好地反映企业的偿债能力、保障债权人的权益，常使用利息保障倍数这一评价指标。

$$利息保障倍数 = \frac{息税前利润}{包括资本化利息的利息费用}$$

$$锦江股份2014年利息保障倍数 = \frac{496\,648 + 45\,849}{45\,849} \approx 11.83$$

利息保障倍数反映的是每 1 元利息费用能创造多大的收益。当利息保障倍数小于 1 时，说明企业支付利息费用需要使用自有资金，企业不能按期偿付债务本金和利息的风险大；当利息保障倍数大于 1 时，说明企业利用债务资金创造的收益不仅能够支付利息费用，而且还有剩余，这样企业在债务本金到期时能够比较顺利地筹集到所需要的资金。

第三节　酒店资产营运能力分析

资产是企业在经营过程中所必须拥有的经济资源。企业资产使用和循环周转效率的高低，直接影响到企业的经济效益。

一、短期资产营运能力分析

1. 货币资金分析

货币资金是企业经营过程中保留为货币形态的那部分资金，包括现金、银行存款、其他货币资金。

货币资金在企业经营过程中具有极强的流动性，随着企业经营活动的发生，货币资金收支变得频繁，企业业务量的多少和经营规模的大小在一定程度上能通过货币资金收支数额的大小来反映。货币资金的来源有投资者投入、企业经营过程中收入、企业向债权人借入等几种方式。货币资金的使用包括购置各项财产物资、支付劳务报酬、支付各项费用等。酒店在经营过程中可以采用现金、信用卡、支票等结算方式获取经营收入。

企业保持的货币资金规模受企业的经营规模、行业的特点以及企业货币资金的运用能力等因素的影响。一般来说，企业经营规模越大，业务收支越频繁，所需要的货币资金也越多；行业的经营特点也决定着企业货币资金需要量，通常酒店在经营过程中能够通过为客人提供住宿、用餐等服务获取货币资金，同时也需要使用货币资金用于购买食品原料和商品、支付各项费用、购买固定资产等，此外酒店还需要为各收款台及各部门准备一定量的备用金；企业货币资金的运用能力也影响着企业货币资金需要量，企业货币资金的运用能力越强，所需要的货币资金就越少，反之，企业货币资金的运用能力越弱，所需要的货币资金就越多。而且，国家为从宏观上控制社会货币流通量，制定了现金管理办法和内部控制制度，企业在经营过程中必须严格执行。

2. 应收账款分析

应收账款是企业因赊销商品、提供劳务等业务形成的、为购货和接受劳务单位所占用的资金。

由于市场经济中企业之间存在着激烈的相互竞争，为扩大销售争取市场份额，企业会采用赊销等各种手段，从而产生应收账款。企业只有实现销售并及时收取货币资金，才能满足经营过程中货币资金的需要，保障资金的循环周转。为此，企业需要加强对应收账款的分析评价，及时组织催收。

酒店一般将服务对象分为散客、团队和长期合作单位。对于散客，由于来源广泛、资信证明难以取得，无法准确判断其信用高低，一般在销售的过程中都采用现销的方式；对于团队和长期合作单位，由于来源可靠，尤其是双方已经保持长期合作关系，对企业资信有所了解，酒店为扩大销售，往往采用赊销方式，从而形成债权。为加强对应收账款的管理，及时收回债权，酒店需要对应收账款周转情况以及应收账款的账龄进行分析，以检查信用政策执行情况，评价资金占用是否合理。

（1）应收账款周转情况分析　在对应收账款周转情况进行分析时，可以采用应收账款周转率和应收账款周转天数两个指标。应收账款周转率也称为应收账款周转次数，表明在一定时期内应收账款变现的次数。

$$平均应收账款总额 = \frac{应收账款期初数 + 应收账款期末数}{2}$$

$$应收账款周转率 = \frac{销售净额}{平均应收账款总额}$$

$$应收账款周转天数 = \frac{360}{应收账款周转率}$$

$$= \frac{平均应收账款总额 \times 360}{销售净额}$$

根据表 9-1 和表 9-2 的数据可知：

$$锦江股份2014年应收账款周转率 = \frac{2\,684\,411}{(117\,022 + 101\,333)\,/\,2} \approx 24.59$$

应收账款周转率越高、应收账款周转天数越小，说明应收账款收回速度越快；反之，应收账款周转率越低、应收账款周转天数越大，说明应收账款收回速度越慢。

国务院国资委 2014 年颁布的企业绩效评价标准值显示住宿业全行业应收账款周转率的平均值为 8.9，良好值为 20.1，锦江股份的应收账款周转率指标略大于住宿业全行业应收账款周转率的良好值，说明锦江股份的应收账款的回收速度较快。

（2）应收账款账龄分析　企业在采用各种手段扩大销售、增加市场占有率的同时，必须及时收回债权取得货币资金，才能补偿经营过程中的各种耗费，确保资金的正常周转。在企业收回债权的过程中，如果企业增加收账费用，及时催收，能够加快应收账款的周转速度，提高资金的使用效率。反之，则会长期占用企业的资金，有些账款甚至会因无法收回形成企业的坏账损失。因此，企业应对应收账款的账龄及时进行分析。账龄分析表示例见表 9-4。

表 9-4　账龄分析表

（单位：元）

客　　户	未过信用期	已过信用期			
		小于 3 个月	大于 3 个月小于 1 年	大于 1 年小于 3 年	3 年以上
甲					
乙					
丙					
……					
合　　计					

账龄分析表能够清楚地说明哪些客户的应收账款还在信用期内，哪些客户的应收账款已经超过信用期，超过信用期的时间长短。通常，企业不能及时收回的款项中，超过信用期时间越长，收回的可能性越小，形成企业坏账损失的可能性越大。为保证及时收回债权，对超过规定信用期的客户需要按照一定的程序进行催收。

3．存货分析

存货是企业在经营过程中为销售或耗用而储备的物资。酒店主要为客人提供住宿、用餐服务，在经营过程中需要有原材料、燃料、物料用品、低值易耗品、外购商品等存货，且在流动资产中所占的比重较大。因此，需要对存货的利用效果进行分析与评价。

$$存货周转率 = \frac{销货成本}{平均存货}$$

$$平均存货 = \frac{存货期初数 + 存货期末数}{2}$$

$$存货周转天数 = \frac{360}{存货周转率}$$

$$= \frac{平均存货 \times 360}{销货成本}$$

酒店是季节性经营的企业，年末对海南、东北等地区的酒店来说是旅游旺季，可能储存的存货数量较多、占用资金也较多，按年报计算的平均存货偏高；但对华北、西北等地区的酒店来说是旅游淡季，可能储存的存货数量较少、占用资金也较少，按年报计算的平均存货偏低。因此，对季节性经营的酒店来说，为客观评价存货的周转情况，应使用月度存货的平均余额计算存货周转率指标。

4．营业周期分析

营业周期是指从购入存货到存货售出收取现金为止的这段时期。

$$营业周期 = 应收账款周转天数 + 存货周转天数$$

营业周期指标表示的是需要多长时间才能将期末存货转化为现金。营业周期指标计算的准确性取决于应收账款周转天数和存货周转天数指标计算的准确性。营业周期指标在比较同一企业不同期间和相似企业之间的营业周期时比较实用。

二、长期资产营运能力分析

长期资产是指企业使用期超过一年以上的那部分资产。固定资产是企业长期资产中的重要组成部分，占用资金大、使用时间长，因此在对企业长期资产营运能力进行分析时，主要是对固定资产的使用、更新等进行分析评价。

1．固定资产营运能力分析

固定资产营运能力主要是通过固定资产周转率来反映的。

$$固定资产周转率 = \frac{销售收入净额}{固定资产平均净值}$$

$$固定资产平均净值 = \frac{固定资产期初数 + 固定资产期末数}{2}$$

固定资产周转率是衡量固定资产利用效率的指标。一般来说，固定资产周转率越高，企业固定资产利用越充分，从一定程度上也能说明固定资产投资的结构合理，能够充分发挥固定资产的使用价值。

2．固定资产利用情况分析

固定资产由于使用会发生折旧，可能会影响企业的经营能力。例如：酒店空调设备折旧，可能会影响酒店的服务；酒店家具设备的折旧，可能会影响酒店客人的使用及酒店的美观。因此，企业需要对固定资产的磨损程度进行评价，为固定资产的更新决策提供依据。

$$固定资产磨损率 = \frac{累计计提折旧}{全部固定资产原值} \times 100\%$$

企业为补偿固定资产的折旧、维持并增加固定资产的经营能力，在经营期间需要增加固定资产的价值。为反映企业固定资产的经营潜力，可以使用固定资产更新率指标加以评价。

$$固定资产更新率 = \frac{当年新增固定资产原值}{年初固定资产原值之和} \times 100\%$$

酒店是通过提供住宿、餐饮等服务获取营业收入的经济实体，大多数酒店固定资产的规模在一定程度上决定着酒店的经营规模，固定资产在酒店全部资产中所占的比重非常大，固定资产由于磨损、自然力的作用等发生折旧，会增加酒店的经营开支。为此，酒店需要利用财务指标来评价固定资产的利用程度。

另外，酒店的全部收入中有 70% 以上来自于住宿收入，客房出租程度指标不仅可以反映酒店资产的利用程度，也可以在很大程度上反映酒店营业收入的获取。因此，客房出租率指标是评价酒店资源利用程度的重要指标之一。

$$客房出租率 = \frac{饭店已出租客房数之和}{饭店每日可供出租的客房数 \times 日历日数} \times 100\%$$

一般酒店客房出租率达到 50% 以上即可盈利。酒店为应对经营过程中发生的特殊情况，通常会保留一些特殊用房，如免费房、紧急备用房、维修用房等，所以酒店客房出租率接近 90% 就相当理想了。

酒店餐饮部评价固定资产利用程度通常采用座位日均销售额指标。

$$座位日均销售额 = \frac{销售收入}{餐厅座位数 \times 营业天数}$$

3. 固定资产利用效果分析

为全面反映企业使用固定资产为企业所带来的经济效益，可以使用固定资产利润率指标。

$$固定资产利润率 = \frac{利润总额}{固定资产平均余额} \times 100\%$$

固定资产利润率指标反映的是企业固定资产的利用效果。

三、总资产营运能力分析

企业资产在经营过程中使用的效果如何，取决于企业的经营能力、资产构成比率是否合理等因素。评价企业总资产营运能力可以使用总资产周转率指标。

$$总资产周转率 = \frac{销售收入净额}{资产平均余额}$$

$$平均资产总额 = \frac{资产总计期初数 + 资产总计期末数}{2}$$

根据表 9-1 的数据可知：

$$锦江股份2014年总资产周转率 = \frac{2\,684\,411}{(7\,083\,067 + 5\,412\,173)/2} \approx 0.429\,7$$

总资产周转率高，说明企业利用全部资产的效率高；总资产周转率低，则说明企业利用全部资产的效率低。为此，企业需要尽量增加经营所得，尽量减少不必要的资产耗费。

国务院国资委 2014 年颁布的企业绩效评价标准值显示住宿业全行业总资产周转率的平均值为 0.4，锦江股份的总资产周转率指标与住宿业全行业总资产周转率的平均值基本持平，说明锦江股份的全部资产的利用效率一般，锦江股份需要综合评价企业资产的耗费是否合理，是否可以采取更为合理的方法增加经营所得。

第四节　酒店获利能力分析

企业经营的直接目的是为了获取盈利。企业获取盈利，对债权人来说，债权按期收回才能有保障；对投资者来说，投入的资金才能保值增值；对企业经营者来说，才能将收回的资金用于维持经营的正常进行及扩大再生产。因此，企业的获利能力分析是企业财务分析的重点内容。

一、主营业务获利能力分析

1．主营业务利润率

主营业务是企业的主要经营业务，也是企业获取盈利的主要来源。为反映企业主营业务的获利能力，可以使用主营业务利润率指标。

$$主营业务利润率 = \frac{主营业务利润总额}{主营业务净收入} \times 100\%$$

主营业务利润率反映企业每百元主营业务所能带来的利润的大小，是反映企业基本获利能力的指标。以提供多种产品或服务来获取收益的企业，也可以依据产品、服务或项目的类别，分别计算每种产品、服务或项目的利润率。例如，酒店在日常的经营管理过程中一般都依据客房、餐饮等服务项目的收入、耗费以及利润等分别计算客房利润率、餐饮利润率等。

2．主营业务毛利率

企业经营所获取的收入扣除成本后，如果有余额，即为销售毛利额。企业经营只有首先获得毛利，用毛利额抵补各项费用开支，才能形成企业的利润。所以，毛利额越大，企业的利润才有可能越多，获利能力才有可能越大。毛利额是企业利润的主要来源之一。

$$销售毛利额 = 销售收入 - 销售成本$$

$$主营业务毛利率 = \frac{销售毛利额}{销售净收入} \times 100\%$$

酒店是以提供服务来获取收益的，服务是综合性的，难以直接归入服务对象，为此酒店将能直接计入服务对象的支出计入营业成本，如食品成本、饮品成本、商品成本，将不能直接予以对象化的支出，如人工费、折旧费等，都计入费用中。酒店餐饮部将营业收入扣除营业成本，得到餐饮毛利额，并计算毛利率，以此作为餐饮部控制成本开支、评价餐饮经营效益的主要指标之一。

$$餐饮毛利率 = \frac{餐饮毛利额}{餐饮销售净收入} \times 100\%$$

餐饮毛利率的大小，可以作为酒店制定餐饮价格的依据，也是酒店与同行业其他餐饮部门进行比较的依据，并由此评价酒店餐饮部的成本控制效果，也能评价酒店餐饮部经营的获利能力。一般来说，四、五星的高档酒店餐饮毛利率控制在 65%～70%。

酒店餐饮毛利率的高低一方面取决于酒店餐饮原材料的耗费，另一方面也取决于酒店餐饮产品的定价。而酒店在控制餐饮原材料的耗费时，通常使用食品原材料净料率指标来评价原材料的利用程度。

$$食品原材料净料率 = \frac{净料重量}{毛料重量} \times 100\%$$

二、资产获利能力分析

1. 总资产报酬率

任何企业进行经营都需要占用一定的资产。如果企业在经营过程中能占用较少的资产而尽量获得较多的收益，那么企业资产的获利能力就会变强、使用效率就会提高。为评价企业资产的使用效率如何，可以采用总资产报酬率指标。

$$总资产报酬率 = \frac{利润总额 + 利息支出}{平均资产总额} \times 100\%$$

根据表 9-1 和表 9-2 的数据可知：

$$锦江股份2014年总资产报酬率 = \frac{496\,648 + 45\,849}{(7\,083\,067 + 5\,412\,173) / 2} \times 100\% \approx 8.683\,3\%$$

企业总资产报酬率衡量的是资产的运用效率。如果企业总资产报酬率长期偏低，一方面说明企业获利能力低，企业需要改善经营管理、提高经济效益；另一方面也说明企业的资产可能没有得到充分的利用，企业应当考虑适当转移自己的投资。

国务院国资委 2014 年颁布的企业绩效评价标准值显示住宿业全行业总资产报酬率的最优值为 6%，锦江股份的总资产周转率指标高于住宿业全行业总资产周转率的最优值，这说明锦江股份的获利能力很高，说明锦江股份的资产得到较好的利用，全部资产的利用效率比较高。

企业经营过程中的总资产来源于债务性资产和自有资产两部分。如果企业总资产报酬率大于债务性资产的利息率，那么企业筹集债务性资产越多，自有资产的报酬率就越大，从投资者的角度来说希望企业增加借款，但企业在考虑增加债务性筹资时需要结合考虑企业的偿债能力。

2. 资本金利润率

企业的投资者评价所投入资金的获利能力，可以采用资本金利润率指标。

$$资本金利润率 = \frac{利润总额}{资本金平均余额} \times 100\%$$

资本金利润率指标的高低直接影响到企业投资者的投资信心。如果企业资本金利润率过低，那么企业投资者可能会考虑是否需要转移投资，而对潜在投资者来说则可能会转移目标寻求新的投资对象。

3．每股收益

在股份公司，权益资本筹资方式有很多种，可以是普通股筹资，也可以是优先股筹资。优先股股利一般是固定的，且在企业提取任意盈余公积金和支付普通股股利之前支付，所以普通股股东是企业经营收益的主要获得者和风险的主要承担着。评价普通股股东的获利情况可以使用每股收益指标。

$$每股收益 = \frac{可用于普通股分配的利润}{普通股股数平均数}$$

每股收益的多少能在一定程度上反映普通股股票的价值。每股收益越高，说明企业的获利能力越强，普通股股价就越有上升的可能。

4．市盈率

在证券市场上，人们往往通过市盈率指标反映股票的市场行情，来间接评价公司的盈利能力。

$$市盈率 = \frac{每股收益}{普通股每股市价} \times 100\%$$

市盈率指标反映的是按市价购买的股票所得到的报酬。一般来说，市盈率越大，说明企业的盈利能力越强，投资者投资回收的速度越快，这类股票对投资者来说吸引力也越强。

第五节　酒店发展能力分析

在激烈的市场竞争中，企业为了谋求生存，不仅需要维持现有的经营，还必须不断把握市场规律，扩大经营规模，谋求更大的发展，才能保持并增强市场竞争能力。随着我国改革开放的深入，人们的生活水平进一步提高，手中可自由支配的货币量和时间也都不断增加，而且国家也逐步通过制定法律法规的方式规范旅游服务市场，保障消费者的合法权益，从而使旅游行业成为国民经济的一个新增长点。评价酒店发展能力，需要对酒店的销售增长率、资本增长率及资产增长率等指标进行分析考核。

一、销售增长率指标

企业销售增长是企业保持长足发展的基本前提。评价企业的销售增长，可以计算本年销售收入与前一年相比较的增长情况，也可以计算连续2～3年内的销售增长情况。

$$销售增长率 = \frac{本年销售增长额}{上年销售额} \times 100\%$$

$$三年销售平均增长率 = \left(\sqrt[3]{\frac{当年销售收入总额}{三年前销售收入总额}} - 1 \right) \times 100\%$$

锦江股份 2013 年的销售额为 2 335 992 千元, 根据表 9-2 的数据可知:

$$锦江股份2014年销售增长率 = \frac{2\,684\,411 - 2\,335\,992}{2\,335\,992} \times 100\% \approx 14.92\%$$

锦江股份 2014 年的销售收入略高于 2013 年的销售收入。在评价锦江股份销售收入的变化时需要结合国际、国内政治经济形势等多种因素, 综合评价各因素对酒店收入的影响。

二、资产增长率指标

资产的多少反映一个企业的经营规模, 同时资产也是企业获取收入的手段, 因此资产的不断增长是企业持续稳定发展的反映。资产的增长需要结合总资产的变动和固定资产的变动来反映。

$$资产增长率 = \frac{本年资产增长额}{年初资产总额} \times 100\%$$

$$三年资产平均增长率 = \left(\sqrt[3]{\frac{当年末资产总额}{三年前年末资产总额}} - 1 \right) \times 100\%$$

根据表 9-1 的数据可知:

$$锦江股份2014年资产增长率 = \frac{7\,083\,067 - 5\,412\,173}{5\,412\,173} \times 100\% \approx 30.87\%$$

锦江股份 2014 年资产增长幅度很大, 远大于行业 5.3% 的平均值, 进一步分析锦江股份的资产负债表可以发现, 锦江股份 2014 年资产大幅度增长的主要原因是锦江股份 2014 年的固定资产增长幅度较大, 较上一年增加 1 693 273 千元。

企业经营规模的变动可以通过计算总资产的变动来反映, 并且常常需要结合流动资产、固定资产、无形资产等资产的变动情况进行判断。尤其是固定资产的变动, 可以用固定资产的增长率和成新率等指标来进行综合反映。固定资产增长率反映的是在一定会计期间内企业固定资产经营规模的变化, 固定资产成新率反映的是企业所拥有固定资产的新旧程度和固定资产的更新速度。

$$固定资产增长率 = \frac{本年固定资产增长额}{年初固定资产额} \times 100\%$$

$$固定资产成新率 = \frac{平均固定资产净值}{平均固定资产原值} \times 100\%$$

三、资本扩张指标

通过资本扩张筹集资金, 实现企业扩大再生产, 是企业不断发展壮大的手段之一。通过计算企业资本积累的变化, 可以评价企业的发展潜力。

$$资本积累率 = \frac{本年所有者权益增长额}{年初所有者权益} \times 100\%$$

$$三年资本平均积累率 = \left(\sqrt[3]{\frac{当年末所有者权益总额}{三年前年末所有者权益总额}} - 1 \right) \times 100\%$$

根据表 9-1 的数据可知：

$$锦江股份2014年净资产增长率 = \frac{4\,380\,803 - 4\,285\,252}{4\,285\,252} \times 100\% = 2.23\%$$

企业所有者权益的增减变化，取决于实收资本和留存收益的变化。企业通过吸纳大量外部资金的投入，能使实收资本在较短的时间内快速扩张，但企业的股东有丧失控股权的风险，而企业留存收益的增加表明企业不断积聚发展后备资金，表现出强劲的发展能力。

第六节　酒店现金流量分析

企业现金流转情况在一定程度上影响着企业的生存和发展。企业现金周转情况良好，能及时购入经营所需要的物资，支付各项债务，维持企业正常的经营周转；企业现金周转不畅，即使企业盈利，但无法按期偿还债务，也有可能影响正常经营，甚至可能面临生存危机。因此，客观评价现金流量、合理安排企业现金周转，是企业财务管理工作中不可缺少的部分。

一、现金结构分析

现金结构分析是通过分析现金收入、现金支出以及现金余额的构成，评价现金的来源和使用是否合理，为企业合理筹集及使用资金提供依据。

1. 现金收入结构分析

现金收入结构反映企业各项活动产生的现金收入在全部现金收入中所占的比重，可以明确企业现金的来源以及增加现金流入的途径。锦江股份现金流入结构见表 9-5。

表 9-5　2014 年锦江股份现金流入结构表

（单位：千元）

项　目	金　额	结构百分比（%）
经营活动的现金流入	2 747 799	47.64%
投资活动的现金流入	384 975	6.68%
筹资活动的现金流入	2 634 500	45.68%
现金流入合计	5 767 274	100%

从锦江股份现金流入结构表分析来看，锦江股份 2014 年的现金流入主要来自于经营活动，其次是筹资活动，投资活动产生的现金流入量非常少。对经营活动产生的现金流量进一步进行分析，可知其主要来自于销售商品、提供劳务收到的现金。

2. 现金支出结构分析

现金支出结构反映企业各项活动产生的现金支出在全部现金支出中所占的比重，可以明确企业现金的使用。锦江股份现金流出结构见表9-6。

表9-6 2014年锦江股份现金流出结构表

（单位：千元）

项 目	金 额	结构百分比（%）
经营活动的现金流出	2 108 662	36.11%
投资活动的现金流出	1 473 604	25.23%
筹资活动的现金流出	2 257 947	38.66%
现金流出合计	5 840 213	100%

从锦江股份现金流出结构表分析来看，锦江股份2014年的现金支出主要用于筹资活动和经营活动。对经营活动产生的现金流出进一步进行分析，可知其主要用于购买商品、接受劳务支付的现金和支付给职工以及为职工支付的现金。

3．现金净额结构分析

现金净额结构反映企业各项活动产生的现金净额在全部现金余额中所占的比重，明确企业现金余额的构成情况。锦江股份现金净流量结构见表9-7。

表9-7 2014年锦江股份现金净流量结构表

（单位：千元）

项 目	金 额	结构百分比（%）
经营活动的现金净流量	639 138	−876.28%
投资活动的现金净流量	−1 088 629	1492.54%
筹资活动的现金净流量	376 553	−516.26%
现金净流量合计	−72 938	100%

从锦江股份现金净流量结构表分析来看，锦江股份的现金净流量主要来源于经营活动，其次来源于筹资活动，投资活动产生的现金净流量为负，也就是投资活动的现金流出量远大于投资活动的现金流入量。

评价企业的现金流量，还需要将连续几期企业现金流量进行比较，以了解企业现金流量结构的变动趋势。

二、现金比率分析

1．现金比率

现金比率也叫现金流动负债比率，是现金余额与流动负债的比率。流动负债期限较短，到期时需要用现金偿还，所以现金比率是衡量企业短期偿债能力的指标。

$$现金比率 = \frac{现金余额}{流动负债} \times 100\%$$

根据表 9-1 和表 9-3 的数据可知：

$$锦江股份2014年现金比率 = \frac{678\,808}{2\,373\,579} \times 100\% \approx 28.60\%$$

锦江股份 2014 年现金比率比较高，为 28.60%，说明锦江股份 2014 年短期偿债能力非常强。

对债权人来说，希望现金比率越高越好，这样说明企业的偿债能力越强；对投资者来说，希望现金比率保持适当的比率，如果现金比率长期保持过高，说明企业现金未能得到合理使用，资产的获利能力低。

2．经营净现金比率

经营净现金比率是经营活动的净现金流量与流动负债的比率。通过出售资产、投资以及借款等方式虽然可以按期偿还债务，但可能会影响企业的正常经营，而如果用企业经营活动产生的净现金流量偿还流动负债，则可以保证企业经营的正常进行。所以，经营净现金比率能进一步用于评价企业的短期偿债能力。

$$经营净现金比率 = \frac{经营活动净现金流量}{流动负债} \times 100\%$$

3．现金再投资比率

现金再投资比率是企业经营活动中现金净流量中被保留的部分与企业资产的比率，是评价企业再投资的指标。

$$现金再投资比率 = \frac{经营活动净现金流量 - 现金股利}{固定资产总额 + 长期投资 + 其他长期资产 + 营运资金} \times 100\%$$

一般认为，现金再投资比率越高，企业可用于再投资的现金就越多。该比率保持 8%～10% 比较理想。

4．每股现金流量

每股现金流量反映企业发行在外的每股普通股的现金流量。

$$每股现金流量 = \frac{经营活动产生的现金净流量}{流通在外的普通股股数}$$

每股现金流量越高，说明企业发行在外的普通股所获得的现金流量就越多。

复习思考题

一、选择题

1. 通过分析利润表，可以（　　　）。

　　A. 了解企业经营成果的形成和经营成果各组成部分的构成情况

　　B. 分析利润表中收入与成本费用之间的此消彼长关系

　　C. 比较评价企业的经营业绩

  D. 有助于分析企业的收益质量

 2. 下列关于流动比率的含义，表述正确的是（　　　　）。

  A. 从债权人的角度来说，流动比率越大，债权的安全程度越高，企业资产利用效率也越高

  B. 从债权人的角度来说，流动比率越大，债权的安全程度越高，企业资产利用效率越低

  C. 从债权人的角度来说，流动比率越大，债权的安全程度越低，企业资产利用效率也越低

  D. 从债权人的角度来说，流动比率越大，债权的安全程度越低，企业资产利用效率越高

 3. 百分比增减变动分析属于（　　　　）。

  A. 比率分析法　　　　　　　　B. 比较分析法

  C. 因素分析法　　　　　　　　D. 趋势分析法

 4. 已知某企业 2014 年年报显示流动资产总额 361 780 千元，资产总额 544 460 千元，流动负债总额 253 760 千元，负债总额 392 840 千元。该企业 2009 年负债比率为（　　　　）。

  A. 138.60%　　　B. 72.15%　　　C. 70.14%　　　D. 142.57%

 5. 已知某企业 2014 年年报显示利润总额 38 430 千元，净利润 28 820 千元，平均资产总额 524 880 千元，资本金平均余额 156 240 千元。该企业 2009 年资本金利润率为（　　　　）。

  A. 7.32%　　　B. 5.49%　　　C. 24.60%　　　D. 18.45%

二、思考题

 1. 什么是财务分析？财务分析的依据是什么？

 2. 阐述不同主体的财务分析目的。

 3. 财务分析标准有哪些？

 4. 评价企业偿债能力的指标有哪些？

 5. 评价企业资产营运能力的指标有哪些？

 6. 评价企业获利能力的指标有哪些？

 7. 评价企业发展能力的指标有哪些？

 8. 评价企业现金流量的指标有哪些？

三、案例分析题

  新都酒店（000033），是一家在中华人民共和国成立的中外合资股份有限公司（以下简称公司），系由香港建辉投资有限公司（以下简称建辉投资）等五家公司发起在深圳新都酒店有限公司基础上重组而成。公司成立于 1990 年 3 月 8 日，公司发行的 A 股在中国深圳证券交易所上市。公司注册资本为 2.9 亿元，实收股本 2.88 亿元。公司主要经营酒店、商场、餐厅及酒店附设的车队、康乐设施，在酒店内经营美容美发（不含医学整容业务），在新都酒店地下一层经营桑拿按摩业务，经营新都停车场，经营卡拉 OK、歌舞厅（不含迪斯科），从事自有物业出租。

  公司 2014 年主要财务指标数据见表 9-8。

表 9-8　2014 年主要财务指标数据

财 务 指 标		数　值	财 务 指 标		数值
偿债能力指标	流动比率	1.496 3	资产营运能力指标	应收账款周转率	0
	速动比率	1.471 2		存货周转率	24.47
	资产负债率	42.95%			
盈利能力指标	销售毛利率	43.51%	发展能力指标	营业收入增长率	-9.74%
	销售净利率	-38.80%		净利润增长率	-781.71%
	总资产报酬率	-5.00%		每股收益增长率	-782.24%

资料来源：和讯网（www.hexun.com）

【问题】请根据已知的新都酒店的财务数据，利用网络资源适时补充更新公司相关财务信息，进行分析：

（1）评价新都酒店 2014 年的总体财务状况。

（2）将新都酒店财务数据与锦江股份相关财务数据进行对比，评价两公司的财务指标所反映的公司财务信息优劣。

（3）锦江股份的经营对新都酒店有何借鉴意义？

第十章

酒店集团财务管理

知识目标

- ■ 了解酒店集团的成长与发展过程。
- ■ 了解酒店集团财务管理的体制和内容。
- ■ 掌握酒店集团的概念与特点。
- ■ 掌握酒店集团的联合类型及收益分享方式。
- ■ 掌握酒店集团的业绩评价方法。

能力目标

- ■ 能够简述企业集团与酒店集团的成长与发展过程。
- ■ 能够清楚叙述酒店集团的特点、联合类型及收益分享方式。
- ■ 能够对酒店集团进行较为系统的业绩评价。

酒店集团的出现是酒店业发展与酒店企业规模不断壮大的必然产物。酒店集团作为一种新型的企业组织形式，在财务管理方面与单体酒店相比存在较大差异，有着自身独特的特点、体制与内容。只有全面、系统地了解与掌握酒店集团财务管理的独特性，才能更好地对其进行管理，保证酒店集团的健康成长与发展。

第一节　酒店集团财务管理概述

一、企业集团的形成与概念

企业集团是经济发展和企业规模壮大的产物。19 世纪末，在西方经济发达国家，许多中小企业在竞争中不断发展壮大，开始走上规模化经营和集团化发展的道路。企业集团从产生至现在已经有一百多年的历史。企业集团既是经济发展与市场竞争的产物，同时它的存在又极大地促进了人类经济的发展。

人类经济的高度发展是企业集团产生的物质基础，股份制的出现是企业集团产生的制度条件和社会基础。如果没有股份制这样一种全新的资本组织制度，企业集团发展就会面临瓶颈效应，特别是资本瓶颈效应，很难实现快速的成长与壮大。股份制是驱动着企业集团成长的资金动力，也是企业集团在发展中完善自身的标志。

尽管企业集团已经存在了一百多年时间，但是对于企业集团的概念有着多种不同的见解。企业集团（Enterprise Group）一词最初是从日本传入我国的。1986 年，日本学者金森久雄在其出版的《经济辞典》中将企业集团定义为"多数企业相互保持独立性，并且相互持股，在金融关系、人员派遣、原材料供应、产品销售、制造技术等方面建立紧密关系而协调行动的企业群体"。这是发达国家对企业集团较为权威的解释。

尽管"企业集团"这一称谓来源于日本，但是企业集团这一企业联合体型的组织形式却最早出现在欧美发达国家。19 世纪末，在欧洲出现了以契约方式联合起来的供销实体卡特尔和辛迪加，这是企业集团的最初形式。当然，在卡特尔和辛迪加这种以契约为联合方式的企业联合体中，由于成员之间的关系比较松散，联合体寿命通常并不是很长，因此它不是现代意义上的企业集团。

20 世纪初，出现了以大企业为核心，通过收购股票、组建董事会及财务关系，将各成员企业组织起来，成立康采恩这种组织形式，这是企业集团的进一步发展。在康采恩中，由于各企业成员是通过股权方式联合起来的，相互关系比较稳定，具有明显的财务关系，因此康采恩通常被看作具有现代意义的企业集团。

在我国，企业集团的出现于 20 世纪 80 年代中期，是围绕着对国有企业的改革而形成的。为了打破计划经济体制下国有企业"条块分割，管理僵化、竞争乏力"的局面，在政府有关部门的主导下，开始组织多种形式的企业联合体。受限于人们对企业集团认识上的不足和旧体制的束缚，这时出现的企业集团形式多种多样，有的以行政隶属关系组合而成，有的以资产关系联合而成，有的以生产经营协作关系组建而成。

由此可见，企业集团是以少数企业（一个或几个）为核心，通过资本、契约、技术、品牌等多种方式，组成的相对稳定的经济联合体。也就是说，企业集团是以一个或几个实力强大、具有战略决策地位的大型企业为核心，以若干在资本、技术和品牌等方面具有密切联系的外围企业为支撑，由多个经济单位共同组成的具有共同利益关系和发展目标的经济联合体。

二、我国酒店集团的形成与发展

我国酒店集团化的形成相对较晚。在我国改革开放以前，我国酒店业的主体主要包括两部分：一部分是以接待入境旅游者为主的旅游涉外酒店；另一部分是以接待政府机关、企业事业单位内部人士为主的各类招待所。由于当时人们的生活水平和收入水平普遍不高，因此旅游市场规模很小。适应于这种小规模的旅游市场，当时酒店业除了一些以接待入境旅游者为主、规模较大的单体高档知名酒店外，基本上都是一些规模不大、以内部人士为主的中小型招待所，没有形成规模化、集团化的酒店集团。

我国酒店集团化发展趋势开始于 20 世纪 80 年代中后期。这时由于我国国民经济的快速发展与人民生活水平的迅速提高，旅游市场出现显著性增长。适应于旅游市场的显著性增长，我国酒店业进入快速成长期，开始出现我国本土的酒店集团。1986年年底，华龙旅游酒店集团和友谊旅游酒店集团成立。其后，相继成立的有北京首旅酒店集团、上海衡山集团、中旅酒店总公司、南京金陵酒店集团等。目前，我国酒店集团化的发展态势已经形成，并形成了一批在国内较为知名的本土酒店集团，如首旅建国、锦江国际、南京金陵和港中旅维景等。

在我国酒店业中，除了本土酒店集团外，还有一批知名的国际酒店集团。由于酒店业改革开放较早，1982年第一家国际酒店集团——香港半岛集团开始进入内地酒店市场。目前，世界上排名前十位的国际酒店集团均已进入我国内地市场，据统计已有40多家国际酒店集团的70多个品牌进入我国内地市场。目前，进入我国内地市场的知名国际酒店集团包括洲际酒店集团（美国）、万豪国际集团（美国）、雅高集团（法国）、希尔顿酒店集团（美国）等。

三、酒店集团的定义与特点

酒店集团就是以少数企业（一个或几个）为核心，通过资本、契约、技术、品牌等多种方式，组成的相对稳定的经济联合体。酒店集团的具体特点与其所在国家的传统、法律、所有制结构、内部组织结构以及企业文化等有着密切的关系。但仅从与单体酒店的差别来看，酒店集团具有如下特点：

1. 酒店集团是一个多纽带的联合体

酒店集团可以是通过资本、资产、技术、契约以及管理关系等多种纽带所组织的联合体。例如，以最为常见的连锁型酒店集团为例，可以将连锁型酒店集团分为直营连锁（regular chain）、特许经营（franchise chain）和自由连锁（voluntary chain）。

（1）直营连锁 是各个连锁酒店由集团总部全资或控股设立，在总部的直接领导下统一经营。直营连锁就是一种以资本为纽带的企业联合体。在这种以资本为纽带的直营连锁酒店集团中，集团总部可以对各成员企业的人力资源、财务资源、物流资源和信息资源进行统一管理，充分发挥规模经济效应。

（2）特许连锁 又称特许经营，或加盟连锁，是特许者（通常为核心酒店）将自己所拥有的商标、商号、产品、专利和专有技术、经营模式等核心资产以特许经营合同的形式授予被特许者（通常为外围酒店）使用。特许连锁实际上是以资产（往往是多种核心资产，如品牌、技术、经营模式等）为纽带的企业联合体。

（3）自由连锁 又称自愿连锁，是指各个连锁酒店均为独立法人，各自的资产所有权不变，在核心企业的指导下共同经营。各连锁酒店使用共同的店名，与总部订立有关购、销、宣传等方面的合同，并按合同开展酒店经营活动。在合同规定的范围之外，各成员店可以自由活动。自由连锁实际上只是以店名这一核心资产为纽带的企业联合体。

通常，在以资本（即产权）为纽带的直营酒店集团中，由于资本纽带所固有的权益机制、风险机制和责任机制等决定了企业联合体的长期性和稳定性，决定了核心企业可以对外围成员企业进行更有效的控制，同时还可以强化企业间的协作关系，因此直营连锁是最主要，也是最常见的企业联合形式。

2. 酒店集团是一个多法人的联合体

酒店集团作为一个企业联合体，尽管可以悬挂统一的标志，采用相同的经营管理模式，但在法律上，它不是一个法人实体，而是由众多法人组成的企业联合体。酒店集团的组成成员可以多种多样，不仅可以是酒店，还可以是研究机构、教育培训机构以及金融组织等。这些成员单位都是具有法人地位、在财务上独立核算的单位，可以独立承担一切民事责任和民事义务，因此在生产经营上具有独立性。

3．酒店集团是一个多层次的联合体

由多个法人单位组成的酒店集团是多层次的经济联合体，通常具有金字塔式的分层次结构。按照酒店集团内部资本持有关系和协作紧密程度，大致可以将酒店集团划分为核心层、紧密层、半紧密层和松散层四个不同层次：

（1）核心层　通常为酒店集团公司（或称集团总公司、集团总部等），一般是实力强大的大型企业或资本雄厚的控股公司。

（2）紧密层　通常是由酒店集团公司控股的子公司组成，包括全资子公司和控股子公司，是酒店集团最主要的组成部分，也是集团最主要的依靠力量。

（3）半紧密层　通常是酒店集团公司的参股企业，集团公司虽然对这些企业拥有股份，但是没有达到控股地位，这些成员是企业集团的辅助力量，也是企业集团在短期内进行大规模扩大后主要引进的成员单位。

（4）松散层　由与核心层、紧密层或半紧密层具有长期协作关系的关联企业组成，它是集团所拥有的重要补充性资源。

4．酒店集团是一个开放性的联合体

酒店集团虽然是结构相对稳定的联合体，但具体到集团的组成成员，又具有开放性。酒店集团可以根据自身的资源状况、社会经济形势和发展战略等因素，通过合并、兼并、收购、分设和相互持股或者新建等多种方式，不断吸引新的成员单位，淘汰原有的成员企业，保持酒店集团的生机与活力。

四、酒店集团财务管理的特点

酒店集团由于是由多个企业所组成的企业联合体，与单一企业相比具有以上特点，这些特点决定了酒店集团的财务管理同样具有许多独特特点。具体来说，酒店集团的财务管理具有如下特点：

1．酒店集团财务管理主体的多元化

单体酒店财务管理的主体是唯一的，就是企业本身。与此不同的是，酒店集团的组成既包括一个（或少数几个）核心企业，又包括多个外围企业。同时，由于核心企业和外围企业都是具有独立法人资格和经营决策权的个体，因此每一个组成企业都可以成为财务管理主体。于是，酒店集团在财务管理上就具有多个主体，呈现出多元化特点。

2．酒店财务管理组织的多层次性

虽然，在酒店集团内部存在多个财务管理主体，但是并不是所有财务管理主体的财务管理权限都平等。通常，在酒店集团内部，核心企业拥有最高的财务管理权限，处于财务管理组织的最高层次；外围企业拥有的财务管理权限较低，处于财务管理组织的较低层次。而且，如果外围企业还拥有自身的子公司，这些子公司的财务管理权限就更小，处于财务

管理组织的更低层次。由此可见，从财务管理权限角度看，酒店集团在财务管理组织方面呈现出多层次性特点。

3．酒店集团财务管理内容的复杂化

单体酒店财务管理的内容主要是酒店生产经营过程中的各种不同形式的资金运动，而酒店集团财务管理的内容既包括成员企业本身生产经营过程中的资金运动，又包括核心企业与外围企业之间以及外围企业与外围企业之间的资金运动。从具体的资金管理过程看，酒店集团的财务管理也包括筹资管理、投资管理、利润分配管理等多个过程，与单一企业相比，酒店集团财务管理的每一过程中所涉及的主体的数量、内容的构成将大大复杂化。

4．酒店集团财务管理决策的战略性

由于酒店集团是由多个法人实体组成的多元化主体，因此每一个成员企业都有自身的财务管理决策权。但是，酒店集团的各个成员企业同时又共同组成了酒店集团这样一个企业主体。酒店集团作为一个独立存在的企业主体，必然存在基于集团层次的、整体的发展目标和战略决策。这样，基于集团层次的战略决策就成为酒店集团财务管理的核心。通常，在酒店集团内部，财务管理的战略决策是由核心企业负责行使。酒店财务管理的战略性主要体现在：①核心企业根据酒店集团的整体战略决定集团的资本运营方式，决定集团重大的筹资与投资方式；②核心企业根据集团战略决定集团的并购与收缩，决定企业集团的规模；③核心企业还会通过战略性财务管理影响成员企业的营销、人力资源、物资采购等行为，以实现集团的战略目标。

5．酒店集团财务管理基础在于控制

酒店集团财务管理的一个重要特点是以控制为基础。酒店集团财务控制的目标与财务管理的目标都是实现价值最大化，而酒店集团内部的每一个成员企业都是独立的法人实体，这就决定了酒店集团只有通过有效的控制，才能使酒店集团成为一个真正的利益主体，才能实现整体的企业价值最大化。所以，酒店集团的控制必须围绕整个酒店集团的战略目标制定、实施一系列的控制措施。

酒店集团的控制主要体现在对成员企业的行政控制、业务控制和财务控制。酒店集团对成员企业的行政控制是指对成员企业的组织架构、组织制度以及权力分配问题进行调控，主要解决酒店集团的宏观管理问题；业务控制是对成员企业的具体的业务目标、业务规范和业绩水平进行调控，主要解决酒店集团的微观管理问题。

酒店集团财务控制的主要手段是财务资源调控。财务控制同时涉及酒店集团管理的宏观层面和微观层面。具体来说，酒店集团的财务控制包括对财务权限、财务人员和资金资源等方面的控制。酒店集团内部只有实现了有效的控制与协调，才能实现企业集团的财务管理目标，才能有助于企业价值最大化目标的实现。

同时，酒店集团这种企业组织形式也为财务控制提供了有利条件。这是因为酒店集团通常是以资本为纽带的企业联合体，是一种较为紧密的企业外部组织形式，具有相对的稳定性和共同的利益，因此酒店集团与其他企业联合形式，如战略联盟、供应链合作等，更易于进行财务控制。

6．酒店集团财务管理的目的在于激励与整体增值

酒店集团财务管理的基础是控制，但是控制并不是酒店集团财务管理的主要目的，它

只是减少酒店集团的经营风险与财务风险的手段，并不能实现价值增值。因此，酒店集团财务管理更重要的目的应该是通过对集团财务资源的合理规划、调配与运作，制定并执行科学的考核与激励制度，充分调动集团成员的积极性与创造性，激励酒店集团所有成员能够为集团整体的价值增值贡献力量，保持并增加酒店集团的财务实力与竞争实力。

第二节　酒店集团的联合形式及收益分享方式

酒店集团作为一个多企业的联合体，根据这一联合体的成立意图、联合方式、联合范围与联合深度的不同，主要将联合形式分为两种：一种是紧密型联合；另一种是松散型联合。

一、紧密型联合

紧密型联合通常是联合各方以资本或契约为纽带，在经营管理方面形成一个新的独立于合资或合作各方的，独立核算、自负盈亏的经营实体，该经营实体具有独立的法人地位，拥有较为健全的法人治理结构。紧密型联合主要有两种形式：股权式联合与契约式联合。

1. 股权式联合

股权式联合是酒店集团公司以资本形式，通过控股或参股方式，实现对成员酒店的控制，扩大酒店集团的规模。其具体形式可以细分为：

（1）新设成立　新设成立是酒店集团结合一项新的业务或项目，以货币资金、实物资产、无形资产等投资入股，注册成立一家新的酒店。这家新的酒店可以是集团公司（指集团母公司）独资，或是集团公司与集团内子公司合资，也可以是集团公司或集团内子公司与集团外企业合资等多种形式。

（2）出资并购　酒店集团可以应用出资收购、承担债务或股权置换等方式，并购其他酒店的资产或股权，形成对其他酒店的控制，使其成为酒店集团的成员。例如：如家酒店集团在 2007 年出资 3.4 亿元完成了对七斗星商旅酒店 100% 的股权的收购，将其纳入如家酒店集团系统；2010 年 3 月，锦江集团出资 9 900 万美元，联合美国德尔集团完成对美国州际酒店集团（Interstate Hotel & Resorts, Inc.）的收购，率先开始了我国本土酒店集团的国际化扩张步伐。

（3）无偿划转　这里的无偿划转是指国有产权的无偿划转，即企业国有产权在政府机构、事业单位、国有独资企业、国有独资公司之间的无偿转移。如果条件允许，通过这种无偿划转方式，能够在较短的时间内建立起相当规模的酒店集团。例如，中石油 2007 年开始对下属的辅业进行整合，并且为此成立了华油集团。之后，中石油集团内部的核心酒店资产陆续通过无偿划转、股权转让等方式进入华油集团，华油集团又成立了阳光酒店集团，专门从事酒店经营及旅游服务。

股权式联合的关键是确认各个股东的股权投资比例，它是股东各方分享收益的最主要的依据。通常，股东是按照自身在公司中的股权比例分享收益，股权比例越高，所能分享的收益也就越高。

2．契约式联合

契约式联合又称合作经营，在这种联合形式下，酒店集团公司与成员企业之间的权利与义务不依各自投入资本的多少来确定，而是由双方签订的合同来规定。

契约式联合的通常做法是：酒店集团公司一般只投入少量资金，用于购置家具、专用设备、存货和开业准备费以及经营所需要的流动资金，主要提供经营管理和建设的专门知识与经验，提供人才培训和品牌，派出管理人员掌握经营管理权；成员酒店合作方则提供绝大部分建设和经营资金。

这种联合是专业知识与资金的结合，是酒店集团公司与成员企业优势互补、共同合作的产物。契约式联合的经营管理按照双方签订的协议或合同进行，收益分享也按照签订好的协议或合同执行。

二、松散型联合

松散型联合是指酒店集团的各方联合者仍旧保持各自独立的法人地位，独立核算，并且自负盈亏。这种联合主要有租赁经营、管理合同和特许经营权三种形式。

1．租赁经营形式

租赁经营是指酒店集团以承租方式租赁某个酒店，即掌握租赁期内该酒店生产资料的使用权和经营管理权，并按租赁合同向被租赁酒店的所有者支付租金的一种合作形式。

租赁经营又可分为土地租赁和酒店租赁两种形式，前者是指土地所有者将土地租出去，由酒店集团投资兴建酒店，后者指酒店业主将其已建成的酒店租赁并承包给酒店集团。为了保证酒店经营的连续性，按照国际惯例租赁经营的期限一般为25年，承租人作为法人来直接经营管理酒店。

租赁经营的收益分享方式主要有两种，分别是固定租金租赁和利润分成租赁：

（1）固定租金租赁　固定租金租赁是指酒店集团租赁某个酒店，再根据租赁合同规定，每期支付一笔固定不变的租金给酒店资产出租者。在这种情况下，酒店集团对酒店的一切财产和盈亏承担全部责任，其收益除了上交固定的租金以外，其余全部归酒店集团所有。

在固定租金租赁下，酒店集团所应支付的固定租金可以选择以下两种方法确定：

1）根据利润确定租金，即以资本利润率、投资报酬率等作为租金率来确定租金。

2）根据还本付息额确定应付租金，即以酒店的生产资料价值作为本金，以在租赁期内还本付息额来计算租金。

（2）利润分成租赁　利润分成租赁是指在租赁期间，酒店由酒店集团来经营管理，酒店所有者分享经营利润，以这部分分享利润作为租金回报。

在利润分成租赁方式下，利润分成金额通常可以选择以下几种方法确定：

1）租金按营业收入的一定百分比计算。这种支付租金的方式对酒店集团来说不是太有利。因为如果物价上涨而房价难以提高，即使这时营业收入保持不变，但经营成本的提高会使毛利率下降，结果必然是酒店集团的损失较大。

2）租金按经营毛利的一定百分比计算。这种租金计算方式比第一种要好一些，但如果酒店管理费用居高不下，那么毛利较高的结果是酒店集团承担更多租金，而净利润却在下降。

3）租金按营业收入的一定百分比加上经营利润的一定百分比计算。这种租金计算方法可以在一定程度上弥补前两种方法对酒店集团的不利局面，是一种容易为双方接受的租金计算方法。

4）租金也可以在订立最低限额的基础上用其他公式计算。在这个基础上，如果计算出来的租金比最低限额租金高，则以计算出来的金额为租金额；如果计算出来的租金比最低限额租金低，则按最低限额租金支付。最低限额租金往往是根据还本付息基数确定的。这种租金计算方法可以在一定程度上保障酒店出租者的利益，对酒店集团来说也比较公平，易于双方接受。

2．管理合同形式

管理合同形式又称委托管理形式，是指酒店业主通过与酒店集团签订经营管理合同，将酒店委托给该集团经营管理。合同期间，该酒店既可以使用酒店集团的品牌和标识，加入酒店集团营销系统，全面接受酒店集团管理，也可以独立于酒店集团的品牌之外，独立运作。

根据国际酒店业惯例，管理合同的期限通常为8～15年，从而保证酒店管理公司能从对接管酒店的投入与经营管理中获得相应收益，并保证酒店在品牌、市场形象、经营管理模式等方面的连续性。在我国知名酒店集团中，主要从事管理合同服务的有首都建国酒店管理公司、南京金陵饭店管理公司和天伦国际酒店集团等。

酒店集团采用管理合同方式，既可以较低的资本投入、较低的风险迅速扩张酒店集团规模，又可令没有管理经验的酒店业主分享行业发展带来的丰厚回报。管理合同方式广泛存在于世界酒店业中。

在管理合同形式下，酒店的所有者承担酒店经营的最终盈亏，酒店集团仅作为酒店所有者的代理人而经营管理酒店，并只收取管理服务费。管理服务费可以约定每年支付一次，但是其金额通常会随经营成果的变化而变化。酒店集团向酒店所有者收取管理费的计算方法有如下几种：

（1）根据营业收入的一定百分比计算　　这种计算方式对酒店所有者而言通常不太有利。酒店集团可以通过提高成本，如花费大量资金进行广告宣传等，用以扩大营业收入，这样可以获得较高的管理费收益。而酒店最终的经营成果如何，酒店集团却不太关心。

（2）根据经营毛利的一定百分比计算　　这种计算方式能够促使管理公司关心酒店的经营成果，但是由于没有考虑管理费用，对酒店所有者而言也可能存在损失。而对酒店集团而言，由于客观条件有时会超出管理的控制范围，如意外事件或整体旅游业的不景气，即便酒店管理集团如何努力，酒店也可能收益甚微，如此一来酒店集团便无管理费收入。

（3）根据营业收入的一定百分比加上经营毛利润的一定百分比计算。这种方式综合了上述两种计算方法的优劣，对酒店所有者和酒店集团都比较公平，因此更容易为双方接受。

3．特许经营权形式

酒店特许经营权形式又称特许加盟形式，是指酒店集团向成员酒店授让特许经营权，允许其使用集团的品牌及标识，并可能许可其加入集团的市场营销网络。酒店集团对该成员酒店进行经营管理、操作规程、服务质量等方面的督导和协助。它是酒店集团迅速扩展的主要形式。

特许经营的成员酒店与酒店集团公司并无资产联系，双方的关系是合同契约关系，不是上下级关系。酒店业主通过向酒店集团公司购买经营特许权而成为酒店集团的成员，可以获得如下收益：在酒店开发阶段，酒店业主可以在酒店选址、可行性研究、建筑设计、装修设计、资金筹措等方面得到酒店集团的帮助；在酒店开业准备阶段，酒店业主可得到特许经营方的指导，提供经营管理手册、操作手册以及管理方式和制度，包括会计制度和财务制度，并委派专业人员协助酒店开业；在酒店营业阶段，酒店可从酒店集团公司获得长期培训、经营咨询和技术服务，有的还允许加入酒店集团统一的采购、营销和预订系统，享受集团规模经营的好处。

这样，酒店通过购买特许经营权加入酒店集团，使用酒店集团的品牌及标识，享有其良好的市场声誉，共享其采购、营销和预订系统，节省了市场开发、营销推广和物品采购费用。酒店采用特许经营权形式与其独立经营、独立创建品牌比较，有投资少、见效快的优点。

酒店使用特许经营权的不利之处是：酒店集团公司为了维护酒店集团的品牌声誉，作为特许经营方，会对各个酒店进行严格的监督与管理，因此酒店的经营自主权会受到很大的限制，并且通常需要支付不菲的特许经营权使用费。

酒店需要向酒店集团公司支付的特许经营权使用费包括：一次性的品牌使用费（有时称加盟费）和定期的各种使用费，包括特许经营权使用费及广告费、营销费和预订费等。使用费的计算方法通常有：

① 每月收取固定的使用费。
② 每月收取固定的使用费，外加通过酒店集团预订中心系统所预订客房的提成。
③ 按客房营业收入的一定比例计算。
④ 按营业总收入的一定比例计算。
⑤ 按可供出租客房收取一定比例的费用。
⑥ 按实际出租客房收取一定比例的费用。

在这三种松散型的酒店联合中，管理合同和特许经营权这两种形式的相似程度要大于租赁经营。但管理合同方式与特许经营权两者之间仍有较大的差异，主要表现在：

① 采用管理合同方式的酒店可以不一定使用酒店集团的标志；而采用特许经营权形式的酒店则必须悬挂酒店管理集团的标志。

② 酒店集团采用管理合同形式要承担经营管理责任；而采用特许经营权形式时，不承担经营管理责任。

③ 酒店采用管理合同形式可能获得酒店集团公司的资本投入；采用特许经营权形式时，不会获得酒店集团公司的资本投入。

④ 酒店采用管理合同形式时，酒店集团公司不对其转让管理技术及操作程序；而采用特许经营权形式时，则需转让经营管理技术及操作程序。

⑤ 酒店选择管理合同形式时，需要接受酒店管理集团派出的全套管理人员，由其控制整个酒店的经营管理；而采用特许经营权形式时，则不需要接受派来的管理人员，不需要交出经营管理权。

⑥ 酒店选择管理合同形式时，无权向酒店集团公司提出管理人员的培训要求；而选择特许经营权形式时，由酒店集团公司负责培训其管理人员。

⑦ 就须缴纳的费用而言，通常酒店选择管理合同形式要比特许经营权形式费用要高。

第三节　酒店集团财务管理体制

酒店集团财务管理体制是指酒店集团在处理财务活动中的组织结构和机制，主要包括财务管理体制类型、财务体制设计原则、财务管理体制的权责划分等内容。酒店集团财务管理体制决定于企业集团的管理体制，正确决定财务管理体制是进行酒店集团财务管理工作的前提。

一、酒店集团财务管理体制类型

由于酒店集团联合的紧密程度各有不同，集团内企业的利益关系也互不一致。因此，不同酒店集团的财务管理权限集中与分散的程度也存在差别。根据酒店集团财务管理权限的集中与分散程度，酒店集团财务体制存在三种基本类型：

1. 集权型

集权型是指酒店集团的财务管理权力，特别是决策权，绝大部分集中于集团公司或总部，对子公司采取严格控制和统一管理的财务管理模式。集团公司严格控制下属企业的财务活动，下属企业基本上按照集团公司的决定从事生产经营活动。

在集权型下，财务管理决策权高度集中于集团总部或集团公司，子公司的财务决策权很小，其人力资源、财务资源和物质资源均由集团公司严格控制。子公司的资本筹集、费用开支、利润分配以及高级财务人员任免等事项，都由集团公司统一行使。

（1）集权型的优点

1）有利于制定和安排统一的财务管理政策和行动，有利于提高决策效率。

2）有利于统一调配集团资金，集中资源优势，从事大规模的战略性投资行动。

3）有利于实现信息资源共享，信息在纵向上能够得到较快、较充分的沟通与交流。

（2）集权型的缺点

1）财务管理权限向上高度集中，容易挫伤下属酒店的积极性，使整个酒店集团缺乏创新意识与创新氛围，最终影响整个酒店集团的效率与效益。

2）管理权高度集中于最高层，而高层管理者与酒店业前沿市场相对较远，容易造成决策的低效率甚至决策错误。

3）不利于捕捉稍纵即逝的市场机会，容易形成官僚化的管理作风。

（3）集权型的应用范围

1）酒店集团规模不大，且处于成长期或者市场扩张期，因此需要集权型来抓住有利的市场机会，进行快速、统一的决策，集中资源优势实现快速成长与突破。

2）整体公司的品牌效应很强，同时子公司的生产经营标准化、流程化相对较高，使得集团公司有必要、也有可能对子公司进行集权型管理。

3）在整体市场不景气时期，酒店集团采用集权型管理以提高决策效率，集中优势资源，降低市场风险。

2．分权型

分权型是指将财务管理权力分配给子公司，酒店集团高层只保留少数事关集团全局利益和整体发展方向的重大问题决策权和审批权。因此，在分权型下，酒店集团的子公司拥有充分的财务管理决策权，而集团总部对子公司的财务管理以间接方式为主，很少直接参与子公司具体的财务管理业务。

（1）分权型的优点

1）子公司享有充分的财务管理权力，使其能够快速抓住市场机会，提高酒店集团整体的市场应变能力。

2）子公司在授权的范围内可以直接做出决策，有利于节约信息沟通成本。

3）有利于调动子公司的积极性，增加子公司的竞争力。

（2）分权型的缺点

1）有可能弱化集团总部的财务控制权力，子公司可能过分追求自身利益，造成各自为政，而形成小团体主义。

2）在集团公司与子公司之间存在较严重的信息不对称现象，容易在两者间产生矛盾，进而影响整体效率。

3）子公司相互之间可能会出现争资源、抢市场的现象，在酒店集团内部形成内耗，削弱整体竞争力。

（3）分权型的应用范围

1）投资型酒店集团，这种企业集团经营管理的关键的是培养子公司的发展潜力和赢利能力，不需过多参与子公司具体的经营决策。

2）在整体市场景气时期，酒店集团采用分权型管理以提高子公司的决策效率，使子企业能够快速抢占市场，同时提高企业集团内部的竞争氛围。

3．混合型

过度的集权将导致集团财务机制的官僚化与僵硬化，使企业集团失去活力与创新能力；过度的分权必然使子公司及其经营者处于失控状态，从而损害酒店集团的整体利益。因此，从国内外酒店集团的财务管理发展趋势来看，都不存在绝对的集权与分权，大多数是一种集权与分权相结合的混合型。

实践中，酒店集团需要根据具体的集团发展战略、集团发展时期、经营管理人员能力和集团文化背景等多种因素，选择恰当的财务管理模式。

二、酒店集团财务体制设计原则

通常，酒店集团在进行财务体制设计时，为保证所设计财务体制的科学性与有效性，应遵循以下原则：

1．合法性原则

合法性原则是指酒店集团所有的管理体制、管理制度和经营行为都要遵循相关的法律法规，不得有任何违背法律法规的事项。合法性原则是企业进行管制体系与管制制度设计时所应遵循的首要原则。

法律法规是对人们权利与义务的行为规范。以酒店集团中最为常见的法律关系——母公司（酒店集团公司）与子公司（具有法人地位的成员酒店）关系为例，母公司作为最大股东，对子公司拥有两项基本权利：①以股东身份拥有出资人的基本权益，包括对子公司的剩余控股权、剩余索取权及股份转让权；②作为最大控股股东入主子公司董事会，拥有子公司收益分配、资本结构变更及其他重大事项的决策权，以及对子公司经营者的选择权与督导权。

在第一种权利上，母公司与其他股东无重大区别，但在第二种权利上则不同，它体现的是董事会与经营者之间的委托关系，二者关系处理就必须依托两条原则：

（1）独立责任原则　母子公司作为两个不同的利益主体，承担各自独立的责任。子公司风险损失以及财务上的偿付风险责任，均需要子公司独立承担。在经营上，母子公司之间不能进行盈亏的相互结转，不能非法占用对方资金，彼此必须承担独立的纳税责任或独立亏损弥补责任，在母公司没有提供债务担保的情况下，子公司的偿债风险不能转嫁于母公司。

（2）有限责任原则　无论是通过控股、参股或其他方式进入集团的成员酒店都保持原有的法人资格，母公司对子公司的责任，也以出资额为最大限度，承担有限责任。因此，有限责任就成为母公司与子公司以及其他成员酒店法律关系的一般原则。

2．战略决定体制原则

财务管理体制是酒店集团管理体制的重要组成部分，是集团战略得以实现的重要条件与保障。因此，在进行财务管理体制设计时，一定要遵循"战略决定体制"原则，要在集团总体战略的指导下，合理地设计集团的财务管理体制。"战略决定体制"原则主要体现在以下几个方面：

（1）酒店集团公司要从母公司角度出发，对集团整体的财务战略进行定位，并制定统一的财务管理行为规范，保证集团战略执行的明晰性与有效性。

（2）以"法治"取代"人治"，以"制度管理"取代"人情管理"，保证企业集团财务管理的合法性、合理性与连续性，保证集团战略执行的一贯性与持续性。

（3）明确股东大会、董事会、经营者（包括子公司经营者）、财务经理、财务部门各自的管理职权、管理责任、管理目标、管理内容、管理体系等，保证集团战略执行的明确性和自主性。

3．适应组织结构原则

在直线职能的组织结构下，财务管理应当体现集权管理思想，强化财务部门的管理职能，配合集团整体的集权管理体制。在事业部组织结构的企业集团里，分权经营与统一监控是财务管理的主要特点。

三、酒店集团财务管理体制的责权划分

酒店集团的财务管理过程通常涉及四个不同层面上的财务主体或财务管理机构：母公司董事会、集团财务总部、内部结算中心或财务公司、子公司财务部。在设有中间层的事业部组织结构体制的酒店集团里，集团财务总部往往还设有财务派出机构——事业部财务部。

因此，在酒店集团设计财务管理制度时，要遵循上述设计原则，并科学合理地将集团的财务管理责权在这些主体或机构中进行划分。通常来说，各个财务主体或财务管理机构的责权可以大致作如下划分：

1．母公司董事会责权

母公司董事会不属于财务管理的专职机构，而是整个集团经济活动的最高决策领导核心，其决策职责不单局限于财务范畴，还包括总体战略、核心业务、高层人事以及对内、对外的各个方面。就财务方面而言，董事会的职能与责权主要定位于如下几个方面：

（1）财务战略及财务政策（投资政策、融资政策、收益分配政策等）的制定权、调整变更权、解释权、督导权。

（2）财务管理体制、财务组织机构选择、设置与调整变更权，以及总部与子公司企业高层财务管理人员的聘任、委派、解职权。

（3）对母公司战略目标与控股权结构产生直接或潜在重大影响的财务活动的决策权以及非常规财务事项的处置权，如巨额融投资项目决策权、核心产业或主导产品战略性重组调整权、影响母公司或核心企业股权控制结构变更的融投资项目决策权等。

2．集团财务总部责权

集团财务总部作为日常职能管理的财务管理总部，它是集团财务管理的领导者、组织者和最高负责者。其最高负责人通常为总部负责财务管理的副总经理，有的集团称财务总监、首席财务官或财务副总裁等，也有的集团总经理或总裁直接行使财务管理权。作为集团财务总部，其责权包括：

（1）为母公司董事会的财务战略、财务政策、基本财务制度、重大融投资决策及分配方案的制定提供信息支持，拟定草案，发挥财务上辅助决策职能。

（2）处于母公司董事会直接监督下，在集团整体范围内负责财务战略、财务政策的组织与实施工作，并对组织与实施效果负责。

（3）负责财务战略预算的编制、实施与监控，并在预算管理委员会中发挥突出作用，居于预算控制体系的枢纽地位。

（4）规划集团资本结构与筹资渠道，做到既能确保母公司对子公司的控制权，又能满足实施战略预算对资本的需要。

（5）协调集团内、外部利益相关者的财务关系。

（6）检查、监督各级财务机构，对财务战略、财务政策、基本财务制度、财务预算的贯彻实施情况进行考察，并与相关部门合作建立绩效考核制度，实施绩效考核。

（7）建立财务风险监测与财务预警系统。

3．财务中心或财务公司责权

为了强化集团财务控制，实施财务资源的统一筹划与分部运营，既发挥集团财务资源的整体优势，又充分调动经营单位的积极性。企业可以根据自身的规模及其他条件在内部设置财务资源的结算与融通机构。

（1）财务中心　它是企业集团母公司设置的，专门负责母公司、子公司及其他成员企业现金收付及往来款项结算的财务职能机构。设立财务中心的目的在于强化总部对集团的现金或资金的控制，并通过有效控制，谋求财务资源的规模与协同效应。

（2）财务公司　它具有独立的法人实体，在母公司控股的情况下，相当于一个子公司，除了具有财务决算中心的基本职能外，还具有对外融投资的职能。在集权财务体制下，财务公司在行政与业务上接受母公司财务部的领导；在分权财务体制下，母公司财务部对财务公司主要发挥制度规范与业务指导作用。

4．事业部财务机构责权

事业部是负责母公司管理集团某一业务或某一区域业务的中间管理机构。其本身并不具有法人资格，但在财务上往往被视为一级利润中心，独立核算并且自负盈亏。基于业务或区域管理战略需要，总部对事业部大多采取"集中决策，分散运营"体制，即在重大事项的决策上实行高度集权，在财务上实施严格的资金控制与预算控制。

事业部财务机构是事业部管理与控制的核心部门，同时具有双重身份：一方面作为集团财务总部的派出机构，需要贯彻执行总部的战略以及各项政策、制度，参与事业部的财务决策；另一方面，它又是事业部下属子公司的财务组织领导、管理机构。

事业部财务机构的责权主要包括：

（1）负责事业部财务战略预算编制、上报与组织实施。

（2）贯彻执行集团总部的财务战略与财务政策。

（3）实施对事业部下属子公司或工厂等的财务运作过程的控制。

（4）依据总部业绩衡量标准，强化对子公司、工厂等的管理绩效考核。

（5）规划与调控事业部范围内各子公司或工厂之间的资金配置。

5．子公司财务部责权

子公司财务部是否单独设置，取决于集团的规模、业务的复杂程度以及空间跨度。一般来说，如果集团规模大、子公司业务较为繁多或者母子公司跨度较大，则可以考虑设立子公司财务部，否则不予设立。无论子公司财务部是否单独设置，必须明确两点：①维护子公司作为独立法人的权利与地位，尤其是财务方面的合法权益；②子公司必须遵循总部的财务战略、财务政策，将子公司自身的业务活动纳入集团一体化的范畴。

第四节　酒店集团财务管理的内容

酒店集团的财务活动一般分为四个层次：母公司层、子公司层、参股公司层和外围协作企业层。因此，酒店集团财务管理的内容非常丰富，既包括单个企业内部的财务管理活动，又涉及不同层次企业之间的财务管理活动。其中，母公司层和子公司层的财务活动是集团财务管理的主要内容。因此，在这里以母子公司之间的财务管理活动内容为例，说明酒店集团财务管理活动的内容。

一、酒店集团产权管理

产权管理是指依照国家产权法律制度规定，为维护产权人的合法权益而进行的管理活动。酒店集团产权管理主要包括产权关系的确立与维护、产权结构的设置和持股方式的选择等几个方面。

1．产权关系的确立与维护

酒店集团公司（即母公司）需要通过合法的投资方式与成员酒店（即子公司）确立产权关系。从内部产权关系看，为了维护和实现集团利益，母公司通过产权关系，依法对子公司经营活动进行控制和监督，保障其投入资本的安全性，并依股东权益获取收益，从而促使子公司经营目标与母公司总体战略目标保持一致。

2．产权结构的设置

产权结构的设置要充分考虑母子公司的关系。母公司从经营战略和发展规划出发，依据集团公司的产业布局将其所持有的有形资产、无形资产、债权资产分别投资于各子公司，并依法落实其法人财产权和经营自主权，形成以产权为纽带的母子公司关系。母公司通过产权关系的约束控制，间接对子公司实施管理。母公司在确定产权结构时，应积极引导子公司围绕酒店集团的发展愿景与战略目标寻求合理的投资方向与项目，合理保证投资收益性，并降低投资风险。

3．持股方式的选择

不同类型的酒店集团应当选择不同的持股方式。一般地说，对于核心企业实力强大的酒店集团，可以选择直接控股的方式，以保障母公司的控制权；对于核心企业实力不是很强大的酒店集团，可以选择间接控股的方式，在保证母公司控制权的前提下，充分利用社会资本；对于强强联合的企业集团，可以选择交叉持股的方式，以加强子公司之间的相互关系。

二、酒店集团筹资管理

酒店集团的资本有外部资本筹集、内部资本筹集两种基本方式。

1．外部资本筹集

酒店集团外部资本筹集的具体方式多种多样，包括银行贷款、发行股票、发行债券、商业信用、融资租赁、合作经营等。不同的筹资方式体现了不同的经济关系。其中，发行股票、合作经营体现的是股权关系；银行贷款、发行债券、商业信用体现的是债权债务关系；融资租赁体现的也是一种借贷行为，但最终当租赁物所有权发生转移时，按其资本来源归属于投资者。酒店集团应根据发展目标、资产负债结构选择合适的资本筹集方式。

2．内部资本筹集

酒店集团的内部资本筹集主要是集团内部资本的横向融通与使用，如酒店集团统一使用集团发展资金；集团内部成员饭店之间的相互借贷或者直接横向划拨使用资金等。

三、酒店集团投资管理

酒店集团的投资管理主要包括明确投资管理关系和确立投资管理内容两方面。

1．投资管理关系

酒店集团投资活动形成母公司投入资产与子公司管理资产的双向投资管理关系。母公司对其投入子公司的资产具有收益权和处分权（如分红或转让），依据其股权大小行使所有权职能。对子公司来说，它是股东投入资产的实际控制者，并以其全部资产对公司债务承担有限责任。

因此，在资产管理关系上，虽然母公司对资产具有约束力，但并不能直接控制；而子公司在占有资产、独立经营的基础上，也不能摆脱母公司的产权约束，实现绝对独立。在保证子公司自主经营的前提下，母公司可以选派股权代表进入到子公司决策管理机构，如董事会，将其经营战略意图体现到子公司的具体经营活动当中，同时通过建立严密的资产经营考核体系，促进子公司自觉实现母公司制定的资产经营目标。

2．投资管理内容

酒店集团投资管理的主要内容包括以下几个方面：

（1）选择投资机会　投资机会的选择是一个十分复杂的过程。酒店集团应全面分析影响投资的各种因素，包括国家产业政策、宏观经济环境和行业竞争状况等，并在此基础上科学地选择投资机会。

（2）引导投资方向　每一个企业的投资活动都是从选择投资方向开始的。酒店集团公司应当认真研究国家的财政政策、税收政策、货币政策和产业政策，对产业结构的效益进行对比分析，并结合企业自身发展实际情况，及时提出投资方向，引导成员企业的资金流向，使成员企业在授权的范围内，通过投资活动获取良好的投资效益。

（3）控制投资规模　酒店集团应从集团整体利益出发，对集团的投资规模进行全面及长远地规划，并将各成员企业的投资规模控制在合理的范围内。既不能过度保守，畏惧不前，不敢投资，而丧失宝贵的投资机会；也不能盲目乐观，不计风险，不自量力地盲目大规模投资，而将集团置于危险境地。

（4）审定投资项目　酒店集团对于集团公司及成员企业的投资过程，应制定一整套投资项目可行性分析和审定的决策程序，以规范集团及成员企业的投资行为。一般来说，对规模较大的项目由集团公司审批，而规模较小的项目则由成员企业按决策程序自行决定。

四、酒店集团资本管理与资产管理

1．酒店集团资本管理

酒店集团资本管理是指集团公司对集团内资本的筹措、投放、使用、收益和保全进行的管理，主要包括以下原则与内容：

（1）统一管理　酒店集团应坚持成员企业资本集中统一管理的原则，集团成员企业的资本筹措和使用必须纳入集团公司统一管理、统一调度，在整个集团范围保证安全、有效配置和合理利用。

（2）全过程管理　酒店集团要对饭店集团的资本筹措、投放及资本收益的取得，实行全过程管理，集团公司的财务部门设置资本管理中心、资产运营中心、资本筹措和调配中心以及资本扩张的投资中心等部属机构。

（3）重点管理　酒店集团公司对大额的资本收付、对外投资、境外付款、贷款担保和财产抵押等特殊的资本流动方式，应严格审批权限或者做出规定与限制，实行重点管理。

2．酒店集团资产管理

酒店集团资产管理是指集团公司对集团内资产的购置、使用、转让、处置和监控等方面进行的管理，主要包括以下原则与内容：

（1）确定管理重点，优化资产结构　母子公司的资产管理重点是各不相同的。一般来说，母公司应重点控制固定资产、无形资产和其他长期资产，而子公司应重点控制流动资产。另外，为了规范酒店集团的投资行为，应对集团资产增量和存量进行分类管理，控制集团的经营性资产和非经营性资产的比例，确保集团公司资产运营与发展战略的一致性，提高资产利用效率。

（2）明确管理权限，规范管理程序核心层　企业要尽可能采取集中体制，即核心企业设置由财务总监、筹资部、投资部、规划部、财务公司和市场部等专业高层管理者和专业部门组成的投资决策中心，具体负责对核心企业投资项目形成的重要资产的全方位监控。紧密层企业应设置一定的投资管理部门，在核心企业的管理或影响下，具体负责对规模较小的投资项目进行全方位管理；规模较大的投资项目，其决策和运作权由核心企业行使。

（3）严格资产变动，明确审批权限核心层　企业与紧密层企业和半紧密层企业之间虽然建立了产权关系，但随着生产经营情况的变化和产业结构的调整，企业集团各成员企业之间还会出现资产转让现象，为防止资产流失，必须做到：集团成员企业之间流动资产的转让应尽可能是有偿的，固定资产的转让若为无偿调拨，必须是经集团有关部门领导审查批准；集团各成员企业向集团外单位转让固定资产，必须是有偿转让，并报经集团有关部门领导审查批准。

五、酒店集团收益分配管理

收益分配管理包括广义的收益分配管理和狭义的收益分配管理。广义的收益分配管理是指企业对一定时期内所取得的收入总额和税后利润在企业内外各利益主体之间进行分配的管理活动。狭义的收益分配仅指企业对税后利润进行分配的管理活动。由于酒店集团是个多法人的企业联合体，因此其收益分配管理就成为一个广义上的收益分配管理。

在单一企业中，利益分配方向是由企业法人到企业所有者，即利益由企业流向股东。而在企业集团中，对于集团公司所拥有的全资子公司和控股子公司，集团公司就是这些子公司的大股东，于是对所有者利益分配管理的实际意义大大降低。因为此项利益如何分配，以及分配多少，基本上是由集团公司来决定的。

所以，酒店集团的利益分配已经从单纯的经营成果分配层次，上升到具有经营管理意义的利益分配层次，其重点不再是企业对所有者、债权人乃至经营者与职工的具体分配，而是一种"反向"分配，即集团公司（或集团核心企业）站在集团整体利益和未来发展的层次上，对子公司的利益进行协调。

酒店集团的利益分配应该在有利于集团未来发展和企业集团价值最大化的原则指导下，科学平衡包括股东的眼前利益与集团的长远发展、集团整体利益与子公司个体利益以及各子公司利益等在内的多种矛盾，实现酒店集团的发展与壮大。

在实践中，酒店集团的收益分配管理主要有税前的集团内部转移价格与税后的股利分配两种方式。

1. 企业集团内部转移价格

内部转移价格是指企业集团内各成员企业转让产品或服务时所采用的价格。集团成员企业之间内部转移价格的制定及执行情况直接涉及集团成员企业间的利益分配的合理性。

当内部转移价格高于正常市场价格时，则转出产品的成员企业将获得较高的利润，利益将由转入产品的子公司流向转出产品的子公司，相当于向转出产品的子公司进行利益分配。反之，当内部转移价格低于正常市场价格时，利益将由转出产品的子公司流向转入产品的子公司，相当于向转入产品的子公司进行利益分配。

由此可以看出，内部转移价格是企业集团实现利益分配的重要手段。同时，由于内部价格可以实现利益在不同子公司之间的分配与转移，从而影响子公司的利润水平，进而影响子公司的纳税额，因此内部转移价格同时也是企业集团进行税收筹划时采用的常见方式。

内部转移价格主要有以下几种：

（1）市场价格　是以转让产品的外部市场价格作为内部转移价格。

（2）协商价格　是集团内部成员企业通过共同协商确定的、双方都接受的价格。

（3）实际成本加成价格　是在产品实际发生的成本的基础上加上一定数额的利润，并以此作为内部转移价格。

（4）标准成本加成价格　是根据产品的标准成本加上一定数额的利润制定产品的内部转移价格。

2．税后股利分配

酒店集团除了可以通过内部转移价格在缴纳企业所得税前进行利益分配外，还可以通过对税后股利的分配，实现利益在集团内部的分配。股利分配是股份制企业以向投资者（股东）发放股利的形式将企业的经营成果分配给投资者，它是股份制企业向股东分配利润的重要形式。

通常，股利分配方式有现金股利、财产股利、负债股利、股票股利和股票回购等，其中最常用的是现金股利和股票股利。

（1）现金股利　指股份公司以现金的形式向股东发放股利，这是上市公司最常见的股利派发方式。支付现金股利，公司未分配利润减少，股东权益相应减少。在股本不变的前提下，这样一种股利分派方式会直接降低每股净资产值，提高净资产收益率。

（2）股票股利　指股份公司以本公司的股票作为股利发给股东的一种股利发放方式。该方法一般存在两种情况：①利用"可分配利润"转增"股本"；②利用"资本公积金"或"盈余公积金"转增"股本"。公司发放股票股利的主要原因有：①可以将现金保存在公司，用于公司的未来投资；②如果公司股票看涨，可以使股东分享股价上升的收益。

（3）股票回购　指股份公司以回购本公司股票的方式向股东发放股利，也是股利分配的一种重要方式。股票回购与现金股利都是股利分配的方式，在回购价格和回购比例适当的前提下，股票回购与现金股利的效果差不多。

六、酒店集团财务控制

如前所说，酒店财务管理基础在于控制，因此财务控制就成为酒店集团财务管理的重要内容。酒店集团的财务控制是指集团公司根据国家财务法规和集团的战略规划、财务预算、财会制度等规定，对集团成员及其经营者的行为进行的控制。

财务控制是保证企业经营合法性、合理性和效益性的重要手段。为完成财务控制任务，酒店集团可以采用有效的控制方式，具体包括：

1．人员控制

企业集团可以通过对子公司财务人员的管理来影响子公司的财务活动，达到财务控制的目的。例如，为了加强对集团内部财务人员的管理，可以对成员企业的财务人员实行集中管理或双重管理。其具体做法有：

（1）人员集中管理　子公司的财务负责人由企业集团统一派出，其人事关系、工资关系集中在企业集团的财务部门，由集团公司统一集中管理。

这种做法的优点在于：①实现了集中统一的垂直领导，财务管理指令畅通，财务信息沟通畅通；②财务人员受子公司影响较小，能够正常行使职权，具有相当的权威性，从而能够快速地解决工作过程中遇到的实际问题；③对子公司管理层具有一定的威慑作用，减少了其违法、违规的空间。

这种做法的缺点在于：①财务人员报酬由集团公司支付，加大了集团公司的负担；②如果子公司管理层处于强势地位，财务人员很可能被架空，难以达到控制效果；③如果财务人员的立场不够坚决，很可能被子公司管理层俘获，失去控制作用；④如果财务人员过于强势，可能影响子公司经营管理人员的积极性，削弱集团公司的整体竞争力。

（2）人员双重管理　子公司的财务负责人由企业集团统一任免，但他们的人事关系和工资关系不集中在企业集团财务部门。这种做法能够加强子公司管理层的合作与沟通，避免工作脱节，也在一定程度上体现了垂直管理。但由于人事关系和工资关系的原因，垂直管理的力度也很有限，很难达到控制目的。

2．制度控制

由于企业集团组织形式的特殊性，现行财务与会计制度主要是针对单一企业制定的，还不能对企业集团的财会工作加以全面规范。所以，企业集团可以结合集团经营管理特点和自主理财需要，补充制定集团内部的财务与会计管理制度，用以规范集团内部各层次企业的财务管理工作。

企业集团应根据内部核算的需要，补充部分会计科目及核算内容，并且统一会计核算的方法与口径，设计规范的内部报表格式。对于关联交易和合并财务报表，要做出具体规定，企业集团中各成员企业都必须严格执行，以便于全面、及时、真实地反映企业集团的整体财务状况，满足经营决策的需要，同时达到对子公司控制的目的。

3．审计控制

酒店集团规模越大，成员企业和管理层次越多，财务关系就越复杂，就需要运用内外部审计手段，强化企业集团内部的财务控制。

企业集团外部的财务控制工作由国家授权的专门部门和机构（如家审计部门、会计师事务所等）进行，集团内部的财务监督工作主要由企业集团的审计部门统一组织。

企业集团的审计控制应当做好以下工作：

（1）健全审计机构　①把内部审计机构交由董事会或总经理直接领导，以保证审计监督的力度；②要配备足够的符合条件的审计人员，以保证按质按量地完成审计任务；③制定内部审计工作规范，把审计工作纳入规范化的轨道。

（2）明确审计重点　重点审计各项管理制度的执行情况，如内部控制制度、内部财务会计制度等。

（3）改进审计方法　根据企业集团规模大小、业务多少的特点，必要时将详细审计改变为抽样审计，以提高审计工作效率；将定期审计改为定期与不定期审计相结合，以保证审计的及时性和有效性。

（4）进行成果考核　应该根据审计结果，对各成员企业的财务活动进行规范、考核和评价，以达到监控的目的，完成监控任务。

七、酒店集团财务激励

财务激励是指企业通过一系列制度安排，以财务资源为激励手段与方式，激励对方为实现既定的目标而努力。与非财务激励方式，如提升、表扬等相比，财务激励属于价值性激励，通用性强，激励的作用面很广泛，影响深远，具备了明显的财务职能管理的特征。同时，也成为酒店集团财务管理的重要内容。

财务激励的方式与内容非常丰富，如对客户的现金折扣与信用期激励，对股东实行固定股利加额外股利激励，对债权人和债务人实行信用激励，对子公司及其管理团队的业绩实行考核激励等。

酒店集团的重要目标就是鼓励集团所有成员能够为实现整个集团的战略目标而努力，为实现集团整体的价值增值而努力，因此集团下属成员企业及其管理团队的激励就成为最为重要的管理内容。对于下属成员企业及其管理团队的激励主要是以经营管理业绩为基础的，于是业绩评价就成为酒店集团财务管理的重要内容，这部分内容用第五节一节的内容来说明。

第五节　酒店集团业绩评价

酒店集团财务管理的目标是使企业集团及所属子公司不偏离企业集团整体价值最大化的目标，并且能更好地为实现这个目标而努力。业绩评价是酒店集团财务管理的重要内容，通过业绩评价，既可以了解企业集团战略的执行与实现情况，又可以了解各种经营活动对企业价值的影响。有效的业绩评价既为确定或免除相关责任人的经营或财务责任提供正确的依据，又能促进经营业绩和管理效率的提高。

一、业绩评价的含义

业绩评价是指运用特定的标准和方法，对单位或个人一定经营期间内的经营效果和努力程度所做的系统评判。业绩评价对于酒店集团非常重要，好的业绩评价体系有利于提高企业集团的整体盈利水平，不合理的业绩评价体系有可能对企业集团发展造成损失甚至灾难。在这里需要说明业绩评价与财务分析的关系。业绩评价与财务分析既存在联系，又存在差别，这些差别体现在以下两方面：

① 二者分析的着眼点不同　财务报表分析侧重通过对财务报表信息的系统计算与处理，说明企业经营活动在财务方面所取得的成果如何，即回答"结果是什么"这一问题。而业绩评价在关注"结果"的同时，更主要的是分析产生"结果"的"原因"是什么，即它更主要回答"为什么是这样"这一问题。

② 二者涉及的范围不同　业绩评价是对企业经营效益和经营者业绩进行综合评价，既包括财务方面，也包括非财务方面。而财务分析主要对与财务有关的信息的处理与分析。

同时，业绩评价与财务分析又存在联系。

① 二者在信息来源上存在相当大的同源性。业绩评价中的财务业绩评价与财务分析的信息都源自企业的财务会计报表。

② 业绩评价中需要财务分析的方法与技术。业绩评价中财务指标的选择与计算方法，如利润指标、成本费用指标等，很多都来自财务分析。因此，财务分析是进行业绩评价基础。

二、业绩评价的必要性

（1）业绩评价在很大程度上是由两权（所有权与经营权）分离这一现代企业制度的特征决定的。

在两权分离状态下，所有者及其代表（董事会）在将资产委托代理人（经理人员）的同时，也将其作为一个评价对象纳入产权管理范围。因此，两权分离产生了所有者与经营者的委托代理关系，继而产生了代理成本。这时就需要通过相应的制度安排来提高企业效益，使经营者与所有者的目标能达成一致，并进一步减少代理成本。将管理者（代理人）的管理业绩与管理报酬相结合是通过制度设计手段解决问题的主要方式。

因此，集团各级董事会（集团董事会和各子公司董事会）的主要工作职责在于两方面：①选择有能力的职业经理人充当企业经理；②设计管理者（代理人）的报酬计划，对各级（类）管理者（代理人）进行必要的激励。这一问题在很大程度上都离不开一个前提条件，即需要企业的所有者及其代表对管理者的业绩进行客观的评价，从而为设计报酬计划和降低代理成本提供前提条件。正确的业绩评价可以及时反映管理者（代理人）的工作状况，降低信息不对称的程度，从而阻止管理者（代理人）的道德危机和逆向选择行为。

（2）业绩评价是做实酒店集团战略管理，促进集团战略目标实现的需要。酒店集团的战略目标只有量化成具体的战略指标，才能使战略具有可理解性和可操作性，才可以清晰传递企业集团的战略目标，引导管理者（代理人）的生产经营行为与委托人的目标保持一致，从而降低代理成本，促进集团战略目标的实现。

（3）科学的业绩评价制度，还可以建立起有效的激励与约束机制。所有者目标的实现与管理者工作质量的一致性有赖于恰当的激励与约束制度安排。而恰当的激励与约束制度，又依赖于客观、及时的业绩评价，否则就收不到奖勤罚懒的管理效果。

（4）酒店集团的组织管理的多次层性以及由此产生的专制与官僚化倾向，也是进行业绩评价的主要原因。在大型酒店集团公司中，组织管理层包括集团公司董事会、各专门委员会、集团经理层、集团职能管理部门等，而各子公司同样包括董事会、子公司经理层、子公司职能管理部门等多个层次。企业集团内管理层次复杂化很可能导致组织专制与官僚化，反馈会出现延迟和滞后情况，从而导致管理效率的低下甚至无效。

为了提高管理效率，母公司对子公司、高层管理者对中低层管理者等，都存在管理业绩评价的必要性问题。同时，企业集团中母子公司关系的性质，使得对管理业绩评价成为双重性的管理行为。所谓双重性，即一方面是母公司作为所有者，对子公司经营管理者的评价；另一方面是母公司作为企业集团管理总部，对集团本身管理者的业绩评价，属于高层管理者对中、低层管理者的评价范围。基于这样的原因，管理业绩评价在企业集团财务管理中的地位与作用就显得特别重要。

三、业绩评价的原则

科学业绩评价制度的设计须遵循一定的制度原则。业绩评价的设计原则对业绩评价的具体指标设计、模式选择和实施过程起到指导作用，主要有以成果为重、追求挑战性、以量化为主三个方面。

1. 以成果为重

企业面对当今激烈竞争和变革的环境，业绩评价指标也应当适当变革。任何变革，无论是战略的转型，还是制度的革新，首先都应设定业绩目标，而不是在设计完业务流程之后，再来确定业绩目标，即要遵循战略（目标）决定组织结构的原则。真正的目标应该要以业绩（即成果）为重，而不要以达到目标的手段和过程为重，即评估措施应该要告诉被评估的对象，他们需要完成哪些任务，而不是告诉他们怎么做，把具体的方法与手段留给执行者。这样，在处理权力的集中与分散、保证行动方向正确的同时，充分调动了经营管理者和员工的积极性与创造性，提供了企业集团的经营活力。

2. 追求挑战性

假如业绩目标制定得不好，企业就等于失去了激励员工的重要工具。企业往往会很得意地宣称，自己已经达到了去年所设定的目标。但是如果这些目标要求不高，而且很容易达到，那就起不到真正的激励作用，也就达不到业绩评价的真正效果。正如管理者常说"目标决定高度"，只有具有远大目标的管理者，才有可能创造出常人无法企及的业绩。在业绩评价设计中，一定要树立具有挑战性的目标，给经营者与员工造成努力奋斗的压力与动力，才有可能实现企业集团远大的战略目标。

3. 以量化为主

正如哈佛大学教授、平衡计分卡创始人卡普兰（后面将对平衡计分卡进行介绍）所说："如果无法衡量它，你就无法管理它。"在业绩评价制度的设计过程中，一定要尽可能使所衡量与评价的业绩以量化的指标形式表达出来，这样建立起来的业绩评价制度才具有可理解性、可执行性，同时也使得业绩评价更加客观，满足业绩评价所应具有的客观性、公正性的要求。

四、业绩评价的一般方法

业绩评价所用到的方法主要有两大类：①尽可能使用的定量分析法；②作为补充的定性分析法。定量分析法是通过数据的对比、换算等，来评价业绩的方法。定性分析法主要是通过直接观察、实地调查、与相关人员座谈等形式达到收集相关资料、了解实际情况、查找原因等目的的方法。在实际操作中，经常使用的业绩评价方法主要有：

1. 指标法

指标法是指用各种业绩指标，如利润率、投资报酬率和客户满意度等，对评价客体进行业绩评价。

2. 趋势法

由于业绩评价更加重视企业的持续的经营与发展能力，因此可以将趋势评价作为业绩评价的重要内容，如销售收入趋势、成本费用变化趋势、市场占有率趋势、利润变化趋势等。通过对过去若干年数据的分析，判断未来的发展，以评价评价客体较长时间的业绩成果。

3. 情景模拟法

情景模拟法是指一种模拟工作环境的评价方法，要求评价客体在评价主体面前完成类似于实际工作中可能遇到的活动，评价主体根据完成情况对评价客体进行业绩评价。

4. 强制比例法

根据正态分布原理，优秀部门及人员和不合格部门及人员比例应基本相同，大部分部门及人员应属于工作表现一般的情形。在评价标准中可强制规定优秀部门及人员数量和不合格部门及人员数量，如规定优秀者与不合格者比例均占 20%等。

5. 评语法

评语法是指由评价主体撰写一段评语来对评价客体进行评价的方法。评语内容包括经营成果、管理业绩、实际表现、优缺点和努力方向等。这是一种较常见的定性分析法。

6. 重要事件法

重要事件法是指评价评价客体的优秀表现和不良表现，平时进行书面记录，综合整理分析书面记录，最终形成评价结果。

7. 综合法

综合法是指将各类业绩评价方法进行综合运用，以提高评价结果的客观性和可信度。酒店集团可以根据实际需要，对上述业绩评价方法独立使用或者综合使用。

五、业绩评价系统

酒店集团要进行业绩评价活动，必须建立完善的业绩评价系统。完善的业绩评价系统包括评价主体、评价目标、评价指标、评价标准、评价客体和评价结果六部分，相互关系如图 10-1 所示。

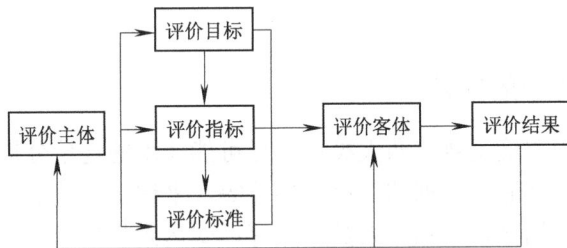

图 10-1 企业业绩评价系统

1. 评价主体

评价主体是指业绩评价中对评价客体进行评价的组织者和实施者。在酒店集团内部，常见的业绩评价主体分为两个层次：①集团层次，主要包括集团公司所有者或董事会（对应于集团公司管理层）、集团管理层（对应于集团职能部门）；②子公司层次，主要包括集团公司或子公司董事会（对应于子公司经营管理层）、子公司经营管理层（对应于子公司各经营部门和职能部门)。

2. 评价客体

评价客体是指对谁进行评价,即评价的对象。评价客体主要是根据需要确定的,是与评价主体相对应的另一方。常见的业绩评价客体也可以分为两个层次:①集团层次,主要包括集团公司(由集团公司所有者或董事会负责评价)、集团公司职能部门(由集团管理层负责评价);②子公司层次,主要包括子公司经营管理层(由集团公司管理层或子公司董事会负责评价)、子公司各经营部门和职能部门(由子公司经营管理层负责评价)。

3. 评价目标

评价目标是指明确客体的努力方向和效果。目标代表着一个组织努力追求的东西以及预期的效果。业绩评价的目标是评价的立足点和目的,通过评价来检验预算执行情况,也为进一步的奖惩提供了依据。业绩目标通常是用文字进行描述的,如"成为北京市酒店业知名的企业集团"。

4. 评价指标

评价指标是指评价目标的量化形式,即以什么指标来量化评价目标。按照业绩评价中指标地位的重要程度不同,将其中能够计量企业关键成功因素的指标称为关键业绩指标。业绩评价指标有财务方面的,如投资报酬率、销售利润率、每股盈余等;也有非财务方面的,如售后服务水平、产品质量、研发速度等。

5. 评价标准

评价标准是指对评价客体进行评判时的业绩水平。某项指标的具体评价标准是在一定前提条件下产生的,具有相对性。随着评价目标、范围和出发点发生变化,相应的评价标准也应相应变化。常见的业绩评价标准有经验水平、年度预算水平、历史水平和竞争对手水平等。

6. 评价结果

评价结果是指对客体评价后的最终结论。通常,评价结果以业绩评价报告形式出现,并以此作为对客体奖罚的主要依据。同时,业绩评价结果还可以对评价主体和客体形成反馈,用于未来的业绩评价。

业绩评价根据所选用的评价指标类型不同,可以分为财务业绩评价与综合业绩评价。下面分别对二者进行介绍。

六、财务业绩评价

财务业绩评价是指利用财会数据和相关信息,以财务业绩指标为主体,对集团企业和经营者在财务方面的业绩进行评价。由于财会数据具有概括性、规范性和可比性,从而使得财务业绩评价具有良好的可操作性和可理解性,因此财务业绩评价也成为常见的业绩评价方法。用于业绩评价的财务指标可以分为以下几类:偿债能力指标、盈利能力指标、营运能力指标、现金流量指标、发展趋势指标等。这些财务指标的具体计算方法已在财务分析章节中进行介绍,在此不再介绍。

本部分主要介绍酒店集团针对子公司的不同类型,如何选用恰当的财务指标进行财务业绩评价。酒店集团的子公司成员的类型主要有利润中心和投资中心两类，下面分类介绍这两类公司的财务业绩评价。

1. 利润中心的财务业绩评价

利润中心是指不仅能够对本单位的成本费用负责，而且是能够对本单位的收入负责的单位。因此，作为利润中心，既要对成本、费用进行考核评价，又要对收入、利润进行考核评价。与之相对应，利润中心通常有权做出资源供应决策，并能对市场予以选择。利润中心不仅与企业集团内的其他部门发生联系，更多的是与企业集团外的单位开展交易活动。

利润中心按其产品或劳务的销售方式不同分为市场利润中心和内部利润中心。市场利润中心是指有权直接对外销售产品或提供劳务的责任单位，它可以是独立的子公司，也可以是独立核算的单位，如分公司。内部利润中心是指只在企业集团内部销售产品或提供劳务的责任单位。作为内部利润中心，其产品或劳务只在企业集团内部销售，并按内部转移价格结算，可以获得相应的内部利润。利润中心的业绩评价可以选择的财务指标包括部门可控成本、部门可控利润、部门税前利润等。

部门可控边际贡献=营业收入-部门可控变动成本

部门可控利润=部门可控边际贡献-部门可控固定成本

部门税前利润=部门可控利润-部门不可控成本

按照可控性原则，利润中心应对其可控的收入、可控的成本承担完全责任。为此，必须在各利润中心可追溯成本的基础上，进一步将其区分为利润中心的可控成本和不可控成本，并就可控成本进行行业绩评价。

因为有些费用虽然可以追溯到各利润中心，但却不为其所控制，如分摊的企业集团管理费用。因此，应将其不可控固定成本从中剔除。部门可控利润反映的是利润中心对其可控资源的有效利用程度。部门税前利润主要用于评价利润中心的工作业绩，反映利润中心在补偿共同性固定成本后对酒店集团利润所做出的贡献。

2. 投资中心的财务业绩评价

投资中心是酒店集团既对成本、收入负责，又要对全部营业资产负责的单位。投资中心不仅在产品生产和销售上享有较大的自主权，而且能相对独立地运用其所掌握的资金，有权购置或处理固定资产，扩大或缩减现有的生产规模等。投资中心是企业内部最高层次的责任中心，它拥有最大的权力，也承担最大责任，要编制资产负债表、利润表和现金流量表。

投资中心的业绩评价与利润中心相比，除考核利润指标外，更重要的要求是要将投资中心所取得的收益（即利润）同其所占用的资金（资产）紧密联系起来。投资中心常见的财务业绩考核指标有投资报酬率和剩余收益。

（1）投资报酬率　指投资中心所获得的税前利润同该中心所占有的全部资产之间的比率。投资报酬率的计算公式为

$$投资报酬率=\frac{税前利润}{本单位全部资产}$$

用投资报酬率来评价投资中心业绩的优点在于：它是根据现有的会计资料计算的，比

较客观，可用于单位之间以及不同行业之间的比较。公司投资者和管理层都非常关心这个指标。应用该指标评价每个投资中心的业绩，可以促使投资中心努力提高自身投资报酬率，最终使整个酒店集团的投资报酬率得到提高。

投资报酬率指标也有不足之处：子公司管理者很可能从本单位的局部利益出发，放弃高于集团整体资本成本而低于目前本单位投资报酬率的机会，或者减少低于本单位现有投资报酬率但高于集团整体资本成本的某些资产的使用，以使本单位的业绩获得较好评价，但却伤害了酒店集团的整体利益。从引导子公司管理者与企业集团总体利益相一致的决策来看，投资报酬率并不是一个非常理想的业绩评价指标，所以还可以用剩余收益作为补充业绩指标。

（2）剩余收益　为了弥补由于使用投资报酬率衡量部门业绩带来的局部优化问题，酒店集团可以采用剩余收益指标来进行业绩评价。剩余收益的计算公式为

$$剩余收益=部门利润-部门资产应计报酬$$

$$=部门利润-部门资产×资本成本率$$

剩余收益的主要优点是可以使业绩评价与企业集团的目标协调一致，引导下属子公司管理者采纳高于企业集团资本成本的决策。当然，剩余收益是绝对数指标，不便于不同部门之间的比较。因此，许多企业在使用这一指标时，应事先与每个单位建立剩余收益预算，然后通过实际与预算的对比来评价下属公司业绩。

七、综合业绩评价

业绩评价涉及经营和管理许多方面，受多种因素影响，各因素的影响方式又不一样。因此，单独评价其中任何一部分，都不足以全面地评价企业的业绩状况，而且很可能导致管理者追求单方面业绩指标优化的短期性、投机性行为。例如，如果仅以财务指标进行财务业绩评价，企业管理者可以为了提高财务业绩如利润率、投资报酬率的水平，不进行技术研发、品牌建设等长期性投资行为。这样做的结果是尽管企业当下的财务业绩很好，但是对于企业的长期发展来说，会对企业的长期发展造成严重伤害。

因此，只有平衡多种因素，建立全面反映企业业绩的综合业绩评价体系，并对企业集团及其下属公司进行综合分析才能做出全面的、合理的评价，并且有利于企业集团的长期发展。企业综合业绩究竟建立什么样的综合业绩评价模式，应采用哪些指标予以反映，目前仍未有权威性结论。在现有的诸多综合业绩评价方法与模式中，具有较大影响力的是平衡计分卡。

平衡计分卡（the Balanced Score Card，BSC）是由哈佛大学工商管理学院的财会学教授罗伯特·卡普兰（Robert S. Kaplan）和复兴全球战略集团总裁大卫·诺顿（David P. Norton）于1992年率先提出的。目前，平衡计分卡已经在战略管理领域和业绩评价领域得到越来越广泛的应用，《哈佛商业评论》更是把平衡计分卡称为75年来最具影响力的战略管理工具。

平衡计分卡作为一种基于战略的综合业绩评价方法，首先认为企业是由多种利益主体组成的利益集合体。因此，企业应该向包括员工、供应商、顾客、社区、股东等多种利益集团负责。在现实中，不同的利益主体有不同的目标和要求，这决定了企业必须在这些相

互矛盾和竞争的目标之间进行平衡。因此，平衡计分卡实质上是一个反映企业满足不同利益主体利益要求的业绩评价和战略管理工具。

平衡计分卡包含财务指标和非财务指标。财务指标用以反映已采取的行动所产生的结果；而非财务指标是未来财务业绩的驱动力因素，通过对顾客满意度、内部流程以及学习与创新活动进行测评的业务指标，可以有效地补充财务指标的不足。具体来说，平衡计分卡从企业的使命、愿景与战略出发，从四个角度评价一个企业，这四个角度分别是：财务角度、客户角度、内部业务流程角度和学习与成长角度，其具体结构如图 10-2 所示。

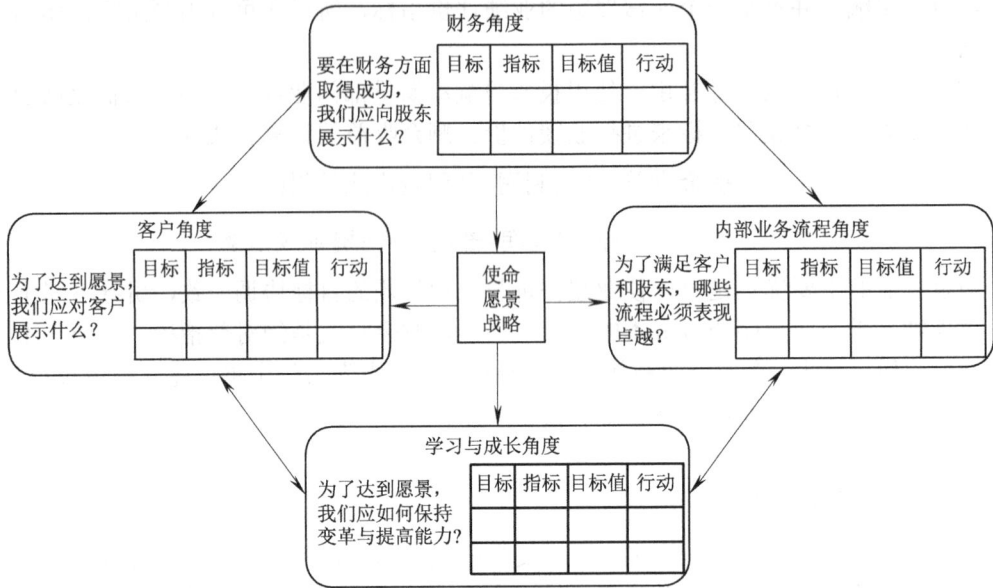

图 10-2　平衡计分卡结构图

1．财务角度

财务角度显示了企业战略及其执行是否有助于提高对股东的回报。典型的财务业绩指标有营业收入增长率、投资报酬率和现金流量等。

2．客户角度

客户角度反映了企业在为客户提供服务方面所取得的成果。典型的客户指标包括客户满意度、客户保持度、新客户的获得、客户盈利能力、市场占有率和重要客户的购买份额等。

3．内部业务流程角度

企业内部业务流程是指企业从客户提出需求开始，到企业创造出对顾客有价值的产品或劳务为止的一系列活动，包括订单处理、产品开发、产品生产、销售服务等流程。企业长期财务成功的基础是建立在企业能够不断地提供新产品和服务来满足客户不断变化着的需求基础上的，而企业内部业务流程直接影响企业提供新产品和服务来满足现在和未来客户需要的能力，因此内部业务流程的效率与质量对企业的经营成功非常重要。典型的内部业务流程指标包括供应及时率、生产经营周期、质量水平和生产率等。

4．学习与成长角度

企业要能长期稳健的发展，必须具备一定的学习与成长能力。反映企业学习与成长能力的主要指标是企业的技术能力、对员工培训方面的投资、企业制度建设投资等。

平衡计分卡在进行综合业绩评价时，对财务指标与非财务指标、结果与过程等关系进行有效的兼顾与平衡，不但考核了业绩结果，而且考核了促进业绩成果的原因，对业绩改进具有很强作用。因此，平衡计分卡在实施管理过程中，既可以作为管理业绩评价的依据，也可以作为确定子公司经营管理目标的重要依据。

第六节 企业集团高级财务管理机构

如前所述，酒店集团是一种不同于一般企业的外部组织形式，因此其财务管理，特别是财务控制的重要性和难度显著增强，客观上要求在集团层面上存在一个能够统筹全局、协调各方面关系的财务机构。同时，随着酒店集团规模日益扩大和管理水平的不断提高，也要求其财务管理结构能够超越传统的职能财务管理部门层次，向财务中心、财务公司和金融公司等更高层次财务管理机构发展。与传统的职能财务管理部门相比，这些高级财务管理机构在企业集团财务管理中发挥着更为重要的作用。当然，由于我国酒店集团化趋势还处于起步阶段，这些高级财务管理机构在酒店集团中还不太普遍，但是它们是酒店集团财务管理机构未来发展的大方向。

一、财务中心

酒店集团的财务中心是集团公司内部设置的，由集团公司负责运营、管理和协调集团内部各成员企业资金业务的非法人二级单位。同时，财务中心又是企业集团进行财务控制的重要部门。由于财务中心业务的特殊性，财务中心在集团内部必须保证相对独立性，这样才能充分发挥其应有的财务管理职能。

根据各酒店集团对财务权限的分配与实施财务管理的条件的不同，财务中心可以分为财务结算中心和财务控制中心两类。酒店集团应该根据自身条件和组织特点，选择合适类型的财务中心。

1．财务结算中心

酒店集团的财务结算中心是企业集团内部设立的，主要负责集团内部各成员之间，以及集团对外的现金收付业务和往来结算业务的专门机构。企业集团的财务结算中心的主要职能包括：

（1）集中管理酒店集团各成员的现金收入，各成员企业收到现金时，必须直接存入或者转账存入结算中心在银行开立的账户，不得私自挪用，并且核定日常留用现金余额。

（2）通过资金预算方式统一拨付集团成员因业务需要所需的货币资金，监控货币资金的使用方向。

（3）由集团统一对外筹资，既确保集团资金需求，同时又降低集团整体的筹资成本。

（4）办理集团各成员企业之间的往来结算。

（5）根据实际需要，负责办理集团的统一纳税业务。

财务结算中心的建立有助于酒店集团加强对各成员企业现金资产的控制，解决流动性最强，同时也最容易导致浪费、贪污的现金资产管理问题。并且，还可以有效减少酒店集团大量资金的沉淀，降低资金占用量，加快集团整体的资金周转，提高资金使用效率，发挥集团资金的协同优势。

2. 财务控制中心

酒店集团的财务控制中心是比集团财务结算中心更高级的财务组织形式，它是借助集成化、网络化的管理软件与技术，将企业集团的财务资源与其他资源整合起来，使集团资源能够更加有效地发挥作用的财务管理机构。

财务控制中心的产生是现代企业集团财务中心发展的需要，其产生有两大重要因素：

① 随着企业集团产品线制、矩阵制的形成和发展以及流程重组技术的出现，企业集团组织结构扁平化成为一种趋势。这使得集团财务的集权和分权都有不同程度的发展：集权要求集团公司更充分、更快捷、更真实地掌握集团成员的财务信息，并及时给予公司财务决策建议和管理上的支持；分权则要求集团组织结构能够适应市场日益灵活多变的需求，给予集团成员更多的财务权力，以使财务决策更有针对性和适用性。

② 信息技术的飞速发展，为酒店集团实现财务信息的快速传递提供了有效的技术手段，使得集中控制、灵活决策的管理方式成为可能。

财务控制中心除了可以执行财务结算中心的全部职能，完成对现金资产的控制以外，财务控制中心的职能主要还有：

① 及时掌握集团子公司的资金预算和运作状况，并根据整体情况及时进行协调。

② 掌握集团各部分的物资采购、费用支出和产品销售费用情况，及时采取决策和监控。

③ 及时整合集团内部物流资源、人力资源、财务资源和信息资源的脱节与不协调现象，实现顺畅、高效、低成本的统一管理。

借助于网络技术和各种软件系统，财务控制中心模式已经成为企业财务集团化的趋势，同时也是酒店财务管理集团化管理的发展方向。

二、财务公司

企业集团的财务公司是支持大型企业集团战略发展的产物，最早出现于西方的资本主义国家。美国的第一家财务公司成立于 1878 年，但是真正意义上的美国财务公司出现于 1916 年起草并且颁布实施，逐渐推广到各州的《统一销售贷款法》之后。目前，在美国有 1 200 多家财务公司。

目前，我国一些大的酒店集团或有酒店业务的企业集团，已经建立或正在打算建立企业财务公司。例如，早在 1987 年，经中国人民银行批准，上海锦江集团就联合上海新锦江股份有限公司、上海锦江汽车服务有限公司、上海锦江饭店和上海和平饭店共同出资建立了上海地区第一家、全国第四家批准设立的企业集团财务公司。

1. 财务公司的性质

财务公司是企业集团内部组织结构的一部分，与财务中心不同之处在于财务公司是集团出资成立的独立的企业法人，具有企业性质和权利，不再是集团公司的职能部门，而成为企业集团的一个企业成员。财务公司为集团各成员企业提供特殊的商品——货币资金的融通服务，其业务主要有内部控制、内外融资、投资管理、财务顾问等。

在我国，财务公司是指以加强企业集团资金集中管理和提高企业集团资金使用效率为目的，为企业集团成员单位提供财务管理服务的非银行金融机构。我国企业集团财务公司的业务主管机关是中国银行业监督管理委员会。财务公司依法接受中国银行业监督管理委员会的监督管理。

2．财务公司的特点

财务公司是专门办理集团内部金融业务的非银行金融机构，与信托投资公司、证券公司、保险公司和租赁公司等其他非银行金融机构相比，具有以下特点：

（1）特定服务 财务公司建立在集团成员企业对金融组织共同需要的基础上，因此财务公司必须为企业集团提供特定的金融服务。

（2）双重管理 一方面，财务公司在业务上接受中国银行业监督管理委员会的管理和监督；另一方面，财务公司在行政上隶属于企业集团，接受企业集团的领导。

（3）综合职能 财务公司可以运用存款、贷款、代理结算、资金拆借、证券业务等金融手段，从事经批准的人民币与外汇金融业务，为企业集团的发展提供综合性金融支持。

（4）资本单一 财务公司的资本仅限于集团成员企业投入的股本金和集团成员企业的存款等，资金实力相对有限。其发展状况与所在集团公司的发展状况密切相关。

3．财务公司设立条件

按照国家有关规定，企业集团设立财务公司需要具备以下条件：

（1）申请必须是具备下列条件的企业集团：

1）符合国家的产业政策。

2）申请前一年，母公司的注册资本金不低于 8 亿元。

3）申请前一年，按规定并表核算的成员单位资产总额不低于 50 亿元，净资产率不低于 30%。

4）申请前连续两年，按规定并表核算的成员单位营业收入总额每年不低于 40 亿元，税前利润总额每年不低于 2 亿元。

5）现金流量稳定并具有较大规模。

6）母公司成立两年以上并且具有企业集团内部财务管理和资金管理经验。

7）母公司具有健全的公司法人治理结构，未发生违法违规行为，近三年无不良诚信记录。

8）母公司拥有核心主业。

9）母公司无不当关联交易。

（2）确属集中管理企业集团资金的需要，经合理预测能够达到一定的业务规模。

（3）有符合《中华人民共和国公司法》和中国银行业监督管理委员会发布的《企业集团财务公司管理办法》规定的章程。

（4）有符合中国银行业监督管理委员会发布的《企业集团财务公司管理办法》规定的最低限额注册资本金。

（5）有符合中国银行业监督管理委员会规定的任职资格的董事、高级管理人员和规定比例的从业人员，在风险管理、资金集约管理等关键岗位上有合格的专门人才。

（6）在法人治理、内部控制、业务操作、风险防范等方面具有完善的制度。

（7）有符合要求的营业场所、安全防范措施和其他设施。

（8）中国银行业监督管理委员会规定的其他条件。

4．财务公司的业务范围

经中国人民银行批准，财务公司可以经营下列部分或者全部业务：

① 对成员单位办理财务和融资顾问、信用鉴证及相关的咨询、代理业务。

② 协助成员单位实现交易款项的收付。

③ 经批准的保险代理业务。

④ 对成员单位提供担保。

⑤ 办理成员单位之间的委托贷款及委托投资。

⑥ 对成员单位办理票据承兑与贴现。

⑦ 办理成员单位之间的内部转账结算及相应的结算、清算方案设计。

⑧ 吸收成员单位的存款。

⑨ 对成员单位办理贷款及融资租赁。

⑩ 从事同业拆借。

⑪ 中国银行业监督管理委员会批准的其他业务。

符合条件的财务公司，可以向中国银行业监督管理委员会申请从事下列业务：

① 经批准发行财务公司债券。

② 承销成员单位的企业债券。

③ 对金融机构的股权投资。

④ 有价证券投资。

⑤ 成员单位产品的消费信贷、买方信贷及融资租赁。

5．财务公司的功能

（1）服务功能 财务公司在企业集团通过内部票据承兑、贴现、转账结算，尽量减少资金占用，加速资金周转，提高资金使用效率；通过开展融资租赁和买方信贷，注入少量资金，解决企业集团中间产品的购销问题；通过开展对企业集团成员办理信用证、提供担保、资信调查、信息服务、投资咨询等中介服务，为企业集团成员的发展提供全方位的服务。

（2）筹资功能 财务公司运用同业拆借、发行债券、发行新股、进行配股、从事外汇及有价证券的交易等手段，为企业集团开辟广阔的融资渠道，成为企业集团的筹资中心。

（3）信贷功能 财务公司将其筹集的资金，以贷款的方式发放给集团内需要资金的企业。在信贷管理上，信贷管理人员可以发挥其熟悉集团内部财务管理、生产管理、销售管理的特长，深入企业供、产销各环节进行调查研究，适时把握好资金的投向，在贷款发放和回收管理上起到商业银行难以起到的作用。

（4）投资功能 集团财务公司可以将集团内部的闲散资金向效益高、风险小的产业投资，也可以向能够发挥集团优势、促进集团发展的重要项目投放，从而提高资金收益。

6．财务公司组织结构与职责

财务公司的最高权力机构为股东会，下设董事会。董事会由董事长、副董事长、董事若干人组成。董事长可由集团公司推荐，副董事长、董事由出资单位协商产生。董事会的职责是：

① 制定和修改公司章程，并报中国银行业监督管理委员会批准。

② 任命经理，副经理由经理提名、董事会批准。

③ 根据国家有关方针、政策和财经法规，制定公司的经营方针和经营目标。

④ 根据国家规划，审定批准集团公司远期和近期的信贷投资计划。

⑤ 根据公司的业务发展，确定分支机构的设立。

财务公司实行董事会领导下的经理负责制。经理的职责是：

① 组织制定公司的经营目标和发展规划，经董事会批准后贯彻执行。

② 组织年度信贷计划的编制和审定重大投资项目。

③ 向董事会报告公司年度财务决算和利润分配等重大方案。

④ 任免公司职能部门、分支机构负责人。

⑤ 制定公司的各项规章制度并组织实施。

7. 财务公司的运作

（1）严格遵守法律法规　财务公司在经营管理上，要认真按照国家有关的金融法规，执行批准的信贷计划及存贷款利率。严格按照中国银行业监督管理委员会颁布的《企业集团财务公司管理办法》规定的业务范围，不得超越该范围。

（2）防范金融风险　财务公司应当建立和健全公司内部的业务管理和财务管理制度，制定存款、贷款、投资等相关业务的管理办法，对经办的贷款项目要执行严格的资信调查和可行性研究。在执行投资的过程中要进行检查监督，维护公司的利益。公司受托的信托投资、贷款、贷款项目必须单独核算。同时，公司应当严格遵守《企业集团财务公司管理办法》规定的资产负债比例。

（3）正确处理各种关系

1）财务公司与其他金融机构的关系。首先，财务公司要受中国银行业监督管理委员会的监督管理，中国银行业监督管理委员会根据国家金融管理有关法律和规定，对财务公司的金融业务活动进行监督和管理；其次，正确处理财务公司与银行和其他非银行金融机构的重叠和交叉业务。

2）财务公司与企业集团的关系。在行政上，财务公司隶属于企业集团，但作为独立法人，企业集团不能对财务公司的正常业务进行行政干预。同时，财务公司要定期地向董事会汇报业务经营情况，在日常业务经营中，也必须接受集团公司的具体领导和监督。

3）财务公司与集团财务部门的关系。财务公司是企业集团所属的具有法人资格的非银行金融机构；集团财务部门是企业集团从事财会工作的职能部门，不是独立法人。两者在集团资金的筹措和运用方面有一定的业务联系，但应互不干涉并互相独立地开展各自的业务，不存在领导与被领导的关系。

4）财务公司与集团各成员企业的关系。财务公司与集团各成员企业之间应平等自愿、互惠互利。各成员企业向财务公司开设存款户和贷款户（不必再向银行开户），由财务公司负责资金的统一管理，向银行开户，办理信贷和结算，统一上缴流转税，即由财务公司对外与银行及财税部门发生联系，对内与集团各成员企业发生联系。

复习思考题

一、选择题

1. 在酒店集团中, 各个连锁酒店由集团总部全资或控股设立, 在总部的直接领导下统一经营, 这种连锁方式属于 (　　)。

    A. 直营连锁　　　　　　　　　　B. 自由连锁

    C. 特许连锁　　　　　　　　　　D. 加盟连锁

2. 酒店集团的财务管理权力, 特别是决策权, 绝大部分集中于集团公司或总部, 对子公司采取严格控制和统一管理, 这种财务管理模式属于 (　　)。

    A. 集权型　　　　　　　　　　　B. 分权型

    C. 民主型　　　　　　　　　　　D. 混合型

3. 酒店集团财务管理的一个重要特点是以 (　　) 为基础。

    A. 激励　　　　　　　　　　　　B. 控制

    C. 协调　　　　　　　　　　　　D. 调配

4. 狭义的收益分配仅指企业对 (　　) 进行分配的管理活动。

    A. 毛利润　　　　　　　　　　　B. 税前利润

    C. 税后利润　　　　　　　　　　D. 可控利润

5. 酒店集团的股权式联合是以资本形式, 通过控股或参股方式, 实现对成员酒店的控制, 扩大酒店集团的规模, 具体形式包括 (　　)。

    A. 新设成立　　　　　　　　　　B. 出资并购

    C. 无偿划转　　　　　　　　　　D. 租赁经营

6. 酒店集团的产权管理主要包括 (　　)。

    A. 产权关系的确立与维护　　　　B. 产权结构的设置

    C. 持股方式的选择　　　　　　　D. 财务收益的分配

7. 为完成对酒店集团成员企业的财务控制任务, 酒店集团可以采用有效的控制方式包括 (　　)。

    A. 人员控制　　　　　　　　　　B. 制度控制

    C. 审计控制　　　　　　　　　　D. 法律控制

8. 松散型联合是指酒店集团的各方联合者仍旧保持各自独立的法人地位, 独立核算, 并且自负盈亏。这种联合主要有 (　　) 形式。

    A. 股权式联合　　　　　　　　　B. 租赁经营

    C. 管理合同　　　　　　　　　　D. 经营特许权

9. 对利润中心进行业绩评价时, 可以选择的财务指标包括 (　　)。

    A. 部门可控成本　　　　　　　　B. 部门可控利润

    C. 部门税前利润　　　　　　　　D. 部门投资报酬率

10. 对投资中心进行业绩评价时, 可以选择的财务指标包括 (　　)。

    A. 税前利润　　　　　　　　　　B. 税后利润

  C. 投资报酬率   D. 剩余收益

二、思考题

1. 什么是酒店集团，酒店集团有哪些特点？

2. 酒店集团有哪些联合形式，收益如何分享？

3. 什么是酒店集团的财务管理体制，酒店集团的财务管理体制有哪些类型，各自的适用条件与优缺点有哪些？

4. 酒店集团财务管理有哪些内容？

5. 什么是业绩评价，酒店集团的业绩评价与财务分析与何不同？

6. 什么是财务公司，酒店集团财务公司有哪些作用，它是如何运作的？

三、案例分析题

  2002 年 6 月，首都旅游国际酒店集团和携程旅行服务公司共同创办了如家快捷酒店（以下简称"如家"）。2006 年 10 月，如家在美国纳斯达克挂牌上市，融资规模高达 1.09 亿美元。如家也因此成为中国酒店业第一家海外上市公司。

  在纳斯达克上市之后，如家凭借强大的资金实力和高知名度的支持，开始了大规模扩张。2007 年 10 月，如家与上海七斗星商旅酒店管理有限公司（以下简称"七斗星"）签署收购协议。按照协议约定，如家以 3.4 亿元收购七斗星全部股权。当时，七斗星的酒店分布于全国 18 个城市，拥有 26 家连锁酒店，总共拥有 4 200 间客房，在"2007 年全国经济型连锁酒店品牌"排行中名列第八位。

  在扩张方式上，如家除了通过大规模收购以外，还大力发展物业租赁管理和特许加盟等多种方式。

  在物业租赁管理方面，如家签订的大多数物业租赁时间为 15 年，租金为 60 万～520 万元。在租金水平选择上，如家根据具体状况，在最初 3～5 年，按季度缴纳固定的租金，之后每隔 3～5 年租金上调 3%～5%。

  在特许加盟方面，如家要求加盟方物业的地理位置较好，交通较便利，通常客房数不应多于 130 间。特许加盟费主要包括：①工程筹备管理支持费，一般为期四个月，每月 10 000元；②一次性特许初始费，按每间 3 000 元计算；③一次性特许经营保证金 10 万元；④特许品牌使用费，按每月总收入的 3%计算；⑤特许服务支持费，按每月总收入的 3%计算；⑥管理系统安装维护费，首次安装费 5 000 元，以后每年维护费 10 000 元。加盟店可以使用如家品牌、销售预订系统，得到技术、经营、培训等方面的服务与支持。

  如家对各连锁酒店管理与服务的监督检查相当严格。如家管理与服务质量检查包括明察、暗访等多种形式。集团总部一年通常会暗访四次、总查两次；区域总经理会每两周检查一次，同时还会派出各种人员进行暗访。检查结果会在集团内公布。检查结果将直接影响各店长业绩的考核与评价。

  如家对连锁酒店的各个店长的业绩考核与评价似于平衡计分卡，涵盖了财务、客户、员工、流程等多个角度，包括顾客满意度、员工满意度等多个指标，每个角度与指标有着不同的权重。

  【问题】请你谈谈对如家连锁酒店财务管理的看法。

第十一章

酒店合并与清算的财务管理

知识目标

- 掌握酒店合并的概念、合并的类型、合并的动机、合并的财务处理程序。
- 掌握酒店清算的程序、酒店清算的财务问题等。

能力目标

- 能够运用所学知识，进行酒店合并清算的财务处理。
- 能够运用所学知识，进行酒店合并的财务决策，防范酒店合并的财务风险等。
- 能够运用所学知识，进行酒店财务清算的处理。

第一节　酒店合并与清算概述

一、酒店合并概述

1．酒店合并的概念和类型

一般来说，企业的成长和发展有两大途径，即内部扩充和外部扩张。酒店内部扩充是指酒店从其内部和外部筹集资金来投资，以扩大经营规模的行为。采用这种途径来促进酒店的发展，具有投资大、时间长、风险高的特点。而外部扩张是指酒店以不同的方式与其他酒店迅速组合起来，利用其现成的设备、技术人员和其他外部条件，实现优势互补，以迅速扩大经营规模的行为。采用这种途径来促进酒店的成长和发展，具有投入少、见效快和风险小的特点。

合并是酒店外部扩张的主要形式。酒店合并是指两个或两个以上的彼此独立的酒店的联合，或一家酒店以现金债券或股票的形式购买另一家酒店的部分或全部资产或股权，以获取该酒店的控制权的行为，又称并购。

2．酒店合并的类型

企业合并的类型一般有三种类型，酒店作为旅游企业其合并也分为三类。

（1）按酒店合并的行为方式分类

1）吸收合并，又称兼并，是指一家酒店吸收其他酒店，被吸收酒店解散。兼并后，兼并酒店继续存在，其余酒店都丧失其法律地位，兼并方接收和承担被兼并酒店的全部资产和负债，成为被兼并酒店新的所有者。

2）新设合并，是指一家酒店与另外一家或多家酒店合并成立一个新的酒店，合并后原来的酒店均不再存在，都取消其法人资格，而代之以一家新酒店的合并方式。狭义的合并仅指新设合并。

3）控股合并，又称收购，是指公司用现金、债券或股票购买另一家公司的部分或全部资产或股权，以获取该公司控制权的合并方式。这种方式包括收购股权和收购资产两种方式。收购股权是购买目标酒店的具有表决权的股票，收购方将成为被收购方的股东，承担该酒店的债权和债务。股权收购可以通过与目标公司管理层协商后达成一致进行，也可以绕开目标公司管理层直接向目标公司股东发出收购要约，进行公开收购，这时不需要召开股东大会，不需要进行投票表决。如果目标公司股东不愿意接受该要约，他们有权拒绝而不出售其股票。而收购资产是购买目标酒店的全部或部分资产，收购方无须承担其债务，被收购酒店的股东必须进行正式的投票表决，完成收购后，须办理资产过户手续。控股合并情况下，被收购酒店仍保留其法人资格，继续存在。

我国《公司法》中规定的合并包括吸收合并和新设合并两种，并要求：合并须由双方公司各自 2/3 以上的股东同意，由合并各方签订合并协议，并编制资产负债表和财产清单。公司应当自做出合并决议之日起 10 日内通知债权人，并于 30 日内在报纸上至少公告三次。债权人自接到通知书之日起 30 日内，未接到通知书的自第一次公告之日起 90 日内，有权要求公司清偿债务或者提供相应担保。不清偿债务或不提供相应的担保的，公司不得合并。公司合并时，合并各方的债权、债务，应当由合并后存续的企业或者新设的公司承继。

我国《证券法》对公司的股权收购列示了要约收购或者协议收购两种方式。对要约收购要求："通过证券交易所的证券交易，投资者持有一个上市公司已发行股份的 30% 时，继续进行收购的，应当依法向该上市公司所有股东发出收购要约。但经国务院证券监督机构免除发出要约的除外。"

（2）按合并双方的业务性质分类

1）横向合并，即处在同一行业的两个或多个企业所进行的合并，如两家饭店的合并等。横向合并可以消除重复设施，提供系列产品，有效地实现规模经营。

2）混合合并，即处于不相关行业的企业所进行的合并，如酒店与房地产开发企业之间的合并。混合合并可以通过多元化投资，降低企业的经营风险。

（3）按合并的实现方式分类

1）承担债务式，是指被合并酒店在资产、债务相等的情况下，合并酒店以承担其债务为条件，取得被合并方的资产所有权和经营权。采用这种合并方式可以减少合并酒店在合并中的现金支出，但有可能影响合并酒店的资本结构。

2）现金购买式，是指合并方以现金为代价取得被合并方的资产或股权的合并方式。采用这种合并方式将会加大酒店在合并中的现金支出，但一般不会影响合并酒店的资本结构。

3）股份交易式，是指合并方以其股票为代价取得被合并方的资产或股权的合并方式，即合并酒店用其股权换取被合并酒店的股权或资产。其中，以股权交换股权是指合并酒店向被合并酒店的股东发行其股票，以换取被合并酒店大部分或全部的股票，达到控制被合并酒店的目的；以股权交换资产是指合并酒店向被合并酒店股东发行其股票，以换取被合并酒店的资产，并在有选择的情况下承担被合并酒店的全部或部分债务。采用股权交易式合并虽然可以减少合并酒店的现金支出，但会稀释合并酒店的股权结构。

（4）按合并双方是否友好协商来划分

1）善意合并，即合并酒店与被合并酒店双方通过友好协商来确定相关事宜的合并。这种合并有利于降低合并的风险和额外支出，但不得不牺牲合并酒店的部分利益，以换取被合并酒店的合作。

2）敌意合并，即在友好协商遭到拒绝时，合并酒店不顾被合并酒店的意愿而采取非协商性的手段，强行合并被合并酒店。这种合并方式会促使被合并酒店采取一切反合并措施，合并酒店需要付出较大的代价才能达到合并的目的。

二、酒店清算概述

1．酒店清算的概念

酒店清算是指在酒店终止过程中，为保护债权人、所有者等利益相关者的合法权益，依法对酒店财产、债务等进行变卖、清理，以终止其经营活动，并依法取消其法人资格的行为。

酒店清算是商品经济发展的一个必不可少的重要调节机制，是市场竞争的必然结果，对维护商品正常的经济秩序，处理酒店与各方面的经济利益关系，促进酒店加强经营管理，提高经济效益，淘汰落后，鼓励竞争，有着重要意义。

2．酒店清算的类型

（1）按清算原因可分为解散清算和破产清算。

1）解散清算，是酒店因经营期满，或者因其他原因致使酒店不能继续经营下去而进行的清算。解散清算可分为期满清算和提前清算。期满清算是指酒店的经营期限已满，并决定不再延长经营期限而进行的清算。提前清算是指酒店尚未经营期满，而因其他原因致使酒店不宜或者不能继续经营时，自愿或被迫宣告解散而进行的清算。解散清算一般由酒店自行组成清算组，或者根据酒店主管机关的决定组成清算组，对酒店进行清算。

2）破产清算，是因经营管理不善造成严重亏损，不能偿还到期债务而由法院依法宣告酒店破产而进行的清算。破产通常包括两种情况：事实上的破产和法律上的破产。前者指债务人负债超过资产，酒店资不抵债，事实上已经丧失了清偿到期债务的能力而处于破产状态。后者是指债务人因不能清偿到期债务而被法院依法宣告破产的状况。法院依法宣告破产时，债务人的资产可能低于负债，也可能等于或超过其负债，但因其缺乏足够的现金或以债权人同意的其他方式偿还到期债务，而被法院依法宣告破产。如果债务人能够借新债还旧债或与债务人达成和解协议，尽管它已资不抵债，法院也不能宣告其破产。

（2）依据清算是否自行组织可以分为普通清算和特别清算。

1）普通清算，是指酒店自行组织的清算。一般是由酒店内部人员组成清算机构自行清算，例如因酒店经营期满，投资方无意继续经营等原因进行的清算。

2）特别清算，是指酒店依据法院的命令，并且自始至终都在法院的严格监督之下进行的清算。

在普通清算的过程中，如果发现酒店不能清偿到期债务，或酒店有资产不足清偿到期债务的嫌疑，或酒店无力自行组织清算工作，或董事会对清算事务达不成一致意见，或由债权人、股东、董事会中的任何一方申请等情况发生，这时法院依债权人或股东或董事会的请求，或者依职权命令实行特别清算。

第二节　酒店合并财务管理

一个酒店的发展既可以通过内部投资来扩大生产经营规模，促进酒店的成长，又可以通过与其他酒店的合并，利用其现成的设备、技术力量和其他有利条件，扩大酒店规模，实现优势互补，促进酒店迅速成长。这两种方式相比较，外部扩张具有投入少、见效快、风险小等特点。世界上许多大酒店都是通过这种方式发展起来的。

一、酒店合并的动机

酒店合并的动机或原因很多，但概括起来主要有财务性动机和非财务性动机两类。

1．财务性动机

酒店合并的财务性动机主要表现在以下几个方面：

（1）实现多元投资组合，提高企业价值。在经济的周期性波动中，企业产品结构（或收入来源结构）越是单一，其对波动就越敏感。实现投资的多元化组合，改善收入结构，可以降低酒店的经营风险，从而增加其销售或收益的稳定性。另外，由于在一定范围内，股东把收益不稳定与风险同等对待，通过合并来实行酒店多元化投资组合，降低酒店收益的不稳定性，必然对酒店的股票价格产生有利的影响。

（2）改善融资结构，实现财务互补。通过并购，可以扩大酒店的经营规模，增强酒店的竞争实力，进而更有利于酒店进入金融市场筹集所需资金。另外，如果目标酒店的资本结构效益较差，而收购酒店可以利用其多余资本或举债能力，则可获取机会，实现财务的互补。

（3）取得节税收益。如果一家利润较大的酒店并购一家亏损较大的酒店，则被并购酒店的亏损额就可以抵减并购酒店应缴纳的所得税，从而使并购酒店少缴所得税。以甲酒店为例，兼并前后所得税缴纳情况见表 11-1、表 11-2（假设企业所得税税率为 33%）。

表 11-1　甲酒店兼并前的财务状况表

（单位：元）

	2012 年	2013 年	2014 年	合　计
税前利润	100 000	100 000	100 000	300 000
所得税	33 000	33 000	33 000	99 000
归属于普通股股东的利润	67 000	67 000	67 000	201 000

表 11-2 甲酒店兼并后的财务状况表

	2012 年	2013 年	2014 年	合　计
税前利润	100 000	100 000	100 000	300 000
一亏损	100 000	100 000	20 000	220 000
应税利润净额	0	0	80 000	80 000
一所得税	0	0	26 400	26 400
归属于普通股股东的利润	0	0	53 600	53 600

从表 11-2 可以看出，企业所得税由原来的 99 000 元降低到 26 400 元。

2．非财务动机

（1）实现快速增长　酒店发展可以通过内部扩展和外部扩张两个途径来实现，但在许多情况下，向外兼并扩张更能提高企业的发展速度，而且具有代价小、风险小、速度快等特点。这是因为兼并现有酒店，可以充分利用被兼并酒店的设备、技术、人才和产品市场等，使其直接为兼并服务。而通过自己购买新设备、兴办新企业、开发产品等内部扩展，不仅投资大、周期长，而且有较大的风险。因此，一般情况下，酒店将兼并作为其提高发展速度的重要途径之一。

（2）创造协同优势　主要表现在：

1）合并可以扩大酒店的经营规模，实现规模经济。这在同业合并中更为明显。同业合并不仅可以取消重复设施，还可以减少职能部门的重复活动，有利于提高生产效率，降低经营成本。

2）合并可以消除竞争对手，扩大酒店的控制范围，提高酒店的经营优势和竞争优势。这在酒店的纵向兼并中表现得较为明显。

3）实现兼并双方的优势互补，即联合体的价值要大于组成该实体的各部分之和。

二、酒店合并财务决策

1．现金流量分析

合并双方的股东都希望合并能增加他们的投资价值，对合并酒店来说，只有预期经济效益和股东每股收益长期有所增加，合并才是可以接受的。同样，对被合并酒店及其股东来说，只有通过合并使收入的现金或股权（并购方发行的股票）较其被合并的资产净值为多，对他们才是有利的。因此，从财务角度进行决策时，必须先做出现金流量的分析，以决定即将实施的合并方案是否可行。

利用现金流量分析合并决策，只有当合并后增加的税后现金流量的现值大于合并时发生的初始现金流量的现值时，合并才是可取的。合并时发生的初始现金流量包括合并方向被合并方股东支付的购买价款和进行合并过程中发生的合并费用。其中，购买价款所包括的内容有两种情况：①合并方只取得被合并方的资产而不承受其负债；②合并方在取得被合并方的资产同时也承受其负债。现以后一种情况举例说明如下：

【例 11-1】甲酒店拟合并乙酒店，有关资料如下：

①经资产评估机构评估，乙酒店的资产总额为 1 000 万元，负债总额为 600 万元，股

东权益总额为 400 万元。经甲酒店和乙酒店协商，甲酒店同意向乙酒店股东支付 428 万元，乙酒店的负债由甲酒店负责偿还以达到合并乙酒店的目的。负债中的 100 万元将于一年后到期，年利率为 7%；300 万元将于两年后到期，年利率为 7.5%；200 万元将于三年后到期，年利率为 8%。以上的负债利息均在债务到期时一次性支付。在合并中所支付的各项咨询费用计 10 万元。

②经分析测算，甲酒店在合并或不合并乙酒店两种情况下 20 年内的现金流量如表 11-3 所示。假设财务评价时最适合的折现率为 10%。

根据以上资料，对是否进行合并的现金流量分析计算见表 11-3。

表 11-3　合并现金流量分析

（单位：万元）

年　　份	1	2	3	4	5	6～20 年
合并	54	65	100	150	220	280
不合并	52	54	60	65	80	100
差量现金流量	2	11	40	85	140	180

①计算合并后增加的现金流量的现值（PV_0）。

$PV_0 = 2 \times (P/F, 10\%, 1) + 11 \times (P/F, 10\%, 2) + 40 \times (P/F, 10\%, 3) + 85 \times (P/F, 10\%, 4) + 140 \times (P/F, 10\%, 5) + 180 \times (P/A, 10\%, 15) \times (P/F, 10\%, 5) = 1036$（万元）

②计算合并需要偿付的负债的本利折算的现值。

$V_0 = 100 \times (1+7\%) \times (P/F, 10\%, 1) + 300 \times (1+7.5\% \times 2) \times (P/F, 10\%, 2) + 200 \times (1+8\% \times 3) \times (P/F, 10\%, 3) = 568$（万元）

③计算合并的初始现金流出量。

$$I_0 = 428 + 10 = 438 \text{（万元）}$$

④计算合并可能获得的净现值。

$$NPV = PV_0 - V_0 - I_0 = 1\,036 - 568 - 438 = 30 \text{（万元）}$$

通过以上测算可知，甲酒店合并乙酒店的这项长期投资有净现值 30 万元，因此从财务角度上分析，这项合并是可行的。何况乙酒店是一个经营中的酒店，甲酒店合并的不仅是乙酒店的各种资产，还有乙酒店的经营业绩、专有技术和管理方法。一旦合并决策得以实施，对乙酒店就不能只限于其自身单独估价，而必须与之合为一体，充分考虑其联合作用的效果。从例 11-1 中可以看出，乙酒店的净资产只有 400 万元，甲酒店支付给乙酒店股东 428 万元，并承担乙酒店的债务 600 万元，经测算仍有合并的必要。因此，酒店在进行合并决策时，不能只看被合并方自身资产的价值有多大，还要看合并后对合并公司有多大的价值，因为用现金流量分析并购决策是否可行，是以长期观念对被合并方的经济价值进行较全面的分析。

2．每股收益分析

以换发股票的方式进行合并，需要兼顾双方股东的股权利益。因为不论是合并方还是被合并方的股东，他们首先考虑的是通过合并能否立即给自己带来好处，即每股收益能否得以提高或至少不应下降。为此，要进行每股收益的分析。

【例11-2】甲酒店欲合并乙酒店，当时各自有关每股收益等财务资料见表11-4。

表11-4 有关每股收益的财务资料

项　　目	甲酒店	乙酒店
年收益总额（元）	6 000 000	2 400 000
普通股股数（股）	4 800 000	3 000 000
每股收益（元）	1.25	0.8
每股市价（元）	20	8
市盈率	16	10

根据上述资料，分三种情况进行分析：

（1）若合并双方商定，乙酒店可按每股10元的兑价（兑换比率为10/20=0.5）换取甲酒店的股票，甲酒店共需增发1 500 000股（3 000 000×0.5）。合并后甲酒店每股收益为1.33元[（6 000 000+2 400 000）/（4 800 000+1 500 000）]。可见，合并给原股东带来了即时收益，其每股收益上升了0.08元。相反，原乙酒店的股东每股收益则由原来的0.8元降为0.665元（1.33×0.5），减少0.135元。

（2）若商定兑价为15元，即兑换比率为0.75（15/20）时，甲酒店需增发2 250 000股方可合并乙酒店，此时甲酒店每股收益为1.19元，使原甲酒店股东因合并每股收益损失0.06元，而原乙酒店股东则获得合并收益，使每股收益由0.8元上升为0.89元。

（3）兑价为12.8元，即兑换比率为0.64（12.8/20）时，甲酒店需增发股票1 920 000股，此时双方股东各自原有的每股收益水平不变。

可见，在其他条件不变的情况下，决定酒店每股收益升降的关键是兑价或兑换比率的高低。兑换比率越低，对合并酒店越有利。其临界兑价等于被合并酒店每股市价乘以合并酒店与被合并酒店市盈率的比值。在本例中，甲酒店合并乙酒店，换发股票的临界兑价为每股8×（16/10）=12.8元。

所以，合并活动并非都能直接提高合并酒店原有股东的每股收益，当对被合并酒店支付的市盈率超过并购公司原有的市盈率，即超过兑价临界点时，会使合并酒店每股收益减少。尽管出现了这种情况，也不能放弃合并的意图，因为酒店是各个股东利益的统一体，酒店利益并非等同于个别利益，它以持续经营假设为前提，谋求协调稳定的利益增长，实现股东财富最大化的共同目标。因此，作为酒店的决策者，决不能单纯依从个别股东的意见，把合并时期初每股收益的影响作为评价合并价值的唯一标准，还应同时进行分析、估算合并后收益增长能力。其原因在于：

（1）如果被合并酒店收益增长率高于并购公司，即使存续公司合并期初每股收益减少，随着合并后公司收益额的高速增长，最终也将使存续公司每股收益超过不进行合并的水平。

（2）由于合并的协同效应，合并后存续酒店的收益往往大于参加合并两酒店的收益直接相加之和，从而使未来收益的相对增加弥补了合并时的减少损失。

根据表11-4的资料，按第二种情况，即兑价为每股15元，假定合并后预计三年内总收益将以每年10%的速度递增；若不实行合并，今后三年间甲乙酒店合并前后收益变化情况分别为 5% 和 6%，则三年间各酒店合并前后收益变化情况见表 11-5。

表 11-5　合并前后收益变化情况

项　　目	合并后甲公司（存续公司）			未合并的甲公司			未合并的乙公司		
	第 1 年	第 2 年	第 3 年	第 1 年	第 2 年	第 3 年	第 1 年	第 2 年	第 3 年
收益总额/元	9 240 000	1 016 400	1 118 040	6 300 000	6 615 000	6 945 750	2 544 000	2 696 640	2 858 438
普通股股数/股	7 050 000	7 050 000	7 050 000	4 800 000	4 800 000	4 800 000	3 000 000	3 000 000	3 000 000
每股收益/元	1.31	1.44	1.59	1.31	1.38	1.45	0.85	0.9	0.95

尽管在合并当时甲酒店每股收益下降 0.06 元，但从表 11-5 可以看出，自合并后第二年末开始，每股收益便超过未合并的同期水平（1.44 >1.38）。同时，对乙酒店原股东来说，其每股收益也在合并后第一年末开始回升，即由不合并情况下的 0.85 元上升为并购后的 0.98 元（1.31×0.75）。可见，合并对双方的吸引力很大。

3．酒店合并的风险分析

酒店合并是一项风险很大的活动，这些风险主要包括：

（1）营运风险　是指合并酒店在并购完成后，可能无法使整个酒店或酒店集团产生管理协同效应、经营协同效应、财务协同效应以及市场份额效应，难以实现规模经济或管理知识共享。通过合并形成的新酒店或酒店集团因规模过于庞大而产生规模不经济的现象也时有发生，甚至整个酒店或酒店集团的经营业绩都为被合并企业所拖累。

（2）信息风险　在酒店合并中，信息是非常重要的，信息的充分与否决定着酒店合并成本的大小。及时与真实的信息可以降低酒店的并购成本，从而大大提高酒店并购的成功率。

（3）融资风险　酒店合并需要大量的资金，所以合并决策会对酒店资金规模和资本结构产生重大影响。与合并相关的融资风险主要包括：是否可以筹集到合并所需资金；融资后的财务风险是否可控；现金支付是否会影响酒店正常的经营。

（4）反合并风险　并不是所有的合并活动都能得到目标酒店的合作，特别是当目标酒店不愿意被合并时，可能会不计一切代价实施反合并策略，其反合并行动就会对合并酒店构成相当大的风险。

（5）法律风险　各国合并的法律法规一般都通过增加合并成本而提高合并难度。例如，《中华人民共和国证券法》中关于上市公司收购（第 86、88 条）的规定要求，收购企业持有一家上市企业 5% 的股票后即必须公告并暂停买卖，以后每增减 5%，还要重复该过程；持有 30% 股票后还必须发出全面收购要约。这套程序给并购企业实现并购造成了相当大的风险。

（6）体制风险　在我国，国有企业资本运营过程中，相当一部分企业发生合并行为都是由政府部门强行撮合而实现的。尽管大规模的企业合并活动离不开政府的支持和引导，但合并行为毕竟是一种市场行为，如果政府依靠行政手段对企业合并大包大揽，不仅背离市场原则，难以达到预期效果，而且往往还会给合并企业带来风险，使企业合并偏离资产最优组合目标。

三、酒店合并财务问题

对合并双方的股东来说，都希望通过合并行为使其各自的财富得到增加。因此，判断一项合并活动是否可行的标准在于合并是否增加股东的财富。对酒店合并的财务可行性进行分析时，需要站在不同的角度，结合合并价款的支付方式进行。

1. 现金收购方式

就合并方而言，酒店合并是一种投资行为，此种决策可以看作是资本预算决策，因而可参照资本预算方法进行决策。只有当合并活动所产生的净现值为正时，在经济上才是可行的，为此须估计合并后的现金流入量、现金流出量及贴现率。合并后的增量现金流入量包括收入上升、成本下降、税负减少等；合并的现金流出量涉及为合并而支付的收购款、合并的手续费及合并后的整合与营运成本；确定贴现率时需考虑合并后企业的整体风险水平、资本结构等因素，以计算加权平均资本成本。与一般资本预算决策不同，这里的关键是根据净现值原理，计算确定目标酒店的收购价。在现金购买方式下，这一价格可能高于目标酒店目前的市场价值，但如果并购方最终支付的现金低于这个价格，合并对双方股东而言都是有利可图的。对于目标酒店股东来说，由于现金可以立即使用，进行消费或再投资，所以只要合并所得价款高于酒店市场价格就是可接受的，但须考虑到现金股利的所得税问题。

2. 股票互换方式

对于换股方式的合并来说，从收购方公司的角度来看，以其普通股兑换目标公司的股票，不用支付现金，不用为此发行债券或增加其他负债，从而不受负债契约的约束而支付利息和偿还本金。对于目标酒店股东来说，他们以其持有的目标酒店的股票换取收购方企业的股票，目标酒店的股东变成了并购方酒店的股东，其权益投资的实质并未改变。合并会给酒店的盈利和股票市价带来影响，合并的双方都不希望因合并而导致每股收益下降，进而影响股价。如果合并使每股收益及每股市价上升，则合并就是可行的。但因换股比例不同，使得合并后的股份总数不同，进而影响每股收益，因此换股比率及股价交换比率成为衡量合并是否可行的重要指标。股价交换比率是指对被并购酒店每股作价与被并购酒店每股市价的比率；对被并购酒店每股作价等于并购酒店每股市价与股票交换率的乘积。用公式表示为

$$股价交换比率 = \frac{对被并购酒店每股作价}{被并购酒店每股市价}$$

$$= \frac{并购酒店每股市价 \times 股票交换率}{被并购酒店每股市价}$$

这一比率若大于 1，表示合并对被并购酒店有利；若该比率小于 1，表示合并对被并购酒店不利；若该比率等于 1，则表示两酒店的普通股以市价 1:1 的比率交换，对被并购酒店股东而言，这一比率缺乏吸引力。

【例 11-3】假设甲酒店计划以发行股票的方式收购乙酒店，合并时双方的有关资料如表 11-6 所示。

表 11-6　合并时甲、乙酒店双方的有关资料

项　目	甲酒店	乙酒店
净利润/万元	800	360
普通股股数/万股	1 000	600
每股收益/元	0.8	0.6
每股市价/元	7.2	7.2
市盈率	9	12

（1）假设两酒店合并后收益能力不变，合并后酒店的盈余总额等于原甲、乙两酒店盈余之和，如果甲酒店以 1:1 的股票交换比率换取乙酒店的所有股份，该合并对甲乙两酒店的每股收益、每股市价会产生什么影响？

在此情况下，由于股价交换比率为 1:1，甲酒店需发行 600 万股普通股换取乙酒店的股票，则合并后酒店的税后利润为 1 160 万元，对外发行股票总数为 1 600 万股，其每股收益为 0.725 元。对原甲酒店的股东而言，合并使每股收益下降；对乙酒店的股东而言，由于受甲酒店原来每股收益能力较强的影响，每股收益由原来的 0.6 元上升到 0.725 元，合并是可行的。由于市价交换比率为 1:1，这一比率很难吸引被并购企业股东。因此，合并方通常须提议高于目标酒店当时的每股市价的收购价格。合并时甲、乙酒店双方的有关资料见表 11-6。

（2）假设甲酒店以 1.5:1 的比例换取乙酒店的股票，则股价交换比率为 1.5，该合并对甲、乙两酒店会产生什么影响？

在此情况下，甲酒店需发行 900 万股以换取乙酒店的 600 万股。在其他数据不变的情况下，合并的总股数为 1 900 万股，合并后的每股收益为 0.61 元。对原甲酒店的股东而言，合并使每股收益下降，由于乙酒店的 1 股可以换取甲酒店的 1.5 股，合并后原乙酒店的每股的收益上升至 0.915 元（1.5×0.61），且每股的价格为 10.8 元（1.5×7.2），很显然乙酒店的股东从合并的股价中获利。

【例 11-4】假设 A 酒店正考虑以换股方式兼并 B 酒店，并假设两酒店合并后的收益能力不变，则合并后存续的 A 酒店的盈余总额等于原 A、B 两酒店盈余之和。合并时的有关资料见表 11-7。

表 11-7　合并时 A、B 酒店双方的有关资料

项　目	A 酒店	B 酒店
净收益/万元	2 000	500
普通股股数/万股	500	200
每股收益/元	4	2.5
每股市价/元	60	30
市盈率	15	12

（1）B 酒店同意以其股票作价 35 元与 A 酒店股票相交换，则股票交换比率为 0.58（35/60），即 A 企业每 0.58 股换 B 企业的 1 股，股价交换比率为 1.16（60×0.58/30），该合并对新酒店的每股收益会产生什么影响？

在此情况下，A 酒店需发行 116 万股（0.58×200）新股以交换 B 酒店的全部股票，从

而使 A 酒店发行在外的股票总数达到 616 万股，合并后的净收益为 2 500 万元。因此，A 酒店合并后的每股收益为 4.058 元（2 500/616），提高了 0.058 元。但原 B 酒店的股东的每股收益却有所下降，因其所持有的 B 酒店股票每股相当于合并后 A 酒店股票的 0.58 股，所以其原持有股票的每股收益仅为 2.35 元（0.58×4.058），较原来下降了 0.15 元。由于股价交换比率大于 1，B 酒店的股东从合并中获得每股 5 元的收益。

（2）如 B 酒店股票的作价为 45 元，在其他条件不变的情况下，合并对双方来说，又会产生什么影响？

在这种情况下，两酒店的股票交换比率为 45/60=0.75，A 酒店为取得 B 酒店全部股票需发行 150 万股（0.75×200），合并后 A 酒店的每股收益为 3.85 元（2 500/650），下降了 0.15 元，而原 B 酒店的股东的每股收益为 2.89 元（0.75×3.85），较合并前有所提高，且股价交换比率为 1.5（60×0.75/30），大于 1，所以兼并对 B 酒店股东有利。

从上面的例子中可以看出，导致合并后酒店每股收益发生变化的关键因素为两酒店的市盈率及股票交换比率。如果兼并决策仅凭合并对合并初期的每股收益的影响进行，则只要合并初期的每股收益被稀释，合并就是不可行的。这种分析方法并没有将合并后盈利增长的可能性考虑在内，因而有一定的片面性。

四、反合并的措施

在敌意的收购中，被合并方常会采取各种积极的措施来进行反收购。常见的措施有：

1．股票回购

公司在受到收购威胁时可回购本公司一定数量发行在外的股票。酒店以其手中的现金回购自己的股票，以减少发行在外的股票数量，提高每股的市价，使收购方收购难度增加。这时须注意，购回的股票可以注销，也可以再卖给稳定的股东，才能起到反收购的作用。如果形成库藏股，由于库藏股无表决权，回购后进攻企业的持股比例仍会上升，难以起到反收购的目的，且我国《公司法》不允许企业持有库藏股。

2．寻找"白衣骑士"

"白衣骑士"是指目标企业为免遭敌意收购而寻找自己愿意与之合作的善意收购者。这样做的目的主要是避免落入敌意收购者手中。

3．利用公司章程

为了防止敌意收购的发生，酒店可以事先在公司章程中对可能的收购行为进行限制，以增加酒店的收购难度。例如：通常同意收购的在册股东人数达 2/3，就允许进行收购；为增加收购的难度，可以在公司章程中规定收购须有 80% 以上的股东同意方可进行；对公司董事会的更换做出某种严格的限制，如规定每年只能更换很小比例的董事，使合并者即使取得了较多的股权，也难以在短期内取得控制公司所必需的公司董事席位；制定公平价格条款，要求所有股东在发生收购时必须接受统一的公平价格，以防止收购者用不同的价格收购公司的股票等。

4．利用"毒丸计划"

"毒丸"一词来自间谍业，这里是指通过一系列安排，降低酒店被收购的吸收力，如

"负债毒丸计划"和"人员毒丸计划"。前者是指通过增加酒店的负债，以提高兼并的财务风险；后者是指当公司面临收购时，高层管理人员集体辞职的协议。

5. 利用"金色降落伞"

"金色降落伞"是指规定当公司被收购时，要给予高层管理人员巨额补偿的一种反收购方法。这样做的目的是提高收购者的收购成本。

第三节　酒店清算财务管理

一、解散清算的一般程序

1. 成立清算组

酒店宣告终止时，应按照国家有关法律和企业章程的规定成立清算组。由于酒店清算的性质不同，清算机构成立的方式和法律地位也不尽相同。根据《公司法》的有关规定，公司应在解散的 15 天之内成立清算小组，有限责任公司的清算组由股东组成，股份有限公司的清算组则由股东大会确定其人选。逾期不成立清算组的，由法院根据债权人申请指定成立清算组。在破产清算情况下，由人民法院按照有关法律的规定成立清算组对破产企业进行清算。公司违反法律、行政法规被依法责令关闭的，由有关主管机关组织股东、有关机关及有关专业人员成立清算组，进行清算。清算组可以依法进行必要的民事活动。清算组的职权包括：清理公司财产，分别编制资产负债表及财产清单；通知或者公告债权人；处理与清算有关的公司未了结的业务；清缴所欠税款；清理债权、债务，处理公司清偿债务后的剩余财产；代表公司参与民事诉讼活动。

2. 发布清算公告

人民法院受理破产案件后，或普通清算在清算组成立之日起，10 日内通知债权人，并于 60 日之内在报纸上公告。2014 年 3 月 1 日执行的《中华人民共和国公司法》第 185 条规定："债权人应当自接到通知书之日起 30 日内，未接到通知书的自公告之日起 45 日内，向清算组申报其债权。"债权人申报债权，应当说明债权的有关事项，并提供证明材料。清算组应当对债权进行登记。在申报债权期间，清算组不得对债权人进行清偿。

3. 清理财产，编制资产负债表及财产清单

在普通清算中，如果发现公司资不抵债的，应向法院申请破产。

4. 制定清算方案

清算方案包括清算的程序和步骤、财产定价方法和估价结果、债权收回和财产变卖的具体方案、债务清偿顺序、剩余财产的分配以及对公司遗留问题的处理等。清算财产包括宣布清算时酒店的全部财务以及清算期间取得的资产，其作价一般以账面净值为依据，也可以用重估价值或变现收入等为依据。

5. 执行清算方案

根据清算方案，清算组变现财产，收回债权后的清算财产，在支付清理费用后，应按

下列顺序清偿债务：应付未付的职工工资、劳动保险等；应缴未缴国家的税金；尚未偿付的债务。酒店清算中发生的财产盘盈、财产变价净收入、因债权人原因确实无法归还的债务以及清算期间的经营收益等作为清算收益；发生的财产盘亏、确实无法收回的债权以及清算期间的经营损失等作为清算损失；发生的清算费用优先从现有财产中支付；清算终了，清算收益大于清算损失和清算费用的部分，依法缴纳所得税。酒店清偿债务后的剩余财产，一般应按照合同、章程的有关条款处理，除公司章程另有规定外应按投资者的出资比例或持股比例进行分配。

6．办理清算的法律手续

清算结束后，清算组应当编制清算后的资产负债表和损益表等清算报告，清算报告经批准、审计后，向工商行政管理部门办理公司注销手续，向税务部门注销税务登记。

二、破产清算的一般程序

根据我国《破产法》的有关规定，企业破产清算的基本程序分为三个阶段：①破产申请阶段；②和解整顿阶段；③破产清算阶段。

1．提出破产申请

我国《破产法》规定，当债务人不能清偿到期债务时，债权人可以向债务人所在地的人民法院申请宣告债务人破产。债务人提出破产申请时，应当提供关于债权数额、有无财产担保以及债务人不能清偿到期债务的有关证据，债务人不能清偿到期债务，经过上级主管部门同意，可以向当地人民法院自动申请破产。债务企业在提出破产申请前，应对其资产进行全面清查，对债权债务进行清理，然后由会计师事务所对企业进行全面的审计，并出具有关的鉴证报告。企业向法院提出破产申请时，要提供如下材料：请求破产的书面申请，会计师事务所对企业进行审计后出具的审计报告结论，上级主管部门同意破产的批准文件、企业的会计报表、各项财产明细表，债权人名单、地址、金额，企业对外投资情况，银行账户情况及法院认为需要的其他材料。

2．法院受理申请

人民法院接到破产申请后立即进行受理与否的审查、鉴定。受理债权人破产申请案件10日内应通知债务人，并发布破产案件受理公告。受理债务人破产申请案件的，应在案件受理后10日内通知债权人申报债权或直接发布债权申报的公告。如果企业是由债权人申请破产的，被申请破产的企业上级主管部门可在法院受理案件后三个月内申请对该企业进行和解整顿，整顿的期限不超过两年。

3．债权人申报债权

债权人应当在收到通知后一个月内，未收到通知的债权人应当自公告之日起三个月内，向人民法院申报债权，说明债权数额和有无财产权保，并且提交有关证据材料。逾期未申报债权的，视为自动放弃债权。

4．法院裁定、宣告破产

法院对于企业的破产申请进行审理，符合企业破产法规定的情形的，由人民法院依法裁定并宣告该企业破产。根据我国破产法有关规定，凡有下列情况之一，由人民法院裁定宣告破产：①企业因经营管理不善造成严重亏损，不能清偿债务的，依照规定宣告破产；②申请破产企业在整顿期间，不执行和解协议或财务状况继续恶化的，债权人会议申请终结整顿或严重侵害债权人利益的，经人民法院裁定，终结企业整顿，宣告其破产；③申请破产企业整顿期满，不能按和解协议清偿债务的，依照规定宣告其破产。

5．组建清算组，接管破产酒店

法院应当自宣告酒店破产之日起 15 日内成立清算组，接管破产酒店。清算组应接管破产酒店的一切财产、账册、文书、资料和印章等，负责破产酒店的财产保管、债权债务清理、财产估价、处理和分配等工作，依法进行必要的民事活动。

6．编报、实施破产财产分配方案

清算组在清理、处置破产财产并验证破产债权后，应在确定酒店破产财产的基础上拟定破产财产的分配方案，经债权人会议通过，并报请法院裁定后，按一定的债务清偿顺序按比例进行分配。

7．报告清算工作

清算组在破产财产分配完毕后，应编制有关清算工作的报告文件，向法院报告清算工作，并请求法院终结破产程序。破产程序的终结有三种情况：①债务人与债权人会议达成和解协议；②破产财产不足以支付破产费用；③破产财产已分配完毕。法院接到此报告后，应及时做出终结破产程序的裁定并予以公告。

8．注销破产酒店

清算组在接到法院终结破产程序的裁定后，应及时办理破产酒店的注销登记手续。

三、酒店清算的财务问题

酒店清算涉及多方面的利益关系和法律关系，为维护各方面的合法权益，清算时要对酒店的财产、债权、债务进行全面清查，依法收取债权、偿还债务和分配剩余财产，结束酒店的债权、债务和所有者权益关系及酒店与各方面的法律关系。

1．资产的清算

清算组要对酒店的全部财产和债权进行清理，在清理财产之前要编制营业终止日的资产负债表，进行财产盘点，核实各项财产的数量及金额。

（1）清算财产的范围　清算财产是指酒店在清算程序终结前拥有的全部财产以及应当由酒店行使的其他财产权利，用于清偿酒店无担保债务和分配给投资者，它由两部分构成：

① 酒店在宣告清算时拥有的全部财产，包括各项流动资产、固定资产、无形资产、对外投资等。

② 酒店宣告清算后至清算程序终结前所取得的财产，包括：债权人放弃优先受偿权、清算财产转让价值超过其账面净值的差额部分；清算期间分回的投资收益和取得的其他收益；应当由酒店行使的其他财产权利。

酒店下列财产不应作为酒店的清算财产：

① 相当于担保债务数额的担保财产。这部分财产已确定用于清偿有担保的债务，不能再作为清算财产用来清偿无担保债务，只有担保物的价款超过其所担保的债务数额的

部分才属于清算财产。

② 租入、借入、代外单位加工和代外单位销售存放在企业的财产。

③ 长期待摊费用、待摊费用。这些费用已经发生，只能作为清算损失核销。

④ 酒店党、团、工会等组织的经费及其所购置的财产。

⑤ 属于借款性质的职工集资款。

⑥ 公益福利性设施。酒店的福利性设施原则上不计入清算财产，但无须续办并能整体出让的，可计入清算财产。

这里须注意：担保财产的价款超过其所担保的债务数额的部分，属于清算财产；属于投资性质的职工集资款，属于清算财产；党、团、工会等组织占用清算企业的财产，属于清算财产。

清算组按法律规定追回的下列财产，应作为酒店的清算财产：清算前隐匿、私分或者无偿转让的财产；非正常压价出售的财产；对原来没有财产担保的债务提供财产担保的财产；对未到期的债务提前清偿的财产；放弃的债权。

（2）清算财产的估价　酒店进行正常的经营时，其财产是以原始成本来计价的，但这种计价方法在清算阶段就不再适用了。这时，应对酒店清算财产进行重新估价，以确定其变现价值。

清算财产的作价一般以清算价值为依据，同时参考账面净值和重估价值。清算酒店出卖的财产物资一般以现行市价估价法、按质论价估价法、招标作价估价法或协商估价法作为财产估价的依据。对于企业的货币资金等应按其账面价值估价。

1）现行市价估价法。即按该项财产现行市场可售价格来估价。在运用这一方法时，应充分考虑财产的新旧程度（财产净值）、币值因素及清算当时的市场供求情况等因素。一般说来，这种方法适用于允许酒店清算变卖的一切财产。

2）按质论价估价法。按质论价就是参照市场上的同类产品，根据清算财产的现时质量，采取优质高价，低质低价，同质同价的分等论价方法。酒店采用这种估价方法时，应聘请有关专业技术人员和物价员参加技术鉴定，以确定该项财产的质量等级，然后参照该质量等级的市场同类产品的价格确定其出售价格。这种估价方法特别适用于酒店待处理物资的账面价值与实际出售价值差额较大的财产估价。

3）招标作价估价法。这种方法主要是利用招标本身的吸引力和具有竞争性这一特点，发布清算财产的变卖广告，以吸引众多的买主，从而选择出价较高者，以提高财产的变现价值。招标估价法在确定标底时要考虑现行市价，但因投标者相互竞争的因素，所以估价较高，这对清算酒店来说是比较合算的方法。它特别适用于成套设备、大宗财产的估价。

4）协商估价法。这种方法是由清算酒店与购买财产酒店在国家政策指导下，考虑清算财产的质量及市场供求状况，通过协商制定的价格。这种方法比较适用于酒店小件商品，如酒店客房的小件家具及小商品的估价。

清算酒店在进行财产估价时，在国家政策允许的情况下，应尽可能选择使变现价值最大化的方法。一般来讲，由于清算酒店的财产各异，酒店往往需要选择多种方法完成估价工作，这就要求必须结合各项财产的特点，多方面考虑各项因素，选择最适宜的估价方法来实现最优的变现价格。

（3）清算财产的变现　为了清偿债务和分配剩余财产，清算组应采取措施加紧催收各种债权，收不回来的部分作为坏账损失。清算酒店的其他清算财产除现金和各种存款、抵销财产、不能变现或不需要变现的财产外，一般都需要变现，以收回现款。清算财产的变现方式有两种：一种是整体变现；另一种是单项变现。整体变现有利于发挥整体财产的效率，收回的现款要比单项变现多。

2．负债及所有者权益的清算

（1）清算酒店的负债　清算债务是指经清算组确认的至酒店宣告破产或解散前清算酒店的各项债务，包括：破产或解散宣告前设立的无财产担保债务；宣告时未到期的债务，视为已到期的债务减去未到期利息后的债务；债权人放弃优先受偿权利的有财产担保债务；有财产担保债务其数额超过担保物价款未受偿部分的债务；保证人代替酒店偿还债务后，其代替偿还款为酒店清算债务；清算组解除酒店未履行合同致使其他当事人受到损害的，其损害赔偿款为酒店清算债务。有财产担保的债务，债权人享有就该担保物优先受偿的权利，不应列入清算债务。另外，根据法律规定：债权人参加清算程序按规定应自行负担的费用；债权人逾期未申报的债权；超过诉讼时效的债务及宣告日后的债务不得作为企业清算债务，不能从清算财产中受偿。清算债务的最高额度为清算酒店的注册资本额。如果酒店的实收资本额低于注册资本额，且现有资本不足偿付债务的，有限责任公司的投资各方必须补足各自认缴的份额，使实收资本达到注册资本以清偿债务。

酒店的清算财产支付清算费用后，应按下列顺序进行债务清偿：①支付应付未付职工工资、劳动保险费等；②破产酒店缴纳应交未交的税金；③清偿各项无担保债务。清算财产不足清偿同一顺序的清偿要求时，按同一比例向债权人清偿。

（2）所有者权益的清算

1）清算费用。是酒店在清算期间为开展清算工作所支出的全部费用，包括：清算财产管理、变卖和分配所需费用；清算期间职工生活费；破产案件的诉讼费；清算期间酒店设施和设备维护费用、审计评估费用；为债权人共同利益而支付的其他费用，包括债权人会议会务费、破产酒店催收债权的差旅费及其他费用。清算费用应当从清算财产中优先支付，一般随时发生随时支付。清算财产不足以支付清算费用的，清算程序相应终结，未清偿的债务不再清偿。

2）清算损益。是酒店清算过程中收益与损失的统称。酒店清算收益包括清算中发生的财产盘盈、财产变价净收入、因债权人原因确定无法归还的债务以及清算期间的经营收益等。清算损失包括财产盘亏、财产变现净损失、经营损失及坏账损失。清算收益大于清算损失、清算费用的部分为清算净收益，清算净收益应视同酒店利润依法缴纳所得税。

3）剩余财产的分配。酒店清偿债务后剩余财产的分配，一般应按合同、章程的有关条款处理，充分体现公平、对等原则，均衡各方利益。清算后各项剩余财产净值，不论实物或现金，均应按投资各方的出资比例或者合同、章程的规定分配。其中，有限责任公司除公司章程另有规定外，按投资各方出资比例分配；股份有限公司按照优先股股份面值对优先股股东优先分配，其后的剩余部分再按照普通股股东的股份比例进行分配。如果酒店剩余财产尚不足全额偿还优先股股金，则按照各优先股股东所持比例分配。如果酒店是国有企业，则其剩余财产应全部上缴财政部。

复习思考题

一、选择题

1. 酒店合并按行为方式分类，可以分为（　　　）三类。
   - A. 吸收合并
   - B. 新设合并
   - C. 控股合并
   - D. 清算合并

2. 按合并酒店双方的业务性质分类，可以分为（　　　）。
   - A. 纵向合并
   - B. 横向合并
   - C. 混合合并
   - D. 控股合并

3. 酒店合并是一项风险很大的活动，这些风险包括（　　　）等。
   - A. 营运风险
   - B. 信息风险
   - C. 融资风险
   - D. 反合并风险

4. 反合并的措施主要有（　　　）等。
   - A. 股票回购
   - B. 寻找"白衣骑士"
   - C. 利用"毒丸计划"
   - D. 利用"金色降落伞"

5. 清算酒店出卖的财产物资一般以（　　　）或协商估价法，作为财产估价的依据。
   - A. 现行市价法
   - B. 变现价值法
   - C. 招标作价法
   - D. 收益现值法

二、思考题

1. 简述酒店合并的含义及分类。
2. 酒店合并的动因有哪些？
3. 简述酒店清算的含义及分类。
4. 企业反收购的主要措施包括哪些？
5. 什么是破产？为什么酒店要宣告破产？
6. 酒店清算中可能遇到的财务问题有哪些？应如何操作？
7. 酒店合并中遇到的风险有哪些？
8. 如何进行合并中的现金流量分析？

三、案例分析

1. A酒店集团董事会正在考虑吸收合并一家同类型酒店B，以迅速实现规模扩张，两个酒店合并前的年度财务资料见表11-8。两酒店的股票面值都是每股1元。如果合并成功，估计新的A酒店每年的费用将因规模效益而减少1 000万元，公司所得税税率30%。A酒店打算以增发新股的办法以1股换4股B酒店的股票完成合并。

表11-8　合并前A、B酒店的年度财务资料

项　　目	A酒店	B酒店
净利润/万元	14 000	3 000
股本（普通股）/万股	7 000	5 000
市盈率	20	15

【问题】

（1）计算合并后新的 A 酒店的每股收益。

（2）计算这次合并的股票市价交换率。

2. X 酒店正在考虑向 Y 酒店发出要约进行收购，有关资料见表 11-9。

表 11-9 X、Y 两酒店的有关财务资料

项　　目	X 酒店	Y 酒店
净利润/万元	1 000 000	750 000
股票发行数量/万股	1 000 000	250 000
市盈率	15	12

X 酒店研究发现，该收购将使 Y 酒店产生规模经济效益，Y 酒店的净利润和股利（目前为每股 1.80 元）将每年永续递增 7%。

【问题】根据上述资料，评估该并购方案，试回答：

（1）Y 酒店对 X 酒店而言价值有多大？

（2）如果 X 酒店为 Y 酒店每股发行在外的股票支付 40 元，那么这一收购的 NPV 是多少？是否可取？

（3）如果 X 酒店用 600 000 股股票换取 Y 酒店发行在外的股票，那么这一收购的 NPV 是多少？是否可取？

附　　录

附录A　复利终值系数表

$$(F/P, i, n) = (1+i)^n$$

利率 i 期数 n	1%	2%	3%	4%	5%	6%	7%	8%	9%	10%
1	1.010 0	1.020 0	1.030 0	1.040 0	1.050 0	1.060 0	1.070 0	1.080 0	1.090 0	1.100 0
2	1.020 1	1.040 4	1.060 9	1.081 6	1.102 5	1.123 6	1.144 9	1.166 4	1.188 1	1.210 0
3	1.030 3	1.061 2	1.092 7	1.124 9	1.157 6	1.191 0	1.225 0	1.259 7	1.295 0	1.331 0
4	1.040 6	1.082 4	1.125 5	1.169 9	1.215 5	1.262 5	1.310 8	1.360 5	1.411 6	1.464 1
5	1.051 0	1.104 1	1.159 3	1.216 7	1.276 3	1.338 2	1.402 6	1.469 3	1.538 6	1.610 5
6	1.061 5	1.126 2	1.194 1	1.265 3	1.340 1	1.418 5	1.500 7	1.586 9	1.677 1	1.771 6
7	1.072 1	1.148 7	1.229 9	1.315 9	1.407 1	1.503 6	1.605 8	1.713 8	1.828 0	1.948 7
8	1.082 9	1.171 7	1.266 8	1.368 6	1.477 5	1.593 8	1.718 2	1.850 9	1.992 6	2.143 6
9	1.093 7	1.195 1	1.304 8	1.423 3	1.551 3	1.689 5	1.838 5	1.999 0	2.171 9	2.357 9
10	1.104 6	1.219 0	1.343 9	1.480 2	1.628 9	1.790 8	1.967 2	2.158 9	2.367 4	2.593 7
11	1.115 7	1.243 4	1.384 2	1.539 5	1.710 3	1.898 3	2.104 9	2.331 6	2.580 4	2.853 1
12	1.126 8	1.268 2	1.425 8	1.601 0	1.795 9	2.012 2	2.252 2	2.518 2	2.812 7	3.138 4
13	1.138 1	1.293 6	1.468 5	1.665 1	1.885 6	2.132 9	2.409 8	2.719 6	3.065 8	3.452 3
14	1.149 5	1.319 5	1.512 6	1.731 7	1.979 9	2.260 9	2.578 5	2.937 2	3.341 7	3.797 5
15	1.161 0	1.345 9	1.558 0	1.800 9	2.078 9	2.396 6	2.759 0	3.172 2	3.642 5	4.177 2
16	1.172 6	1.372 8	1.604 7	1.873 0	2.182 9	2.540 4	2.952 2	3.425 9	3.970 3	4.595 0
17	1.184 3	1.400 2	1.652 8	1.947 9	2.292 0	2.692 8	3.158 8	3.700 0	4.327 6	5.054 5
18	1.196 1	1.428 2	1.702 4	2.025 8	2.406 6	2.854 3	3.379 9	3.996 0	4.717 1	5.559 9
19	1.208 1	1.456 8	1.753 5	2.106 8	2.527 0	3.025 6	3.616 5	4.315 7	5.141 7	6.115 9
20	1.220 2	1.485 9	1.806 1	2.191 1	2.653 3	3.207 1	3.869 7	4.661 0	5.604 4	6.727 5
21	1.232 4	1.515 7	1.860 3	2.278 8	2.786 0	3.399 6	4.140 6	5.033 8	6.108 8	7.400 2
22	1.244 7	1.546 0	1.916 1	2.369 9	2.925 3	3.603 5	4.430 4	5.436 5	6.658 6	8.140 3
23	1.257 2	1.576 9	1.973 6	2.464 7	3.071 5	3.819 7	4.740 5	5.871 5	7.257 9	8.254 3
24	1.269 7	1.608 4	2.032 8	2.563 3	3.225 1	4.048 9	5.072 4	6.341 2	7.911 1	9.849 7
25	1.282 4	1.640 6	2.093 8	2.665 8	3.386 4	4.291 9	5.427 4	6.848 5	8.623 1	10.835
26	1.295 3	1.673 4	2.156 6	2.772 5	3.555 7	4.549 4	5.807 4	7.396 4	9.399 2	11.918
27	1.308 2	1.706 9	2.221 3	2.883 4	3.733 5	4.822 3	6.213 9	7.988 1	10.245	13.110
28	1.321 3	1.741 0	2.287 9	2.998 7	3.920 1	5.111 7	6.648 8	8.627 1	11.167	14.421
29	1.334 5	1.775 8	2.356 6	3.118 7	4.116 1	5.418 4	7.114 3	9.317 3	12.172	15.863
30	1.347 8	1.811 4	2.427 3	3.243 4	4.321 9	5.743 5	7.612 3	10.063	13.268	17.449

（续）

利率 i / 期数 n	12%	14%	15%	16%	18%	20%	24%	28%	32%	36%
1	1.120 0	1.140 0	1.150 0	1.160 0	1.180 0	1.200 0	1.240 0	1.280 0	1.320 0	1.360 0
2	1.254 4	1.299 6	1.322 5	1.345 6	1.392 4	1.440 0	1.537 6	1.638 4	1.742 4	1.849 6
3	1.404 9	1.481 5	1.520 9	1.560 9	1.643 0	1.728 0	1.906 6	2.087 2	2.300 0	2.515 5
4	1.573 5	1.689 0	1.749 0	1.810 6	1.938 8	2.073 6	2.364 2	2.684 4	3.036 0	3.421 0
5	1.762 3	1.925 4	2.011 4	2.100 3	2.287 8	2.488 3	2.931 6	3.436 0	4.007 0	4.652 6
6	1.973 8	2.195 0	2.313 1	2.436 4	2.699 6	2.986 0	3.635 2	4.398 0	5.289 9	6.327 5
7	2.210 7	2.502 3	2.660 0	2.826 2	3.185 5	3.583 2	4.507 7	5.629 5	6.982 6	8.605 4
8	2.476 0	2.852 6	3.059 0	3.278 4	3.758 9	4.299 8	5.589 5	7.205 8	9.217 0	11.703
9	2.773 1	3.251 9	3.517 9	3.803 0	4.435 5	5.159 8	6.931 0	9.223 4	12.166	15.917
10	3.105 8	3.707 2	4.045 6	4.411 4	5.233 8	6.191 7	8.594 4	11.806	16.060	21.647
11	3.478 5	4.226 2	4.652 4	5.117 3	6.175 9	7.430 1	10.657	15.112	21.199	29.439
12	3.896 0	4.817 9	5.350 3	5.936 0	7.287 6	8.916 1	13.215	19.343	27.983	40.037
13	4.363 5	5.492 4	6.152 8	6.885 8	8.599 4	10.699	16.386	24.759	36.937	54.451
14	4.887 1	6.261 3	7.075 7	7.987 5	10.147	12.839	20.319	31.691	48.757	74.053
15	5.473 6	7.137 9	8.137 1	9.265 5	11.974	15.407	25.196	40.565	64.359	100.71
16	6.130 4	8.137 2	9.357 6	10.748	14.129	18.488	31.243	51.923	84.954	136.69
17	6.866 0	9.276 5	10.761	12.466	16.672	22.186	38.741	66.461	112.14	186.28
18	7.690 0	10.575	12.375	14.463	19.673	26.623	48.039	86.071	148.02	253.34
19	8.612 8	12.056	14.232	16.777	23.214	31.948	59.568	108.89	195.39	344.54
20	9.646 3	13.743	16.367	19.461	27.393	38.338	73.864	139.38	257.92	468.57
21	10.804	15.668	18.822	22.574	32.324	46.005	91.592	178.41	340.45	637.26
22	12.100	17.861	21.645	26.186	38.142	55.206	113.57	228.36	449.39	866.67
23	13.552	20.362	24.891	30.376	45.008	66.247	140.83	292.30	593.20	1 178.7
24	15.179	23.212	28.625	35.236	53.109	79.497	174.63	374.14	783.02	1 603.0
25	17.000	26.462	32.919	40.874	62.669	95.396	216.54	478.90	1 033.6	2 180.1
26	19.040	30.167	37.857	47.414	73.949	114.48	268.51	613.00	1 364.3	2 964.9
27	21.325	34.390	43.535	55.000	87.260	137.37	332.95	784.64	1 800.9	4 032.3
28	23.884	39.204	50.066	63.800	102.97	164.84	412.86	1 004.3	2 377.2	5 483.9
29	26.750	44.693	57.575	74.009	121.50	197.81	511.95	1 285.6	3 137.9	7 458.1
30	29.960	50.950	66.212	85.850	143.37	237.38	634.82	1 645.5	4 142.1	1 0143

附录 B　复利现值系数表

$$(P/F, i, n) =1/ (1+i)^{n}$$

期数 n ＼ 利率 i	1%	2%	3%	4%	5%	6%	7%	8%	9%	10%
1	0.990 1	0.980 4	0.970 9	0.961 5	0.952 4	0.943 4	0.934 6	0.925 9	0.917 4	0.909 1
2	0.980 3	0.961 2	0.942 6	0.924 6	0.907 0	0.890 0	0.873 4	0.857 3	0.841 7	0.826 4
3	0.970 6	0.942 3	0.915 1	0.889 0	0.863 8	0.839 6	0.816 3	0.793 8	0.772 2	0.751 3
4	0.961 0	0.923 8	0.888 5	0.854 8	0.822 7	0.792 1	0.762 9	0.735 0	0.708 4	0.683 0
5	0.951 5	0.905 7	0.862 6	0.821 9	0.783 5	0.747 3	0.713 0	0.680 6	0.649 9	0.620 9
6	0.942 0	0.888 0	0.837 5	0.790 3	0.746 2	0.705 0	0.666 3	0.630 2	0.596 3	0.564 5
7	0.932 7	0.870 6	0.813 1	0.759 9	0.710 7	0.665 1	0.622 7	0.583 5	0.547 0	0.513 2
8	0.923 5	0.853 5	0.789 4	0.730 7	0.676 8	0.627 4	0.582 0	0.540 3	0.501 9	0.466 5
9	0.914 3	0.836 8	0.766 4	0.702 6	0.644 6	0.591 9	0.543 9	0.500 2	0.460 4	0.424 1
10	0.905 3	0.820 3	0.744 1	0.675 6	0.613 9	0.558 4	0.508 3	0.463 2	0.422 4	0.385 5
11	0.896 3	0.804 3	0.722 4	0.649 6	0.584 7	0.526 8	0.475 1	0.428 9	0.387 5	0.350 5
12	0.887 4	0.788 5	0.701 4	0.624 6	0.556 8	0.497 0	0.444 0	0.397 1	0.355 5	0.318 6
13	0.878 7	0.773 0	0.681 0	0.600 6	0.530 3	0.468 8	0.415 0	0.367 7	0.326 2	0.289 7
14	0.870 0	0.757 9	0.661 1	0.577 5	0.505 1	0.442 3	0.387 8	0.340 5	0.299 2	0.263 3
15	0.861 3	0.743 0	0.641 9	0.555 3	0.481 0	0.417 3	0.362 4	0.315 2	0.274 5	0.239 4
16	0.852 8	0.728 4	0.623 2	0.533 9	0.458 1	0.393 6	0.338 7	0.291 9	0.251 9	0.217 6
17	0.844 4	0.714 2	0.605 0	0.513 4	0.436 3	0.371 4	0.316 6	0.270 3	0.231 1	0.197 8
18	0.836 0	0.700 2	0.587 4	0.493 6	0.415 5	0.350 3	0.295 9	0.250 2	0.212 0	0.179 9
19	0.827 7	0.686 4	0.570 3	0.474 6	0.395 7	0.330 5	0.276 5	0.231 7	0.194 5	0.163 5
20	0.819 5	0.673 0	0.553 7	0.456 4	0.376 9	0.311 8	0.258 4	0.214 5	0.178 4	0.148 6
21	0.811 4	0.659 8	0.537 5	0.438 8	0.358 9	0.294 2	0.241 5	0.198 7	0.163 7	0.135 1
22	0.803 4	0.646 8	0.521 9	0.422 0	0.341 8	0.277 5	0.225 7	0.183 9	0.150 2	0.122 8
23	0.795 4	0.634 2	0.506 7	0.405 7	0.325 6	0.261 8	0.210 9	0.170 3	0.137 8	0.111 7
24	0.787 6	0.621 7	0.491 9	0.390 1	0.310 1	0.247 0	0.197 1	0.157 7	0.126 4	0.101 5
25	0.779 8	0.609 5	0.477 6	0.375 1	0.295 3	0.233 0	0.184 2	0.146 0	0.116 0	0.092 3
26	0.772 0	0.597 6	0.463 7	0.360 4	0.281 2	0.219 8	0.172 2	0.135 2	0.106 4	0.083 9
27	0.764 4	0.585 9	0.450 2	0.346 8	0.267 8	0.207 4	0.160 9	0.125 2	0.097 6	0.076 3
28	0.756 8	0.574 4	0.437 1	0.333 5	0.255 1	0.195 6	0.150 4	0.115 9	0.089 5	0.069 3
29	0.749 3	0.563 1	0.424 3	0.320 7	0.242 9	0.184 6	0.140 6	0.107 3	0.082 2	0.063 0
30	0.741 9	0.552 1	0.412 0	0.308 3	0.231 4	0.174 1	0.131 4	0.099 4	0.075 4	0.057 3

（续）

利率 i 期数 n	12%	14%	15%	16%	18%	20%	24%	28%	32%	36%
1	0.892 9	0.877 2	0.869 6	0.862 1	0.847 5	0.833 3	0.806 5	0.781 3	0.757 6	0.735 3
2	0.797 2	0.769 5	0.756 1	0.743 2	0.718 2	0.694 4	0.650 4	0.610 4	0.573 9	0.540 7
3	0.711 8	0.675 0	0.657 5	0.640 7	0.608 6	0.578 7	0.524 5	0.476 8	0.434 8	0.397 5
4	0.635 5	0.592 1	0.571 8	0.552 3	0.515 8	0.482 3	0.423 0	0.372 5	0.329 4	0.292 3
5	0.567 4	0.519 4	0.497 2	0.476 2	0.437 1	0.401 9	0.341 1	0.291 0	0.249 5	0.214 9
6	0.506 6	0.455 6	0.432 3	0.410 4	0.370 4	0.334 9	0.275 1	0.227 4	0.189 0	0.158 0
7	0.452 3	0.399 6	037 59	0.353 8	0.313 9	0.279 1	0.221 8	0.177 6	0.143 2	0.116 2
8	0.403 9	0.350 6	0.326 9	0.305 0	0.266 0	0.232 6	0.178 9	0.138 8	0.108 5	0.085 4
9	0.360 6	0.307 5	0.284 3	0.263 0	0.225 5	0.193 8	0.144 3	0.108 4	0.082 2	0.062 8
10	0.322 0	0.269 7	0.247 2	0.226 7	0.191 1	0.161 5	0.116 4	0.084 7	0.062 3	0.046 2
11	0.287 5	0.236 6	0.214 9	0.195 4	0.161 9	0.134 6	0.093 8	0.066 2	0.047 2	0.034 0
12	0.256 7	0.207 6	0.186 9	0.168 5	0.137 2	0.112 2	0.075 7	0.051 7	0.035 7	0.025 0
13	0.229 2	0.182 1	0.162 5	0.145 2	0.116 3	0.093 5	0.061 0	0.040 4	0.027 1	0.018 4
14	0.204 6	0.159 7	0.141 3	0.125 2	0.098 5	0.077 9	0.049 2	0.031 6	0.020 5	0.013 5
15	0.182 7	0.140 1	0.122 9	0.107 9	0.083 5	0.064 9	0.039 7	0.024 7	0.015 5	0.009 9
16	0.163 1	0.122 9	0.106 9	0.098 0	0.070 8	0.054 1	0.032 0	0.019 3	0.011 8	0.007 3
17	0.145 6	0.107 8	0.092 9	0.080 2	0.060 0	0.045 1	0.025 8	0.015 0	0.008 9	0.005 4
18	0.130 0	0.094 6	0.080 8	0.069 1	0.050 8	0.037 6	0.020 8	0.011 8	0.006 8	0.003 9
19	0.116 1	0.082 9	0.070 3	0.059 6	0.043 1	0.031 3	0.016 8	0.009 2	0.005 1	0.002 9
20	0.103 7	0.072 8	0.061 1	0.051 4	0.036 5	0.026 1	0.013 5	0.007 2	0.003 9	0.002 1
21	0.092 6	0.063 8	0.053 1	0.044 3	0.030 9	0.021 7	0.010 9	0.005 6	0.002 9	0.001 6
22	0.082 6	0.056 0	0.046 2	0.038 2	0.026 2	0.018 1	0.008 8	0.004 4	0.002 2	0.001 2
23	0.073 8	0.049 1	0.040 2	0.032 9	0.022 2	0.015 1	0.007 1	0.003 4	0.001 7	0.000 8
24	0.065 9	0.043 1	0.034 9	0.028 4	0.018 8	0.012 6	0.005 7	0.002 7	0.001 3	0.000 6
25	0.058 8	0.037 8	0.030 4	0.024 5	0.016 0	0.010 5	0.004 6	0.002 1	0.001 0	0.000 5
26	0.052 5	0.033 1	0.026 4	0.021 1	0.013 5	0.008 7	0.003 7	0.001 6	0.000 7	0.000 3
27	0.046 9	0.029 1	0.023 0	0.018 2	0.011 5	0.007 3	0.003 0	0.001 3	0.000 6	0.000 2
28	0.041 9	0.025 5	0.020 0	0.015 7	0.009 7	0.006 1	0.002 4	0.001 0	0.000 4	0.000 2
29	0.037 4	0.022 4	0.017 4	0.013 5	0.008 2	0.005 1	0.002 0	0.000 8	0.000 3	0.000 1
30	0.033 4	0.019 6	0.015 1	0.011 6	0.007 0	0.004 2	0.001 6	0.000 6	0.000 2	0.000 1

附录 C 年金终值系数表

$$(F/A, i, n) = [(1+i)^n - 1]/i$$

利率 i / 期数 n	1%	2%	3%	4%	5%	6%	7%	8%	9%	10%
1	1.000 0	1.000 0	1.000 0	1.000 0	1.000 0	1.000 0	1.000 0	1.000 0	1.000 0	1.000 0
2	2.010 0	2.020 0	2.030 0	2.040 0	2.050 0	2.060 0	2.070 0	2.080 0	2.090 0	2.100 0
3	3.030 1	3.060 4	3.090 9	3.121 6	3.152 5	3.183 6	2.214 9	3.246 4	3.278 1	3.310 0
4	4.060 4	4.121 6	4.183 6	4.246 5	4.310 1	4.374 6	4.439 9	4.506 1	4.573 1	4.641 0
5	5.101 0	5.204 0	5.309 1	5.416 3	5.525 6	5.637 1	5.750 7	5.866 6	5.984 7	6.105 1
6	6.152 0	6.308 1	6.468 4	6.633 0	6.801 9	6.975 3	7.153 3	7.335 9	7.523 3	7.715 6
7	7.213 5	7.434 3	7.662 5	7.898 3	8.142 0	8.393 8	8.654 0	8.922 8	9.200 4	9.487 2
8	8.285 7	8.583 0	8.892 3	9.214 2	9.549 1	9.897 5	10.260	10.637	11.028	11.436
9	9.368 5	9.754 6	10.159	10.583	11.027	11.491	11.978	12.488	13.021	13.579
10	10.462	10.950	11.464	12.006	12.578	13.181	13.816	14.487	15.193	15.937
11	11.567	12.169	12.808	13.486	14.207	14.972	15.784	16.645	17.560	18.531
12	12.683	13.412	14.192	15.026	15.917	16.870	17.888	18.977	20.141	21.384
13	13.809	14.680	15.618	16.627	17.713	18.882	20.141	21.495	22.953	24.523
14	14.947	15.974	17.086	18.292	19.599	21.015	22.550	24.215	26.019	27.975
15	16.097	17.293	18.599	20.024	21.579	23.276	25.129	27.152	29.361	31.772
16	17.258	18.639	20.157	21.825	23.676	25.673	27.888	30.324	33.003	35.950
17	18.430	20.012	21.762	23.689	25.840	28.213	30.840	33.750	36.974	40.545
18	19.615	21.412	23.414	25.645	28.132	30.906	33.999	37.450	41.301	45.599
19	20.811	22.841	25.117	27.671	30.539	33.760	37.379	41.446	46.018	51.159
20	22.019	24.297	26.870	29.778	33.066	36.786	40.995	45.762	51.160	57.275
21	23.239	25.783	28.676	31.969	35.719	39.993	44.865	50.423	56.765	64.002
22	24.472	27.299	30.537	34.248	38.505	43.392	49.006	55.457	62.873	71.403
23	25.716	28.845	32.453	36.618	41.430	46.996	53.436	60.893	69.532	79.543
24	26.973	30.422	34.426	39.083	44.502	50.816	58.177	66.765	76.790	88.497
25	28.243	32.030	36.459	41.646	47.727	54.865	63.249	73.106	84.701	98.347
26	29.526	33.671	38.553	44.312	51.114	59.156	68.676	79.954	93.324	109.18
27	30.821	35.344	40.710	47.084	54.669	63.706	74.484	87.351	102.72	121.10
28	32.129	37.051	42.931	49.968	58.403	68.528	80.698	95.339	112.97	134.21
29	33.450	38.792	45.219	52.966	62.323	73.640	87.347	103.97	124.14	148.63
30	34.785	40.568	47.575	56.085	66.439	79.058	94.461	113.28	136.31	164.49

（续）

期数 *n* ＼ 利率 *i*	12%	14%	15%	16%	18%	20%	24%	28%	32%	36%
1	1.000 0	1.000 0	1.000 0	1.000 0	1.000 0	1.000 0	1.000 0	1.000 0	1.000 0	1.000 0
2	2.120 0	2.140 0	2.150 0	2.160 0	2.180 0	2.200 0	2.240 0	2.280 0	2.320 0	2.360 0
3	3.374 4	3.439 6	3.472 5	3.505 6	3.572 4	3.640 0	3.777 6	3.918 4	3.062 4	3.209 6
4	4.779 3	4.921 1	4.993 4	5.066 5	5.215 4	5.368 0	5.684 2	6.015 6	6.362 4	6.725 1
5	6.352 8	6.610 1	6.742 4	6.877 1	7.154 2	7.441 6	8.048 4	8.699 9	9.398 3	10.146
6	8.115 2	8.535 5	8.753 7	8.977 5	9.442 0	9.929 9	10.980	12.136	13.406	14.799
7	10.089	10.730	11.067	11.414	12.142	12.916	14.615	16.534	18.696	21.126
8	12.300	13.233	13.727	14.240	15.327	16.499	19.123	22.163	25.678	29.732
9	14.776	16.085	16.786	17.519	19.086	20.799	24.712	29.369	34.895	41.435
10	17.549	19.337	20.304	21.321	23.521	25.959	31.643	38.593	47.062	57.352
11	20.655	23.045	24.349	25.733	28.755	32.150	40.238	50.398	63.122	78.998
12	24.133	27.271	29.002	30.850	34.931	39.581	50.895	65.510	84.320	108.44
13	28.029	32.089	34.352	36.786	42.219	48.497	64.110	84.853	112.30	148.47
14	32.393	37.581	40.505	43.672	50.818	59.196	80.496	109.61	149.24	202.93
15	37.280	43.842	47.580	51.660	60.965	72.035	100.82	141.30	198.00	276.98
16	42.753	50.980	55.717	60.925	72.939	87.442	126.01	181.87	262.36	377.69
17	48.884	59.118	65.075	71.673	87.068	105.93	157.25	233.79	347.31	514.66
18	55.750	68.394	75.836	84.141	103.74	128.12	195.99	300.25	459.45	700.94
19	63.440	78.969	88.212	98.603	123.41	154.74	244.03	385.32	607.47	954.28
20	72.052	91.025	102.44	115.38	146.63	186.69	303.60	494.21	802.86	1 298.8
21	81.699	104.77	118.81	134.84	174.02	225.03	377.46	633.59	1 060.8	1 767.4
22	92.503	120.44	137.63	157.41	206.35	271.03	469.06	812.00	1 401.2	2 404.7
23	104.60	138.30	159.28	183.60	244.49	326.24	582.63	1 040.4	1 850.6	3 271.3
24	118.16	158.66	184.17	213.98	289.49	392.48	723.46	1 332.7	2 443.8	4 450.0
25	133.33	181.87	212.79	249.21	342.60	471.98	898.09	1 706.8	3 226.8	6 053.0
26	150.33	208.33	245.71	290.09	405.27	567.38	1 114.6	2 185.7	4 260.4	8 233.1
27	169.37	238.50	283.57	337.50	479.22	681.85	1 383.1	2 798.7	5 624.8	11 198.0
28	190.70	272.89	327.10	392.50	566.48	819.22	1716.1	3 583.3	7 425.7	15 230.3
29	214.58	312.09	377.17	456.30	669.45	984.07	2129.0	4 587.7	9 802.9	20 714.2
30	241.33	356.79	434.75	530.31	790.95	1 181.9	2 640.9	5 873.2	12 941.0	28 172.3

附录 D 年金现值系数表

$$(P/A, i, n) = [1-(1+i)^{-n}]/i$$

期数 n	1%	2%	3%	4%	5%	6%	7%	8%	9%
1	0.990 1	0.980 4	0.970 9	0.961 5	0.952 4	0.943 4	0.934 6	0.925 9	0.917 4
2	1.970 4	1.941 6	1.913 5	1.886 1	1.859 4	1.833 4	1.808 0	1.783 3	1.759 1
3	2.941 0	2.883 9	2.828 6	2.775 1	2.723 2	2.673 0	2.624 3	2.577 1	2.531 3
4	3.902 0	3.807 7	3.717 1	3.629 9	3.546 0	3.465 1	3.387 2	3.312 1	3.239 7
5	4.853 4	4.713 5	4.579 7	4.451 8	4.329 5	4.212 4	4.100 2	3.992 7	3.889 7
6	5.795 5	5.601 4	5.417 2	5.242 1	5.075 7	4.917 3	4.766 5	4.622 9	4.485 9
7	6.728 2	6.472 0	6.230 3	6.002 1	5.786 4	5.582 4	5.389 3	5.206 4	5.033 0
8	7.651 7	7.325 5	7.019 7	6.732 7	6.463 2	6.209 8	5.971 3	5.746 6	5.534 8
9	8.566 0	8.162 2	7.786 1	7.435 3	7.107 8	6.801 7	6.515 2	6.246 9	5.995 2
10	9.471 3	8.982 6	8.530 2	8.110 9	7.721 7	7.360 1	7.023 6	6.710 1	6.417 7
11	10.367 6	9.786 8	9.252 6	8.760 5	8.306 4	7.886 9	7.498 7	7.139 0	6.805 2
12	11.255 1	10.575 3	9.954 0	9.385 1	8.863 3	8.383 8	7.942 7	7.536 1	7.160 7
13	12.133 7	11.348 4	10.635 0	9.985 6	9.393 6	8.852 7	8.357 7	7.903 8	7.486 9
14	13.003 7	12.106 2	11.296 1	10.563 1	9.898 6	9.295 0	8.745 5	8.244 2	7.786 2
15	13.865 1	12.849 3	11.937 9	11.118 4	10.379 7	9.712 2	9.107 9	8.559 5	8.060 7
16	14.717 9	13.577 7	12.561 1	11.652 3	10.837 8	10.105 9	9.446 6	8.851 4	8.312 6
17	15.562 3	14.291 9	13.166 1	12.165 7	11.274 1	10.477 3	9.763 2	9.121 6	8.543 6
18	16.398 3	14.992 0	13.753 5	12.659 3	11.689 6	10.827 6	10.059 1	9.371 9	8.755 6
19	17.226 0	15.678 5	14.323 8	13.133 9	12.085 3	11.158 1	10.335 6	9.603 6	8.950 1
20	18.045 6	16.351 4	14.877 5	13.590 3	12.462 2	11.469 9	10.594 0	9.818 1	9.128 5
21	18.857 0	17.011 2	15.415 0	14.029 2	12.821 2	11.764 1	10.835 5	10.016 8	9.292 2
22	19.660 4	17.658 0	15.936 9	14.451 1	13.163 0	12.041 6	11.061 2	10.200 7	9.442 4
23	20.455 8	18.292 2	16.443 6	14.856 8	13.488 6	12.303 4	11.272 2	10.371 1	9.580 2
24	21.243 4	18.913 9	16.935 5	15.247 0	13.798 6	12.550 4	11.469 3	10.528 8	9.706 6
25	22.023 2	19.523 5	17.413 1	15.622 1	14.093 9	12.783 4	11.653 6	10.674 8	9.822 6
26	22.795 2	20.121 0	17.876 8	15.982 8	14.375 2	13.003 2	11.825 8	10.810 0	9.929 0
27	23.559 6	20.706 9	18.327 0	16.329 6	14.643 0	13.210 5	11.986 7	10.935 2	10.026 6
28	24.316 4	21.281 3	18.764 1	16.663 1	14.898 1	13.406 2	12.137 1	11.051 1	10.116 1
29	25.065 8	21.844 4	19.188 5	16.983 7	15.141 1	13.590 7	12.277 7	11.158 4	10.198 3
30	25.807 7	22.396 5	19.600 4	17.292 0	15.372 5	13.764 8	12.409 0	11.257 8	10.273 7

（续）

利率 i 期数 n	10%	12%	14%	15%	16%	18%	20%	24%	28%	32%
1	0.909 1	0.892 9	0.877 2	0.869 6	0.862 1	0.847 5	0.833 3	0.806 5	0.781 3	0.757 6
2	1.735 5	1.690 1	1.646 7	1.625 7	1.605 2	1.565 6	1.527 8	1.456 8	1.391 6	1.331 5
3	2.486 9	2.401 8	2.321 6	2.283 2	2.245 9	2.174 3	2.106 5	1.981 3	1.868 4	1.766 3
4	3.169 9	3.037 3	2.913 7	2.855 0	2.798 2	2.690 1	2.588 7	2.404 3	2.241 0	2.095 7
5	3.790 8	3.604 8	3.433 1	3.352 2	3.274 3	3.127 2	2.990 6	2.745 4	2.532 0	2.345 2
6	4.355 3	4.111 4	3.888 7	3.784 5	3.684 7	3.497 6	3.325 5	3.020 5	2.759 4	2.534 2
7	4.868 4	4.563 8	4.288 3	4.160 4	4.038 6	3.811 5	3.604 6	3.242 3	2.937 0	2.677 5
8	5.334 9	4.967 6	4.638 9	4.487 3	4.343 6	4.077 6	3.837 2	3.421 2	3.075 8	2.786 0
9	5.759 0	5.328 2	4.916 4	4.771 6	4.606 5	4.303 0	4.031 0	3.565 5	3.184 2	2.868 1
10	6.144 6	5.650 2	5.216 1	5.018 8	4.833 2	4.494 1	4.192 5	3.681 9	3.268 9	2.930 4
11	6.495 1	5.937 7	5.452 7	5.233 7	5.028 6	4.656 0	4.327 1	3.775 7	3.335 1	2.977 6
12	6.813 7	6.194 4	5.660 3	5.420 6	5.197 1	4.793 2	4.439 2	3.851 4	3.386 8	3.013 3
13	7.103 4	6.423 5	5.842 4	5.583 1	5.342 3	4.909 5	4.532 7	3.912 4	3.427 2	3.040 4
14	7.366 7	6.628 2	6.002 1	5.724 5	5.467 5	5.008 1	4.610 6	3.961 6	3.458 7	3.060 9
15	7.606 1	6.810 9	6.142 2	5.847 4	5.575 5	5.091 6	4.675 5	4.001 3	3.483 4	3.076 4
16	7.823 7	6.974 0	6.265 1	5.954 2	5.668 5	5.162 4	4.729 6	4.033 3	3.502 6	3.088 2
17	8.021 6	7.119 6	6.372 9	6.047 2	5.748 7	5.222 3	4.774 6	40.591	3.517 7	3.097 1
18	8.201 4	7.249 7	6.467 4	6.128 0	5.817 8	5.273 2	4.812 2	4.079 9	3.529 4	3.103 9
19	8.364 9	7.365 8	6.550 4	6.198 2	5.877 5	5.316 2	4.843 5	4.096 7	3.538 6	3.109 0
20	8.513 6	7.469 4	6.623 1	6.259 3	5.928 8	5.352 7	4.869 6	4.110 3	3.545 8	3.112 9
21	8.648 7	7.562 0	6.687 0	6.312 5	5.973 1	5.383 7	4.891 3	4.121 2	3.551 4	3.115 8
22	8.771 5	7.644 6	6.742 9	6.358 7	6.011 3	5.409 9	4.909 4	4.130 0	3.555 8	3.118 0
23	8.883 2	7.718 4	6.792 1	6.398 8	6.044 2	5.432 1	4.924 5	4.137 1	3.559 2	3.119 7
24	8.984 7	7.784 3	6.835 1	6.433 8	6.072 6	5.450 9	4.937 1	4.142 8	3.561 9	3.121 0
25	9.077 0	7.843 1	6.872 9	6.464 1	6.097 1	5.466 9	4.947 6	4.147 4	3.564 0	3.122 0
26	9.160 9	7.895 7	6.906 1	6.490 6	6.118 2	5.480 4	4.956 3	4.151 1	3.565 6	3.122 7
27	9.237 2	7.942 6	6.935 2	6.513 5	6.136 4	5.491 9	4.963 6	4.154 2	3.566 9	3.123 3
28	9.306 6	7.984 4	6.960 7	6.533 5	6.152 0	5.501 6	4.969 7	4.156 6	3.567 9	3.123 7
29	9.369 6	8.021 8	6.983 0	6.550 9	6.165 6	5.509 8	4.974 7	4.158 5	3.568 7	3.124 0
30	9.426 9	8.055 2	7.002 7	6.566 0	6.177 2	5.516 8	4.978 9	4.160 1	3.569 3	3.124 2

参 考 文 献

[1] 荆新，王化成，刘俊彦. 财务管理学[M]. 北京：中国人民大学出版社，2006.

[2] 张玉凤，刘宏伟. 现代饭店业财务管理[M]. 北京：经济日报出版社，2007.

[3] 陈宝峰. 财务管理[M]. 北京：机械工业出版社，2004.

[4] 王化成. 财务管理理论结构[M]. 北京：中国人民大学出版社，2006.

[5] 中国注册会计师协会. 财务成本管理[M]. 北京：经济科学出版社，2005.

[6] 马桂顺. 酒店财务管理[M]. 北京：清华大学出版社，2005.

[7] 杨荫稚. 酒店财务管理[M]. 北京：高等教育出版社，2004.

[8] 胡质健. 收益管理——有效实现饭店收入的最大化[M]. 北京：旅游教育出版社，2009.

[9] 郭惠云，高怀金，张涛. 星级酒店内部财务控制[M]. 北京：经济科学出版社，2003.

[10] 张玉凤. 旅游企业财务管理[M]. 北京：北京大学出版社，2006.

[11] 王志民，吉根宝. 餐饮服务与管理[M]. 南京：东南大学出版社，2007.